入門
経済のための統計学

加納　悟
Kanoh Satoru

浅子和美
Asako Kazumi

竹内明香
Takeuchi Asuka

はしがき

　経済学と統計学の絡みは，最近とみに密接である。経済学（とくにマクロ経済学）をまじめに学ぼうとすれば，統計学についての知識は不可欠となりつつあるといっても過言ではない。たとえば，現実経済の分析を目的とした『経済白書』や『通商白書』などの政府の経済報告でも，統計的手法の適用が数多く見られる。本書では，このような時世に歩調を合わせ，統計学の入門「いろは」からはじめて上級「ゑひもせす」をめざして，駆け足でしかもわかりやすく説明し，経済学において統計学の手法がどのように使われているかを紹介していく。

　すでに統計学の入門書が数多く出版されていることは，われわれも承知している。そのようななかで，あえて本書を上梓するに至ったのは，既存の入門書とは一味ちがった統計学の教科書があってもよいのではないかと思うからである。われわれのもくろみがはたしてうまくいくかどうか，じつのところわれわれにも定かではない。しかし，2人の著者が，あるときは研究室でコーヒーを飲みながら，またあるときは居酒屋の片隅でビールに酔いながらディスカッションを重ね，知恵を絞った結果が本書である。

　本書には，類書に見られない特徴がいくつかある。本書のスタイルについては後述するとして，内容的には次の3点があげられよう。まず第一は，分布論や確率論の詳細はさけ，統計において重要なグラフや正規分布についての記述からはじめたことである。分布論や確率論の知識は，知らず知らずの

うちに身につくように配慮した。第二は，厳密性は多少犠牲にしても，できるだけ数学的な記述を避けるように努めたことである。それでも数式が続くところがないわけではないが，それは統計学の性格上やむをえない部分にかぎられている。第三に，今後の経済学における応用を考え，ノンパラメトリック統計という，他書ではあまりふれられていないトピックについてもだいぶスペースを割いたことがあげられる。

　本書のスタイルは，次のような原則に従っている。一つの章の典型は，本文に混じって例題とその解答，そしてコラム「経済＝統計交差点」があり，最後に章末の練習問題がつく。例題は本文の内容を具体的に理解するためのものであり，計算を単純化するために架空のデータを用いた場合が多い。これに対して，練習問題はできるかぎり現実のデータにもとづくものにした。現実の問題を統計的に分析する場合，なにをどのように定式化するのかを考えるのがむずかしい。そのための訓練となる練習問題は，結果的に難問となる場合が多く，たとえ最初は解けなくても読者には自信をなくすことのないようにしてもらいたい。練習問題には巻末に解答があることから，最初は答えを見ながら解くのもよいかもしれない。

　本文を読みすすめるうえで，ときにはよりこまかな議論が理解を深めることもあろう。あるいは，本文の統計学の内容が経済学とどのような関係にあるかを知りたい場合もあろう。コラム「経済＝統計交差点」は，そのような意図で書かれている。これは各章ごとのテーマについてもいえることであるが，本書を読みすすむうちに，全体として経済の現実感覚が身につくように配慮したつもりである。それによって，統計学をおもしろく勉強できれば，本書のもくろみは大成功である。

　本書は，もともと『経済セミナー』の1989年4月号から翌年の5月号まで連載された「実践｜経済と統計分析」にもとづいている。もっとも，今回出版するにあたって，大幅に内容を加筆・修正した。連載時にはなかった例題を加えたのが，その一例である。また，取り扱ったテーマも若干異なっている。本書が現在の形で出版されるにあたっては，多くの人の御尽力をいただ

いた。中でも，日本評論社の黒田敏正氏には，出版上の助言ばかりではなく，本書の内容の上でも多くの有益な指摘を受けた。また，横浜国立大学経済学部の学生諸君には，草稿段階での本書を講義で使用させていただき，いわばモルモットとしての役割を担っていただいた。さらに，横浜国立大学経済学部大学院修士課程の大学院生の諸君には，練習問題を実際に解いていただいた。とりわけ，外谷英樹君と翟国豪君にはたいへんお世話になった。これらの方がたに心からお礼を申し上げたい。

1992年2月

加納　悟

浅子　和美

第2版の刊行にあたって

　本書は，幸いにも読者の方がたのご支持をいただき，版を重ねてきたが，今回の重版を機に，改訂することにした。改訂のポイントは次の3点である。

　第一は，本書に用いられている現実のデータの改訂と更新である。初版上梓以来たった6年しか経ってはいないのだが，その間の経済環境の大きな変化のせいか，データがもはや古い感じがするのは否めない。

　第二は，練習問題のドラスティックな改訂である。統計学をマスターするには，くり返し学ぶことが肝要である。そこで，練習問題を質・量ともに充実させようと考えた。問題の内容も広範囲にわたるようにし，統計学が社会の中でどのように役立つのかを示唆した。同時に学生諸君からのコメントを取り入れ，難問といえども本論を注意深く読めばかならず答えが見つかるように心がけた。

　第三は，マイナーな変更ではあるが，本論の説明を工夫しなおしたことにある。初版においても十分わかりやすく説明したつもりであったが，その後読者から指摘を受けた箇所がいくつかある。著者たちの古い頭をリフレッシュし，それらをもう一度かみ砕いて説明しようと試みた。コラムも同様の趣

旨で，一部を改訂した。

ただし，今回の改訂によっても著者たちのもつ基本的な考え方は変わっていない。それは，「数学的に厳密にすぎると統計学の本質を見失う」ということである。

今回の改訂にあたっても，日本評論社の黒田敏正氏にはたいへんお世話になった。氏の細部にわたるチェックがなければ，刊行はもっと遅れたはずである。また，横浜国立大学経済学部の加納ゼミナールの学生である石塚亮君と出口淳君には練習問題を解いていただき，問題が適当であるか否かの判断材料とさせていただいた。記して感謝の意を表したい。

　　　1998年2月

第3版の刊行にあたって

2007年8月15日加納悟教授が鬼籍に入られた。なんといっても加納教授あっての本書であるから，本書は第2版で絶版になるのではと危惧された。しかし，豈に図らんや，このたび無事第3版を刊行する運びになった。加納教授の一橋大学大学院での教え子になる竹内明香さんに新たに共著者として参加してもらい，データや練習問題を全面的にアップデイトし図表等も書き換え，また，記述の一部に手を入れ直すことにより，前にもまして読み勝手・使い勝手の良い教科書になったと確信が持てたからである。

思えば第2版の刊行は1998年3月であったから，既に干支が1回りしたことになり，この間アジア通貨危機や金融システム不安の真っ只中から小泉純一郎内閣の構造改革，リーマン・ショックと世界同時不況，政権交代，そして東日本大震災と世の中も大きく変遷した。本書で取り上げてきた統計データの中にも数値が大きく変化したものもあり，仮説検定の問題の中には，棄却と受容の結論が追加データによって逆転したものも少なからずある。そのような場合には，当然関連する記述にも変更が必要となった。第3版でそう

した問題に遭遇したのは，まさに「データから判断する」あるいは「データが語る」生きた統計学を実践する良い機会となった。

　統計データについては，1点だけ敷衍しておきたい。これは旧版も同様であったが，練習問題の中には明らかに異質とみられるデータを，あえて同一母集団からのランダム・サンプリングと仮定させるようなものも作成した。経済データを分析する際にしばしば直面する状況であり，訓練になればとの思いからである。それらの結末を確認することによって，統計学と経済学の両方のセンス（実戦感覚）を高められるものと期待している。

　第3版から新たに始めた試みもある。練習問題等のデータをwebsite上の電子情報として提供する体制を整えたことであり，これによってパソコン等を通じた統計処理が格段に容易になったと思われる。したがって，たとえば大学等での講義で本書をテキストとして採用した場合に，教師側からはデータ数の多い問題でも，躊躇することなく例題やレポート課題として取り上げられることになったと考えられる。また，受講者側にとっては，手打ち電卓や（今では実際には考えられないが）算盤や計算尺を用いた計算の煩雑さから解放され，数々の練習問題を短時間でこなすことが可能になったと考えられる。この点は本書を通して統計学を独習する読者にとっても同様であろう。練習問題を解くことは，自己の理解度や到達度を確認するうえでたいへん重要であるが，データの電子化がその手助けになるのは間違いないであろう。

　第3版の刊行にあたっては，全出版行程で日本評論社の吉田素規氏に細部にわたってお世話になった。また，本書初版の刊行以来お世話いただいてきた黒田敏正氏には，今回は日本評論社の社長として大きな決断をしていただいた。お二人に感謝申し上げたい。刊行まで天国から静かに見守っていただいた故加納悟教授に，ここに謹んで第3版を捧げるものである。

　　　2011年盛春

　　　　　　　　　　　　　　　　　　　　著者を代表して　　浅子和美

目次

はしがき——i

第I部 グラフと正規分布

3　第1章　分布とグラフ
1.1　相対頻度分布のグラフ——3
1.2　標本と母集団——14
1.3　変数変換とヒストグラム——19
1.4　まとめ——22
　　　練習問題——27

31　第2章　正規分布
2.1　正規分布とは——31
2.2　異なる集団からの標本の比較——36
2.3　中心極限定理と大数の法則——38
2.4　まとめ——47
　　　練習問題——50

第II部　推定

55　第3章　点推定
3.1　推定とは——55
3.2　一致性と不偏性——56
3.3　分散の比較——58
3.4　分散の推定量——60

3.5 具体的な推定方法——62
3.6 まとめ——68
　　練習問題——70

第4章 区間推定 | 73

4.1 区間推定とは——73
4.2 分散の値が未知の場合の区間推定——78
4.3 質的データにもとづく推定——82
4.4 分散に関する区間推定——85
4.5 まとめ——89
　　練習問題——91

第III部　検定

第5章 仮説検定の基礎概念 | 97

5.1 統計的検定の考え方——97
5.2 両側検定と片側検定——100
5.3 検定における2種類のエラー——103
5.4 まとめ——108
　　練習問題——111

第6章 正規分布と t 分布による検定 | 113

6.1 分散の値が未知の場合の検定：t 検定——113
6.2 比率の検定——114
6.3 平均の差，比率の差の検定——117
6.4 まとめ——121
　　練習問題——123

第7章 χ^2 分布による検定 | 125

7.1 分散に関する検定——125

7.2 比率の同時検定——126
7.3 分布の適合度の検定——131
7.4 まとめ——135
　　練習問題——138

141 | 第8章　F分布による検定

8.1 複数個の平均が等しいか否かの検定——141
8.2 分散分析(1) 1元配置——145
8.3 分散分析(2) 2元配置——150
8.4 二つの母集団の分散が等しいか否かの検定——154
8.5 まとめ——155
　　補論　検定統計量間の関係の整理——156
　　練習問題——160

第IV部 | 2変量の分析

165 | 第9章　二つの質的変量間の分析

9.1 分割表と確率——165
9.2 ベイズの定理——170
9.3 分割表の分析——173
9.4 まとめ——180
　　練習問題——182

185 | 第10章　二つの連続変量の分析

10.1 2変量の分布——185
10.2 二つの変量間の関連：共分散と相関係数——191
10.3 相関係数の有意性——200
10.4 二つの変量の和の分布：$(X+Y)$の平均と分散——204
10.5 まとめ——207
　　練習問題——209

第11章 回帰分析（1）回帰分析の基礎的事項 … 211
- 11.1 回帰分析とは——211
- 11.2 決定係数——218
- 11.3 最小2乗推定量の分布と仮説検定——221
- 11.4 まとめ——226
- 練習問題——227

第12章 回帰分析（2）分析結果の吟味 … 229
- 12.1 回帰分析における誤差項に関する仮定——229
- 12.2 残差の検討：系列相関とDW統計量——235
- 12.3 重回帰モデル——240
- 12.4 回帰分析の実際——246
- 12.5 まとめ——248
- 練習問題——249

第V部　ノンパラメトリック統計

第13章 ノンパラメトリック法（1）メディアンの検定 … 253
- 13.1 非対称な母集団：符号検定——253
- 13.2 符号検定を用いたメディアンの区間推定——258
- 13.3 符号検定の応用（トレンドの検定）——259
- 13.4 対称な母集団の検定(1)並べ換え検定——261
- 13.5 対称な母集団の検定(2)順位和検定——265
- 13.6 まとめ——267
- 練習問題——270

第14章 ノンパラメトリック法（2）二つの母集団の比較 … 273
- 14.1 二つの母集団の同一性——273
- 14.2 連による検定——279

14.3 コルモゴロフ＝スミルノフ検定――284
14.4 まとめ――289
　　練習問題――292

295 | 第15章 順位相関と一致

15.1 順位相関係数――295
15.2 順位相関の検定――305
15.3 一致係数――308
15.4 まとめ――312
　　練習問題――313

練習問題の解答――315
数表――351
索引――360

コラム・経済＝統計交差点
①貯蓄残高の分布について　23
②中心極限定理とマクロ経済学の集計問題　48
③十分統計量　68
④ある世論調査結果の評価　90
⑤センター試験の得点調整　109
⑥経済学の実証研究　122
⑦日本における経済学の実証研究　136
⑧ベイジアンとノンベイジアン　181
⑨因果性について　208
⑩医学分野における仮説検定　268
⑪効率的市場とランダム・ウォーク仮説　291

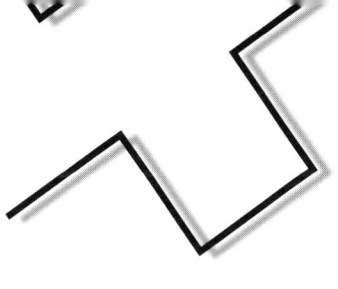

I
グラフと正規分布

第1章
分布とグラフ

第2章
正規分布

本書をはじめるにあたり，まず第1章において統計学のイントロダクションにあたる事項を説明する。はじめに，相対頻度分布のグラフ（ヒストグラム）を出発点として，平均や分散，あるいは歪度や尖度など，分布形を記述するさまざまな指標についてみる。こうした指標を考察する統計は，記述統計とよばれる。これに対して，標本をもとにそれらがとられた集団について推測する統計が，推測統計である。本書で学ぶ統計学の内容は，そのほとんどが推測統計の範疇にはいる。第1章ではまた，変数変換によってヒストグラムがどのように変化するかも検討する。

　経済学の実証分析をすすめるうえでは，陰に陽に「正規性」が前提とされる。これは，対象とする確率変数が正規分布に従うというものであり，そのもとではさまざまな意味で統計分析が容易になることが（統計学の成果として）知られている。正規分布とはなにか，それを安易に前提してよいものであろうか？　第2章では，このような問題について考えてゆく。

第1章

分布とグラフ

1.1 相対頻度分布のグラフ

　図1-1は，大手A社の株式の月次収益率を1991年から2000年までと2001年から2010年まで調べ，その**相対頻度分布**を棒グラフに表わしたものである。横軸には調査対象の変量の値が適当な区間（ここでは2.5％きざみ）にまとめられ，縦軸には全体の何％の変量がそのような値をとったかが示されている。このように，本来連続な変量を区間に分け，棒グラフとして表わしたものを**ヒストグラム**とよぶ。図1-1から，たとえば1991年以降2000年までの期間，A社の月次株式収益率は，その約46％が－５％から＋５％までのあいだにあったことがわかる（図の斜線部分）。しかしながら，ヒストグラムでは個々のデータの値は精確に知ることはできない。これは，データ全体の分布を見やすくするために払った代償と考えてもらいたい。ヒストグラムにおいては，各区間の中央に――たとえば０～2.5％の区間では1.25％のところに――すべてのデータがあるものと考える。

　グラフは，おおざっぱにはどちらも山のような形をしている。こういった形状はなにも株式収益率のグラフにかぎったことではない。成人男性の身長や所得分布，入学試験の点数等もそのグラフの概形は，真ん中が高く両端へ行くほどしだいに低くなっている。

図 1-1　A社株の月次収益率の分布（2.5％きざみ）

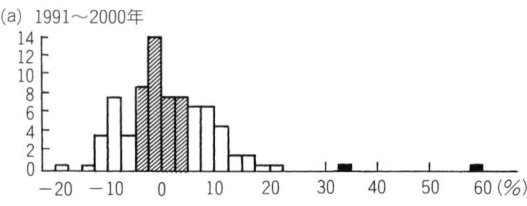
(a) 1991〜2000年

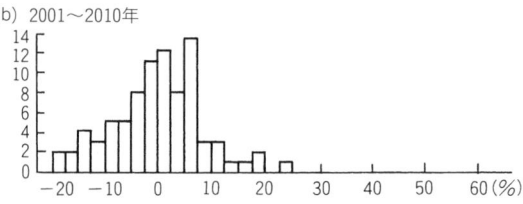
(b) 2001〜2010年

図 1-2　いろいろな分布

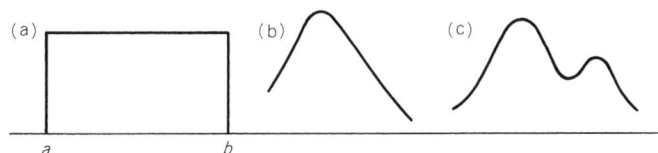

　なぜ株式収益率や身長は，図 1-2 (a) のように，すべての変量の値に対して一様に分布しないのであろうか。その一つの解釈は後にのべたいと思うが，とにかくある程度の数のデータをグラフに表わせば，たいがいの分布は図 1-2 (b) のようになる。

　図 1-3 は，図 1-1 のデータを区間の分割を粗くして 5％きざみで描いたものである。ここではたしかに単峰の分布が得られている。データの数を増やしても，なお図 1-2 (c) のように 2 山の分布が得られたならば，二つ以上の要素が混在しているのではないかと疑ったほうがよい。

　たとえば，男女の区別をせずに身長の分布をグラフに表わせば，通常は山が二つできる。ほかにも，異常値が混ざっている場合には二つの山ができてもふしぎではない。**異常値**とは，その名が示すとおり異常な値である。図 1-1 (a) でいえば，黒くぬりつぶしてある部分のデータが異常値にあたる。

図 1-3　A 社株の月次収益率の分布（5％きざみ）

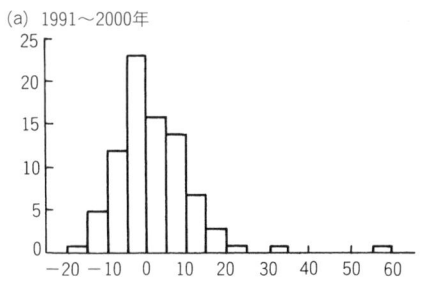
(a) 1991〜2000年

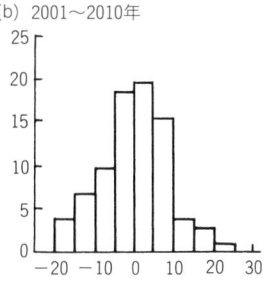
(b) 2001〜2010年

図 1-4　カンニングが疑われる得点分布

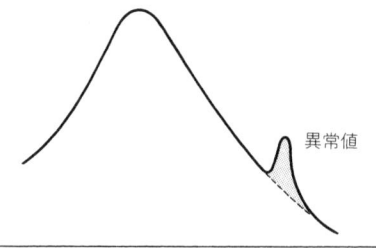

　相対頻度分布のグラフを描いてみれば，データに隠された意外な情報が見つかることがある。たとえば，期末試験のカンニング。受験する学生は試験期間中に見つからなければもうだいじょうぶと考えがちである。ところが，得点の分布をグラフに表わすと，図 1-4 のように異常な形を示すことがある。そこで教師は，このようなグラフが描かれる原因究明に乗り出さざるをえなくなる。これも得点の分布の中に，異なる性質の点数が混ざっているからである。

[例題 1-1]

　S市にある「みつ屋」という駄菓子屋では，中味100g 表示の菓子袋を売っている。100g 表示ということは，平均が100g ということであり，中味が110g のこともあれば90g のことがあってもおかしくはない。ところが，みつ屋の主人は少々中味を少なくして，90g 平均で売ることにしている。よくこの店に駄菓子を買いにくるM君は，あるとき中味が少ないと文句を言った。そこで主人は

図1-5 みつ屋のインチキ

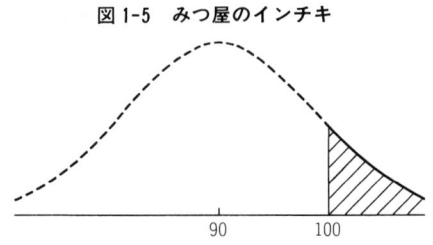

あらかじめ中味を測っておき，100gをこえる菓子袋だけM君に売ることにした。しかしながら，それでもM君はみつ屋の主人のインチキを見抜いたという。どのようにしてM君はインチキを見抜いたのであろうか？

●解答

　M君は，自分が買った菓子袋の重さを記録していた。それをヒストグラムに描いてみると，図1-5の斜線部分のように不自然な形になることがわかった。買った菓子袋の数が十分多い場合，みつ屋の主人のインチキはこのようにグラフを描くことによって見抜けるのである。

　さて，さまざまな分布の特徴をつかむため，いくつかの指標が導入される。それらは，分布の中心の位置を表わす指標，ばらつきを表わす指標，分布の歪み度を表わす指標，そして尖り度を表わす指標である。こういった指標は，データを集団として把握するために重要な役割を果たす。順に説明していこう。

１）分布の中心の位置を表わす尺度：モード，メディアン，平均

　図1-6は説明のため，架空のデータをグラフに表わしたものである。**モード**とはもっともポピュラーな値という意味であり，最頻値，すなわちもっとも頻度の高い変量の値のことをいう。この場合3％である。**メディアン**とは中央値，すなわちデータを小さいほうから順に並べたとき，ちょうど真ん中にくるデータの値である。図1-6の10個のデータにおいては5.5番目のデータが真ん中であるから（5番目ではない），メディアンは3％ということになる。モードやメディアンを計算するには，相対頻度がわかればデータの総数は必要ではないことがわかる。メディアンは全体を50％（1/2）ずつに分

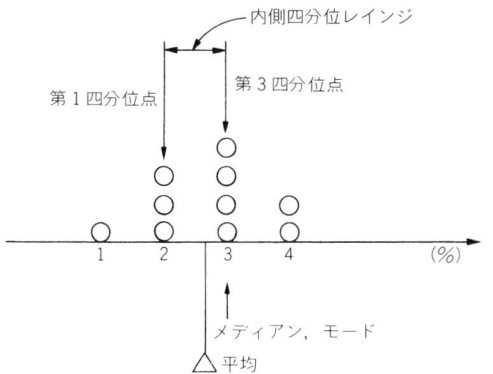

図 1-6 架空の収益率データ分布

けるデータの値ということになる。

平均（= 2.7%）は次のように計算される。

$$\frac{1\times1+2\times3+3\times4+4\times2}{10}$$

$$= 1\times\frac{1}{10}+2\times\frac{3}{10}+3\times\frac{4}{10}+4\times\frac{2}{10}$$

$$= \frac{27}{10} = 2.7$$

このことから，f_i を第 i 区分の度数，N をデータの総数として，各変量の相対頻度を

$$\frac{f_i}{N} = p_i$$

で表わすと，平均は，

$$m = \sum_i x_i p_i \tag{1-1}$$

と計算されることがわかる。ここで x_i はヒストグラムの各区間の中央値を一般的に表わしたものである。高校時代に物理を勉強した読者には，(1-1)式において x_i を腕の長さ，p_i を質点の重さとしたとき，m はモーメントに対応していることがわかると思う。すなわち図 1-6 において，その平均2.7を支点とするシーソーはつりあう。また上式から，相対頻度 p_i が与えられさえすれば，平均を求めるにあたっても，モード，メディアンと同様，デー

タの総数は必要ではないことがわかる。

以上三つの指標を紹介したが，これらは分布の形が単峰でありかつ対称ならば一致する。しかしながら，分布の形が歪んでいる場合にはかならずしも一致しない。

[例題1-2]

図1-6に描かれたデータの場合，平均の2.7を支点とする右回りのモーメントと左回りのモーメントが等しいことを確認せよ。

●解答

右回りのモーメントは，

$$(3-2.7)\times 4 + (4-2.7)\times 2 = 1.2 + 2.6 = 3.8$$

左回りのモーメントは，

$$(2.7-1)\times 1 + (2.7-2)\times 3 = 1.7 + 2.1 = 3.8$$

よって，二つのモーメントは等しい。

[例題1-3]

図1-6に描かれた一つひとつの○が10個のデータに対応するものとしよう。たとえば収益率1％のデータが10個，2％のデータが30個，……であったとする。このときも，分布の位置を表わす尺度の値は変わらないことを確認せよ。

●解答

メディアンとモードについては明らか。平均の計算をすると，

$$\frac{1\times 10 + 2\times 30 + 3\times 40 + 4\times 20}{100} = \frac{10+60+120+80}{100} = \frac{270}{100} = 2.7$$

となる。すなわち，分母と分子がともに10倍されることから，求める平均値に変わりはない。

2）分布のばらつきを表わす尺度：

分散と標準偏差，平均偏差，内側四分位レインジ

分布のばらつきを表わす指標は，以下のように作成される。まず，分布の位置をたとえば平均に固定し，それぞれのデータが平均mからどれだけ離れているかを考える。i番目のデータの離れぐあいを

$$|x_i - m|$$

図1-7　データの追加

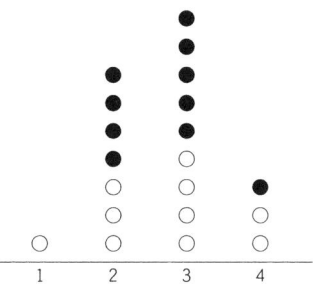

とすれば，この値をすべてのデータについて合計したものが，ばらつきに関する一つの目安を与えるであろう。ただ不都合な点は，データの数が増えるにつれ，その合計が大きくなることである。図1-7のグラフは，図1-6のデータに●印で示されるデータを追加したものである（mは変化しないようにしてある）。全体としては図1-7のデータのほうがばらつきが小さいように見えるが，$|x_i-m|$の合計値は当然大きくなってしまう。そこで，単に合計するのではなく，$|x_i-m|$の平均値を考える。すなわち，(1-1)式に対応して，

$$v = \sum_i |x_i-m| p_i$$

とする。このようなvは**平均偏差**とよばれる。偏差の平均ということである。

$|x_i-m|$の代わりに$(x_i-m)^2$を考えたものは**分散**とよばれる。すなわち分散とは，個々のデータが平均からどの程度離れているかを考え，それをそのデータのスコアとみなし，そのスコアの2乗値の平均を求めたものである。すなわち，図1-6のデータについては，

$$\frac{(1-2.7)^2\times 1+(2-2.7)^2\times 3+(3-2.7)^2\times 4+(4-2.7)^2\times 2}{10}$$
$$= (1-2.7)^2\times\frac{1}{10}+(2-2.7)^2\times\frac{3}{10}$$
$$+(3-2.7)^2\times\frac{4}{10}+(4-2.7)^2\times\frac{2}{10}$$
$$= 0.81$$

と求められる。ちなみに，図 1-7 のデータの分散は 0.61 である（これは読者自身で確かめられたい）。

一般的には，相対頻度 p_i と上で求めた平均 m を使い，分散は

$$s^2 = \sum_i (x_i - m)^2 p_i \tag{1-2}$$

と表わされる。s^2 は (1-1) 式において，それぞれのデータの値 x_i の代わりに $(x_i - m)^2$ を考えたかたちになっている。分散の単位はデータの単位の 2 乗になり，その値の意味が直観的にはつかみにくい。そこでその平方根をとり，データの単位にもどす。これが**標準偏差**である。分散や標準偏差においては，遠く離れたデータの値が 2 乗されることにより，さらに拡大される。それゆえ，異常値が存在する場合には，ばらつきを過大に評価してしまうことになる。

そこで，**内側四分位レインジ**という指標を用いることもある。レインジとは，データの最大値と最小値の差のことである。内側四分位レインジはデータを小さいほうから順に並べた場合，小さいほうから四分の一のところにくるデータの値（**第 1 四分位点**とよぶ）と，大きいほうから四分の一のところにくるデータの値（**第 3 四分位点**とよぶ）の距離をいう（図 1-6）。異常値が存在する場合，ばらつきの尺度としては，平均偏差や内側四分位レインジのほうが，より適当である。なお，平均に対する相対的なばらつき度を表わすものとして，標準偏差を平均で割った**変動係数**が用いられることも多い。

[例題 1-4]

10 個のデータ $\{-2, 0, 2, 1, 0, 0, -1, -1, 1, 0\}$ が得られたとする。このデータの相対頻度分布のグラフを描き，

(1) 平均，モード，メディアン

(2) 標準偏差，平均偏差，内側四分位レインジ，変動係数

を求めよ。

●解答

相対頻度分布を求めると，度数は $\{-2\}$ が 1，$\{-1\}$ が 2，$\{0\}$ が 4，$\{1\}$ が 2，$\{2\}$ が 1，となっている（図は省略）。

(1) 平均 $= \dfrac{(-2)\times 1+(-1)\times 2+0\times 4+1\times 2+2\times 1}{10} = \dfrac{-2-2+0+2+2}{10}$

$= \dfrac{0}{10} = 0$

モードは度数が4と最高の0，メディアンは小さいほうから5.5番目の値であるが，5番目も6番目も0であるから，その中間をとっても0となる。相対頻度分布が0を中心として左右対称であることから，平均とメディアンが0となることはすぐに理解されよう。

(2) まず分散を求めると，平均が0であるから，

分散 $= \dfrac{(-2-0)^2\times 1+(-1-0)^2\times 2+(0-0)^2\times 4+(1-0)^2\times 2+(2-0)^2\times 1}{10}$

$= \dfrac{4+2+0+2+4}{10} = \dfrac{12}{10} = 1.2$

となる。よって，

標準偏差 $= \sqrt{1.2} = 1.095$

となる。平均偏差は，

平均偏差 $= \dfrac{|-2-0|\times 1+|-1-0|\times 2+|0-0|\times 4+|1-0|\times 2+|2-0|\times 1}{10}$

$= \dfrac{2+2+0+2+2}{10} = \dfrac{8}{10} = 0.8$

と求められる。次に内側四分位レインジを求める。小さいほうから四分の一は3番目のデータ，大きいほうから四分の一は小さいほうから数えると8番目のデータである。3番目のデータが-1，8番目のデータが1であるから，

内側四分位レインジ $= 1-(-1) = 2$

となる。変動係数は，いまの場合平均が0であるから，定義されない（あるいは，無限大の値をとると理解する）。

以上，分布のばらつきを表わす尺度について紹介したが，このほか，分布の概形を把握するため，次の特性値が有用である。

3) 歪度

$$\sum_i \dfrac{(x_i-m)^3}{s^3} p_i$$

で定義され，対称ではない分布の歪みを測るものである。対称な分布であれ

表 1-1　A社株の月次収益率の諸指標

指　　標	1991〜2000年	2001〜2010年
平均	2.20	0.10
メディアン	0.65	0.85
モード	−1.25	6.25
分散	113.23	71.41
標準偏差	10.64	8.45
平均偏差	7.46	6.56
内側四分位レインジ	11.40	10.15
歪度	2.09	−0.01
尖度	11.74	3.17

(注)　1.　分散，歪度，尖度は無名数，他は単位：%。
　　　2.　モードは2.5%きざみの図1-1をもとに算出。他は原数値をもとに算出。

ば，歪度は0となる。図1-13（23頁の経済＝統計交差点①参照）のような分布は，右の裾が長いということで右に歪んでいるといわれ，その歪度は正の値をとる。

4）尖度

$$\sum_i \frac{(x_i - m)^4}{s^4} p_i$$

で定義され，分布の尖りというよりは，むしろ裾の重さを測る尺度である。平均から大きく離れたデータの値が，分散の場合よりもさらに大きく拡大されることになる。それゆえ，異常値を含む分布の場合，その尖り度は大きくなる。

表1-1は，図1-1のデータに対し，以上の指標の値を計算したものである。A社の二つの分布を比較すると，以下の点に気づく。まず，分布の中心の指標を比較すると，三つの指標の大小はまちまちである。これに対し，ばらつきの尺度をみると，前半期（1991〜2000年）のほうが後半期（2001〜2010年）の分布に比べ，すべての指標が大きな値をとっている。後半期には分布の中心が0の近くにあり，ばらつきぐあいも小さくなっているのは，この時期の株式市場が低迷していたことを物語っている。反対に，前半期は市場の高揚と乱高下を端的に反映した結果となっている。ハイ・リターンを望むにはハイ・リスクは覚悟のうえ，というのがポートフォリオ選択理論の鉄則で

もあるが，A社株はそうした条件下にあったと思われる。

前半期の歪度は正であるから，分布は右に歪んでいることがわかる。一般に歪んだ分布の場合，分布の中心を表わす指標としては，平均よりもメディアンのほうが実態をよりよく表わし，分散（あるいは標準偏差）よりも平均偏差や内側四分位レインジのほうがばらつきをより適切に表現する。その意味では，平均はプラスであるものの，メディアンは0のそばにあり，またモードがマイナスであることは示唆的であり，A社株への投資は（毎月継続的に売買をくりかえしてきたとすると），この時期にはかならずしももうけの大きな投資ではなかったかもしれない。もっとも，実際は一月以内に売却したり，1カ月をこえて保有したりするから，月次収益率の動向だけで判断するのは短絡的すぎるかもしれない。

前半期の分散（あるいは標準偏差）や尖度がかなり大きいのは，二つの異常値の貢献によるところが大であり，異常値を除くと尖度は大きく低下する可能性もある。ただし，A社株へ実際に投資する人にとっては，異常値を除いて考える必然性はないともいえる。一般に，異常値が現われるときは，A社株がもっともさかんに売買されるときでもあり，投資家にとっては千載一遇のチャンスともなるからである。

[例題1-5]

例題1-4の10個のデータについて，歪度，尖度を計算せよ。

●解答

平均が0，標準偏差が1.095であるから，

$$\text{歪度} = \frac{(-2-0)^3 \times 1 + (-1-0)^3 \times 2 + (0-0)^3 \times 4 + (1-0)^3 \times 2 + (2-0)^3 \times 1}{10 \times (1.095)^3}$$

$$= \frac{-8-2+0+2+8}{10 \times (1.095)^3} = 0$$

$$\text{尖度} = \frac{(-2-0)^4 \times 1 + (-1-0)^4 \times 2 + (0-0)^4 \times 4 + (1-0)^4 \times 2 + (2-0)^4 \times 1}{10 \times (1.095)^4}$$

$$= \frac{16+2+0+2+16}{10 \times (1.095)^4} = \frac{36}{10 \times 1.44} = 2.5$$

と計算される。

1.2　標本と母集団

　以上の議論は与えられたデータの集団を記述するためのものであり，このような統計は**記述統計**とよばれる。これに対し，興味の対象が単に与えられたデータの特徴をつかむことをこえ，そのようなデータがとられた背後に存在する集団を探ることにある場合も多い。このような集団は**母集団**とよばれ，そこからとられたデータは**標本**（**サンプル**）とよばれる。

　たとえば，図1-1のデータはA社の株式収益率の母集団からとられた標本といってよい。その場合，母集団とは過去から現在，そして将来に至るすべての時点でのA社の月次収益率からなる集団を指す。われわれは，その母集団の平均（期待収益率）や分散（リスク）について知るため，標本にみられる値からそれらの値を推測することになる。このような統計は**推測統計**とよばれる。

　標本から母集団の特徴が推測されうるためには，標本が偏りなく選ばれていなければならない。いいかえれば，標本は母集団からランダムに抽出されていなければならない。このことは，簡単なことではない。たとえば，ある雑誌の読者の中から何人かを選び出し，その雑誌の編集スタイルについて意見を求めたとしよう。いかにランダムに読者を選んだつもりであっても，回答者はその読者に限られ，現在の編集スタイルにある程度満足している者ということになる。

　標本には調査を行なう主体の恣意性がかならず含まれているため，得られたデータを**ランダム標本**と考えて分析することは不適当であるとの批判もある。このように考えれば，ランダム標本にもとづく統計分析自体が疑問視されることになる。しかしながら，実際のところ，標本がランダムにとられたとの想定のもとに統計分析を行なうことが不自然ではなく有益な場合も多い。

[例題1-6]

　標本抽出（サンプリング）の失敗としてよく引かれる例なので，紹介しておこう。1936年の米国の大統領選のときのことである。ある雑誌社が勝利者を予想するため，自社の雑誌の購読者および電話保有者の中から多くの人びとをラン

図 1-8 極限としての確率密度関数

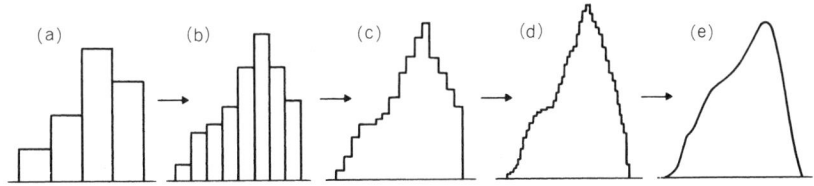

ダムに選び,アンケート調査を行なった。その結果からすれば,共和党候補ランドン氏が大差で勝つはずだったにもかかわらず,ふたをあけてみると民主党候補ルーズベルト氏が圧倒的勝利をおさめた。標本抽出のどこに問題があったのであろうか?

●解答

このアンケート調査は,ある雑誌の購読者で電話所有者という属性にもとづいたものとなっている。この雑誌の購読者に共和党の支持者が多いことも考えられるが,ここでは電話所有者には共和党支持者が多いという特性に注目しよう。この時代の電話所有者はいまだ裕福な家計にかぎられており,裕福な家計には共和党支持者が多かったのである。電話所有者のあいだでランダムに選んだとしても,真の意味でのランダム標本の抽出には成功していないわけである。

選挙の速報において,ほんのわずかしか開票されていないにもかかわらず,当確のマークが現われたり,あるいは,得票数についてみればより下位の候補者が上位の候補者を飛びこして当選確実となったりすることがある。これらは,標本数がさほど大きくなくとも標本からその母集団の特性が読みとれるからである。これが統計学の一つの醍醐味でもある。以下では,恣意性なくランダムな標本がとられたものとの前提のもとに,話をすすめることにしよう。

グラフを書く際に,データをどんどん増やし,それに応じて適当にグループ分けをこまかくする。すると,一般的にその概形はしだいに滑らかになる。これはエジプトのピラミッドが,ほんとうは階段状であるにもかかわらず,遠くからはあたかも三角形に見えるのと似ている(図1-8)。データ数を増やせば,その相対頻度分布は母集団の分布に近づくであろう。このようにし

第 I 章/分布とグラフ 15

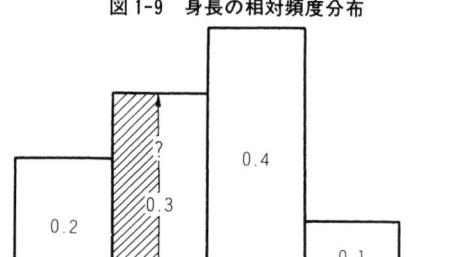

図 1-9　身長の相対頻度分布

て得られる相対頻度分布の極限は**確率密度関数**とよばれている。いいかえれば，確率密度関数とは母集団の相対頻度分布である。

　ここで注意しておきたいが，確率密度関数の高さは確率を表わすものではない。あくまでも確率の密度を表わすにすぎない。事実，その値は1をこえることもある。次のような問題を考えてみよう。

　図1-9に示される身長についての相対頻度分布のグラフを考えてみよう。この集団からランダムに1人を選び出したとき，その人の身長が165cmちょうどである確率はいくらであろうか？

　以下のように考えてみよう。このような母集団には160cmから170cmの人は30%いる。ということは，この母集団から1人を選び出せば，その身長がその区間に含まれる確率は0.3である。165cmから170cmの人が選ばれる確率は，おそらくその半分であろう。また，165cmから166cmまでの人が選ばれる確率は0.03と考えられる。それでは，165.0cmから165.1cmまでの人が選ばれる確率は？　このような手続きをくりかえしていけば，165cmちょうど（165.0……）の人が得られる確率は0であることがわかる。すなわち相対頻度分布において，その高さは確率を表わすものではないことが示された。確率密度関数は相対頻度分布の極限であるから，同様のことがいえる。

　しかしながら，このような議論からもわかるように，確率密度関数の高さと同時に区間の幅をも考えれば，確率を読みとることは可能である。たとえば，確率密度関数の高さを $f(x)$，x のまわりの小さな幅の区間を Δx と表わすと，

$$f(x)\varDelta x$$

は，X が x のまわりの $\varDelta x$ の幅の区間にはいる確率ということになる。

　母集団の特徴を表わす指標は，**パラメータ**とよばれる。パラメータはギリシャ文字で表わされるのがふつうである。たとえば，平均（mean）はアルファベットのmにあたる μ（ミュー），標準偏差（standard deviation）は s にあたる σ（シグマ）で表わされる。また分散は，標準偏差の 2 乗ということで σ^2 と表わされる。以下の章では，この二つのパラメータが主たる分析対象となる。

　確率密度関数を $f(x)$ とすれば，母集団における平均 μ は，

$$\mu = \int x f(x) dx$$

分散は，

$$\sigma^2 = \int (x-\mu)^2 f(x) dx$$

と表わされる。これらは先に求めた (1-1), (1-2) 両式に対応している。たとえば (1-1) 式において，

$$p_i = \frac{f_i}{N}$$

が $f(x)dx$（あるいは $f(x)\varDelta x$ と表わす）に対応する。さらに，ヒストグラムの区間の中央値 x_i が一般に x と表わされ，和の記号 Σ は積分記号に代わっている。同様に，(1-2) 式においては，$(x_i-m)^2$ が $(x-\mu)^2$ に置き換えられている。

　サイコロの出目のように，1, 2, ……と離散的な値でしか定義されない場合の分布は**離散分布**とよばれる。母集団の分布が離散分布で記述される場合，母集団の相対頻度分布はとくに**確率関数**とよばれる。その場合，x_i が得られる確率を $\Pr\{X=x_i\} = p_i$ とすれば，平均は，

$$\mu = \sum_i x_i p_i$$

分散は，

$$\sigma^2 = \sum_i (x_i-\mu)^2 p_i$$

表 1-2　宝くじの賞金（発売数：200万枚）

1	等	1億円	1本
2	等	300万円	20本
3	等	10万円	200本
4	等	1000円	2万本

となる。$\int(\cdot)f(x)dx$ あるいは $\sum(\cdot)p_i$ は一般的にいって，$(\cdot)$ にあたる変量の値にそのような値が得られる確率をかけて合計することを示しており，そのような**確率変数**（確率的にいろいろな値をとる変数）の期待される値と考えられる。それゆえ，expectation（期待値）の頭文字をとり，このような操作を $E(\cdot)$ と表わす。すなわち，平均は X の期待される値と考えられるので，$\mu = E(X)$ と表わされる。同様に，分散は $(X-\mu)^2$ の期待される値と考えられるので，$\sigma^2 = E(X-\mu)^2$ と表現される。

[例題 1-7]

表 1-2 のような宝くじがあったとする。この宝くじ1枚に対する当選金額を X と表わすことにしよう。X の確率関数を描き，X の期待値（平均値）と分散を求めよ。読者はこのような宝くじをいくらまで出して購入するであろうか？

●解答

X の確率関数は，図 1-10 のようになる。一つのスケールではとても描きえない。この宝くじの期待値は，

$$E(X) = \frac{100000000}{2000000} + \frac{3000000}{100000} + \frac{100000}{10000} + \frac{1000}{100}$$
$$= 50+30+10+10 = 100 \text{ 円}$$

となる。分散はちょっとやっかいであるが，

$$E(X-100)^2 = \frac{99999900^2}{2000000} + \frac{2999900^2}{100000} + \frac{99900^2}{10000} + \frac{900^2}{100}$$
$$+ \frac{100^2 \times 1979779}{2000000}$$
$$= 4999990000 + 89994000 + 998001 + 8100 + 9899$$
$$= 5091000000$$

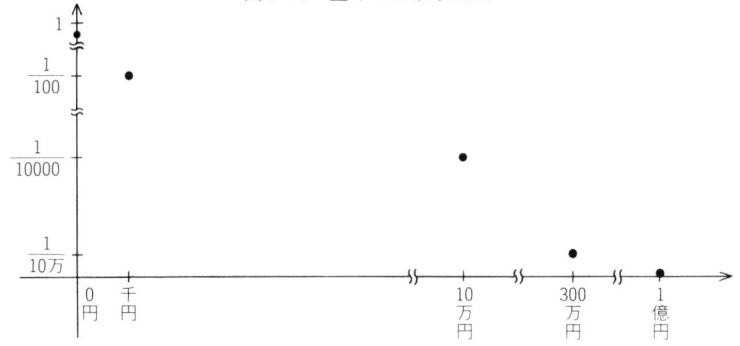

図1-10 宝くじの確率関数

となる。したがって，標準偏差は約7万1351円となる。なお，分散の計算にあたっては，次の公式を覚えておくと便利なことが多い。

$$\sigma^2 = \sum_i (x_i - \mu)^2 p_i = \sum_i (x_i^2 - 2\mu x_i + \mu^2) p_i$$

$$= \sum_i x_i^2 p_i - 2\mu \sum_i x_i p_i + \mu^2 \sum_i p_i$$

$$= \sum_i x_i^2 p_i - \mu^2$$

いまの場合，この式を使った計算のほうが楽である。

期待値が100円の宝くじをいくらまで出して購入するであろうか。この回答は，危険に対する選好に依存する。あなたが危険中立的ならば，答えは100円である。危険回避者ならば100円までは出さないであろうし，逆に危険愛好者ならば100円以上出すであろう。

実際に売られている宝くじは，危険愛好者が前提となっている。なぜならば，宝くじの発行者（地方公共団体）の収入を確保するために，宝くじの期待値はかならずその価格を下回るからである。わが国の宝くじの期待値は，100円当たり約40円ということである。

1.3 変数変換とヒストグラム

たとえばこれまでcmで測定されていたデータをインチで表わすなど，単位を変えたいことがある。そのような場合を含め，一般に変数変換を行なった場合，ヒストグラムはどのように変化するかを調べてみよう。図1-11 (a)

図 1-11 変数変換とヒストグラムの変化

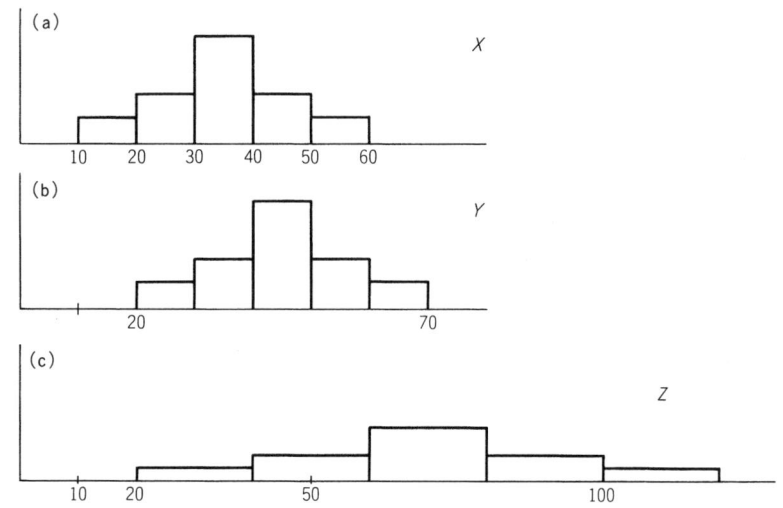

は，数多くの子どもたちのポケットマネーを調べ，ヒストグラムに表わしたものである．図ではヒストグラムの面積が 1 となっており，ヒストグラムの高さが縦軸に記入されている．

さて，まずすべての子どもたちがお小遣を10円ずつアップしてもらったとし，その結果をヒストグラムにまとめてみよう．このことは，ポケットマネーを表わす変数を X とすれば，

$$Y = X + 10$$

の分布を調べることに等しい．Y のヒストグラムは図 1-11 (b) のようになり，Y の分布の平均は X の分布の平均よりも10だけ大きくなるが，ばらつきには影響がない．すなわち，m を平均，s^2 を分散を表わす記号とすれば，

$$m_y = m_x + 10$$
$$s_y^2 = s_x^2$$

となっている．

次に，すべての子どものポケットマネーが 2 倍になったとしよう．25円持っていたものは50円へ，35円持っていたものは70円へ，45円持っていたものは90円へとそれぞれ変換される．その結果，

$$Z = 2X$$

の分布を考えると，そのヒストグラムは図 1-11 (c) のようになる。ただし，ヒストグラムの面積が 1 であることから，ヒストグラムの高さは1/2になることに注意したい。Z の平均と分散は，

$$m_z = \sum_i (2x_i) p_i = 2\sum_i x_i p_i = 2m_x$$

$$s_z^2 = \sum_i (z_i - m_z)^2 p_i = \sum_i \{(2x_i) - (2m_x)\}^2 p_i = 4\sum_i (x_i - m_x)^2 p_i$$
$$= 4s_x^2$$

となることがわかる。とくに，分散の値が $2^2 = 4$ 倍となることは重要な点である。

上の二つを組み合わせ，一般に

$$W = aX + b \tag{1-3}$$

とすれば，W の平均と分散はどのように与えられるであろうか？　このような問いに答えるため，W への変換を 2 段階に分けて考える。すなわち，まず aX と変換することにより，上の議論からその平均は am_x，分散は $a^2 s_x^2$ となる。その後 b を加えると，平均は $am_x + b$ となり，分散は $a^2 s_x^2$ のままであることがわかる。もちろん，標準偏差は as_x となっている。

次のような変換を考えてみよう。

$$W = \frac{X - m_x}{s_x} \tag{1-4}$$

変換 (1-4) 式の意味するところは，確率変数 X からその平均を差し引き，その後 X の標準偏差で割るということである。ここで m_x, s_x は定数であって確率変数ではない。このような変換は以下の章でもたびたび登場する重要なものである。W は，

$$W = \frac{1}{s_x} X - \frac{m_x}{s_x}$$

と考えれば，(1-3) 式において，

$$a = \frac{1}{s_x}, \quad b = -\frac{m_x}{s_x}$$

とおいた変換に対応する。それゆえ，W の平均，分散はそれぞれ，

$$m_w = \frac{1}{s_x} m_x - \frac{m_x}{s_x} = 0$$

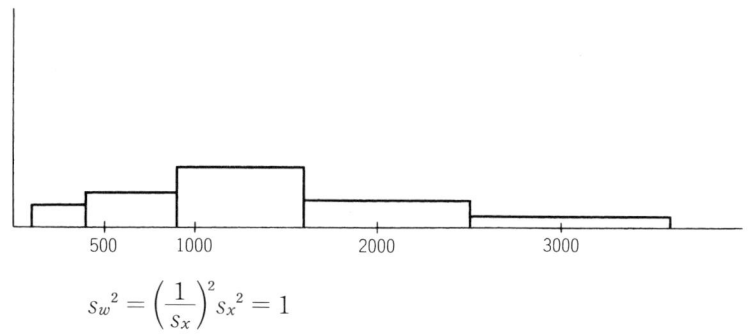

図1-12　$V = X^2$の分布

$$s_w{}^2 = \left(\frac{1}{s_x}\right)^2 s_x{}^2 = 1$$

であることがわかる．このような変換Wをとくに，Xの**標準化**あるいは基準化という．

　最後に，Xが対称な分布に従うとき，$V = X^2$の分布がどのようになるかを調べてみよう．図1-12は図1-11 (a) に表わされるXを$V = X^2$と変換した結果のグラフである．図より，対称な分布は平方をとることによって右に歪むことがわかる．このことは$V = X^3$についても当てはまる．人間の身長は正規分布に従う．反面，人間の体重は右に歪んだ分布に従うことが知られている．これは，身長が1次元の特性を表わすものであるのに対し，体重は体積，すなわち3次元の特性を表わすからである．

1.4　まとめ

　本章では，統計学の入門的事項をいろいろ説明してきた．まずはじめに，相対頻度分布のグラフを出発点として，平均や分散，あるいは歪度や尖度など分布形を記述するさまざまな指標についてみた．こうした記述統計的な考察の後に，標本をもとに全体の分布形を推測する推測統計のアプローチについても学んだ．推測統計では確率密度関数が重要な役割を演じる．本章ではまた，変数変換によってヒストグラムがどのように変化するかも検討した．

　本章で学んだことは，いずれも統計学の基礎をなすものであり，本書を読みすすんでゆくうえで絶対に必要となる知識である．途中で挫折しないためにも，しっかりと身につけてから，次章にすすんでいただきたい．

経済 = 統計交差点 ❶
貯蓄残高の分布について

　経済学の中でも，データの分布の形状が直接問題とされる分野がある。所得水準や資産保有の不平等度を分析する場合である。もともと経済学のほとんどの分野では，資源配分の効率性が重要視され，分配面についての考察は政治学や社会学の学問範疇として，対象外としてしまっている（ただし，マルクス経済学は別）。

　ミクロ経済学で登場する「パレート最適性」の概念がその端的な例であり，原材料にむだを出さずにおいしいパイをつくるのが目的となり，焼き上がったパイをだれが食べるかは問題としない。その意味では，所得分布や資産分布の不平等度の分析は，経済学の中でも異質の分野といってもよいであろう。

　図1-13は，総務庁（現総務省）の「貯蓄動向調査報告」から，本書第2版が刊行された1998年段階で最新データだった1996年12月末における勤労者世帯1世帯当たりの貯蓄現在高（金融資産のみ）の階級別分布を取り出したものである。明らかに，世帯割合のヒストグラム（横軸の目盛りが均一でないのに注意）は，右側の裾が長いものとなっており，左右対象ではない。しかも，平均が1279万円，メディアンが854万円，モードが437万円と，それら

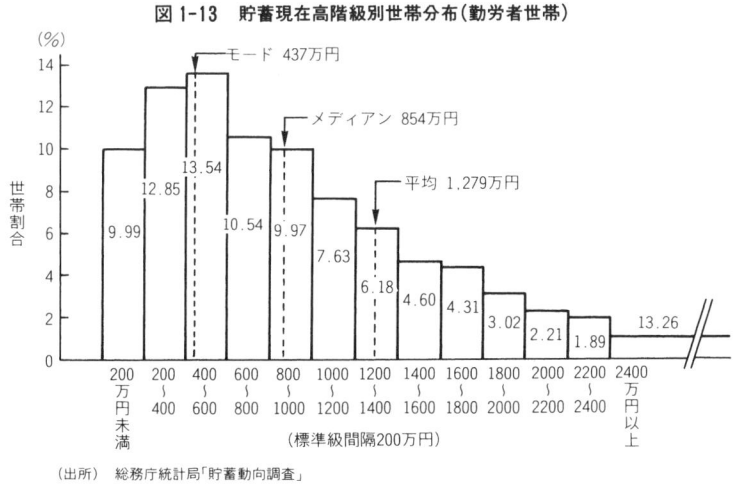

図1-13　貯蓄現在高階級別世帯分布（勤労者世帯）

階級（万円）	世帯割合(%)
200万円未満	9.99
200〜400	12.85
400〜600（モード 437万円）	13.54
600〜800	10.54
800〜1000（メディアン 854万円）	9.97
1000〜1200	7.63
1200〜1400（平均 1,279万円）	6.18
1400〜1600	4.60
1600〜1800	4.31
1800〜2000	3.02
2000〜2200	2.21
2200〜2400	1.89
2400万円以上	13.26

（標準級間隔200万円）

（出所）　総務庁統計局「貯蓄動向調査」

表1-3 平均, メディアン, モードの動向(1987〜96年)

(単位：万円)

	平均(1)	メディアン(2)	モード(3)		平均(1)	メディアン(2)	モード(3)
1987年	819	537	231	1992年	1187	744	300〜600未満
88	893	590	206	93	1236	785	445
89	995	630	278	94	1234	805	377
90	1051	700	294	95	1261	836	320
91	1128	740	300〜400未満	96	1279	854	437

(注) 1991年と92年のモードは範囲のみ特定可。
(出所) 図1-13に同じ。

三つの指標の乖離幅はそうとう大きなものがある。こうした傾向は1996年末にかぎらず，それ以前のほぼどの年でも同様といえる。ちなみに，1987〜96年間の主な統計指標の動向は，表1-3にまとめてある。

右裾が長く，平均がメディアンを顕著に上回るということは，極端な高額所得者や資産家に分類される家計が存在するということであり，所得分布や資産分布が平等でないことを示唆している。実際，図1-13で平均を上回るのは約三分の一の世帯にすぎず，大部分の世帯にとっては平均の実感がともなわないと思われる。

次に図1-14は，図1-13と同様に，2009年末の段階での貯蓄現在高の階級別分布を描いたものである。図1-13では標準級間隔が200万円なのに対して，図1-14では100万円とより細分化されたものになっているが，もちろん200万円間隔に変換することは可能である。しかし，そうした操作なしでも，1996年から2009年の13年間に，①平均とメディアン（中央値）が，それぞれ

図1-14 H21年10〜12月期 貯蓄現在高階級別世帯分布(二人以上の世帯のうち勤労者世帯)

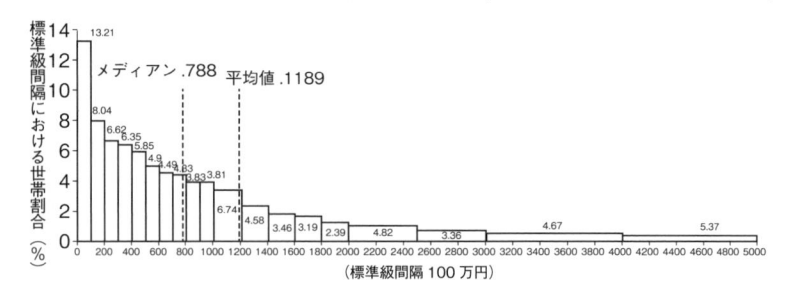

(出所) 総務省統計局「家計調査報告（貯蓄・負債編）」平成21年平均結果速報

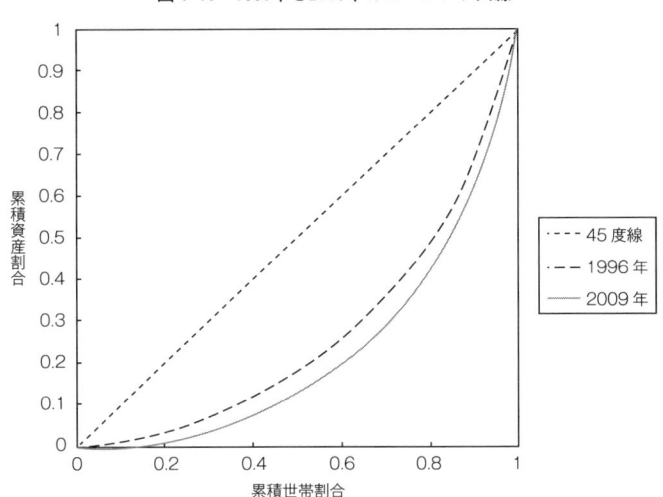

図 1-15　1996年と2009年のローレンツ曲線

(縦軸：累積資産割合、横軸：累積世帯割合／凡例：45度線、1996年、2009年)

1279万円と854万円から1189万円と788万円に減少していること，②モードが437万円から100万円未満に移行したこと，しかし③2000万円以上の割合は合計して17.4％から18.2％に上昇していること，の3つの特徴に端的に反映されているように，全般的に階級別分布の不平等化が進んだことが理解される。

　資産分布の不平等化は，代表的な不平等度の尺度であるジニ係数が13年間に0.46から0.55に上昇したことでも確認される。ここでジニ係数は，図1-15において，横軸に累積世帯割合，縦軸に累積資産残高割合をとったときの組合せの軌跡（ローレンツ曲線と呼ばれる）を基準として，ローレンツ曲線と45度線に挟まれたレンズ形の面積が45度線下の三角形の面積に占める割合で定義され，後者が両軸を0から1までにしてあるので0.5と計算されることから，結果的にジニ係数はレンズ形面積の2倍になる。たとえば全世帯が同じ貯蓄残高で完全平等ならばジニ係数は0，1つの世帯が全貯蓄残高を独占しているとジニ係数は1，完全に二極分化して半数世帯が貯蓄残高ゼロ，半数世帯が同じ貯蓄残高とすると，ジニ係数は0.5になる。

　そもそも貯蓄残高には，放っておくと時とともに不平等化する傾向が認められる。それにはさまざまな理由が考えられるが，もっとも単純には，資産

運用によっては収益が得られ，その額が貯蓄残高自体に比例することが指摘されよう。これを阻止ないし逆転させるのは，資産を取り崩す必要性に迫られるか危険資産のキャピタル・ロスの発生と税制の効果であろう。前二者はいわば自発的選択の結果であるが，個別の家計にはしばしば起こるとしても，経済全体では常には期待できないし，また1990年代のバブル経済崩壊後の地価や株価の下落のように，それが必ずしも社会的に望ましいわけでもない。

　したがって，残るは所得税や相続・譲渡税の累進課税や資産課税の強化であるが，周知のように，1990年代以降この観点からは，日本の税制は逆方向に改革された。市場原理主義を標榜し，経済のグローバル化を追い風として進められた小泉純一郎内閣による「構造改革」が，優勝劣敗を当然のこととし，それがジニ係数の上昇に見られる資産分布の不平等化の原因の一端となったのは疑いない。

＊　　　＊　　　＊　　　＊

　2011年3月11日に発生した東北地方太平洋沖地震及びその後の大津波は，被災者から家族の人命や家屋・漁船・自動車といった資産を奪ってしまった。この東日本大震災は，バブル経済崩壊後の長期デフレ不況から脱却できずにいた日本経済にとって，とりわけ資産分布の不平等化が進む日本国民にとって，弱り目に祟り目となった。地震・津波に限らず，日本は火山の噴火，台風，集中豪雨と，自然災害には事欠かない。常時，日本中のどこかでは，何らかの自然災害に襲われているといっても過言ではない。

　局所的な自然災害は，他の地域との資産格差を拡大させる。他方，どの地域も何らかの自然災害に見舞われるとすれば，高額の資産所有者が大きく資産を失い，世代を超えての一方的な不平等化の動きにストップがかかる効果もある。東日本大震災が，短期的に資産分布の不平等度を高めたのは疑いないが，東北地方の復興や日本経済全体の再生の後には，低額資産所有層のかさ上げとともに，資産分布の平等化への動きが起こるであろう。

練　習　問　題

（＊印はやや難解。最初はスキップしてもかまわない。）

1. 次のそれぞれにつき，相対頻度分布のヒストグラムがどのようになるか，そのおおよその形状を描け。なお，横軸の単位と区分を明記せよ。
   (1) ⓐ 男女学生同数を，5 kg単位で区分した体重。ⓑ 女子学生だけの場合はどうか。
   (2) ⓐ 学生1人当たりの総蔵書数。ⓑ 経済学関係の蔵書に限った場合はどうか。
   (3) 1世帯当たりの年間ガソリン消費額。

2. 表1-4は，わが国の住宅地における1991年以降半年ごとの地価の上昇率を表わしている。

表1-4　住宅地価上昇率

(単位：％)

1991		1992		1993		1994		1995		1996		1997		1998		1999		2000	
2.5	−0.3	−2.2	−2.5	−2.5	−1.7	−1.3	−0.8	−0.7	−0.8	−1.0	−0.9	−0.6	−0.6	−0.7	−1.0	−1.7	−1.7	−1.9	−2.0

2001		2002		2003		2004		2005		2006		2007		2008		2009		2010	
−2.1	−2.2	−2.3	−2.4	−2.5	−3.3	−3.2	−3.0	−2.5	−2.2	−1.6	−1.1	−0.4	−0.2	−0.5	−1.3	−2.1	−2.0	−2.0	

(出所)　日本不動産研究所「市街地価格指数」住宅値（前期比）

   (1) 2000年までの上昇率のヒストグラムを作成し，モード，メディアン，平均，分散，標準偏差，平均偏差，内側四分位レインジの値を計算せよ。
   (2) 2001年以降の上昇率のヒストグラムを作成し，同様に各指標の値を計算し，結果を比較せよ。
   （ヒント：ヒストグラムの作成後は，原データは使用しない。すべてのデータが各区間の中央に位置するものと考える。ただし，メディアンを計算する際には，データが各区間に均等にばらついているものとして計算する。このようなルールは一般に適用されているものである。）

3. あるテストを100人の学生が受けた結果，最高点は80点，最低点は0点であった。100人の点数は対称に分布しているものとしたとき，得点の標準偏差のとりうる範囲（最大値と最小値）を求めよ。

4. 表1-5のような宝くじの場合，当選金額の期待値と分散そして標準偏差はいくらであろうか。本文中の表1-2と比べ，購入者にとってどちらの宝くじが有利といえるであろうか。

表 1-5　宝くじの賞金（発売数：200万枚）

等級	賞金	本数
1 等	5千万円	2本
2 等	1千万円	5本
3 等	100万円	10本
4 等	1万円	1000本
5 等	1000円	1万本

5．米国では気温を華氏で表わすことが多い．サンフランシスコの8月の平均気温は80°Fで標準偏差は5°Fである．これらを日本のように摂氏で表わすとすれば，平均何度℃，標準偏差何度℃ということになるのであろうか．ただし，°F ＝ (9/5)℃ ＋32 という関係がある．

6*．ある確率変数の確率密度関数が図 1-14 のように与えられたとしよう．このとき，a の値を求め，この確率変数の平均，分散，歪度を計算せよ．

図 1-16

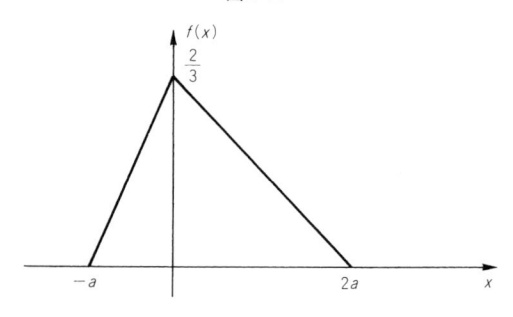

7．表 1-6 は，都道府県別の失業率を1995年と2005年について調べたものである．これをもとに，以下の設問に答えよ．
(1) 2005年について，相対頻度分布をヒストグラムに表わしてみよう．この際，ⓐ0.5％きざみ，ⓑ0.2％きざみ，の2通りについて行ない，ヒストグラムの形状にどのような差があるか，調べてみよう．
(2) 上のⓑでは，たとえば3.0％を（2.9〜3.0）のほうに入れるか（3.0〜3.1）のほうに入れるかによって，ヒストグラムに差が生じるか否か確かめてみよう．
(3) ⓐ1995年と ⓑ2005年について，表のデータから平均，メディアン，モードを求めよ．また分散，標準偏差，平均偏差，内側四分位レインジ，変動係

表 1-6 都道府県別失業率

(単位:%)

	1995	2005		1995	2005
全 国 計	4.3	6.0	近　　畿		
			三　重	3.4	4.9
北 海 道	4.4	6.6	滋　賀	3.1	4.8
東　　北			京　都	4.4	6.6
青　森	5.0	8.5	大　阪	6.2	8.6
岩　手	3.2	6.2	兵　庫	5.1	6.7
宮　城	3.9	6.6	奈　良	4.2	7.0
秋　田	3.3	6.1	和歌山	4.5	5.8
山　形	2.7	4.6	中　　国		
福　島	3.4	6.2	鳥　取	3.0	4.4
関　　東			島　根	2.4	4.1
茨　城	3.8	5.9	岡　山	3.7	5.8
栃　木	3.7	5.7	広　島	3.7	4.6
群　馬	3.7	5.4	山　口	3.6	4.7
埼　玉	4.4	5.9	四　　国		
千　葉	4.3	5.7	徳　島	4.5	7.4
東　京	4.9	5.9	香　川	3.9	5.9
神奈川	4.6	5.8	愛　媛	4.4	6.8
中　　部			高　知	5.4	8.6
新　潟	2.7	4.7	九　　州		
富　山	2.8	4.3	福　岡	5.5	7.5
石　川	3.3	4.9	佐　賀	3.5	6.1
福　井	2.5	4.4	長　崎	4.2	6.3
山　梨	3.4	5.1	熊　本	4.2	6.3
長　野	2.5	4.3	大　分	6.2	6.4
岐　阜	3.2	5.0	宮　崎	4.2	6.3
静　岡	3.5	4.4	鹿児島	4.1	6.6
愛　知	3.7	4.5	沖　縄	10.0	11.8

(出所) 総務庁「国勢調査報告書」完全失業率。

数,歪度,尖度も求めよ。平均については,求めた値を表の全国計の失業率と比較せよ。両者に差がある場合は,どのような理由が考えられるか。

(4)* 沖縄県の失業率は他と比していちじるしく高い。そこでこれを異常値とみなし,対象サンプルから除外する。そのうえで(3)の作業をくりかえし,結果を比較せよ。

(5) 沖縄県の失業率は,これらの年にかぎらず,つねに高くなっている。すると,沖縄県を異常値として扱うことには,合理的な根拠が認められるであろうか。

第2章

正規分布

2.1 正規分布とは

相対頻度分布のヒストグラムはその多くが山のような形を示すことは第1章でのべたが，そのような形の中で一つの理想形として導入されたのが，図2-1に示される**正規分布曲線**である。その形はベルのようともスズランの花のようとも形容されるが，単峰であり，左右対称的であり，富士山のようにその裾が滑らかでしだいに横軸に近づく。**正規分布**（normal distribution）は，18世紀にイギリスの数学者ド・モアブルにより数学的に定式化され，その後ガウスやラプラスにより，確率論的な立場からの研究がなされた（このような経緯から，正規分布は時として**ガウス分布**ともよばれる）。

正規分布の確率密度関数を $f(x)$ として，$f(x)dx$ は以下の式で表わされる。

$$\frac{1}{\sqrt{2\pi}\sigma}\exp\left\{-\frac{(x-\mu)^2}{2\sigma^2}\right\}dx \tag{2-1}$$

ただし，$\exp\{\cdot\}$ は，$e = 2.718...$ という数字を考え，$e^{(\cdot)}$ という指数関数を表わすものである。たとえば $\exp\{1\} = 2.718...$ であり，$\exp\{2\} = 7.389...$ となる。また，dx は小さな区間を表わし，このような区間を考えることによってはじめて（2-1）式は確率を表わす（第1章参照）。（2-1）式からわかるように，正規分布は二つのパラメータ μ と σ^2 にのみ依存している

図2-1 さまざまな正規分布曲線と面積

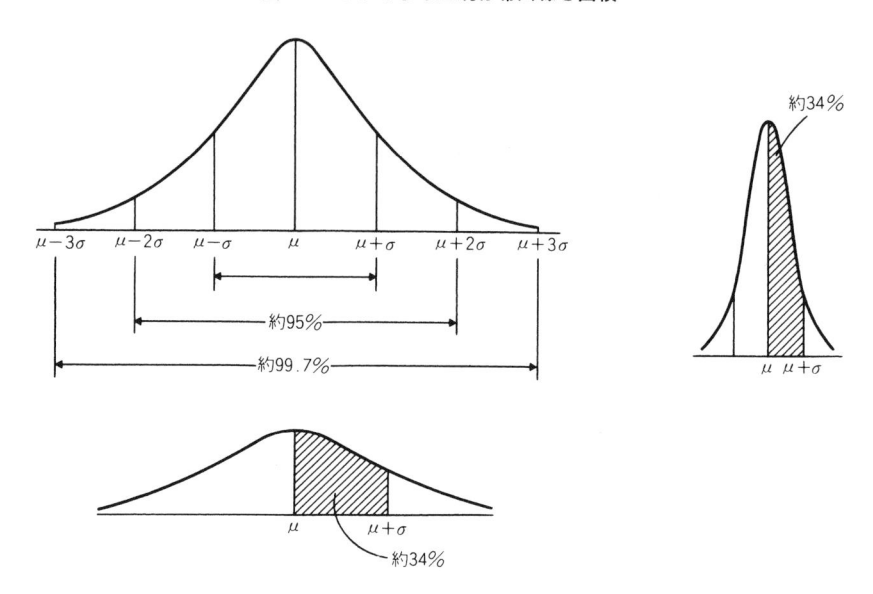

(π はパラメータではなく，円周率である)。これらはそれぞれ正規分布の平均と分散に対応し，normal distribution のNをとって，$N(\mu, \sigma^2)$という記号を用いて正規分布が特定化される。σの値いかんによって，正規分布の形状は背が高くほっそりしたものから低くズングリしたものまでいろいろとりうる。

しかし，いずれにせよ，平均を中心に標準偏差を単位としてみれば，一定の長さの区間の上の面積はいずれの正規分布においても等しい。このことは(2-1)式において，

$$z = \frac{x-\mu}{\sigma}$$

と変数変換すれば，zは平均を中心に考えたとき，xがσの何倍の値であるかを考えたものであり，そのとき(2-1)式は，

$$\frac{1}{\sqrt{2\pi}} \exp\left\{-\frac{z^2}{2}\right\} dz \tag{2-2}$$

となり，μやσに依存しないことからもわかる（$dz/dx = 1/\sigma$ となる点に注

図 2-2　変数変換とヒストグラム

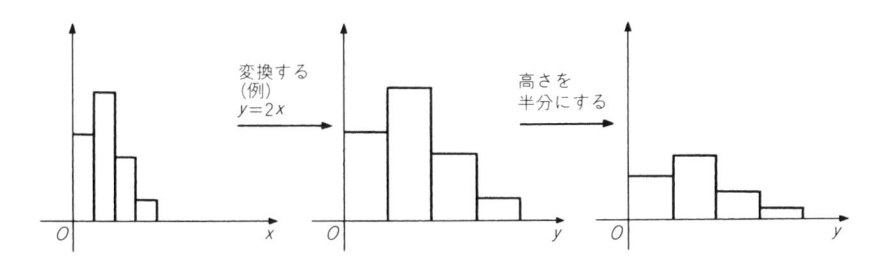

意。これは，変量の単位を変えてヒストグラムを描くならば，それに応じてヒストグラムの高さも変化させなければ，グラフの面積が変化してしまうことに対応している。図 2-2 参照)。(2-2) 式は (2-1) 式において，$\mu = 0$，$\sigma = 1$ とおいたものであるから，平均は 0，分散は 1 である。このような分布は**標準正規分布**とよばれる。

1.3 において変数変換について学んだ。z は $Z = aX + b$ の形をとっている。X の平均は μ，分散は σ^2 であり，X に対して

$$a = \frac{1}{\sigma}, \quad b = -\frac{\mu}{\sigma}$$

なる変換をほどこすと考えれば，Z はつねに平均 0，分散 1 となることがわかる。このような変換をとくに標準化ということは，すでに学んだ。

図 2-1 には，よく利用されるいくつかの面積の値が示されている。正規分布において，$\mu \pm \sigma$ をこえるデータは約 32%，$\mu \pm 2\sigma$ をこえるデータは約 5% あり，$\mu \pm 3\sigma$ をこえるデータは 1000 に三つしかない（センミツという）。これらは，標準正規分布において，それぞれ ± 1，± 2，± 3 をこえるデータと考えてもよい。このことは，たとえば $X \geq \mu + \sigma$ が $(X - \mu)/\sigma \geq 1$ と同等であることから明らかであろう。標準正規分布に対しては，さまざまな値に対応する面積がほとんどの統計学の教科書の巻末に数表として与えられている。この数表がいかに利用されるか，一例を挙げておこう。

B 社の株式収益率はおおむね正規分布に従うものとしよう。その平均は 1%，標準偏差は 4% とする。その場合，B 社の株式を購入したとき，正の収益をあげることができる可能性は何%くらいであろうか？　次のように考え

表 2-1　A社の株式収益率の分布と正規分布の面積による比較

	-3σ	-2σ	$-\sigma$	平均	$+\sigma$	$+2\sigma$	$+3\sigma$
正規分布の場合	0.15%	2.35%	13.5%	34%	34%	13.5%	2.35%	0.15%
A社の収益率	0	0	13.1	44.1	33.3	7.1	1.2	1.2

ればよい。B社の収益率を表わす変数をXとしよう。そのとき，

$$\Pr\{X \geq 0\}$$
$$= \Pr\left\{\frac{X-1}{4} \geq \frac{0-1}{4}\right\}$$
$$= \Pr\{Z \geq -0.25\}$$

となる。ここでPrは確率（Probability）を表わす記号であり，Zは標準正規分布に従う確率変数を表わす。そこで数表Aをみれば，Zが-0.25を上回る確率は$1-0.4013 = 0.5987$と約60%であることがわかる。よって，正の収益をあげうる可能性は約6割ということになる。

このような手順を反対に考え，B社の株式を保有することにより，たとえば90%まちがいないといえる収益率は何%以上かを求めることも可能である。すなわち，

$$\Pr\{X \geq a\} = 0.9$$

となるaの値を求めるという問題である。ここでもXをZに変換し，

$$\Pr\left\{\frac{X-1}{4} \geq \frac{a-1}{4}\right\} = \Pr\{Z \geq b\} = 0.9$$

と考える。数表Aから，$1-0.9 = 0.1$の確率に対応するzの値は1.28であり，したがってbの値は-1.28であることがわかるので，

$$a = 4b+1 = 4\times(-1.28)+1 = -4.12$$

と求められる。すなわち，収益率が-4.12%以上である確率が90%になる。

ここで，第1章で紹介したA社の1991～2000年における収益率のデータをもう一度振り返ってみよう。それらのデータを平均2.20%を中心として，標準偏差10.64%ごとに区切ってゆく。次にそれぞれの区間に何%のデータが含まれているかを計算し，正規分布と比較したものが表2-1である。読者に

は，予想以上に正規分布の面積とにかよった数値が得られていることを確かめられたい。

[例題 2-1]

正規分布の確率密度関数の式（2-1）において，$\mu = 0$，$\sigma = 1$とし，$x = 0, \pm 1, \pm 2, \pm 3$ に対して $f(x)$ の値を求めよ。

●解答

$\mu = 0$，$\sigma = 1$のとき，
$$f(x) = \frac{1}{\sqrt{2\pi}} \exp\left\{-\frac{x^2}{2}\right\}$$

となる。この $f(x)$ については $f(-x) = f(x)$ が成立することがただちにわかる。この性質を利用して，電卓などで計算すると，

$$f(0) = \frac{1}{\sqrt{2\pi}} \exp\{0\} = \frac{1}{\sqrt{2 \times 3.14}} = 0.399$$

$$f(1) = f(-1) = \frac{1}{\sqrt{2\pi}} \exp\{-0.5\} = 0.399 \times 0.607 = 0.242$$

$$f(2) = f(-2) = \frac{1}{\sqrt{2\pi}} \exp\{-2\} = 0.399 \times 0.135 = 0.054$$

$$f(3) = f(-3) = \frac{1}{\sqrt{2\pi}} \exp\{-4.5\} = 0.399 \times 0.011 = 0.004$$

となることがわかる。

[例題 2-2]

裏庭の池にはカメがたくさんいる。その体長の平均は10cm，標準偏差は 2 cmである。その中から 1 匹をランダムに捕まえ，その体長を測る。その値を X cmとしよう。このとき，以下の確率を求めよ。

(1) $\Pr\{X > 10\}$ (2) $\Pr\{X > 5\}$ (3) $\Pr\{X < 14\}$ (4) $\Pr\{8 < X < 12\}$

●解答

平均が10cm，標準偏差が 2 cmであるから，X を標準化すると，
$$Z = \frac{X - 10}{2}$$

となる。

(1) $\Pr\{X > 10\} = \Pr\left\{Z > \dfrac{10 - 10}{2}\right\} = \Pr\{Z > 0\} = 0.5$

(2) $\Pr\{X > 5\} = \Pr\left\{Z > \frac{5-10}{2}\right\} = \Pr\{Z > -2.5\} = 1 - \Pr\{Z \leq -2.5\}$
$= 1 - 0.006 = 0.994$

(3) $\Pr\{X < 14\} = \Pr\left\{Z < \frac{14-10}{2}\right\} = \Pr\{Z < 2\} = 1 - \Pr\{Z \geq 2\}$
$= 1 - 0.023 = 0.977$

(4) $\Pr\{8 < X < 12\} = \Pr\left\{\frac{8-10}{2} < Z < \frac{12-10}{2}\right\} = \Pr\{-1 < Z < 1\}$
$= 1 - 2\Pr\{Z \geq 1\} = 1 - 2 \times 0.159 = 0.682$

[例題2-3]

A君の家から駅までの所要時間はバスで平均20分，標準偏差10分である。A君は3時に友人と駅で待ち合わせをした。何時に家を出るべきであろうか？

●解答

バスの所要時間を X 分とする。これから逆算して何時に家を出るべきかは，どれだけの確率で時間にまにあうべきかに依存する。これを95％と設定しよう。

X を標準化すると，

$$Z = \frac{X - 20}{10}$$

となる。確率95％で駅に到着しているためには，まず $\Pr\{Z \leq \alpha\} = 0.95$ となる α を求める必要がある。この α は1.64である。すると，$Z \leq 1.64$ は $X \leq 10 \times 1.64 + 20$ と同値であるから，$X \leq 36.4$ となる。したがって，36.4分以上のゆとりをもって家を出る必要があることがわかる。

2.2 異なる集団からの標本の比較

正規分布もしくはそれに近い分布であれば，その平均と分散（あるいは標準偏差）の値を知ることにより，そこからとられた標本の大きさを他の集団からの値と比較することが可能である。

A君はある大学の経済学部の入学試験において日本史を選択し，その結果65点をとった。一方，B君は数学を選択し，60点であった。その場合，A君のほうがB君よりもよい成績を修めたと即断してよいであろうか。二つの科目の難易度が異なっていたとすると，得点を単純に比較することは好ましく

ない。たとえば，日本史の平均点は55点であり，しかるに数学の平均点は40点であったとしよう。その場合，A君は平均よりも10点，B君は20点も上回ったことになる。したがって，B君のほうがよい成績を修めたことになる……とは，まだいえない。じつは，ばらつきぐあいをも考慮に入れなければならない。かりに日本史の標準偏差が5点，数学の標準偏差が20点としよう。その場合，A君の得点は平均点よりも2倍のσ上にある。ということは，試験の点数が正規分布に従うものとすれば，A君は上位2.5%の成績を修めたことになる。これに対してB君の場合，数学の得点は平均の上1倍のσのところにあり，上位16%の得点ということになる。このように考えれば，一転二転して結局，A君の日本史の得点のほうがより優秀であるといえる。

[例題2-4]
日本史も数学も，ともに標準偏差が10点の場合はどうか。
●解答
日本史も数学もともに標準偏差が10点だとすると，A君の日本史の得点である65点は，平均点55点と比べて1倍のσのところにある。またB君の数学の得点である60点は，平均点の40点と比べると2倍のσのところにある。したがって，この場合にはB君の数学の得点のほうがより優秀であることになる。

このようにして，平均を中心とし標準偏差を尺度にデータの大きさを考えることにより，異なる集団からのデータを比較することが可能になる。**偏差値**とはこのような考え方にもとづいて，平均を50点，標準偏差を10点に変換して点数を表わしたものである。たとえばA君の場合，2倍のσ上にあるから $50+10\times2=70$ より日本史の偏差値は70，B君の場合，1倍のσ上にあるから $50+10\times1=60$ より数学の偏差値は60ということになる。一般には，平均がm，分散がs^2の集団において，xという値の偏差値は，

$$50+\frac{10(x-m)}{s}$$

と計算される。
かなり古くなるが1989年の共通一次試験（現在のセンター試験）の理科に

おいて，生物と物理の平均点が他よりも低く，試験後それらの点数を適当な式で変換することによって調整を行なった。そこで用いられた変換は1次式で，平均点を1987年の各科目平均点から算出される適当な値へ，100点を100点へと変換するように式の切片と傾きが定められた。その結果，0点は0点ではなく50点近くへと変換され，新たな不公平感を生み出すことになった。このような変換のしかたの是非はべつにして，変換を1次式にかぎるならば偏差値に換算してみるという手もある。ただし，その場合，各科目の平均はすべて50という同一の値に統一されることになり，文部省の意図したところからは外れるかもしれない。また，各科目間で分布の形状が異なるならば，偏差値による比較も問題があるといわねばならない。

2.3 中心極限定理と大数の法則

1）中心極限定理

現実の社会現象を分析する際，正規分布が用いられることが多い。しかしながら，正規分布に厳密に従うような観測値が実際にあるとはかぎらない。その意味で，正規分布は一つの基準となる分布にすぎない。とはいえ，現実にみられる多くの分布が正規分布に近い分布形を示すことも事実である。これは，以下にのべる**中心極限定理**の存在によって統計的にも保証されている。

中心極限定理は，統計学の中でもっとも重要な定理といっても過言ではない。議論をわかりやすくするため，まず，次のような実験を考えてみよう。

サイコロを転がし，出た目に注目する。サイコロに歪みがないとすれば，1から6までの値は等確率で得られる（**一様分布**）。その結果，1回の試行において出るサイコロの目の母集団をグラフに表わせば，図2-3 (a) のようになり，その概形は長方形となる。一つのサイコロの目は，そこからとられたランダム標本とみなされる。

この母集団から2個の標本をとり，その標本平均を求める。二つのサイコロを投げ，それぞれの目を X_1, X_2 としたとき，

$$Y = \frac{X_1 + X_2}{2}$$

図 2-3 中心極限定理（正規分布への収束の第一歩）

(a) 1個のサイコロの目

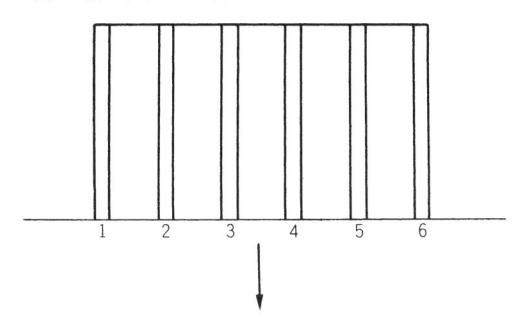

(b) 2個のサイコロの目の平均

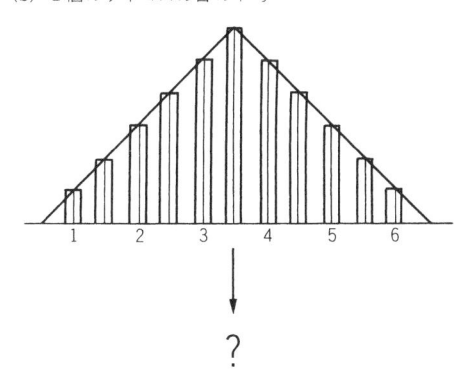

↓

?

表 2-2 二つのサイコロの目の組み合わせ

	1	2	3	4	5	6
1	(1,1)	(1,2)	(1,3)	(1,4)	(1,5)	×
2	(2,1)	(2,2)	(2,3)	(2,4)	×	(2,6)
3	(3,1)	(3,2)	(3,3)	×	(3,5)	(3,6)
4	(4,1)	(4,2)	×	(4,4)	(4,5)	(4,6)
5	(5,1)	×	(5,3)	(5,4)	(5,5)	(5,6)
6	×	(6,2)	(6,3)	(6,4)	(6,5)	(6,6)

図 2-4　4個のサイコロの目の平均

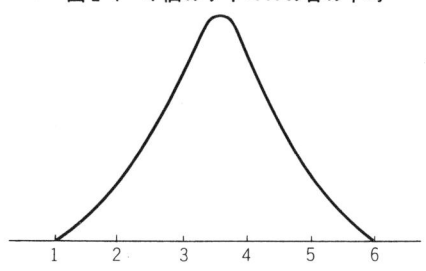

を考えるわけである。この値も，偶然大きな値をとったり小さな値をとったりする。その分布を図示すれば，図2-3(b)のように三角形となる。表2-2を見てもらいたい。表はそれぞれのサイコロの目を縦横に書き，36通りの組み合わせのすべてが各ます目によって表わされている。たとえば，×印のます目は二つのサイコロの出目の合計が7となる場合を示し，そのようなケースは6通りあることがわかる。よって，2個の平均が3.5となる確率がもっとも大きく，その値は1/6である。これに対し，平均が1や6となる確率は1/36と小さい。このようなちがいは組み合わせの数のちがいから生ずる。平均が3.5となる場合は（1, 6），（2, 5），（3, 4），（4, 3），（5, 2），（6, 1）と6通りあるのに対して，平均が1や6となるケースは（1, 1），（6, 6）と1通りずつしかない。それゆえ，確率の値も1/6倍になるのである。

次に，図2-3(b)のような分布に従う母集団から2個の標本をとり，その平均をとることを考えてみよう。つまり，

$$\frac{Y_1+Y_2}{2}$$

を考えるのであるが，このことは4個のサイコロを投げ，その出た目の平均をとることと同等である。すなわち，

$$Z=\frac{X_1+X_2+X_3+X_4}{4}$$

を考えることに等しい。その場合，最小値が1，最大値が6であることには変わりはないが，そのような極端な値が得られる確率はさらに小さくなる。また，その分真ん中あたりの値が得られる確率はより大きくなる。グラフの

面積は1であることから，その概形は図2-4のようにならざるえない。

図2-4ではすでに正規分布の兆しがみられる。このような手続きをくりかえすことによって，ばらつきぐあいがどんどん小さくなると同時に，その分布が正規分布に近づくことが想像されるであろう。このようにして，以下の重要な命題が導かれる。

確率変数 X_i の和 $\sum_i X_i$ の分布，あるいは平均 $\sum_i \frac{X_i}{N}$ の分布は正規分布に近づく。

さて，確率変数Xの分布の平均が μ，分散が σ^2 であることを $X \sim (\mu, \sigma^2)$ という記号を用いて表わすことにしよう。いま，X_1，X_2 について $X_1 \sim (\mu_1, \sigma_1^2)$，$X_2 \sim (\mu_2, \sigma_2^2)$ とする。このとき，$kX_1(kX_2)$ の平均は $k\mu_1(k\mu_2)$，分散は $k^2\sigma_1^2(k^2\sigma_2^2)$ で与えられることは，1.3でみたとおりである。これに対して，もし X_1，X_2 がでたらめにとられた二つの標本ならば，$X_1 + X_2$ の平均は $\mu_1 + \mu_2$ となり，分散は $\sigma_1^2 + \sigma_2^2$ で与えられる（その証明は，残念ながら第10章まで待たなければならない）。その結果，平均 μ，分散 σ^2 なる集団からのランダム標本を X_i とした場合，$2X$（標本を1個とり，その値を2倍したもの）の分散は $4\sigma^2$（$k=2$ より）であるが，$X_1 + X_2$（標本を2個とり，その値を合計したもの）の分散は $2\sigma^2$ にすぎない。このちがいは非常に重要である。というのは，Xが大きな値をとれば自動的に $2X$ も大きな値をとるが，$X_1 + X_2$ が大きな値をとるためには X_1 も X_2 も大きな値をとらなければならず，そのような確率はきわめて小さいからである（図2-5）。以上の事実を組み合わせることにより，次の定理が得られる。

X_i を平均が μ，分散が σ^2 の母集団からのランダム標本としよう。
$$\overline{X} = \frac{X_1 + X_2 + \cdots + X_N}{N}$$
とするとき，$\overline{X}$ の分布は平均 μ，分散 σ^2/N となる。また，$\overline{X}$ の分布は正規分布にて近似されうる。結局，
$$\overline{X} \sim N\left(\mu, \frac{\sigma^2}{N}\right)$$

図 2-5　ある確率変数の 2 倍と 2 個の確率変数の和のちがい

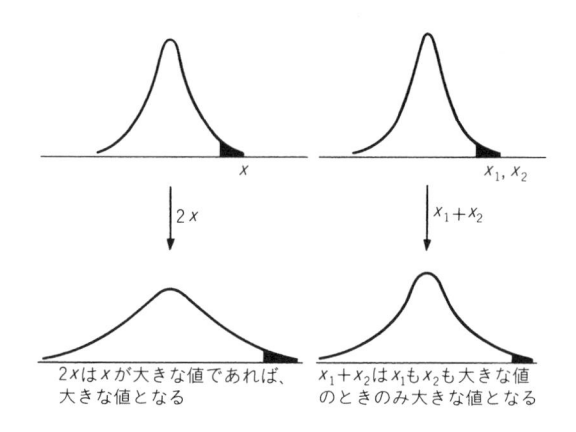

$2x$ は x が大きな値であれば，大きな値となる

x_1+x_2 は x_1 も x_2 も大きな値のときのみ大きな値となる

と表わされる。

　これが中心極限定理である。簡単に説明を加えておこう。$(X_1+X_2+\cdots+X_N)$ の分布を考えると，その平均は $N\mu$，分散は $N\sigma^2$ である。$\bar{X}$ はこれを $1/N$ 倍したものであるから，$\bar{X}$ の平均は μ，分散は $N\sigma^2/N^2 = \sigma^2/N$ となる。ここで $\bar{X}$ の分散が σ^2 とならず，N の増加とともに小さくなってゆくことはきわめて重要な点である。

[例題 2-5]

　サイコロ投げの実験において，1 個だけの出目の分布，2 個の出目の和の分布を考える。それぞれの分布の平均と分散を求め，それらのあいだの関係を調べよ。

●解答

　サイコロ 1 個の出目の分布は，1 から 6 までが等確率 1/6 で現われるから，

$$\text{平均} = \frac{1+2+3+4+5+6}{6} = \frac{21}{6} = 3.5$$

分散

$$= \frac{(1-3.5)^2+(2-3.5)^2+(3-3.5)^2+(4-3.5)^2+(5-3.5)^2+(6-3.5)^2}{6}$$

表 2-3　二つのサイコロの出目の合計

合計点	組み合わせ	組み合わせの数
2	(1,1)	1
3	(1,2) (2,1)	2
4	(1,3) (2,2) (3,1)	3
5	(1,4) (2,3) (3,2) (4,1)	4
6	(1,5) (2,4) (3,3) (4,2) (5,1)	5
7	(1,6) (2,5) (3,4) (4,3) (5,2) (6,1)	6
8	(2,6) (3,5) (4,4) (5,3) (6,2)	5
9	(3,6) (4,5) (5,4) (6,3)	4
10	(4,6) (5,5) (6,4)	3
11	(5,6) (6,5)	2
12	(6,6)	1

$$= \frac{6.25+2.25+0.25+0.25+2.25+6.25}{6} = \frac{17.5}{6} = 2.92$$

となる。

次に，二つのサイコロの出目の合計を考える。二つのサイコロが区別できるものとすれば（たとえば，色が異なるものとする），出目の組み合わせは36通りある。それらを合計点によって分類すると，表2-3のようになる。したがって，

合計点の平均

$$= \frac{1}{36} \times (2\times1+3\times2+4\times3+5\times4+6\times5+7\times6+8\times5+9\times4+10\times3 \\ +11\times2+12\times1)$$

$$= \frac{2+6+12+20+30+42+40+36+30+22+12}{36} = \frac{252}{36} = 7$$

合計点の分散

$$= \frac{1}{36} \times \{(2-7)^2\times1+(3-7)^2\times2+(4-7)^2\times3+(5-7)^2\times4 \\ +(6-7)^2\times5+(7-7)^2\times6+(8-7)^2\times5+(9-7)^2\times4 \\ +(10-7)^2\times3+(11-7)^2\times2+(12-7)^2\times1\}$$

$$= \frac{25+32+27+16+5+0+5+16+27+32+25}{36} = \frac{210}{36} = 5.83$$

となる。これより，二つのサイコロの出目の合計は，たしかに平均と分散もともに一つのサイコロの出目の2倍になることがわかる。

図 2-6　$Y = X_1 - X_2$ の分布

X_1

X_2

$Y = X_1 - X_2$

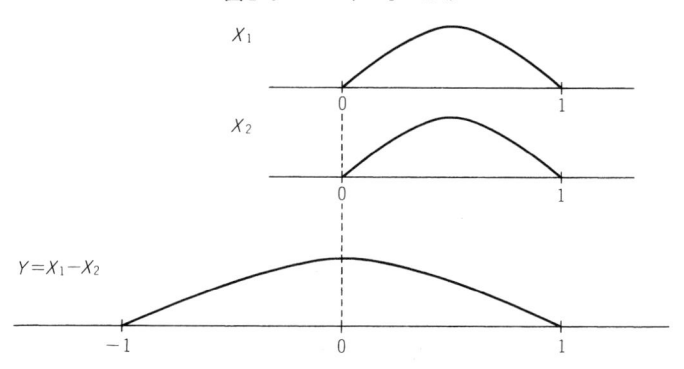

[例題 2-6]

　数学と国語の試験の結果，数学の平均点は50点，標準偏差は20点，国語の平均点は70点，標準偏差は10点であった．数学と国語の合計点の平均と標準偏差は何点と予想されるか？

●解答

　数学と国語の点数をそれぞれ X_1，X_2 とする．このとき，$X_1 \sim (50, 20^2)$，$X_2 \sim (70, 10^2)$ に従う．$X = X_1 + X_2$ とすると，

　X の平均は $50 + 70 = 120$ 点，

　X の分散は $20^2 + 10^2 = 400 + 100 = 500$，よって標準偏差は $\sqrt{500} = 22.4$ 点である．

　ここで注意しておきたいことが2点ある．まず第一に，二つの確率変数の合計の分散が例題2-6のように計算されるのは，あくまでも二つの変数間になんら関係がない場合だけである．たとえば，数学の点数が高い生徒は国語の点数も高いといったことがわかっているならば，このような計算は許されない．この点については第10章でくわしく学ぶ．

　もう1点は，二つの確率変数の差 $Y = X_1 - X_2$ の分布についてである．$X_1 \sim (\mu_1, \sigma_1^2)$，$X_2 \sim (\mu_2, \sigma_2^2)$ とするとき，Y の平均は $\mu_1 - \mu_2$ となる．このことは容易に想像できるであろう．注意したい点は，Y の分散が $\sigma_1^2 + \sigma_2^2$ と

図 2-7　大数の法則

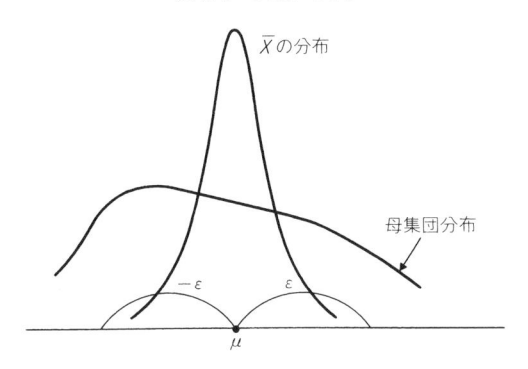

なることである。二つの確率変数の差をとることにより，けっしてばらつきは減らず，それらの和と等しいばらつきを示す。図 2-6 はこのことを説明するものである。かりに X_1，X_2 がともに 0 から 1 までに分布するものとしよう。$Y = X_1 - X_2$ の値がもっとも大きくなるのは，X_1 が最大値 1 をとり，X_2 が最小値 0 をとった場合で，そのとき $Y = 1$ である。反対に，Y の値がもっとも小さくなるのは，X_1 が最小値 0 をとり X_2 が最大値 1 をとった場合で，そのとき $Y = -1$ である。結局 Y は -1 から $+1$ までに分布することがわかる。これに対し，$X_1 + X_2$ は 0 から 2 までに分布し，そのばらつきは Y のばらつきに等しい。例題 2-6 において，(数学の点数) − (国語の点数) の分布を考えるとすれば，その平均と分散はそれぞれ -20，500 となることがわかる。

2）大数の法則

以上より，標本平均 $\bar{X}$ はサンプルの数 N を大きくすれば，その分散が小さくなり，図 2-7 のように $\bar{X}$ は μ のまわりに集中してくることがわかる。このことを少々厳密に表現すれば，

$$N \to \infty \text{ のとき，} \Pr\{|\bar{X} - \mu| < \varepsilon\} \to 1 \tag{2-3}$$

となる。これを**大数の法則**という。(2-3) の $\{\ \}$ の中は，$\mu - \varepsilon < \bar{X} < \mu + \varepsilon$ と変形される。ε を誤差の許容限界とみなせば，(2-3) は，「サンプル数の増加により，$\bar{X}$ が μ のごく近くの許容限界内にある確率がいくらでも

図 2-8　日経平均株価収益率の分布

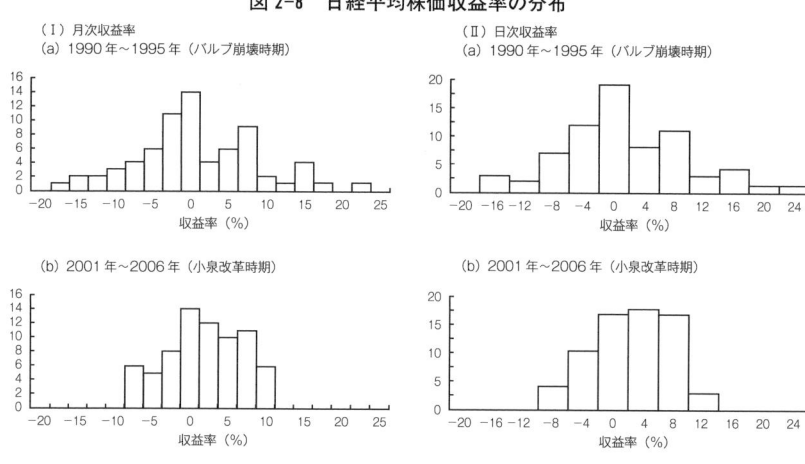

(Ⅰ) 月次収益率
(a) 1990年～1995年（バブル崩壊時期）

(Ⅱ) 日次収益率
(a) 1990年～1995年（バブル崩壊時期）

(b) 2001年～2006年（小泉改革時期）

(b) 2001年～2006年（小泉改革時期）

1に近づく」ことを表現したものである。ふつう，母集団の平均 μ は"神のみぞ知る"値である。大数の法則は，$\bar{X}$ により母集団平均を適切に推し量ることができることを示すものといえる。

　第1章の冒頭で，たいがいの分布は山の形をしているとのべた。調査の対象となっている変量はさまざまな要因が組み合わさった結果，いろいろな値をとると思われる。たとえば，大学入試センター試験の点数は，個々の科目や，さらに細かく一つひとつの設問に対するさまざまな解答の結果と考えられる。したがって，それらを足し合わせることにより，極端な値が得られる可能性は小さくなると予想されるであろう。

　ふたたび，株式の期待収益率の分布について考えてみよう。個別株式の分布は裾が長かったり，あるいは多少歪んでいたにしても，以上の議論から，株価の総合指標とされる**TOPIX**（東証株価指数）や**日経225種平均株価**（旧称ダウ平均株価）の平均収益率の分布は正規分布に近いと予想される。図2-8は日経平均株価収益率の頻度分布を描いたものである。たしかに，第1章のA社の分布（図1-1）に比べ，ばらつきの小さな正規分布に近い形をしている。さらに，月次収益率を示す（Ⅰ）-（a）より，日次収益率を示す（Ⅱ）-（a）のほうが，正規分布に近い形をしている。一般に，株式はリスクが高い（分散が大きい）分，期待収益率も高い。そこで，独立な動きを示

す株式が見つかるならば，それらをいくつか組み合わせその平均をとることによって，期待収益率は一定のまま，分散の小さな資産をつくることが可能となる。つまり，ロー・リスク＝ハイ・リターンなポートフォリオを組むことが可能となる。ただし，同様の動きをする株式をいくら加えてその平均をとったにしても，ばらつきは減らないことに注意しなければならない。

2.4 まとめ

　本章では，もっぱら正規分布にまつわる話題について説明した。経済学の実証分析をすすめるうえで，中心極限定理や大数の法則は心強い味方となる。これらは，直観的には，いろいろな要因をランダムに足し合わせたものは正規分布に従うものとみなしてよいことを保証してくれる。正規分布については，確率に関するくわしい数値表が利用できるという利点がある。またそれぞれが正規分布に従うとすると，異なる集団からの値の比較も容易に可能である。偏差値はその一つの応用例である。ただし，中心極限定理を，数多くのデータをプロットした場合にそのヒストグラムが正規分布に従うことを保証したもの，と誤解してはならない。この点については，本章の練習問題を参考にされたい。

経済＝統計交差点 ❷

中心極限定理とマクロ経済学の集計問題

　中心極限定理とは，独立な確率変数の和ないし平均としての確率変数は，もともとの分布がどうであれ結局，正規分布に従うというものである。経済学では変数の和を考える場合が多く，中心極限定理がいろいろ関係しそうである。ここではいくつかの観点から，経済学の理論との関連について考えてみたい。

　経済学で和を考えることが多いというのは，経済をミクロ的にとらえる場合とマクロ的にとらえる場合があり，マクロの諸変数はミクロの諸変数を集計して求められるからである。この集計は単純に加算すればよいものであったり，加重平均を考えるものがあったりする。前者は，個人の所得，家計（世帯）の所得，民間部門の所得，国民所得といったように，対象を大きくするにつれて加算対象もひろがっていくものである。後者の例としては，消費者物価指数や鉱工業生産指数をはじめとしたさまざまな指標がある。

　さて，たとえば日本のGDP（国内総生産）が500兆円という場合に，その統計はどのくらい確実なものであろうか。GDPは「あらゆる付加価値の合計を市場価格で評価したもの」とされるが，これを文字どおりしらみつぶしに集計することは，よほどの時間と労苦をかけないと不可能である。そこで，ミクロ・レベルのデータのある程度のサンプル調査にもとづき，経験的に知られた推計方法によってマクロ・データの動向を探ろうとする。その理論的根拠として中心極限定理や大数の法則が援用されるわけである。

　一般に経済学で対象とする数量は，容易に集計できると考えられている。しかし，これは誤りである。たしかに貨幣単位（すなわち名目値）ではあらゆるものを簡単に集計可能である。しかし，実質値については簡単にいかない。学説史上，資本ストックについての集計の困難さが論争の的となったこともあるし，一般物価水準を表わす物価指数についても完璧なものがないことが知られている。為替レートについての購買力平価説（PPP）の実証研究も，集計した「購買力」をどのように測るかで困難にぶつかる。こうしたところでは，中心極限定理は役に立たないのであろうか。

　答えは否定的である。経済学における「集計問題」ないし「指数問題」は，

もともと性質の異なるものを一つの尺度で代表させることによって失われるものが大きいことが問題となる（もっとも、それによって得る情報も大きく、結局、資本ストックや物価指数などは、問題があるものの、現実に推計されている）。かつてジョーン・ロビンソン女史は、新古典派成長理論が全盛のころ（1960年代），資本ストックを集計するのにリーツ（leets）単位が用いられていると、やゆした。

リーツとはスティールのスペリングを逆にしたものであり、いわば機械の重さのようなものと考えればよい。機械の重さを基準とすれば、たしかに集計可能であるが、古い旋盤とコンピュータで制御された工作ロボットを単純に重さで集計したものは意味がない。また、物価指数はもともと貨幣（たとえば、1万円）の購買力の異時点間の比較の目安となるものであるが、時点が異なると一般的には需要される財・サービスの構成が変わったり、そもそも昔は存在しなかった財・サービスが開発されることもあり、それをうまく取り入れられない。これらの例は、結局こうした問題については中心極限定理が活躍できる出番がないということを示している。

しかし他方では、最近のマクロ経済学のようにマクロ諸変数の動向とミクロ・レベルの変数の相互作用を重視する立場では、中心極限定理や大数の法則の出番が回ってくる。すなわち、最近のマクロ経済学の理論分析では、ミクロ・レベルの経済主体の合理的行動から消費関数や投資関数を導くのが常套手段となっており、この際に代表的個人とか代表的企業の概念を導入する。現実の世界ではそれと異なる行動をとるものが存在するとしても、平均的にはならされると考える。

たとえば、個々の労働者は新規に就職したり、転職したり、あるいは退職したとしても、マクロの失業率は一定にとどまる場合もある。このように、個々のレベルでの不安定性と全体としての安定性が矛盾しないことは、夏の夕暮れ時にただよう蚊柱の動きにたとえられる場合がある。「蚊柱理論」の考え方はマクロ的な確率的均衡を問題にしており、この根拠の一端はまさに中心極限定理や大数の法則に求められる。経済学でしばしば言及される「森と木」のたとえも、一面ではこうした物の見方の重要性を説いたものである。

練 習 問 題

(＊はやや難解。最初はスキップしてもかまわない。)

1. ある確率変数は，平均100，分散25の正規分布に従う。
   (1) 数表を用い，以下の確率を求めよ。
       ⓐ $\Pr\{85 < X\}$,　ⓑ $\Pr\{X < 110\}$,　ⓒ $\Pr\{95 < X < 110\}$,
       ⓓ $\Pr\{105 < X < 115\}$
   (2) 数表を用い，以下の条件を満たす a の値を求めよ。
       ⓐ $\Pr\{X < a\} = 0.9$,　ⓑ $\Pr\{a < X\} = 0.7$,　ⓒ $\Pr\{a < X\} = 0.3$

2. ある交差点を通過する車のスピードを調べたところ，ほぼ正規分布に従っており，平均60km，標準偏差は20kmであった。この交差点の制限速度は40kmである。約何％の車がスピード違反を犯したと予想されるだろうか。

3. 私の家から大学に行くには，Y駅でバスの乗り継ぎが必要である。家からY駅までの所要時間は平均15分，標準偏差10分である。また，Y駅から大学までの所要時間は平均25分，標準偏差15分である。私は9時に大学に着きたい。
   (1) 家からY駅まで20分以上要する確率はいくらか。
   (2) 8時30分に，90％の確率でY駅にいるためには，何時に家を出ればよいか。
   (3) 確率50％で9時に大学に着くには，何時に家を出ればよいか。
   (4) (3)において，確率を95％とした場合はどうであろうか。

4＊. 20XX年度センター入試の数学の問題において，現役と浪人の選択した問題に難易度の差があると問題になった。それぞれの得点の平均と分散を調べたところ，現役は平均138点，分散400（点^2），浪人は平均118点，分散900（点^2）であった。このような場合，他の選択科目とのバランスを考えれば，数学受験者の点数をどのように変換すればよいのだろうか。またそのような変換の問題点についても考えよ。

5. コアラ旅行では大きな気球を使った空のツアーを企画したが，一度の飛行の定員を何人にしようか考えている。規則によると，その大きさの気球では，総ウエイトが600kgをこえることが飛行回数の5％をこえてはならないとされている。人間の体重は平均65kg，標準偏差7kgの正規分布に従うという。定員は何人以下でなければならないか。

   （ヒント：N人の体重の合計は平均$65N$ kg，分散$49N$ kg^{2}の正規分布に従うことを利用せよ。）

6．ある壺に数多くの球が入っており，そのうち40％が赤色である。いま5個の球を取り出したとき，赤球が1個以下である確率を求めよ。次に，50個取り出したとき，10個以内である確率を求めよ。

（ヒント：$X_i =$ 確率0.4で1，確率0.6で0をとる確率変数とし，$X_1 + X_2 + \cdots + X_{50}$ を中心極限定理を用いて正規近似する。）

7．第1章でとりあげた貯蓄残高の分布（23頁の図1-13, 24頁の図1-14）を思い起こそう。そこでは，貯蓄残高の分布は明らかに右裾の長い分布となっており，正規分布ではない。すなわち，中心極限定理があてはまっていない。これは，図1-13や図1-14のみにみられることではなく，一般に所得分布や資産分布のヒストグラムを描くと，だいたい同じ形になる。そうした傾向の理論的説明はいろいろ試みられているが，その一つに所得分布や資産分布は対数正規分布に従うからというのがある。ここで，変数 X が対数正規分布に従うとは，X の自然対数をとったものが正規分布に従うこと，つまり $\log X \sim N(\mu, \sigma^2)$ を表わす。

(1) ①図1-13と②図1-14の貯蓄残高の分布において，横軸を貯蓄残高の対数をとったものに置き換えて，ヒストグラムを描きなおしてみよう。

(2)* 次に，そのヒストグラムをもとに平均と分散，標準偏差を計算し，表2-1と同様の面積の比較を試みよ。また歪度，尖度を計算することにより，正規分布との乖離を検討せよ。

(3) 所得分布や資産分布が対数正規分布に従うとする根拠を，次の二つの命題をヒントとして考えてみよう。ⓐランダムな要因をいろいろ足したものは，中心極限定理より正規分布に従う。ⓑ変数の積の対数をとると，個別の変数の対数の和となる。

(4) 貯蓄残高の1996年の分布である図1-13と2009年の分布である図1-14では，対数正規分布に従うという観点から違いがあるだろうか。

II 推定

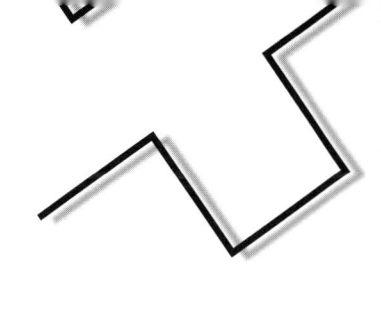

第3章
点推定

第4章
区間推定

第II部では，あらゆる統計分析の出発点ともいえるパラメータの推定法について説明する。第3章が「点推定」，第4章が「区間推定」である。点推定は，もっとも適切と思われる値を一つ提示するものである。これに対して，区間推定はパラメータの存在すると思われる範囲を提示するものである。

　以下では，主として平均と分散の推定について議論する。これは，第2章でみたように，統計学においては正規分布が重要な役割を果たし，そしてその正規分布は平均と分散の二つのパラメータにより記述されるからである。

　パラメータの点推定にあたっては，推定量が満たすべきいくつかの望ましい性質がある。これらは，一致性，不偏性，有効性などであるが，第3章ではそうした性質の内容について学ぶ。具体的な推定方法である最小2乗法や最尤推定法による推定量が，こうした望ましい性質を満たすか否かも検討する。

　第4章では，区間推定の実際について学ぶ。ここでは，分散の値が既知の場合と未知の場合の平均の区間推定，質的データによる比率の区間推定，そして分散に関する区間推定をとりあげる。

第3章

点推定

3.1 推定とは

　平均やメディアンや分散など，母集団の特性を記述するパラメータの値を知ることによって，母集団の特徴を把握することが可能となる。もちろん，パラメータの値はわれわれには未知であり，標本からそれらを推測することになる（推測統計）。たとえば母集団の平均を推定したいのならば，標本の平均でもって推測する。これは直観的にも自然な発想と思われるし，実際によく用いられる手でもある。それでは母集団の平均を推定するために，N個のデータの平均をとらず，そのうちのいくつかだけで推定してはどうだろうか？　標本平均で母集団の平均を推定することがほんとうによいのだろうか？　以下では，このような疑問を念頭におきながら，まず"よい推定量"の満たすべき性質について考え，次いで具体的な推定法についてみてゆく。

　以下では，主として平均と分散の推定について学ぶ。第1章と第2章において，正規分布が統計学において中心的役割を果たすことを知った。母集団分布の多くは正規分布に近い形をしている。さらに，どのような分布に従う確率変数であれ，その和もしくは平均の分布は，中心極限定理から正規分布で近似された。正規分布は，平均と分散を表わすパラメータのみにより，その確率密度関数が記述されている。それゆえ，どのような分布であれ，その

平均と分散を知ることが重要な情報となるわけである。

　パラメータを推定する場合，2通りの考え方がある。一つは，もっとも適切と思われる値を一つ提示するもので，このような推定法は**点推定**とよばれる。これに対し，パラメータの存在すると思われる範囲を提示する考え方もあり，**区間推定**とよばれている。本章は，このうち点推定に限って議論をすすめたい。区間推定に関しては，第4章のテーマとなる。

　ここで，本論にはいるまえに，確率変数と観測値の表記法のちがいについて注意しておこう。確率変数とは，第1章で説明したように，確率的に変動する数である。確率変数は大文字を用いて，観測値は小文字を用いて表わされるのがふつうである。たとえば，X_1は「1番目にとられる標本」を表わす（確率）変数であり，x_1はその変数が実際にとる値を（一般的に記号を用いて）表わしたものである。標本平均を

$$\bar{X} = \sum_i \frac{X_i}{N}$$

と表現すれば，これはN個の標本を加えた後Nで割るという規則を示している。このように，標本から構成される確率変数（標本の関数といってもよい）を**統計量**（statistics）とよび，とくに推定のために用いられる統計量を**推定量**（estimator）とよぶ。これに対し，

$$\bar{x} = \sum_i \frac{x_i}{N}$$

と表現すれば，これは与えられたデータにもとづき$\bar{X}$を計算した結果を表わす。ある標本に対して，推定量の値を計算した結果（すなわち，推定量の実現値）は**推定値**（estimate）とよばれる。

　なお表記法について付言しておくと，推定量の場合，推定したいパラメータに"＾"（ハットという）をつけて，たとえば$\hat{\theta}$という記号も用いられる。以下でも，しばしば"＾"を用いて推定量を表わす。

3.2　一致性と不偏性

　一般に，サンプルの数を増やしてゆけば，しだいに精確な情報が得られる

はずである．データの数が無限に大きくなれば，母集団の形そのものが再現されると想像され，パラメータである平均や分散の値もわかるはずである．パラメータ θ の推定量 $\hat{\theta}$ について，こういった直観を定式化すれば，

$$N \to \infty \text{ のとき，} \hat{\theta} \to \theta$$

となる．より厳密に表現すれば，

$$N \to \infty \text{ のとき，} \Pr\{|\hat{\theta} - \theta| < \varepsilon\} \to 1 \qquad (3\text{-}1)$$

となる．(3-1) の意味は，{ } の中を (2-3) と同様，$\theta - \varepsilon < \hat{\theta} < \theta + \varepsilon$ と変形して考えればよい．ε を誤差の許容限界とすれば，(3-1) は「サンプルの増加により，$\hat{\theta}$ が θ のごく近くの許容限界内にある確率がいくらでも 1 に近づく」ことを表わしている．(3-1) のような収束のしかたはとくに**確率収束**ともよばれている．(3-1) を満たす推定量を**一致推定量**（consistent estimator）という．第 2 章でふれたように，ランダム標本の数が増加すれば，大数の法則によって標本平均 $\bar{X}$ は母集団の真の平均 μ に近づくので，$\bar{X}$ は μ の一致推定量ということになる．**一致性**は推定量として当然満たすべき性質と思われるが，経済学の実証分析において一致性を満たさない推定量に出会うことは意外と多い．

　一致性は，推定量のサンプル数が大きくなったときの性質についてのべたものであり，サンプル数が大きくない場合についてはなにも語ってはいない．サンプル数が大きくない場合には，以下のように考える．

　推定量は確率変数であり，とられた標本が偶然どのようなものであるかによって，さまざまな値をとる可能性がある．図 3-1 はランダム標本の平均 $\bar{X}$ について，その確率分布を図示したものである．$\bar{X}$ の平均は，すでに第 2 章においてみたように，母集団の平均 μ と一致する（$\bar{X}$ の分布は，$N(\mu, \sigma^2/N)$ であったことを思いだしてもらいたい）．推定値 $\bar{x}$ は推定したいパラメータ μ を過大評価していることもあれば，過小評価していることもある．パラメータ μ の値は未知であるから，そのいずれであるかはわからない．しかし，$\bar{X}$ の場合，全体的にみれば，過大評価と過小評価はほぼ同様に起こりうる．いいかえれば，平均的にみて過大，過小のいずれにも偏りがない．このような推定量を**不偏推定量**（unbiased estimator）という．より一般的には，**不偏性**は次のように表現される．

図 3-1 $\bar{X}$ の分布の不偏性

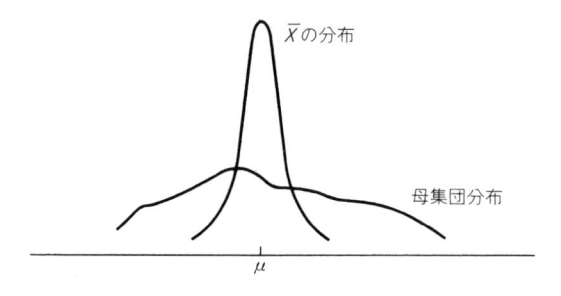

[図: $\bar{X}$ の分布と母集団分布、中心 μ]

> パラメータ θ の推定量を $\hat{\theta}$ とする。このとき，$\hat{\theta}$ の平均が θ であるならば，すなわち $\mathrm{E}(\hat{\theta}) = \theta$ が成り立つならば，$\hat{\theta}$ は θ の不偏推定量とよばれる。

$\bar{X}$ はたしかに μ の不偏推定量であるが，不偏推定量はこれ一つとはかぎらない。たとえば，$\sum_i c_i = 1$ として，$\sum_i c_i X_i$ という加重平均タイプの推定量を考えれば，これらはすべて不偏推定量である。その証明は読者に任せたい。この中には，ある i に対しては $c_i = 1$ であり，残りの i に対しては $c_i = 0$ であるような 1 個の標本のみからなる推定量も含まれている。このような不偏推定量間の優劣を測る基準としては，推定量の分散が考えられる。

3.3 分散の比較

不偏推定量において，分散が小さいということは，それだけ推定したいパラメータの周りに集中して分布しているということであり，外れた値が得られる可能性が小さいことを意味している（図 3-2 参照）。第 2 章において，$\bar{X} = \sum_i X_i / N$ の分散は σ^2/N であることを学んだ。たとえば，3 個の標本をとったとしよう。$\bar{X} = (X_1 + X_2 + X_3)/3$ の分散は $\sigma^2/3$ である。これに対して，たとえば X_1 のみでもって平均 μ を推定したとすれば，その分散は当然 σ^2 であり，$\bar{X}$ の 3 倍のばらつきをもっている。それゆえ，$\bar{X}$ のほうが X_1 よりも信頼できる推定量ということができる。

図 3-2 不偏推定量間の分散の比較

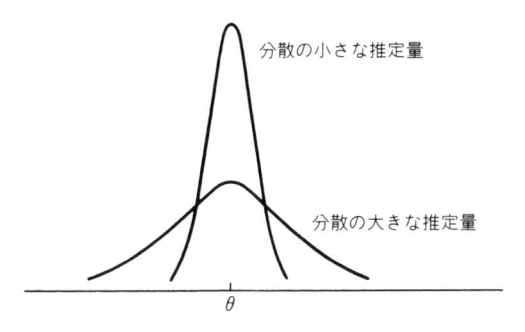

それでは，3個の標本のすべてを使うにしても，ウェイトを変え，$(X_1+2X_2+3X_3)/6$ のような加重平均を考えるとどうであろうか。まず $X_1/6$ の分散は $\sigma^2/6^2 = \sigma^2/36$ である。同様に，$2X_2/6$，$3X_3/6$ の分散はそれぞれ $4\sigma^2/36$，$9\sigma^2/36$ となる。それゆえ，$(X_1+2X_2+3X_3)/6$ の分散は $14\sigma^2/36$ となり，これは $\bar{X}$ の分散 $\sigma^2/3$ より大きい。実際，加重平均のクラスの中では単純平均の分散がもっとも小さいことが示される（練習問題 5-(1)参照）。

このようにして，分散の大小により不偏推定量の優劣をつけることが可能である。不偏推定量の中で，分散のもっとも小さな推定量は**最小分散不偏推定量**，あるいは**最良推定量**ないし**有効推定量**（efficient estimator）とよばれている。

ただし，不偏性を満たさない推定量の場合，分散が小さいだけではよい推定量とはいえない。やや奇妙な例ではあるが，母集団の平均 μ がなんであれ，でたらめに一定の値 c をとる推定量を考える。この推定量の分散は 0 である。しかし，このような推定量がなんの役にも立たないことは明らかであろう（図 3-3）。

[例題 3-1]

$cX_1+(1-c)X_2$ の分散がもっとも小さくなるのは，$c = 1/2$ のときであることを示せ。

●解答

　$cX_1+(1-c)X_2$ の分散は，

第 3 章／点推定

図 3-3　分散 0 の推定量

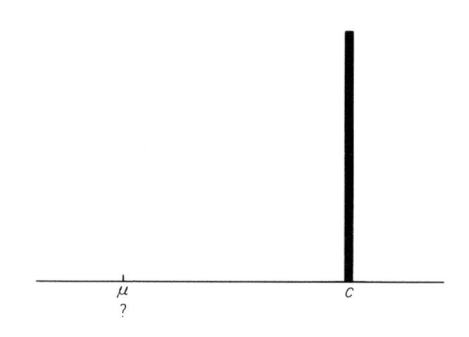

$$c^2\sigma^2 + (1-c)^2\sigma^2 = (2c^2 - 2c + 1)\sigma^2 = \left\{2\left(c - \frac{1}{2}\right)^2 + \frac{1}{2}\right\}\sigma^2$$

であり，これが最小となるのはたしかに $c = 1/2$ のときで，そのときの分散は $\sigma^2/2$ である。

3.4　分散の推定量

母集団の分散を推定するならば，推定量として標本分散を考えるのが自然であろう。しかしながら，標本分散

$$S_1^2 = \sum_i \frac{(X_i - \overline{X})^2}{N}$$

は母集団分散 σ^2 の不偏推定量ではない。じつは，

$$S_2^2 = \sum_i \frac{(X_i - \overline{X})^2}{N-1}$$

が σ^2 の不偏推定量である。つまり，$\sum(X_i - \overline{X})^2$ を N で割ったのでは σ^2 を過小評価してしまう（図3-4）。直観的には以下のように説明される（厳密には練習問題 5-(4) を参照）。

かりに，母集団の平均 μ の値がわかっているものとしよう。その場合，σ^2 の推定量は，

$$S_3^2 = \sum_i \frac{(X_i - \mu)^2}{N}$$

と考えられる。ところが，一般に $\sum_i (X_i - \theta)^2$ の値を最小にする θ の値は $\overline{X}$

図 3-4　S_1^2 と S_2^2 の分布

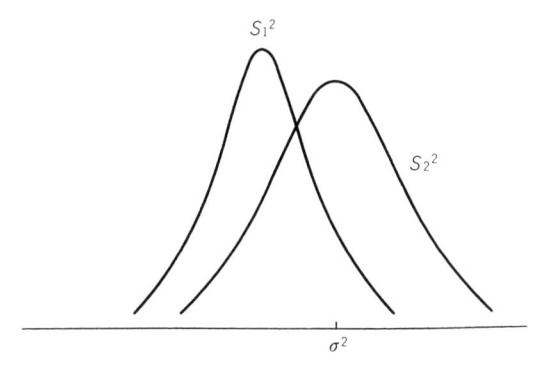

であることが容易にわかる（例題 3-2 参照）。すなわち，

$$\sum_i (X_i - \mu)^2 \geq \sum_i (X_i - \bar{X})^2 \tag{3-2}$$

が神のみぞ知る μ のどのような値に対しても成立する。ということは，$\sum_i (X_i - \mu)^2$ の値をわれわれはつごうよく小さめに評価していることになる。そこで，$N-1$ という値はともかく，N よりも少し小さい値で割ることによって，この値を少し大きく評価したほうがよさそうである。

たとえば，データが 1 個しかない場合を考えてみよう。S_1^2 は 0 となるが，分布している集団の分散が 0 とは考えられず，過小評価は明らかであろう。これに対し，S_2^2 は分母，分子ともに 0 となり，定義されない。このことは，1 個のデータから分散を推定することは不可能であることを意味しているともとれ，より納得のゆく結果であろう。

じつは，分母の $N-1$ は $\sum_i (X_i - \bar{X})^2$ の**自由度**とよばれる値である。N 個のデータからなる統計量を考えよう。それぞれのデータが自由にかってな値をとりうる場合，その統計量の自由度は N とされる。$\sum_i (X_i - \bar{X})^2$ の場合，μ の代わりに $\bar{X}$ を用いている。N 個のデータの平均が与えられた場合，あるいは同じことであるが，合計がある一定の値に固定された場合，$N-1$ 個のデータは自由な値をとりうるが，残りの 1 個の値はおのずと決まってしまう。よって，$\sum_i (X_i - \bar{X})^2$ の自由度は $N-1$ である。結局，$\sum_i (X_i - \bar{X})^2$ をその自由度で除したものが母集団分散 σ^2 の不偏推定量ということになる。

S_2^2 はとくに**不偏分散**とよばれ，分散の推定には重要な役割を果たす．

[例題3-2]────────────────────────

(3-2)の不等式の成立を証明せよ．

●解答

一般論として，

$$\sum_i (X_i - \theta)^2 = \sum_i \{X_i^2 - 2\theta X_i + \theta^2\} = \left(\sum_i X_i^2\right) - 2\theta\left(\sum_i X_i\right) + N\theta^2$$

と変形される．この θ に関する2次式が，$\hat{\theta} = (\sum_i X_i)/N$ で最小値をとることは高校時代に勉強した読者も多いのではないだろうか．念のため，θ について微分すれば，

$$2N\theta - 2\left(\sum_i X_i\right) = 0$$

より，たしかに $\hat{\theta} = (\sum_i X_i)/N$ が得られる．

3.5 具体的な推定方法

1) 最小2乗法

平均やメディアンなど，分布の位置を表わすパラメータを推定するのであれば，一つのナイーブな考え方は，各データからの距離の和を最小にするように推定量を定めることである（図3-5）．たとえば，各データとの差の2乗値を考え，

$$\sum_i (X_i - \theta)^2$$

を最小にする $\hat{\theta}$ を θ の推定量と考える．このような推定方法を**最小自乗法**ないし**最小2乗法**（least squares method）とよび，結果として得られる $\hat{\theta}_a$ を**最小2乗推定量**とよぶ．すでにのべたように，

$$\hat{\theta}_a = \sum_i \frac{X_i}{N}$$

である．$\hat{\theta}$ は他の変数の関数であってもよい．そのような例は後に第11章においてみるが，最小2乗法はそのような場合にはとくにパワフルな推定法

図 3-5　距離の合計を最小にする推定法

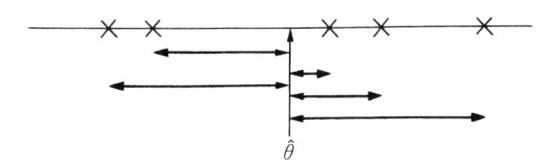

としてよく利用されている。また，2乗値に代わり，各データとの差の絶対値を考え，

$$\sum_i |X_i - \theta| \qquad (3\text{-}3)$$

を最小にする $\hat{\theta}_b$ を求めることも考えられる。その場合，$\hat{\theta}_b$ は X_i のメディアンであることがわかる。標本平均に比べ，標本メディアンは異常値に左右されにくい。たとえば，N 個のデータにきわめて大きな値のデータが1個加わった場合，$\hat{\theta}_a$ は大きく変化するが，$\hat{\theta}_b$ はほとんど影響を受けない。そこで，$\hat{\theta}_b$ は異常値の現われやすいケース，すなわち正規分布よりも裾の長い（重い）分布の位置を推定する際に用いられる。

[例題 3-3]

3個のデータをプロットし，中央の観測値が (3-3) を最小にすることを確認せよ。

●解答

一般性を失うことなく，$X_1 > X_2 > X_3$ であるものとしよう。図 3-6 を見てもらいたい。θ が $X_1 \geqq \theta \geqq X_3$ の範囲にあるかぎり，(3-3) は，

$$(X_1 - X_3) + |X_2 - \theta|$$

となることがわかる。これをもっとも小さくする θ は明らかに $\theta = X_2$ の場合，すなわち θ がメディアンとなる場合であり，そのとき (3-3) はレインジに等しくなる。

念のために，$\theta > X_1$ ないし $\theta < X_3$ の場合も考えておくと，この場合に (3-3) が最小とならないのは明らかであろう。

図 3-6 $\sum |x_i - \theta|$

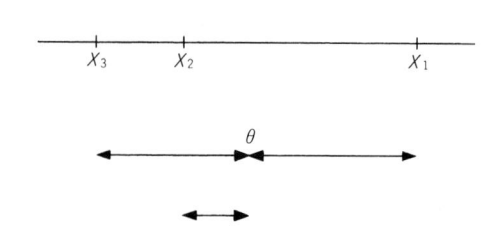

2）最尤推定法

　以上は，位置を表わすパラメータの推定方法についてであるが，その他のパラメータの推定には適用できず，一般的には以下の方法によらなければならない．話を簡単にとどめておくため，平均 μ のみが未知のパラメータであり，分散の値 σ^2 は神様が教えてくれたものとしよう．いま，図 3-7 に示されるごとく x_1，x_2 と 2 個の標本が得られたとする．このとき，この 2 個の標本がとられた母集団としては，A，B，C のいずれの可能性がもっとも高いであろうか．その答えは，B である．なぜなら，A が母集団を記述するものとすれば，そこから x_1 のような大きなデータが得られる可能性はきわめて小さく，同様に C としても，そこから x_2 のように小さなデータが得られる可能性はきわめて小さいからである．これに対して B を考えれば，これらの 2 個のデータのいずれが得られてもふしぎではない．それでは，B と B' ではどちらの可能性が高いのであろうか？　このように，与えられたデータに対して，A，B，B'，C と分布の位置，すなわち μ の値を変化させ，もっとも可能性の高い（尤もらしい）母集団（パラメータの値）を探る方法が**最尤推定法**（maximum likelihood method）である．

　フォーマルな定式化は以下のようになされる．

　パラメータ μ が与えられたときの母集団分布の確率密度関数を $f(x|\mu)$ としたとき，x_1 と x_2 というデータが得られる確率は，

$$f(x_1|\mu)dx\, f(x_2|\mu)dx = f(x_1|\mu)f(x_2|\mu)(dx)^2$$

と表わせる．この確率が大きい母集団が，データのとられた母集団として可能性が高いと考える．このことは，共通の $(dx)^2$ を落として考えれば，

$$f(x_1|\mu)f(x_2|\mu) \tag{3-4}$$

図 3-7　最尤法の考え方

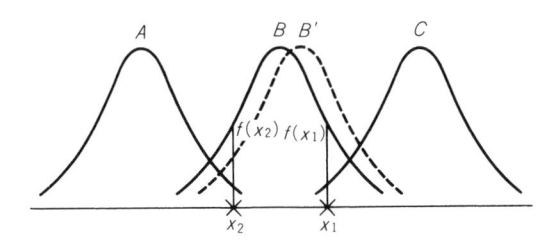

という x_1, x_2 における確率密度関数の値の積を最大にすることを意味している。(3-4) は**尤度関数**とよばれる。尤度関数において，x_1 や x_2 は観測されたデータの値であるので，尤度関数はパラメータの関数である点に注意したい。

一般に，N 個のデータに対し，尤度関数は，

$$f(x_1|\mu)f(x_2|\mu)\cdot \cdots \cdot f(x_N|\mu) = \prod_{i=1}^{N} f(x_i|\mu) \tag{3-5}$$

と表わされる。ここで $\prod$ はかけ算を表わす記号である。なお，実際に (3-5) を最大化するにあたっては（単調増加関数である $\log\{\cdot\}$ により変換を行ない）尤度関数の対数値を考えたほうが計算上便利なことが多い。(3-5) の対数値，

$$\sum_{i=1}^{N} \log f(x_i|\mu)$$

は**対数尤度関数**とよばれる。

具体例として，正規分布 $N(\mu, 1)$ に従う母集団を考えよう（もちろん，分散の値はいくらであってもかまわない）。データ $x_1, x_2, \cdots, x_N$ が与えられたとき，尤度関数は，

$$(2\pi)^{-\frac{1}{2}}\exp\left\{-\frac{(x_1-\mu)^2}{2}\right\}\cdot \cdots \cdot (2\pi)^{-\frac{1}{2}}\exp\left\{-\frac{(x_N-\mu)^2}{2}\right\}$$

より，

$$(2\pi)^{-\frac{N}{2}}\exp\left\{-\sum_{i=1}^{N}\frac{(x_i-\mu)^2}{2}\right\}$$

と整理される。また，対数尤度関数は，

図 3-8 分散の最尤推定

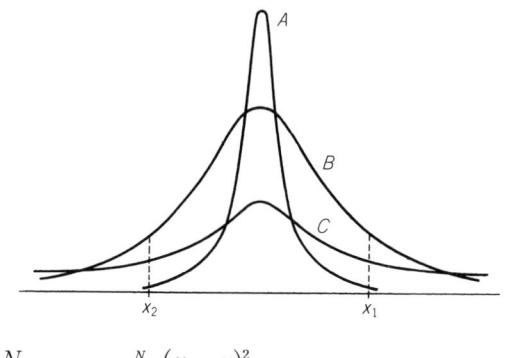

$$-\frac{N}{2}\log(2\pi) - \sum_{i=1}^{N}\frac{(x_i-\mu)^2}{2}$$

となる。これらの値を μ に関して最大にすることは，$\sum_{i=1}^{N}(x_i-\mu)^2$ を μ に関して最小にすることと同等であるから，最尤推定法による解，すなわち**最尤推定量**は，$\hat{\mu} = \bar{X}$ となる。

このような考え方は，適当な分散の値を探す場合にも適用される。図 3-8 は二つのデータ x_1，x_2 が与えられたときに，その母集団の分散の大きさを推定することを考えたものである。上での議論から，ここでは平均を x_1，x_2 の中間にあるものとして考えてみよう。

A のように分散の値が小さすぎる場合には，x_1，x_2 というデータが得られる可能性が小さいことは明らかであろう。反対に，C のように分散の値が大きすぎても確率密度関数の高さが低くなるため，やはり x_1，x_2 というデータが得られる可能性は小さいことがわかる。今度は分散の値を変化させることにより，$A\to B\to C$ と分布の形状が変化する。その中でもっとも尤もらしい分散の値を探すことになる。

以上が平均と分散の最尤推定法の考え方であるが，一般にはこれらのパラメータを同時に決定しなければならない。

もし分散の値も未知で推定の必要があるならば，

$$(2\pi\sigma^2)^{-\frac{1}{2}}\exp\left\{-\frac{(x_1-\mu)^2}{2\sigma^2}\right\}\cdot\cdots\cdot(2\pi\sigma^2)^{-\frac{1}{2}}\exp\left\{-\frac{(x_N-\mu)^2}{2\sigma^2}\right\}$$

について同様に最大化を行なえばよい。対数尤度関数は

$$-\frac{N}{2}\log(2\pi\sigma^2)-\sum_{i=1}^{N}\frac{(x_i-\mu)^2}{2\sigma^2} \tag{3-6}$$

と表わされる。その結果，μ の推定量は，

$$\bar{X}=\sum_i\frac{X_i}{N}$$

と以前と変わらず，$\hat{\sigma}^2$ については，

$$\hat{\sigma}^2=\sum_i\frac{(X_i-\bar{X})^2}{N}$$

と標本分散が得られる。すでにのべたように，標本分散は不偏ではない。よって，最尤法によって得られる推定量が不偏性を満たすとはかぎらないことがわかる。しかしながら，N の値が大きいとすれば，$1/N$ と $1/(N-1)$ のちがいはほとんどなく，よって $\hat{\sigma}^2$ もほぼ偏りがないといえる。最尤推定量は N が大きいとき（標本数30がいちおうの目安とされる），ほぼ不偏な推定量の中でもっとも分散が小さいことが知られている。それゆえ最尤法は，データ数が多いときに薦められる推定法といえる。ただし，最尤法が適用されうるには，推定したいパラメータを含む密度関数の形が知られていなければならない。

[例題 3-4]

(3-6)の対数尤度関数を最大にする μ と σ^2 の推定量を求めよ。

●解答

(3-6)を μ について微分して0とおくと，

$$\frac{1}{\sigma^2}\sum_{i=1}^{N}(x_i-\mu)=0$$

が得られる。これより，μ の最尤推定量は

$$\bar{X}=\sum_i\frac{X_i}{N}$$

となる。

次に，σ^2（σ ではない）で微分して0とおくと，

$$-\frac{N}{2\sigma^2}+\frac{\sum_{i=1}^{N}(x_i-\mu)^2}{2\sigma^4}=0$$

が得られる。すなわち，μ の代わりにその推定量を代入すれば，σ^2 の最尤推

> **経済＝統計交差点**
> **❸**
> # 十分統計量
>
> 　平均や分散など母集団のパラメータの推定量が示す望ましい特性として，不偏性，一致性，有効性のほかに十分性（sufficiency）という概念がある。十分統計量とは，推測を行なうにはそれだけで十分な統計量ということで，いったんそれが求められれば当該パラメータについての必要な情報がすべて得られ，標本から得られる他の情報は蛇足となるものを指す。ある統計量が十分性を満たすか否かは，母集団の分布形にも依存する。正規分布の場合には，標本平均や標本分散は母集団の平均や分散の十分統計量となる。
>
> 　十分性は相対的な概念であり，一つのパラメータに対して複数個の十分統計量がありうる。たとえば，すべての標本を大きい順にならべて組みにしたものも，平均の十分統計量となる。こうしたものがあれば，平均を推定するのに標本からの他の情報（たとえば第一番目にとった標本の値がなんであったかなど）は必要ないからである。しかし，この十分統計量は標本を並べ換えただけであり，平均についてのシンプルで明解な指標とはなっていない。そこで，十分性を考える場合にもっとも効率のよい情報の処理のしかたを考えるのが，最小十分統計量の概念である。この意味では，標本平均や標本分散は1次元のスカラー値で表わされ，もっとも効率的な十分統計量である。
>
> 　十分統計量の概念は統計学の理論では重要な役割を演じるが，経済学の実証分析をすすめるうえではめったに登場しない。しかしながら，意外ではあるが，経済学の理論面において重要な役割を発揮する場合が多いのである。

定量は

$$\hat{\sigma}^2 = \sum_i \frac{(X_i - \bar{X})^2}{N}$$

となる。

3.6 まとめ

　本章では平均と分散の点推定について説明した。推定量が満たすべき望ま

端的な例としては，完全競争のもとでの個々の経済主体の行動を考える場合，相対価格体系が十分統計量となる。自分の需要や供給を決定するに際し，相対価格体系さえわかれば取引相手の効用関数や生産関数を知る必要はないからである。投資関数における「トービンの q」も，十分統計量の例である。企業が設備投資をしたほうがよいか否かの判断は，市場が評価してくれる企業価値と資本ストックの再取得価額の比率であるトービンの q の動向がわかれば，それ以上将来の需要見通しなどを計算する必要はない。さらに，もし実質賃金が労働の限界生産性に等しいならば，もともと計測が容易ではない限界生産性に対して，観察可能な賃金が十分統計量の役割を果たしてくれる。

　マネタリストがマクロ安定化政策として「マネーストック（マネーサプライ）の管理のみが追求されるべし」と極論する場合には，マネーストックが経済全体の十分統計量であるとみなしていると解釈することもできよう。

　もっとも，以上は純粋に理論的に考えた場合であって，現実経済では相対価格体系以外の情報（たとえば広告や宣伝）があったほうがいろいろ役立つ場合があったり，賃金がその人の生産性を正しく反映していないことも多い。株価や為替レートが短期間で大きく変動し，そこから得られる情報がかえってノイズ（雑音）となるのも，まれではない。近年の応用ミクロ経済学の分野は，多くの場合，伝統的なミクロ経済学で前提としていた相対価格体系の役割を見直すことから出発する。価格以外の要因を考慮してはじめて経済主体の行動が理解されるということは，要するに相対価格体系が十分統計量とはなっていないということである。

しい性質として，不偏性，一致性，有効性などの観念について理解できたことと思う。母集団が正規分布の場合は，標本平均は望ましい性質をすべて満足し，しかもこれは最尤推定量や最小 2 乗推定量でもある。標本分散については，不偏性は満たされず，不偏性を満たすには自由度の修正を施した不偏分散を用いなければならない。しかし，サンプル数が十分大きい場合には，このこと自体はそれほど問題にはならない。

練 習 問 題

(＊印はやや難解。最初はスキップしてもかまわない。)

1．ある町のスーパーで売られているヨーグルトの値段を調べたところ，表3-1 のような結果が得られた。

表 3-1　ヨーグルトの価格

(単位：円)

198, 202, 199, 200, 204, 208, 202, 201, 210, 200
203, 198, 204, 200, 208, 203, 196, 202, 202, 200

(1) 表がこの町のすべてのスーパーでの調査結果を表わすものとしたとき，ヨーグルトの値段の分散を計算せよ。

(2) 表がこの町のランダムに選ばれたいくつかのスーパーにおける結果としたとき，この町全体で売られているヨーグルトの値段の分散を推定せよ。

2．100個のランダム標本をとり，以下の情報を得た。このとき，母集団の平均と分散を推定せよ。

$$\sum x_i = 12000, \quad \sum x_i^2 = 1840000$$

(ヒント：$\sum(x_i-\bar{x})^2 = \sum x_i^2 - N\bar{x}^2$ となることを用いるとよい。)

3．表3-1に与えられたデータの相対頻度分布のグラフを描くとともに，平均と分散を求めよ。次に，このような平均と分散をもつ正規分布を，すでに求めた相対頻度分布のグラフの上に重ねて描け。

4．表3-2のデータは，ある分布からコンピュータを用いて乱数を60個発生させた結果である。以下の順で実験を行なえ。

表 3-2　ある乱数

6.6, 3.1, 5.1, 3.5, 78.7, 4.2, 38.4, 33.2, 90.5, 0.8
46.5, 56.2, 2.3, 62.1, 33.7, 18.9, 10.9, 14.5, 8.7, 4.5
72.0, 1.6, 67.2, 4.5, 46.1, 3.4, 1.3, 8.5, 40.2, 66.1
87.2, 52.7, 41.7, 37.1, 19.8, 58.1, 5.2, 90.1, 22.7, 12.4
91.5, 3.3, 2.5, 36.7, 7.1, 35.5, 93.8, 57.7, 93.6, 23.3
6.8, 60.2, 8.0, 44.3, 85.9, 77.1, 1.9, 19.2, 72.7, 0.2

(1) 表のすべてのデータのヒストグラムを，区間幅を10として描け。

(2) 表のすべてのデータの平均と分散を計算せよ。

(3) このうち5個のデータを選び，分布の平均と分散を点推定せよ．

(4) 次に，このような実験を20回行ない，平均と分散の点推定値のヒストグラムをそれぞれ描け．

(5) それらのヒストグラムの平均と分散を計算せよ．

(6) さらに，10個のデータを選び，分布の平均と分散を点推定せよ．

(7) このような実験を20回行ない，平均と分数の点推定値のヒストグラムをそれぞれ描け．

(8) それらのヒストグラムの平均と分散を計算せよ．

(9) このような実験の意味するところを考えよ．

5．本文中で言及した事項と関連して，以下の問題を考えてみよう．

(1) $\sum_i c_i = 1$ として，$\sum_i c_i X_i$ の分散を最小にする c_i を求めよ．

(2) $\sum_i |X_i - \theta|$ を最小化する θ は標本のメディアンであることを証明せよ．

(3) 正規分布 $N(0, \sigma^2)$ の分散の最尤推定量は，

$$\frac{\sum_i X_i^2}{N}$$

であることを証明せよ．

(4) $\sum_i (X_i - \bar{X})^2$ の期待値は $(N-1)\sigma^2$ であることを証明せよ．

(ヒント：たとえば，$\sum_i (X_i - \bar{X})^2 = \sum_i \{(X_i - \mu) - (\bar{X} - \mu)\}^2$
$= \sum_i (X_i - \mu)^2 - N(\bar{X} - \mu)^2$

と変形し，X_i の分散は σ^2，$\bar{X}$ の分散は $\frac{\sigma^2}{N}$ であることをつかう．)

6*．中小企業の経営者インタビューを行ない，これから景気がよくなると思うか否かをたずねた．以下の二つのケースにおいて，中小企業経営者全体で景気がよくなると考えているものの割合 p の最尤推定値を求めよ．

(1) 100人にインタビューをした結果，よくなると答えたものは20人であった．

(2) 景気がよくなると答えるものが20人になるまでインタビューを続けることにしたところ，100人目でようやく20人となった．

第4章

区間推定

4.1 区間推定とは

　第3章で学んだ点推定においては，もっとも適当と思われるパラメータの推定値を一つだけ提示するが，その値が神のみぞ知る真の値を厳密な意味でピタリと当てることは，まず考えられない。この点については，連続な区間の上では一定の幅を考えないかぎり確率はつねにゼロであったことを思い出してもらいたい。無限にある宝くじの中からたった1枚の当たりくじを引くようなものである。とすれば，最初からある程度の幅を考え，「これこれの値からこれこれの値までのあいだにパラメータは存在する」と主張したほうがよいとも考えられる。これが区間推定の基本的な考え方である。

　第1章と第2章において，さまざまな母集団の分布が正規分布で近似されることをのべた。正規分布に従う確率変数に対しては，平均を中心に標準偏差を単位として測った任意の区間にどれだけの確率ではいるかが知られている。このことを利用して，未知のパラメータである平均や分散がいかに推測されるかをみていこう。議論を簡単にするため，まず標準偏差の値がわかっている（神様が教えてくださった）ものとして考えてみたい。もちろん，このような仮定は非現実的であり，後に取り除かれる。

　図4-1は，正規分布に従う集団において，平均 μ を中心とし左右に

図 4-1　正規分布の90％信頼区間

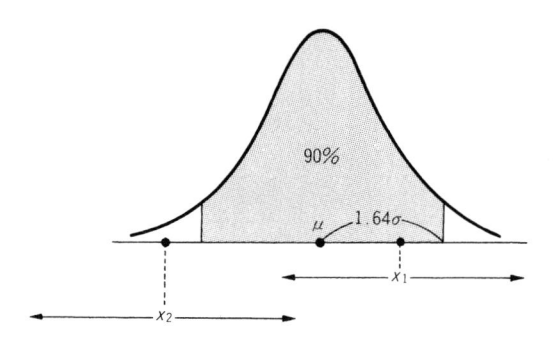

±1.64σの範囲を考えれば，その中におおよそ90％のデータ（標本）が存在することを示したものである。このような集団からランダムに1個のデータを取り出したとき，そのデータが $\mu-1.64\sigma$ から $\mu+1.64\sigma$ の範囲にはいる確率が90％ということになる。すなわち，

$$\Pr\{\mu-1.64\sigma \leqq X \leqq \mu+1.64\sigma\} = 0.90 \qquad (4\text{-}1)$$

となる。ただし，ここで μ の値は未知である。(4-1) 式の｛　｝の中に注目してみよう。この不等式は，

$$X-1.64\sigma \leqq \mu \leqq X+1.64\sigma \qquad (4\text{-}2)$$

とも変形されうる。この (4-2) 式の意味するところを考えてみよう。

いま，図4-1のデータ X_1 が得られたとしよう。X_1 を中心に±1.64σの範囲を考えると，(4-2) 式は，その中に μ が含まれることを意味している。これに対し，X_2 のようなデータが得られたとすれば，X_2 を中心に±1.64σの範囲を考えても，その中に μ は含まれない。結局，灰色の範囲のデータに対してのみ，(4-2) 式が成立することがわかる。そのようなデータが選ばれる確率は (4-1) 式より90％である。以上をまとめれば，「あるデータが1個得られたとき，そのデータを中心に±1.64σ（既知の値とされている）の範囲を考えれば，その中に未知の μ が存在している可能性は90％ある」ことになる。

正規分布に関して，

$$\Pr\{\mu-1.96\sigma \leqq X \leqq \mu+1.96\sigma\} = 0.95$$
$$\Pr\{\mu-2.58\sigma \leqq X \leqq \mu+2.58\sigma\} = 0.99$$

などが成り立つことも知られている．よって，上の議論から，あるデータを中心に±1.96σや±2.58σの範囲をとれば，その中に未知のμが存在している可能性はそれぞれ95％，99％であり，区間の幅の拡大とともにしだいに大きくなる．

たとえば，C社株への投資を考える．C社株の平均月次収益率は未知で，その標準偏差は3％であることが知られているとしよう．さて，1カ月間C社株に投資した結果，投資収益率が10％だったとする．

上の議論から，$1.64 \times 3 = 4.92$，$1.96 \times 3 = 5.88$だから，(4-2) 式の表現法によると，

$$\Pr\{X-4.92 \leq \mu \leq X+4.92\} = 0.90$$
$$\Pr\{X-5.88 \leq \mu \leq X+5.88\} = 0.95$$
(4-3)

が成り立つ．(4-3) 式において，確率変数はXである．Xに現実のデータの値10を代入すれば，

$$5.08 \leq \mu \leq 14.92 \tag{4-4}$$
$$4.12 \leq \mu \leq 15.88 \tag{4-5}$$

が得られる．(4-4) 式はこの投資の平均収益率が5.08％と14.92％のあいだにあると主張するものであり，また (4-5) 式は，4.12％と15.88％のあいだにあると主張するものである．

これらの不等式には，もはや確率変数はみられない．すなわち (4-4)，(4-5) 両式ともに，命題は正しいか誤っているかのいずれかである．90％，95％という確率は，このような命題が正しい可能性を表わすものである．そこで，これらの数字はとくに**信頼度**あるいは**信頼係数**とよばれ，確率とは区別される．(4-4)，(4-5) 両式に与えられる区間は**信頼区間**とよばれ，信頼度α％の信頼区間はα％信頼区間ともよばれる．確率ではなく，とくに信頼度とよぶのは，これらの数字が命題の主張する内容に対する信頼の程度を表わしていると解釈されるからである．(4-4) 式が正しいならば，(4-5) 式は当然正しい．(4-4) 式の区間のほうが狭く，狭い区間内にパラメータが存在すると主張するほうがより強く，それだけ誤まる可能性も大きくなる．そのため，反対に (4-5) 式の信頼度のほうが大きな値をとることになる．このように，パラメータの推定にあたり，ある信頼度とともに区間を提示する方法

図 4-2　N個のデータによる90％信頼区間

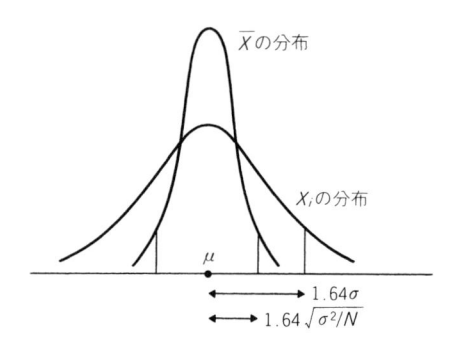

$\overline{X}$の分布

X_iの分布

μ

$\longleftrightarrow$ 1.64σ
$\longleftrightarrow$ 1.64$\sqrt{\sigma^2/N}$

を**区間推定**とよぶ。

　さて，これまでの議論は1個のデータにもとづいてなされてきた。もし，数個のデータが同時に得られるならば，より多くの情報が与えられたことになる。いま，$\{X_1, X_2, \cdots, X_N\}$とN個のデータが与えられたとしよう。そのとき，

$$\overline{X} = \frac{X_1 + X_2 + \cdots + X_N}{N}$$

は平均 μ，分散 σ^2/N の正規分布，$N(\mu, \sigma^2/N)$ に従うことを学んだ。データが1個しかない場合，母集団の分布は正規分布に従うとの前提のもとに議論をすすめた。しかし，データがある程度の数あれば，中心極限定理から母集団分布がなんであれ，$\overline{X}$の分布は正規分布と考えられ，以下の議論が成立する（くわしくは第2章参照）。その場合，(4-1) 式に代わり，

$$\Pr\left\{\mu - 1.64\sqrt{\frac{\sigma^2}{N}} \leq \overline{X} \leq \mu + 1.64\sqrt{\frac{\sigma^2}{N}}\right\} = 0.90 \qquad (4\text{-}6)$$

が成り立つ。ただし，σの値は既知とされているから，$\overline{X}$の標準偏差 $\sqrt{\sigma^2/N}$ の値も計算可能である。それゆえ，(4-2) 式に対応して，90％の信頼度で，

$$\overline{X} - 1.64\sqrt{\frac{\sigma^2}{N}} \leq \mu \leq \overline{X} + 1.64\sqrt{\frac{\sigma^2}{N}}$$

という不等式が成り立つ。ここで，信頼区間の幅はデータ数が1個の場合の $1/\sqrt{N}$ 倍になっていることに注意されたい（図 4-2 参照）。同様に，

$$\overline{X} - 1.96\sqrt{\frac{\sigma^2}{N}} \leqq \mu \leqq \overline{X} + 1.96\sqrt{\frac{\sigma^2}{N}}$$

$$\overline{X} - 2.58\sqrt{\frac{\sigma^2}{N}} \leqq \mu \leqq \overline{X} + 2.58\sqrt{\frac{\sigma^2}{N}}$$

なども，それぞれ95％，99％の信頼度で成り立つことがわかる。

たとえば，C社株への投資の例において，4カ月間売買をくりかえした結果，その平均収益率が10％であったとしよう。その場合，$\overline{X}$の分散は$3^2/4$であるから，標準偏差は1.50となり，結局90％，95％の信頼区間はそれぞれ，

$$7.54 \leqq \mu \leqq 12.46$$
$$7.06 \leqq \mu \leqq 12.94$$

と求められる。読者はこれらの信頼区間を，(4-4) 式や (4-5) 式と比較してみられたい。

[例題 4-1]

森の小道を歩いていくと，突然1人の小人が現われた。その背丈は10cmであった。小人の国の平均身長を知りたいと思ったところ，神様がこっそり標準偏差が3cmであると教えてくれた。このような場合，小人の国の平均身長を90％，95％の信頼度で区間推定せよ。

●解答

90％の信頼区間は，$10 - 1.64 \times 3 \leqq \mu \leqq 10 + 1.64 \times 3$ より，
$$5.08\text{cm} \leqq \mu \leqq 14.92\text{cm}$$

95％の信頼区間は，$10 - 1.96 \times 3 \leqq \mu \leqq 10 + 1.96 \times 3$ より，
$$4.12\text{cm} \leqq \mu \leqq 15.88\text{cm}$$

と求められる。

[例題 4-2]

例題 4-1において，もし10人の小人の平均身長が10cmであったとすれば，信頼区間はどのようになるであろうか？

●解答

10人の小人の平均身長が10cmであるから，90％の信頼区間は，

$$10 - 1.64 \times \sqrt{\frac{3^2}{10}} \leqq \mu \leqq 10 + 1.64 \times \sqrt{\frac{3^2}{10}}$$

より,
$$8.44\text{cm} \leq \mu \leq 11.56\text{cm}$$
95%の信頼区間は,
$$10 - 1.96 \times \sqrt{\frac{3^2}{10}} \leq \mu \leq 10 + 1.96 \times \sqrt{\frac{3^2}{10}}$$
より,
$$8.14\text{cm} \leq \mu \leq 11.86\text{cm}$$
と計算される。

4.2 分散の値が未知の場合の区間推定

以上では分散の値が既知であると仮定されていたが,そのようなことは現実にはまず考えられない。そこで,σ^2 の代わりにその推定量を用いる。たとえば,3.4で紹介された不偏分散

$$S^2 = \sum_{i=1}^{N} \frac{(X_i - \bar{X})^2}{N-1}$$

が用いられる。データの数が大きいときには,この推定値は未知のパラメータ σ^2 のごく近くの値をとる(一致推定量である)ため,あたかも S^2 を σ^2 とみなして,これまでどおりの手順に従って問題はない。しかしながら,データ数が小さい場合には,(4-6)式の成立が問題となる。すこしくわしくみてゆこう。

(4-6)式の{ }の中は以下のように変形される。

$$-1.64 \leq \frac{\bar{X} - \mu}{\sqrt{\frac{\sigma^2}{N}}} \leq 1.64$$

ここで,

$$Z = \frac{\bar{X} - \mu}{\sqrt{\frac{\sigma^2}{N}}}$$

とおけば,Z は標準正規分布に従う確率変数である。すなわち,$\bar{X}$ からその平均 μ を引き,標準偏差 $\sqrt{\sigma^2/N}$ で除すれば,その結果は標準正規分布に従い,-1.64 と 1.64 のあいだの値をとる確率は0.90ということになる。

図4-3 分散が未知の場合の分布

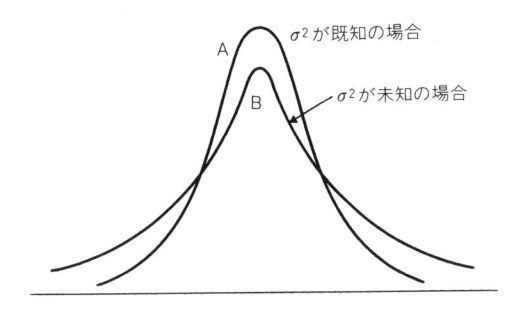

σ^2 が既知の場合，あるいはサンプル数が大きい場合，こうした議論に問題はない。しかしながら，一般に，σ^2 に対してその推定量を代入した場合，Z は正規分布に従わない。その理由は直観的には以下のように考えられる。σ^2 が既知の場合，Z の分布が図4-3のAのように描かれたとしよう。S^2 は σ^2 に比べ大きな値をとったり反対に小さな値をとったりする。その結果，$\bar{X}$ の大きな値や小さな値と S^2 のさまざまな値との組み合わせにより，Z の値は σ^2 が既知の場合に比べてばらつきを増すと予想される。そのグラフは図4-3のBのように，やや裾が重くなる。このようなことから，Z はもはや正規分布には従わないと考えられる。じつは σ^2 の推定値として S^2 を用いた場合，

$$\frac{\bar{X}-\mu}{\sqrt{\frac{S^2}{N}}}$$

の分布は自由度 $N-1$ の **t 分布**とよばれる分布に従うことが知られている。

t 分布は，イギリスの統計学者ウィリアム・ゴセットがスチューデントというペンネームのもとで考え出した分布であるため，ときにはスチューデントの t 分布ともよばれる。t 分布の概形はおおむね正規分布と同様であるが，より裾が重く，その分中央が低くなり，同時にやや丸みを失っている。t 分布に対しては，標準正規分布に対してと同様，さまざまな区間に対する面積が計算されており，たいがいの統計学の教科書の巻末に掲載されている。表4-1は，いくつかの自由度の t 分布に対して，上側2.5%の値を表示したも

表 4-1　t 分布の上側2.5%点

自　由　度	上側2.5%点
1	12.7
2	4.30
3	3.18
4	2.78
5	2.57
6	2.45
7	2.36
8	2.31
9	2.26
10	2.23
11	2.20
12	2.18
13	2.16
14	2.14
15	2.13
16	2.12
17	2.11
18	2.10
19	2.09
20	2.09
⋮	⋮
25	2.06
⋮	⋮
30	2.04
60	2.00
120	1.98
∞	1.96

のである。そのほかの%に対応する値は巻末の数表Bに与えられている。たとえば，自由度が3の t 分布の場合，上側2.5%の値は3.18であることがわかる。また，サンプル数が5をこえれば，上側2.5%点はおおよそ2という値に収束してゆくことがわかる（図4-4）。自由度が無限大になったとき，t 分布は標準正規分布に一致する。また，自由度1の t 分布はとくに**コーシー分布**ともよばれ，平均が定義されない（求められない）分布，あるいは中心極限定理の成り立たない分布として知られている。いずれも，裾が重いことに起因する。

　サンプル数が少ないデータにもとづく信頼区間の設定の例として，ある架空の発展途上国の成長率について考えてみよう。発展途上国の場合，利用可能な経済データが整備されていない場合が多いが，いまこの国の経済成長率は最近4年分しか公表されていないものとする。それらは，{4, 6, 8, 6}（%）であった。この国の潜在成長率（母集団の平均で表わされるものと考

図 4-4　正規分布と t 分布の上側2.5%点

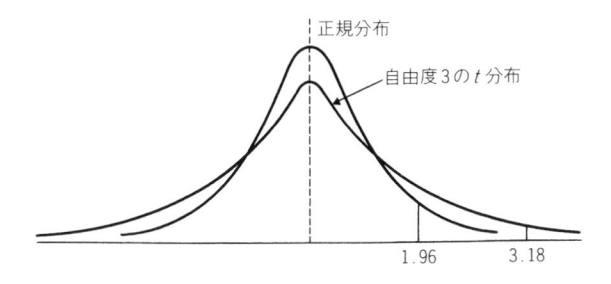

える）を95%の信頼度で推定したい。標本平均は 6%，不偏分散の推定値は，

$$\frac{(4-6)^2+(6-6)^2+(8-6)^2+(6-6)^2}{4-1}=\frac{8}{3}$$

と求められる。したがって，標本平均 $\overline{X}$ の**標準誤差**（統計量の標準偏差は標準誤差とよばれる）は，$\sqrt{(8/3)/4}=0.816$ となる。その結果，潜在成長率の95%信頼区間は自由度 3 の t 分布の上側2.5%点が3.18であるから，

$$6-3.18\times0.816\leqq\mu\leqq 6+3.18\times0.816$$

より，$3.41\leqq\mu\leqq 8.59$ であることがわかる。

[例題 4-3]

目の前に 7 人の小人が現われた。かれらの体重を測ったところ，{360，410，350，380，420，400，410}（単位：g）であった。このとき，巻末の数表 B を用い，小人の国の平均体重を信頼度90%，95%，そして99%で区間推定せよ。

●解答

7 人の小人の体重の平均は390g である。不偏分散は，

$$\frac{(360-390)^2+(410-390)^2+\cdots+(410-390)^2}{7-1}=\frac{4400}{6}$$

よって，$\overline{X}$ の標準誤差は，

$$\sqrt{\frac{\frac{4400}{6}}{7}}=10.24\text{g}$$

となる。

　巻末の数表 B より，自由度 6 の t 分布の上側 5 %，2.5%，0.5%点は，それぞれ1.94，2.45，3.71である。よって，90%信頼区間は，

第 4 章／区間推定

$$390 - 1.94 \times 10.24 \leq \mu \leq 390 + 1.94 \times 10.24$$

より，

$$370.1g \leq \mu \leq 409.9g$$

となる。

同様にして，95%信頼区間と99%信頼区間はそれぞれ，

$$364.9g \leq \mu \leq 415.1g, \quad 352.0g \leq \mu \leq 428.0g$$

と求められる。

4.3 質的データにもとづく推定

以上の議論において，取り扱われたデータは定量的に測定可能な変量であった。このようなデータは**量的変量**とよばれる。これに対し，支持政党や好みのブランド名や貿易の相手国など，調査結果が質的なデータから構成されることも多い。このようなデータは**質的変量**とよばれる。本節においては，質的データの場合にこれまでの議論がどのように適用されうるのかをみていこう。

ある市においてランダムに選ばれたN人の住民に対し現市長を支持するか否かをたずねたところ，R人が現市長を支持していることがわかったとしよう。調査の目的は市全体における現市長の支持率pを知ることにある。このような問題も，以下のように考えることによって，これまでとほぼ同様に扱うことができる。i番目の市民にたずねた調査結果をX_iで表わし，もしその市民が現市長を支持しているならば$X_i = 1$，支持していなければ$X_i = 0$とする。このとき，Xが1となる確率はpで，Xが0となる確率は$1-p$であるから，Xの平均は

$$\mathrm{E}(X) = 1 \times p + 0 \times (1-p) = p$$

と求められる（7頁の平均の定義を参照）。

また分散（$\mathrm{Var}(X)$と書くことにする）は，以下のように求められる。

分散の定義を振り返りながら考えてみよう。Xのとる値1, 0が平均pからどれだけ離れているかを考えると，それぞれ$(1-p)$, $(0-p)$である。これらを2乗した値をそれぞれのスコアと考え，その期待値（平均）を求めれ

ばよい。結局,
$$\mathrm{Var}(X) = (1-p)^2 \times p + (0-p)^2 \times (1-p) = (1-p)p\{(1-p)+p\}$$
$$= p(1-p)$$
となることがわかる。次に,
$$X_1 + X_2 + \cdots + X_N = \sum_i X_i$$
を考えると,これは標本中にみられる支持者の数,すなわちRであることがわかる。よって,この値を標本数Nで除すれば標本中にみられる支持者の割合ということになり,その値は,
$$\frac{\sum_i X_i}{N} = \frac{R}{N} = \bar{X}$$
と,標本平均として表現される。

$\bar{X}$の分布は,母集団の分布のいかんにかかわらず(極端な例外を除き)正規分布に従い,その平均は母集団の平均と一致し,またその分散は母集団の分散の$1/N$倍になることを思い出してもらいたい。それゆえ,いまの場合,$\bar{X}$の分布は,
$$N\left(p, \frac{p(1-p)}{N}\right) \tag{4-7}$$
と表現される。ただし,Nの値が小さいとき(たとえば5から10程度の場合)には(4-7)は成り立たない。

ここで,$\bar{X}$の分散に注意してみよう。第一に,分散の値はNの増加とともに減少することがわかる。これは,定量的データの場合と同様である。第二に,分散の値は平均pの関数である。その結果,分散は平均と独立には定まらない。Nを一定とした場合,その値は$p=0, 1$で最小値0,$p=1/2$で最大値$1/4N$をとる(図4-5参照)。結局,$\bar{X}$の分散は母集団の平均pに依存して決まり,pが極端な値をとるほど,その分散の値は小さい。たとえば,$p=1$であるならば,すべての市民が現市長を支持していることになり,どのような標本が得られようとも$\bar{X}=1$となることは明らかである。その場合,$\bar{X}$の分散はたしかに0となっている。

(4-7)の正規分布を用い,支持率の推定は次のように行なわれる。まず,

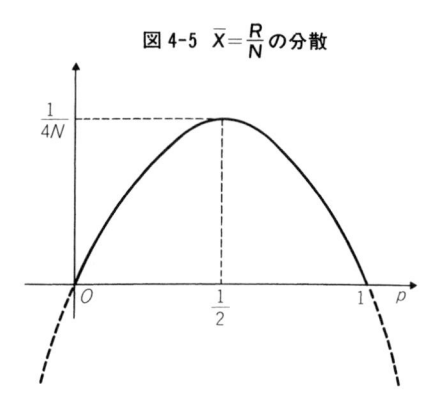

図 4-5 $\bar{X} = \dfrac{R}{N}$ の分散

母集団における支持率 p は母集団の平均でもあるから，その点推定には $\bar{X} = R/N$ をそのまま用いればよい．次に区間推定であるが，たとえば信頼度として 95% を採用するならば，(4-1) 式 (72頁) に対応して，

$$\Pr\left\{ p - 1.96\sqrt{\frac{p(1-p)}{N}} \leq \frac{R}{N} \leq p + 1.96\sqrt{\frac{p(1-p)}{N}} \right\} = 0.95$$

が成り立つ．この｛ ｝の中の不等式を p について解けばよい．これは p に関する 2 次の不等式である．しかしながら，一般には分散の値 $p(1-p)/N$ の中の p に対しては，その推定値 R/N を代入し，

$$\frac{\dfrac{R}{N}\left(1-\dfrac{R}{N}\right)}{N}$$

を分散の値と考えるという簡便法がとられる．このように考えたあと p について解けば，(4-6) 式に対応して，

$$\frac{R}{N} - 1.96\sqrt{\frac{\dfrac{R}{N}\left(1-\dfrac{R}{N}\right)}{N}} \leq p \leq \frac{R}{N} + 1.96\sqrt{\frac{\dfrac{R}{N}\left(1-\dfrac{R}{N}\right)}{N}} \quad (4\text{-}8)$$

と支持率 p の 95% 信頼区間が得られる．(4-8) 式を見れば，サンプル数の増加とともに信頼区間の幅も狭くなることがわかる．これは，サンプル数が大きくなればそれだけ精確な推定が可能となることを意味している．

例をあげよう．100人の市民に訪ねたところ，支持者はそのうち40人であった．このときこの市全体の支持率を95%の信頼度で推定したい．その場合，$N = 100$，$R = 40$ より，(4-8) 式は

$$0.4 - 1.96 \times \sqrt{\frac{0.4 \times 0.6}{100}} \leq p \leq 0.4 + 1.96 \times \sqrt{\frac{0.4 \times 0.6}{100}}$$

となり，結局，信頼度95%の信頼区間はおおよそ $0.3 \leq p \leq 0.5$ と求められる。また，標本数が100人のままで，支持者の数が4人だったとすれば，信頼区間は $0.002 \leq p \leq 0.078$ となる。さらに，$N = 10,000$, $R = 4,000$ とすれば，$0.39 \leq p \leq 0.41$ と，きわめて精度の高い推定が可能である。

[例題 4-4]

50人の小人の目を調べたところ，青い目の小人が40人いることがわかった。このとき，小人の国全体において，青い目の小人は何％いるものと予想されるであろうか？　信頼度90%，95%で区間推定せよ。

●解答

$N = 50$, $R = 40$ より，R/N の標準誤差を求めると，

$$\sqrt{\frac{0.8 \times 0.2}{50}} = 0.057$$

となる。よって90%と95%の信頼区間は，それぞれ，

$0.8 - 1.64 \times 0.057 \leq p \leq 0.8 + 1.64 \times 0.057$ より　$0.71 \leq p \leq 0.89$

$0.8 - 1.96 \times 0.057 \leq p \leq 0.8 + 1.96 \times 0.057$ より　$0.69 \leq p \leq 0.91$

となる。

4.4 分散に関する区間推定

分散に関する区間推定は，カイ2乗分布とよばれる，これまでとは異なる新たな分布を用いて行なわれる。まず，標準正規分布に従う確率変数 Z の2乗の分布はどのような形状なのかを考えてみよう。Z^2 は正の値しかとらない。また，Z は0の近くほど大きな確率で現われる。たとえば，-1 から $+1$ までのあいだには全体の約68%の値が含まれるし，-0.1 から $+0.1$ には約8%の値が含まれるが，Z^2 となるとこれらの値はさらに0に近づくことになるので，Z^2 の分布はさらに0の近くに集中すると予想される。このような Z^2 の分布は自由度1のカイ2乗分布とよばれる。こうした手続きを一般化することにより，自由度 K のカイ2乗分布は，次のように定義される。

図 4-6　自由度 K の χ^2 分布のグラフ

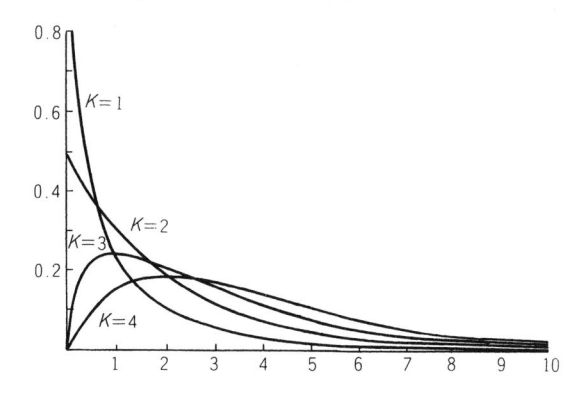

Z_i が標準正規分布に従うランダム標本であるとき，Z_i^2 を K 個加えた値 $Q = \sum_{i=1}^{K} Z_i^2$ の分布は，自由度 K の χ^2（**カイ2乗**）**分布**に従う。

さて，X_i が平均 μ，分散 σ^2 の正規分布からのランダム標本としたとき，$R^2 = \sum_i (X_i - \overline{X})^2 / \sigma^2$ は標準正規分布に従う変数 Z_i の 2 乗値の $(N-1)$ 個の和として表現されることが示される。よって，R^2 の分布は自由度 $(N-1)$ の χ^2 分布ということになる。

このことを一般的に証明することは，数学的に簡単ではなく，またわれわれの目的からも外れてしまう。そこで，もっとも単純な場合，すなわち $N=2$ の場合を例にとり，証明の雰囲気を感じとっていただくだけにとどめたい。ただし，以下の議論はやや数学的になり，本質的ではないので，次の段落までは読みとばしていただいてもかまわない。

$N=2$ の場合，$\overline{X} = (X_1 + X_2)/2$ として，

$$\frac{(X_1 - \overline{X})^2 + (X_2 - \overline{X})^2}{\sigma^2} \tag{4-9}$$

を考える。(4-9) 式の分子は以下のように変形される。

$$\left\{ \left(X_1 - \frac{X_1 + X_2}{2} \right)^2 + \left(X_2 - \frac{X_1 + X_2}{2} \right)^2 \right\}$$
$$= \left(\frac{X_1 - X_2}{2} \right)^2 + \left(\frac{X_2 - X_1}{2} \right)^2 = \frac{(X_1 - X_2)^2}{2}$$

表 4-2 χ^2 分布の上側 5％点

n	α 0.05	n	α 0.05	n	α 0.05
1	3.841	16	26.30	40	55.76
2	5.991	17	27.59	60	79.08
3	7.815	18	28.87	80	101.9
4	9.488	19	30.14	100	124.3
5	11.07	20	31.41		
6	12.59	21	32.67		
7	14.07	22	33.92		
8	15.51	23	35.17		
9	16.92	24	36.42		
10	18.31	25	37.65		
11	19.68	26	38.89		
12	21.03	27	40.11		
13	22.36	28	41.34		
14	23.68	29	42.56		
15	25.00	30	43.77		

ここで，$X_1, X_2 \sim N(\mu, \sigma^2)$ のとき，$X_1 - X_2$ は $N(0, 2\sigma^2)$ に従うことを思い出していただくと，

$$Z = \frac{(X_1 - X_2)}{\sqrt{2\sigma^2}} \sim N(0, 1)$$

と書き表わすことができる。それゆえ，(4-9) 式全体は

$$\frac{(X_1 - X_2)^2}{2\sigma^2} = Z^2$$

と表わせ，結局，標準正規分布に従う変数 Z の 2 乗値となり，$N = 2$ であるので，確かに自由度 $N - 1 = 1$ の χ^2 分布になる。

図 4-6 は，自由度 K の χ^2 分布の概形を描いたものである。Q は変数の 2 乗の和で表わされるので，χ^2 分布は正の値でしか定義されない。また，どのような自由度に対しても分布は右に歪んでいる。$K = 1$ と 2 の場合，分布の最大値は 0 のところにあり，あとは単調に減少する。このような分布の概形をとくに J 型の分布とよぶこともある（実際には J を裏返した形をしているが！）。K の値が大きくなるにつれ，分布の山はしだいに右のほうに移動してゆき，と同時に歪みがなくなり，左右対称になってゆく。K が大きくなれば，数多くの Z_i^2 を加えることから，中心極限定理により，正規分布に近づくわけである。さらに，Z_i の平均は 0 であるから，Z_i^2 の平均は Z_i の分散と等しく（ともに，$\mathrm{E}(Z_i^2)$），1 になる。よって自由度 K の χ^2 分布の平

図 4-7　χ^2 分布の上側と下側 2.5％点

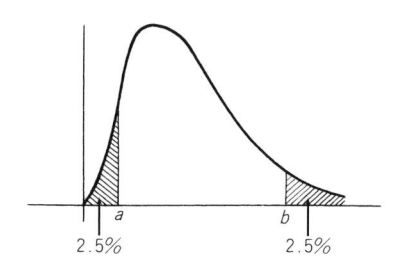

均は K であることがわかる。表 4-2 は，このような χ^2 分布の上側 5 ％点を与えるものである。

より一般的には，$R^2 = \sum_i (X_i - \overline{X})^2/\sigma^2$ は自由度 $N-1$ の χ^2 分布に従うことが示される。このことを利用すれば，これまで比較的安易に扱ってきた分散 σ^2 の値に関する区間推定や検定が，以下のようになされうる。

自由度 $N-1$ の χ^2 分布の下側と上側の 2.5％点を数表から読みとる。それらをそれぞれ，a，b としよう。すなわち

$$\Pr\left\{ a \leq \sum_i \frac{(X_i - \overline{X})^2}{\sigma^2} \leq b \right\} = 0.95$$

が成り立っている。χ^2 分布は，正規分布や t 分布の場合と異なり，正の値しかとらない。それゆえ，$a = -b$ とはなっていないことに注意されたい。データより

$$\sum_i \frac{(X_i - \overline{X})^2}{b} \leq \sigma^2 \leq \sum_i \frac{(X_i - \overline{X})^2}{a}$$

を計算すれば，これが 95％信頼区間となる（図 4-7 を参照してもらいたい）。もちろん，90％，99％信頼区間も同様にして構成される。

[例題 4-5]

例題 4-3 のデータにもとづき，小人の国の体重の分散を信頼度 95％で区間推定せよ。

●解答

例題 4-3 では，$\sum_i (x_i - \bar{x})^2 = 4400$ と計算された。巻末の数表 C より，自由

度6の χ^2 分布の上側,下側2.5%点はそれぞれ14.45,1.237である。よって信頼度95%の信頼区間は,

$$\frac{4400}{14.45} \leqq \sigma^2 \leqq \frac{4400}{1.237}$$

より,

$$304 \leqq \sigma^2 \leqq 3557$$

と求められる。

4.5 まとめ

　本章のテーマは,区間推定であった。第3章で学んだ平均と分散の点推定を基礎に,適当と思われる信頼度(信頼係数)に合わせて母集団のパラメータの信頼区間が求められる。平均の推定においては,分散が既知の場合と未知の場合で,利用する分布が正規分布と t 分布というちがいがあるが,基本的な考えかたはまったく同じである(しかも,標本数が十分多ければ, t 分布も正規分布に近づく)。分散の推定には χ^2 分布を用いる。信頼区間は,標本数が一定の場合には信頼度を低めに設定すればそれだけ狭くなり,また一定の信頼度の場合には標本数が大きければ大きいほど狭くなることも理解できたことと思う。こうした性質は,第Ⅲ部のテーマである統計的検定にとって重要な基礎知識となるはずである。

経済＝統計交差点
❹
ある世論調査結果の評価

　1997年9月10日の全国紙の朝刊では，同時期に行なわれた内閣支持率に関する世論調査の結果が対照的に報じられた。

　すなわち，一方で『朝日新聞』は，9月の7日と8日に実施した面接方式による全国世論調査の結果として，「橋本内閣の支持率は53％と，今年6月調査の43％から大きく伸びた」と報じた。他方『毎日新聞』は，9月5日から3日間行なった全国世論調査の結果として，「橋本内閣の支持率は37％と，前回8月の電話調査より7ポイントダウン」と報じた。世論調査でこれほど相反する結果が得られるのは，そう頻繁に起こることではない。

　実際，前回調査の内閣支持率は，『朝日新聞』は43％，『毎日新聞』は44％と，ほとんど差がないのである。差がないという結果は，同一母集団からの十分な数のサンプル調査と考えると，統計学の基礎知識からしてもっともらしい。ただし，前回調査の実施時点が，『朝日新聞』は6月なのに対して『毎日新聞』は8月であることには注意する必要がある。この間，内閣支持率に影響を及ぼす重大事件は何も起こらなかったか，起こっても元に戻ったと想定する必要がある（もっとも，『毎日新聞』は6月にも全国世論調査を行なっており，内閣支持率は43％と『朝日新聞』の結果とピタリと一致する）。

　9月時点での『朝日新聞』と『毎日新聞』の世論調査の実施日にはわずかの「ずれ」があり，しかもずれの当日である9月8日には，橋本龍太郎首相が自民党総裁に無投票で再選されるという「事件」があった。『毎日新聞』の調査は明らかにこの事件の前であったが，『朝日新聞』の調査の一部はこの事件後の可能性もある（もっとも，橋本首相が自民党総裁に無投票で再選されることは連日報道されており，一般国民にとってとくに驚きに値する事件ではなかった）。他にも，標本抽出上でのバイアスの問題，「面接方式による調査」か「電話による調査」かによる相違，あるいは他の質問項目との非独立性（ある種の誘導尋問の余地）の問題，等々，対照的な結果をもたらした原因の候補はある。しかしながら，これらは9月の世論調査に固有の問題ではない。集計ミスがあるとも考えられず，結局，9月の世論調査に何が起こったのかは，謎のままである。

練 習 問 題

(＊印はやや難解。最初はスキップしてもかまわない。)

1. 大学生B君は中古スポーツカーを買いたくて広告を調べたところ，125台の平均価格は80万円，標準偏差は15万円であった。このとき，中古スポーツカー全体の平均が95％の信頼度で存在すると考えられる区間を求めよ。

2. 収穫したみかんのうち100個の標本の重さを測ったところ，平均1個45g，標準偏差は5gであった。標本平均の標準誤差を計算し，90％信頼区間を計算せよ。1000個の平均が45g，標準偏差が5gであったとすれば，信頼区間の幅はどのように変化するであろうか。

3. 以下の標本数と信頼係数に対し，母集団平均の信頼区間を構成するに必要なt表の値を見つけよ。
    (1) $N = 25$, 90％
    (2) $N = 8$, 99％
    (3) $N = 10$, 98％
    (4) $N = 5$, 99％
    (5) $N = 30$, 95％

4. 以下の8個の標本は，正規分布に従う無限母集団からのランダム標本である。
    $\{4.2,\ 5.4,\ 6.5,\ 5.2,\ 5.2,\ 3.5,\ 3.8,\ 5.8\}$
    (1) 母集団の標準偏差を推定せよ。
    (2) 母集団平均の98％信頼区間を計算せよ。

5. 毎年夏になると水の事故が多くなる。ここ数年間の夏のうちから9カ月をランダムに抜き出し事故件数を調べたところ，月平均20件，標準偏差8件であった。水の事故件数が正規分布に従うものとしたとき，その平均を90％の信頼度で区間推定せよ。

6. 収穫したりんごについて，100個の標本の中で腐っているものが3個あったとする。このとき母集団全体において腐っているりんごの割合は最大何％と見積もられるか。1000個のうち腐っているものが30個あったとすれば，最大何％と見積もられるか。ともに95％の信頼度で計算せよ。

7. トム・ギャンブル氏はウォール・ストリートのアナリストである。彼は，個人投資家のうち来月に持ち株の25％以上を売ると考えているものの割合を予測することになっている。そこでギャンブル氏が個人的に調査を行なったところ，

800人の個人投資家のうち200人が持ち株の25%以上を売ろうと考えていることがわかった。このことから，その割合の95%信頼区間を計算せよ。

8. 表4-3は，アジア諸国の実質GDPを調べた結果である。2000年代における各国の潜在成長率を90%の信頼度で区間推定せよ。また，2009年におけるアジア諸国の成長率に注目し，これらのデータがある正規母集団からのランダム標本とみなせるものとしよう。そのとき，その母集団の分散を90%の信頼度で区間推定せよ。

表4-3　アジア諸国の実質GDP

(単位：10億ドル)

	2000	2001	2002	2003	2004	2005	2006	2007	2008	2009
中　　国	3013	3337	3700	4158	4698	5314	6124	7120	7967	8765
日　　本	3213	3292	3354	3474	3666	3873	4081	4297	4336	4159
香　　港	176	181	187	197	220	243	269	294	307	302
台　　湾	452	454	486	515	566	607	661	720	741	736
韓　　国	775	824	898	943	1015	1097	1191	1288	1346	1364
シンガポール	132	132	140	148	167	187	210	234	242	240
インドネシア	501	531	564	603	650	705	768	840	910	962
マレーシア	213	219	235	254	278	301	329	360	384	382
フィリピン	179	186	197	211	231	250	272	300	318	325
タ　　イ	310	324	346	379	413	445	483	522	546	540

(出所)　IMF, Gross domestic product based on purchasing-power-parity (PPP) valuation of country GDP (10億ドルベース)
(注)　総務省によれば，ppp GDPとは，国家間の物価水準における差を除去することによって，異なる通貨の購買力を等しくする通貨換算率を用いて実質比したGDPのこと。

9. D広告会社ではアンケート調査を行ない，家庭でテレビを見る時間について調べている。今回の調査でまず100世帯を調べたところ，平均3時間，標準偏差が1.1時間であった。この広告会社では，プラスマイナス0.1時間の誤差を許容範囲としており，その範囲に平均時間が99%含まれていることを要求している。あと何世帯調査しなければならないだろうか。

10. 表4-4は，2007年度の1人当たり県民所得を水準が高いほうの都道府県から並べ，同時に対前年度増加率もそえたものである。これらのデータを適当な母集団からのランダム標本とみなし，以下の問いに答えよ。

(1) 全都道府県を対象として，ⓐ1人当たり県民所得の水準，ⓑ同対前年度増加率について，それぞれ平均と分散の点推定を試みよ。また，それぞれの平均について信頼度90%と99%の信頼区間を計算せよ。ただし，自由度46のt分布の10%点は1.679，1%点は2.687である。

表 4-4　1人当たり県民所得の水準と増加率（2007年度）

			県民所得(千円)	増加率(%)				県民所得(千円)	増加率(%)
1	東	京	4,540	−0.4	25	山	梨	2,767	−1.1
2	愛	知	3,588	0.9	26	福	岡	2,746	2.1
3	静	岡	3,384	−0.1	27	新	潟	2,724	−0.7
4	神 奈	川	3,284	0.5	28	奈	良	2,681	−1.4
5	三	重	3,229	1.8	29	香	川	2,652	−1.3
6	滋	賀	3,138	−3.0	30	和 歌	山	2,637	−0.7
7	大	阪	3,107	3.0	31	大	分	2,636	0.9
8	栃	木	3,105	−0.2	32	宮	城	2,580	−0.7
9	富	山	3,088	0.6	33	佐	賀	2,575	5.0
10	広	島	3,059	4.0	34	山	形	2,541	3.2
11	千	葉	3,010	2.6	35	愛	媛	2,485	−2.5
12	茨	城	3,007	3.9	36	秋	田	2,483	2.4
13	京	都	2,993	2.5	37	島	根	2,436	2.4
14	山	口	2,982	3.0	38	青	森	2,433	−1.1
15	埼	玉	2,973	0.3	39	北 海	道	2,408	−3.4
16	石	川	2,945	2.1	40	岩	手	2,383	0.9
17	群	馬	2,880	0.8	41	熊	本	2,381	2.4
18	福	島	2,847	−0.1	42	鳥	取	2,364	−2.6
19	兵	庫	2,823	−1.6	43	鹿 児	島	2,353	2.4
20	福	井	2,821	0.6	44	長	崎	2,191	1.7
21	岡	山	2,812	0.2	45	宮	崎	2,152	1.4
22	長	野	2,808	1.8	46	高	知	2,114	−2.5
23	徳	島	2,807	1.1	47	沖	縄	2,049	0.2
24	岐	阜	2,770	−0.9					

(出所)　内閣府『平成19年度県民経済計算（93SNA, 平成12年基準計数）』

(2)　1人当たり県民所得の水準が，ⓐ 上位15都道府県，ⓑ 下位15都道府県に対象をしぼった場合について，(1) と同様の計算をせよ。

(3)*　(2) について，分散をそれぞれの15都道府県のデータから別個に計算せず，(1) で求めた全国レベルの分散を既知の母集団分散とみなし共通に利用したとする。この場合，信頼区間はどのように変化するであろうか。

(4)　本問題では，表 4-4 のデータを適当な母集団からとられたランダム標本とみなした。それでは，適当な母集団とはどのようなものであろうか。

(5)　上位ないし下位15都道府県を標本とする問題点はなにか。

(6)*　全都道府県を対象として，水準（10万円きざみ）と増加率（1％きざみ）について相対頻度分布のヒストグラムを作成してみよう。ヒストグラムの観察からなにがいえるであろうか。

III
検定

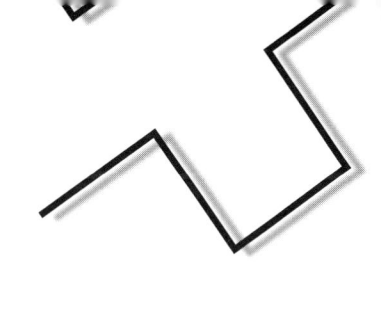

第5章
仮説検定の基礎概念

第6章
正規分布とt分布による検定

第7章
χ^2分布による検定

第8章
F分布による検定

「ある国の経済成長率は2000年代にはいり鈍化したといわれるが，はたしてほんとうであろうか？」「ある店で売られている弁当の中味が最近どうも少ない気がするが，気のせいであろうか？」さらには，「ある工場からの排気ガスがその地域に住む住民のぜんそくの原因と疑われるが，真偽のほどは？」などなど。統計的検定は，こういった問題を，データにもとづき客観的に判断することを目的とする。その基本的な考え方は，第4章で紹介した区間推定の考え方にきわめて似ている。

まず第5章において，検定の基本的な考え方を一般的に紹介する。第6，7，8章では，さまざまな検定方法を紹介する。検定すべき問題によって，あるいは与えられている情報のちがいによって，検定のために用いられる統計量が異なる。

第6章はt検定の応用である。t検定は，分散の値が未知の場合の検定である。

第7章はχ^2検定についてのべる。χ^2検定は分散の値そのものを調べたいとき，そして数多くの比率について同時に検定したい場合に用いられる。その応用として，分布の適合度の検定についても学ぶ。

第8章のF検定は，複数個の平均の検定に用いられる。その応用として，分散分析とよばれるパワフルな統計手法をも紹介する。

第5章

仮説検定の基礎概念

5.1 統計的検定の考え方

 ある国において，新しく金1オンス相当の金貨が売り出された．偶然手にいれた5枚の金貨の金含有量を調べたところ，{0.90, 0.95, 1.00, 1.05, 0.85}（単位はオンス〔oz〕．なお，1oz≒31.1g）であった．このような数値から判断すれば，1オンス金貨とよぶにはやや軽い気もするが，製造過程における誤差を考えれば，こういった値はさほど不自然ではないのかもしれない．そこで，統計的にみればどうなのかを調べてみたい．まず，以下のことを前提としよう．

(1) 1オンス金貨とは全体の金含有量の平均が1オンスの金貨ということであり，一つひとつについてみれば，金が1オンスより多く含まれているものも少なく含まれているものもありうる．

(2) その金貨全体の金含有量の分布は正規分布に従い，そのばらつきは標準偏差が0.05ozであることが知られている（標準偏差の値が知られているという仮定は，いずれ取り除かれる）．

 まず，第4章で学んだ区間推定の考え方を適用し，上記のデータからこの金貨の母集団の平均を推定してみよう．正規分布に従う母集団からとられた標本の場合，その標本平均 $\bar{X}$ については以下の式が成り立った．

$$\Pr\left\{\bar{X}-1.96\sqrt{\frac{\sigma^2}{N}} \leq \mu \leq \bar{X}+1.96\sqrt{\frac{\sigma^2}{N}}\right\} = 0.95$$

われわれの標本においては $\bar{X} = 0.95$, $\sigma = 0.05$, $N = 5$ である。これらのことを用い，母集団の平均 μ は $0.906 \leq \mu \leq 0.994$ と主張され，同時にそのような命題が正しい確率は 0.95 である。ところが，$\mu = 1.00$ という値はこの区間（信頼区間）の中には含まれていない。ということは，$\mu = 1.00$ とはまず考えられない。ただし，$0.906 \leq \mu \leq 0.994$ という命題が誤っている可能性が5％ある。すなわち，実際は $\mu = 1.00\mathrm{oz}$ にもかかわらず，上で与えられたようなデータが得られることもありうる。しかし，そのような可能性はわずか5％しかない。したがって，この国においてはグレシャムの法則（悪貨は良貨を駆逐する）がまかりとおっていると判断してもよさそうである。

以上の手順をよりフォーマルなかたちで表現したものが，**統計的仮説検定**である。具体的には，以下の手続きをふむ。

まず，当面知りたいと考えていること，ここでは平均が 1.00oz であるか否かについて，それが正しいものと仮定し，仮説として次のように表現する。

$$H_0 : \mu = 1.00$$

仮説が正しいならば，

$$1.00-1.96\sqrt{\frac{\sigma^2}{N}} \leq \bar{X} \leq 1.00+1.96\sqrt{\frac{\sigma^2}{N}} \tag{5-1}$$

あるいは，

$$-1.96 \leq \frac{\bar{X}-1.00}{\sqrt{\frac{\sigma^2}{N}}} \leq 1.96$$

が確率 0.95 で成り立つ。いいかえれば，

$$|Z| = \left|\frac{\bar{X}-1.00}{\sqrt{\frac{\sigma^2}{N}}}\right| > 1.96 \tag{5-2}$$

となる可能性は5％しかない。いまの場合，$\bar{X}$ の実現値である 0.95，そして $\sigma = 0.05$，$N = 5$ を代入すれば左辺の $|Z|$ の値は 2.24 となり，(5-2) 式，したがって (5-1) 式は満たされない。すなわち，もし仮説が正しいとする

ならば，5％しか起こらないめずらしいことが偶然起こったことになる。もちろん，こうしたことはありえないことではない。しかし，そのように考えるより，むしろ仮説が誤っているのではないかと疑うほうが合理的であろう。その結果，仮説は誤っていると判断される。

より顕著な例として，読者の前である人がコインを10回投げたところ10回とも表が出たとしよう。そのような可能性は約1000分の1（正確には $(1/2)^{10} = 1/1024$）しかない。これとてありえないことではない。しかし，コインが歪んでいるとか，その人のコインの投げ方がおかしいと考えたほうが当たっている気がする。結局，ここでも仮説「コインに歪みはない」は誤りとされる。

仮説に対し，誤りという判断を下すことを仮説を**棄却する**という。これに対し，誤りという判断を下さない場合，仮説を**受容する**という。ただし，仮説を受容するということは，かならずしも仮説が正しいという判断を下すことではない。むしろ，積極的に仮説を棄却する根拠がないということである。つまり，情報不足であり，仮説を疑うには証拠不十分ということである。

以上のような手続きは，高校の数学で学んだ背理法に似ている。仮説が棄却されてはじめて検定を行なった意味があるわけで，それゆえ，できるだけ仮説を棄却したいという気持ちがある。このような考え方から，仮説 H_0 をとくに**帰無仮説**（null hypothesis）とよぶ。できるだけ無に帰させたい仮説ということである。

さて，上の議論においては5％しか起こらないことをめずらしいこととした。この値のことを**有意水準**（significance level）とよぶ。"有意"ということばは日常使われる"重要度"とか"意義"とかいう意味ではない。統計的にみた"めずらしさ"を表わすものである。この5％という値はかならずしも定まっているわけではなく，どのような有意水準を用いるかは分析者に任されている。有意水準が1％ということは1％しか起こらないことをめずらしいことと考えることであり，有意水準が5％のときに比べて仮説は棄却しにくい。そのため，1％でも棄却されるならば，かなり強い結果ということである（図5-1参照）。

たとえば，a というデータが得られた場合，1％では有意とはいえないが，

図 5-1　有意水準　　　　　　　図 5-2　両側検定と片側検定

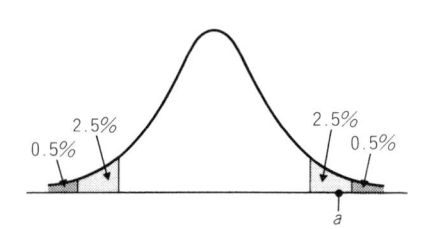

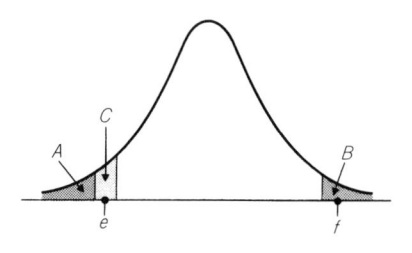

5％では有意である。そこで当初1％で検定するつもりだったのではあるが、結果を有意とするため有意水準を5％に変更したいという衝動にかられる。もちろんこれはフェアではない。あくまでも有意水準の決定はデータを見るまえに行なうべきであり、何％を選ぶかは問題の性質に依存して決められるべきである。たとえば、ある薬剤の有効性の認定など、有意であることが重要な意味をもつ場合には1％などの小さな有意水準が用いられるべきである。

とはいえ、有意水準の設定には恣意性がつきものであろう。そこで、最近では分析結果が単に有意であるか否かだけではなく、どの程度めずらしいことなのかを％表示することが多い。その値のことを **p 値** という。たとえば、金含有量の例では、(5-2) 式の左辺の値が2.24になる確率は2.5％しか起こらない。有意水準2.5％でぎりぎり棄却される"めずらしいこと"である。つまり、いまの場合 p 値は2.5％である。

5.2　両側検定と片側検定

以上の議論では、5％しか起こらないことをめずらしいことと考え、(5-1) 式の成立を問うことにした。図5-2でいえば、$\bar{X}$ が A、B の影の部分にあるか否かを調べた。A は $\bar{X}$ が小さすぎる場合に対応し、B は反対に大きすぎる場合に対応する。ところが、金の含有量を問題にするのであれば、含有量が少ないのではと懸念されることはあったにしても、多すぎるからと文句をいうものはいない。このような場合、$\bar{X}$ の値が小さすぎるか否かのみを問題にすればよい。そこで、A の部分にのみ注目し、そこに5％の領域を考える。その結果、図5-2に与えられるように C の領域を考える。A、B、

Cのように，仮説を棄却する$\overline{X}$の領域を**棄却域**とよび，境界にあたる点を**臨界点**という。棄却域が大きくなったことにより，eのような$\overline{X}$の値であっても有意と判断しうることになる。そのかわり，fのように大きすぎる$\overline{X}$の値は有意とされないことになる。このように，片側の棄却域のみに注目する検定方法を**片側検定**とよぶ。これに対して，両側の棄却域をみる検定方法は**両側検定**とよばれる。当然のことであるが，片側検定を用いるか両側検定を用いるかは，データを見るまえに決定しておかなければならない。それは，有意水準と同様，問題の性質に依存して決まるものである。一般に，帰無仮説にとって代わる仮説を**対立仮説**という。両側検定においては対立仮説は$\mu \neq \mu_0$であり，片側検定の場合は問題に応じて，$\mu > \mu_0$あるいは$\mu < \mu_0$のどちらか一方で表わすことができる。

なお帰無仮説として，たとえば$\mu \geq \mu_0$をとり，対立仮説として$\mu < \mu_0$をとるという検定を考えることもある。この場合も当然片側検定を用いるが，その棄却域は帰無仮説が$\mu = \mu_0$，対立仮説が$\mu < \mu_0$の場合とまったく同じになる。金貨の金含有量が平均として1オンスをこえることがあったとしても，そうした中で最悪の場合（すなわち$\mu = \mu_0$）を念頭において検定を行なうことになるからである。

以上をまとめ，仮説検定の手続きを一般的にのべれば，次のようになる。

【問題】正規分布に従うN個の標本$\{X_1, X_2, \cdots, X_N\}$にもとづき，その母集団の平均が$\mu = \mu_0$（上の例では1.00）であるか否かを知りたい。ただし，その母集団の標準偏差σは既知とする。

【手順】まず，問題の性質により適切に有意水準を定める。ここでは5％としよう。帰無仮説として$H_0 : \mu = \mu_0$を考える。次に，対立仮説として$H_A : \mu \neq \mu_0$もしくは$H_B : \mu < \mu_0$のいずれかを考える。$\overline{X}$は平均μ，分散σ^2/Nの正規分布に従うことから，帰無仮説のもとでは，

$$Z = \frac{\overline{X} - \mu_0}{\sqrt{\dfrac{\sigma^2}{N}}}$$

は標準正規分布に従う。そこで，H_Aに対しては$|z| > 1.96$であるならば，

図 5-3 仮説検定の手順

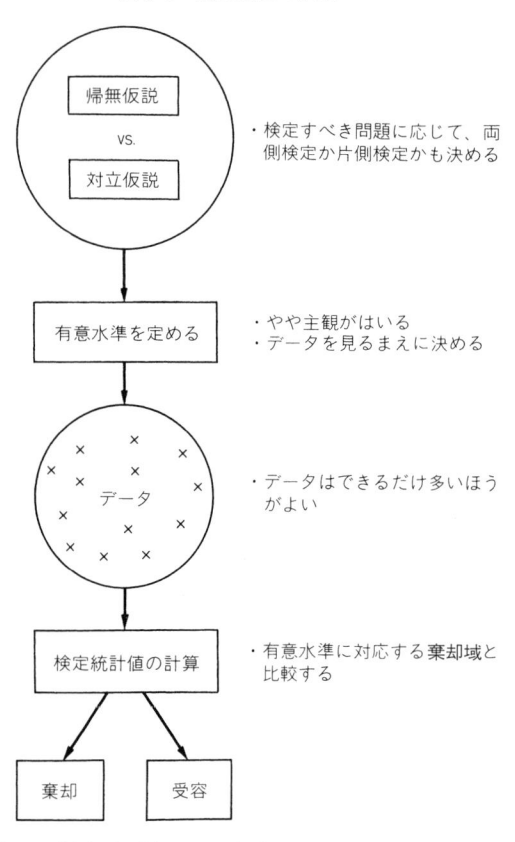

- 帰無仮説 vs. 対立仮説
  - 検定すべき問題に応じて、両側検定か片側検定かも決める
- 有意水準を定める
  - やや主観がはいる
  - データを見るまえに決める
- データ
  - データはできるだけ多いほうがよい
- 検定統計値の計算
  - 有意水準に対応する棄却域と比較する
- 棄却／受容

有意水準5％で，帰無仮説 H_0 を棄却する。また，H_B に対しては，$z<-1.64$ であるならば，やはり有意水準5％で H_0 を棄却する（標準正規分布の下側5％点の値は -1.64 であった）。以上をまとめたものが，図5-3である。

[例題 5-1]

以下の諸問題に対して統計的検定を行なうとすれば，帰無仮説はどのようにのべられるであろうか？　また，片側，両側検定のいずれを行なうのが適当であろうか？

(1) 100g 表示で売っている菓子袋の中身が少ない気がする。いくつかの菓

子袋の中身を調べ，統計的に検定したい。
(2) S君の最高血圧は140mmHgであり，最低血圧は90mmHgである。最近体調がおかしいので，血圧を何度か測定し，異常がないかどうかを調べたい。
(3) 最近，異常気象のせいか，冬が暖かい気がする。Y市の2月の過去の平均気温は7℃である。1カ月間測定した気温のデータにもとづき，統計的に判断を下したい。

●解答
(1) 帰無仮説は「菓子袋の中身は100g」であり，対立仮説は「100g以下」となる。よって，検定は片側検定にもとづく。
(2) 帰無仮説は「血圧には異常はない」であり，対立仮説は「異常が認められる」である。血圧には最高血圧と最低血圧があるから，両者を同時に検定することになる。高血圧症や低血圧症が疑われる場合には片側検定，どちらでもなくなんとなく異常が疑われる場合には両側検定が用いられよう。
(3) 帰無仮説は「2月の平均気温が平年並みの7℃である」であり，対立仮説は「7℃より暖かい」である。これには片側検定が用いられる。

5.3 検定における2種類のエラー

　神のみぞ知ることであるが，仮説は"正しいか"あるいは"誤っているか"の二つに一つである。これに対し，われわれは標本にもとづき判断を下す。ありうる判断は，①仮説は誤っているものと考え，仮説を棄却するか，もしくは，②証拠不十分として仮説を受容するか，のいずれかである。仮説の真偽とわれわれの判断の組み合わせをまとめたものが，表5-1である。表中の〇印の個所は，結果的にわれわれの判断が正しかったことを表わし，×の個所は誤りであったことを示している。もちろん，こういった結果は神のみぞ知ることである。表から誤りには二つの種類があることがわかる。一つは，仮説が正しいにもかかわらず，仮説を棄却してしまう誤り。もう一つは，反対に，仮説が誤っているにもかかわらず，仮説を受容してしまうという誤りである。前者を**第一種のエラー**，後者を**第二種のエラー**という（古い統計学の教科書では，エラーのかわりに過誤という用語が用いられている）。

　第一種のエラーをおかす確率は，何％をもってめずらしいこととしたか，

表 5-1　正しい判断と誤った判断

判断＼仮説	真	偽
受容	○	×
棄却	×	○

すなわち有意水準と等しい。二つのエラーの起こる確率はどのように棄却域を定めるかにより，その値が変化する。通常，この二つの誤りは，一方を小さくしようとすれば他方が大きくなってしまうという，トレード・オフの関係にある。もし，二つのエラーから生ずる損失が，(たとえば貨幣単位に換算されるなど) 同一の尺度で測定可能であるならば，適当に損失関数あるいは効用関数を設定することにより，二つのエラーからの損失の合計 (の期待値) を最小にするように棄却域を定めればよい。これは，経済学において一般に用いられている考え方である。しかしながら，検定の考え方はそうではない。金の含有量であればともかく，薬剤の効能や公害の認定など，問題によっては二種類のエラーを同等に扱うことが不合理な場合が多い。そこで，一方のエラーをおかす確率をある小さな一定の値以下に抑えたうえで，もう一方のエラーをおかす確率をできるかぎり小さくするよう試みる。検定においては，第一種のエラーを一定の％ (すなわち有意水準) に抑えたうえで，第二種のエラーをおかす確率を最小にするよう努める。

　このことを図 5-4 を使って確認してみよう。図は金の含有量の例において $\bar{X}$ の分布を表わしたものであるが，帰無仮説 $H_0: \mu = 1.00\text{oz}$ と，対立仮説 $H_B: \mu < 1.00\text{oz}$ を考え，とくに H_B の中で $\mu = 0.95\text{oz}$ を例に描かれている。すなわち，H_0 のもとでは $\bar{X} \sim N(1.00, (0.05)^2/5)$，$H_B$ のもとでは $\bar{X} \sim N(0.95, (0.05)^2/5)$ である。有意水準 5％の棄却域は，

$$\frac{\bar{X} - 1.00}{0.02236} < -1.64$$

より $\bar{X} < 0.9633$ で与えられる (図中 A 点より左)。$\bar{X} \geq 0.9633$ であれば帰

図 5-4　第一種のエラーと第二種のエラー（有意水準5％）

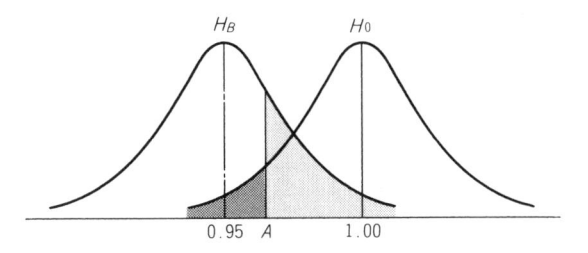

図 5-5　第一種のエラーと第二種のエラー（有意水準1％）

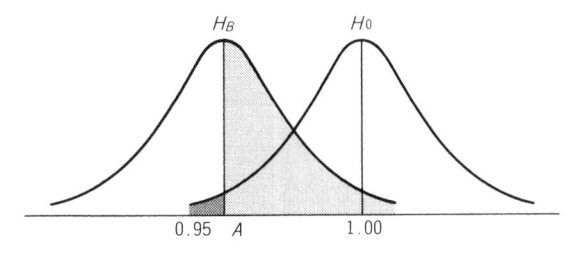

無仮説 H_0 を受容する（A点より右）。このとき，第一種のエラーをおかす確率は図中の濃い影の部分であり，その大きさは5％である。これに対し，第二種のエラーをおかす確率は，図中の薄い影の部分で与えられることを確認してもらいたい。第二種のエラーをおかす確率を $H_B : \mu = 0.95$ として実際に計算してみれば，以下のようになる。

$\bar{X} \sim N(0.95, (0.05)^2/5)$ のとき，$\bar{X} \geqq 0.9633$ となる確率を求めればよい。この確率は，

$$\Pr\left\{\frac{\bar{X}-0.95}{0.02236} \geqq \frac{0.9633-0.95}{0.02236}\right\}$$

より，$\Pr\{Z \geqq 0.59\} = 0.278$ であることがわかる。

有意水準として，より小さな値を採用するとどうなるであろうか？

たとえばA点を左へ動かし，濃い影の部分の面積を1％としてみよう（図5-5）。その場合，薄い影の部分に対応する部分の面積は大きくなっている。

このようにA点を左右に動かせば，濃い影の部分や薄い影の部分に対応する部分の面積も変化するが，一方が小さくなれば他方が大きくなり，同時には小さくならないことを確かめてもらいたい。

図 5-6　分散の大きな統計量による
検定と 2 種類のエラー

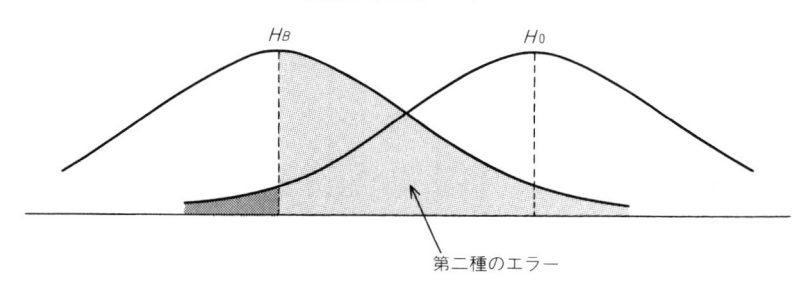

H_B　　　　　　　H_0

第二種のエラー

　$\bar{X}$ ではなく他の統計量を用いて検定することを考えてみよう。第3章においてさまざまな不偏推定量間の分散の比較を行ない，$\bar{X}$ が最小分散をもたらすことをのべた。そこでは，1個だけのデータあるいはさまざまな加重平均は $\bar{X}$ よりも分散の大きな統計量であることを学んだ。図5-6 は $\bar{X}$ に比べ分散の大きな統計量により検定を行なうものとし，そのときの二つの誤りを表わしたものである。図5-4 と比べると，上でのべたように第一種のエラーは有意水準5％と変わらないが，第二種のエラーは大きく増加している。したがって，検定には分散の小さな統計量を用いたほうがよいことが想像される。

　さて，片側検定が望まれているときに，へそ曲がりの人がいて，図5-7 にあるように，中央 (a) や両側に半分ずつ (b) の棄却域をとることを主張したとしよう。これらのいずれに対しても H_0 のもとで $\bar{X}$ が棄却域にはいる確率は5％となっている。つまり，有意水準5％で検定していることになる。しかしながら，たとえば (b) の棄却域について二つのエラーを調べてみよう。

　第一種のエラーは図5-8 の (イ) + (ロ) + (ハ) の部分で与えられる。この値は，(ハ) + (ニ) の面積と変わらず5％となっている。しかるに，第二種のエラーは，片側検定の場合に (イ) + (ホ) であったものが，両側検定にすると (ニ) + (ヘ) + (ホ) となり，差し引き (ニ) + (ヘ) − (イ) の部分だけ大きくなっている。よって，同一の第一種のエラーの確率に対して，第二種のエラーの起こる確率の小さい片側検定のほうが望ましいといえる。以上の議論では，H_B として $\mu = 0.95$ を考えてはいるが，このような結論は μ の値が1.00より小さいかぎり，

図5-7 さまざまな棄却域

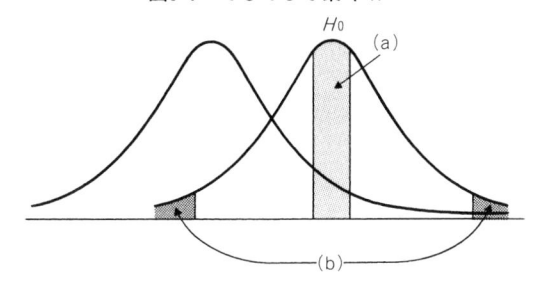

図5-8 第二種のエラーの比較

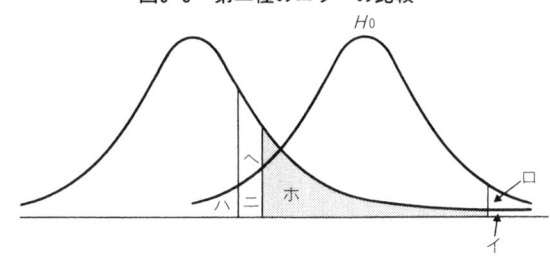

なんであっても成り立つことに注意してほしい。すなわち $H_B : \mu < \mu_0$ の場合,棄却域は具体的な μ の値にかかわらず $\bar{X}$ の小さな値を考えればよい。また,棄却域の境界は $\bar{X}$ の H_0 のもとでの分布から計算されることがわかる。

以上,検定にあたり,統計量と棄却域の選択が重要であることがわかったと思う。5.2において,H_B に対しては $\bar{X}$ の小さな値を棄却することを当然のことのようにのべたが,結果的には有意水準一定のもとで第二種のエラーを最小にするように検定の棄却域が設定されていることがわかる。$1-\mathrm{Pr}${第二種のエラー} を,とくに検定の**検出力（パワー）**ともいう。検定に際しては,パワーの大きな検定が望ましいといいかえることができる。もっともパワーの大きな検定は,**最強力検定**（most powerful test）とよばれる。

[例題5-2]

本章の冒頭にのべた金貨の例において,帰無仮説 $H_0 : \mu = 1.00\mathrm{oz}$,対立仮説 $H_B : \mu = 0.90\mathrm{oz}$ を考える。5個のデータにより片側検定を行なうものとし,かりに有意水準を5％としたとき,そのパワーはいくらか？ 同様にして,5

個のデータのうち，最初の 3 個を用いて検定を行なうものとすれば，そのパワーはいくらとなるであろうか？

●解答

5 個の金貨の平均は 0.95oz，その標本平均の標準偏差は $0.05/\sqrt{5} = 0.02236$ であるから，棄却域は，

$$\frac{\bar{X} - 1.00}{0.02236} < -1.64 \tag{1}$$

で与えられる．対立仮説 $\mu = 0.90$ のもとで，$\bar{X} \sim N(0.90, 0.05^2/5)$ であるから，(1) 式の成り立つ確率は，

$$\Pr\{\bar{X} < 1.00 - 1.64 \times 0.02236\}$$
$$= \Pr\left\{\frac{\bar{X} - 0.90}{0.02236} < \frac{1.00 - 1.64 \times 0.02236 - 0.90}{0.02236}\right\}$$
$$= \Pr\{z < 2.83\} = 0.9977$$

これが検定のパワーである．

最初の 3 個で考えても，その平均は 0.95oz．しかし，標本平均の標準偏差は $0.05/\sqrt{3} = 0.02887$ となるから，検定のパワーは，

$$\Pr\{\bar{X} < 1.00 - 1.64 \times 0.02887\}$$
$$= \Pr\left\{\frac{\bar{X} - 0.90}{0.02887} < \frac{1.00 - 1.64 \times 0.02887 - 0.90}{0.02887}\right\}$$
$$= \Pr\{z < 1.82\} = 0.9656$$

となる．

一般に，標準偏差が既知の場合，標本平均の値が同じならば標本数が多ければ多いほどパワーは高くなる．

5.4 まとめ

統計的検定は，データにもとづいた客観的な判断を下す場合の根拠となるものである．本章では，金貨の平均的金含有量の検定を例にとり，帰無仮説と対立仮説，両側検定と片側検定，2 種類のエラーの可能性などの基礎的概念の説明をした．平均の検定は統計的仮説検定の一つの例にすぎず，本章で学んだ考え方は他の多くの検定問題にそのまま適用可能である．問題は，対象となる統計量がどのような分布に従うかだけであり，次章以降では正規分布以外の分布形が導入される．

経済＝統計交差点
❺
センター試験の得点調整

　1997年度の大学入試センター試験で，現役生中心の「数学II・B」と浪人生向けの「旧数学II」の平均点の差が21.7点にも上り，公平性の観点から得点調整の必要性が叫ばれた。しかしながら，大学入試センターは当初の申し合わせに固執し，得点調整はいっさい行なわなかった。経済学でいう動学的不整合性（dynamic inconsistency）から自由であったという意味ではそれなりに評価されようが，受験生ならずとも後味の悪いものとなった。

　大学入試センターは，1990～96年度は30点差がついた場合に得点調整するとしていたが，新旧課程科目の過渡期で科目数が多いこともあって，97年度はこの制度を廃止したばかりであった。89年度の共通一次試験の理科で得点調整を実施した際に，0点が50点近くへ換算されるという新たな不公平感を生み出した例もあり，従来から得点調整をめぐってはとかく問題が多かった。結果的には，「そもそも得点調整を実施すべきか否か，実施するとしたらどのようにすべきか」といった議論が十分になされてこなかった無策のツケを，受験生に負わせてしまったことになる。

　1次式による変換を採用した1989年度の得点修正の方法と問題点については，本書の38頁でもふれた。1次式の変換としては偏差値に換算する方法もあり，実際，私大入試や一部の国立大学でも，偏差値を用いた得点調整を行なっている例がある。偏差値に変換すると各科目間の不公平感はなくなりそうである。しかしながら，これには暗黙の前提がある。それは，各科目の得点分布の形状が正規分布に従っていることである。本来，中心極限定理がこの前提に根拠を与えてくれるはずであるが，残念ながら得点調整を必要とする事態が起こるときには，ある科目の出題された問題群全体の難易度に偏りがあり，そもそも中心極限定理が成立しない状況下にある。センター試験での得点修正の方法として偏差値が採用されないのには，こうした事情がある。

　1998年度から導入された得点調整では，科目間の平均点が20点以上開いた場合に低いほうに加点し，その差を15点に縮めることになっている。対象科目が三つ以上ある場合は，平均点が最低だった科目以外の科目も底上げされ

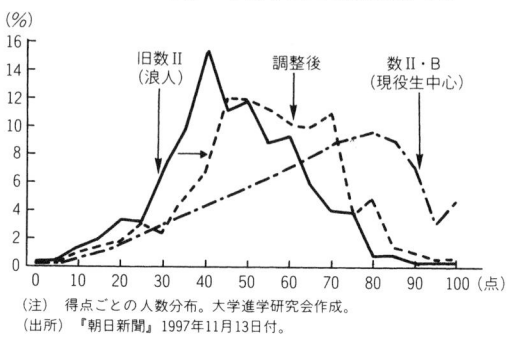

図5-9 1997年春の「旧数学Ⅱ」を得点調整すると

（注）得点ごとの人数分布。大学進学研究会作成。
（出所）『朝日新聞』1997年11月13日付。

る。具体的な得点調整の方法は，得点分布を高得点側に移動させる分位点差縮小法を採用するものであり，0点と100点は加点されない。この得点修正の方法では，高低両極端の得点者にはあまり影響がなく，分布の裾に向かうにつれて調整前と調整後の形状が近づく。この方法で1997年度の「旧数学Ⅱ」の得点調整を行なうと，平均点で6.7点，受験生ごとでは1点から9点かさあげされる。調整前と調整後の得点分布については図5-9を参照されたい。この図は全国27の予備校でつくる大学進学研究会が分析したものである。一瞥して，「旧数学Ⅱ」の得点分布は正規分布に近いものの，「数学Ⅱ・B」のほうはかなり偏った得点分布となっているのが瞭然である。

　ところで，大学入試センターの方針では，得点修正を行なう場合には，かならず平均点の低い科目に加点する。しかし，図5-9のような分布パターンを見ていると，数学と数学以外の科目間の得点調整の観点からは，「数学Ⅱ・B」を減点する方向の得点調整が望まれる感がしないでもない。加点のみによる得点修正は，もともとその科目が不得手な受験生にとって有利になるという意味で，「何も問題なし」というわけでもない。

　そもそも，得点調整をめぐっては，「得点修正をしないことによる不公平」と「得点修正することにより生じる不公平」の両方があり，これらのあいだのバランスが重要となる。これは仮説検定における第一種のエラーと第二種のエラーに通じる問題である（103頁参照）。

練　習　問　題

1. $X_i \sim N(\mu, 1)$, $N = 9$, $\bar{x} = 1.3$ のとき，有意水準 5％で以下の仮説検定を行なえ。
   (1) $H_0 : \mu = 1$,　　$H_A : \mu \neq 1$
   (2) $H_0 : \mu = 1$,　　$H_A : \mu > 1$
   (3) $H_0 : \mu = 1$,　　$H_A : \mu < 1$

2. A 検事と K 弁護士は長年のライバルである。ある裁判において，A 検事は被告が有罪であるものと考え，K 弁護士は被告が無罪であるものと考えている。
   (1) それぞれの立場を統計的検定を用いて積極的に主張したいとしよう。A 検事と K 弁護士にとっての帰無仮説と対立仮説は，それぞれなにか。
   (2) A 検事と K 弁護士にとっての第一種のエラーと第二種のエラーを，それぞれ記述せよ。

3. 以下の諸問題について統計的検定を行なうとすれば，帰無仮説はどのようなものとなるか。また，片側，両側検定のいずれを行なうのが適当か。さらに，データをどのように集めればよいかについても考えてみよ。
   (1) 諸外国の貯蓄率は，おおむね 3％である。日本の貯蓄率は諸外国と比べて高いのではないだろうか。
   (2) 例年わが国に平均すると 10 回台風が上陸する。しかし，ここ数年は例年に比べて上陸が少なかった気がする。
   (3) B デパートでは毎月平均 10 万人のお客がいるといわれている。A デパートのお客の入りは B デパートの入りよりも多いかもしれない。
   (4) C デパートでは毎年平均 100 億円の売上げがある。この数年の売上げが落ち込んできた気がする。
   (5) D 社株の収益率は建設業としては並みの水準（10％/月）である。

4. ある店で購入するコーヒー豆の量は，どうも表示よりも少ない気がする。
   (1) 統計的に検定したいが，帰無仮説と対立仮説はどのように述べられるだろうか。
   (2) 第一種のエラーと第二種のエラーは何か。
   (3) (2)の結果から，有意水準としては何％程度が適当であろうか。

5. 喫煙に関し，よくいわれている次の 2 点の真偽を知りたい。
   A．喫煙者の脈拍数は非喫煙者の脈拍数よりも平均的にみて多い。

B．かるいたばこをすうと，1日当たりの喫煙数はかえって増えてしまう。
　(1)　非喫煙者の平均脈拍数が毎分75であることがわかっているとき，Aを統計的に検定するための帰無仮説と対立仮説はどのように述べられるであろうか。
　(2)　喫煙数が1日当たり平均15本である40人をえらび，かるいたばこに変えたときの喫煙数を調べた。このとき，Bを統計的に検定するための帰無仮説と対立仮説はどのように述べられるであろうか。
6．検定のパワーは対立仮説の値に依存して決まる。問題1の(1)において，$H_A: \mu = 0.7, 0.9, 1.1, 1.3$ としたときの検定のパワーを求めよ。また，$N = 25$ とすればパワーはどのように変化するだろうか。
7．収穫したみかんのうち，125個の標本の重さを測ったところ1個平均45gであった。昨年までの平均は47gであったため，例年に比べ今年のみかんは小粒のような気がする。
　(1)　昨年までのみかんの重さの標準偏差は10gであった。今年の重さのばらつきは例年と変わらないという前提のもとで，統計的検定により判断せよ。
　(2)　今年度のみかんの重さの標準偏差は15gであった。このことだけから，例年の重さのばらつきを無視して検定を行なえ。

第6章

正規分布と t 分布による検定

6.1 分散の値が未知の場合の検定：t 検定

くりかえしになるが，もう一度，第5章の冒頭でのべた金貨の例を振り返ってみよう。そこでは，5個のデータにもとづき，帰無仮説 $H_0: \mu = 1.00$ を対立仮説 $H_B: \mu < 1.00$ に対して検定した。母集団の標準偏差は既知で，その値は0.05であった。また，5個のデータの平均は0.95であった。H_0 のもとで，

$$Z = \frac{\bar{X} - 1.00}{\sqrt{\frac{\sigma^2}{N}}}$$

が標準正規分布に従うことを用いた結果，

$$Z = \frac{0.95 - 1.000}{\sqrt{\frac{(0.05)^2}{5}}} = -2.24$$

と計算され，有意水準5％の片側検定を行なえば H_0 は棄却された。

さて，以上の議論では，σ^2 の値が既知とされていたが，これはたしかに非現実的であろう。第4章で，σ^2 の値が未知の場合の区間推定について学んだ。そこでは，σ^2 のかわりにその偏りのない推定量（不偏分散）を用い，$(\bar{X} - \mu)/\sqrt{S^2/N}$ が自由度 $N-1$ の t 分布に従うことを利用した。ここでも，

まったく同様に考えればよい。より具体的に第5章の5個の金貨のデータに対して，帰無仮説 $H_0: \mu = 1.00$ を検定してみよう。ただし，有意水準は5％とし，対立仮説は $H_B: \mu < 1.00$ とする。

標本平均の値は0.95，不偏分散
$$S^2 = \sum_{i=1}^{N} \frac{(X_i - \bar{X})^2}{N-1}$$
の値は0.00625と求められる。仮説 H_0 のもとで，$T = (\bar{X} - 1.00)/\sqrt{S^2/5}$ の分布が自由度4の t 分布に従うことを用い，T の値を計算すれば，いまの場合，$T = -1.414$ と求められる。一方，数表Bから自由度4の t 分布の下側 2.5％，5％点の値はそれぞれ -2.78，-2.13 であることがわかる。よって，帰無仮説 H_0 は両側，片側のいずれの検定においても受容されてしまう。

このような検定は **t 検定** とよばれ，広く用いられている。分散が既知の場合に比べ，t 検定においては情報が少ないわけであるから，一般には仮説を棄却しにくくなる。たとえば，金含有量の例において，分散が既知とすれば片側2.5％でも有意であったことを思いだしてもらいたい。

[例題6-1]

みつ屋（例題1-1）で売っている駄菓子の袋10個の中味を測ったところ，平均は96g，標準偏差は4gであった。このとき，菓子袋全体は平均100gでつめられているといえるだろうか？

●解答

標準偏差にはバイアスがあり，自由度調整した不偏分散は $S^2 = 4^2 \times 10/9$。したがって，検定統計量は $T = (96-100)/\sqrt{S^2/10} = -4 \times 3/4 = -3$。自由度が9の t 分布の下側2.5％点は -2.26。よって，有意水準が2.5％の片側検定では，帰無仮説は棄却される。すなわち，菓子袋の平均は100gを下回っていると考えられる。

6.2 比率の検定

ある地域の住民に対して，就業状況の調査を行なったところ，失業者が100人中6人いたとしよう。このようなデータから判断すれば，この地域の

失業率は国全体の平均2.5%よりも高い気がする。統計的にみれば，このような直観ははたして正しいのであろうか？ あるいは，失業している人が偶然数多く選ばれただけであろうか？

このような問題にかぎらず，一般に母集団においてある性質をもつものの割合pが，ある特定の値といえるか否かを知りたいことがある。データにもとづき統計的に検定を行なうには，以下のように考えればよい。

まず，帰無仮説として，$H_0: p = 0.025$ を考える。次に，第 i 番目の人に対し，失業しているならば1，就業しているならば0となる確率変数 X_i を定義する。X_i の平均（期待値）は，
$$1 \times p + 0 \times (1-p) = p$$
また分散は，
$$(1-p)^2 \times p + (0-p)^2 \times (1-p) = p(1-p)$$
である。このとき，
$$R = \sum_{i=1}^{N} X_i$$
とすれば，R は標本中にみられる失業者数を，さらに $\bar{X} = R/N$ とすれば，$\bar{X}$ は標本中にみられる失業者の割合を表わす。$\bar{X}$ の平均と分散は，p，$p(1-p)/N$ で与えられることは明らかであろう。そこで，

$$Z = \frac{\bar{X} - p}{\sqrt{\dfrac{p(1-p)}{N}}} \tag{6-1}$$

$$= \frac{R - Np}{\sqrt{Np(1-p)}}$$

の分布は，平均0，分散1となり，データ数Nが大きい場合には正規分布で近似されうる（中心極限定理）。

帰無仮説 H_0 が正しいならば，p に0.025を代入した式，
$$Z = \frac{\bar{X} - 0.025}{\sqrt{\dfrac{0.025 \times (1-0.025)}{100}}}$$
も，やはり標準正規分布（平均0，分散1の正規分布）に従うはずである。とすれば，$|Z| > 1.96$ となる確率は5％しかない。よって，データから計算した結果が1.96をこせば，有意水準5％で H_0 を棄却する。同様に，$|Z| >$

図6-1 　連続分布によるヒストグラムの近似

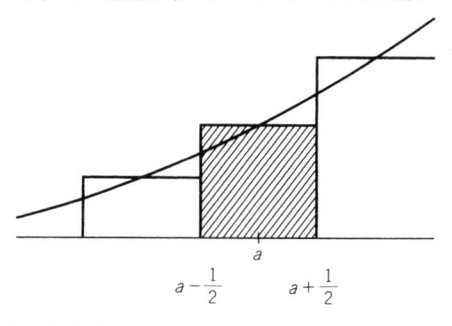

1.64であるならば，有意水準10％で有意な結果となる．対立仮説が $H_B : p > 0.025$（あるいは < 0.025）である場合，片側検定を用いればよい．上の例に対して，実際にZの計算をしてみれば，

$$z = \frac{0.06 - 0.025}{0.0156} = 2.24$$

となり，有意水準5％とすればH_0は棄却される．このことから，この地域の失業率は全国平均よりも高いといえることになる．

　Zの値を標準正規分布として評価する場合，Rに1/2を加えたり引いたりしたほうが，より精度の高い値を求めることが可能である．これは，Rが離散的な値しかとりえないにもかかわらず，それを連続分布で近似しようとするからである．たとえば，図6-1のようなグラフがあり，斜線部分の面積（確率）を正規分布で近似したとしよう．このグラフにうまくあてはまる正規分布は，図中の実線のように描かれるであろう．そこでは離散変量のaという値は，連続変量については$a-(1/2)$から$a+(1/2)$までの値を代表するものと考えられる．それゆえ，$\Pr\{X \geq a\}$を求めるには$\Pr\{X \geq a-(1/2)\}$と考えたほうが，また$\Pr\{X \leq a\}$を求めるには$\Pr\{X \leq a+(1/2)\}$と考えたほうが，より実際の面積に近いことがわかる．つまり，確率を少し大きめに評価するわけである．このようにしないと，たとえばa以上の確率と$(a-1)$以下の確率の合計が，連続分布で近似した場合，1にはならないことがわかる．このような修正の手続きは**不連続補正**とよばれ，離散分布を連続な分布で近似する際に行なわれる常套手段である．先の例では$R=6$から1/2を差し引いた結果，$\bar{X}$は0.055となる．したがって，Zの値は1.92とな

り，p値（すなわち仮説を棄却しうる有意水準の値）は大きくなる。

[例題 6-2]

ビール・メーカー S 社は，試飲会を催し，自社の麦芽100%商品を A 社，K 社の商品と飲み比べてもらった。4000人の参加者に対し目かくしテストを行ない，もっともおいしいと思われるビールを選んでもらった。その結果，1400人が S 社のビールをもっともおいしいと答えた。もっともおいしいと思われるビールをでたらめに選ぶならば，S 社のビールが選ばれる確率は1/3と考えられるであろう。そこで S 社のビールが選ばれる確率が1/3と考えられるか否かを検定してもらいたい。

●解答

帰無仮説は $H_0 : p = 1/3$ である。対立仮説は $H_A : p > 1/3$ と考えられる。$N = 4000$，$R = 1400$，$p = 1/3$ として（6-1）式を計算する。不連続補正のため R から0.5を差し引く（右側の片側検定であるから）。

$$\frac{\frac{1400-0.5}{4000} - \frac{1}{3}}{\sqrt{\frac{1}{3} \times \frac{2}{3} \times \frac{1}{4000}}} = 2.22$$

となる。片側検定を行なえば，有意水準2.5%でも棄却される。よって，S 社のビールが選ばれる確率は1/3をこえるといえる。

6.3 平均の差，比率の差の検定

二つの集団 A，B の平均が等しいか否かを検定したい。それぞれの集団の平均を μ_X，μ_Y，分散を σ_X^2，σ_Y^2 としよう。A，B からそれぞれ M 個，N 個の標本をとり，それらを $\{X_1, X_2, \cdots, X_M\}$ および $\{Y_1, Y_2, \cdots, Y_N\}$ とする。かならずしも $M = N$ とは限らない。ここで $\bar{X}$，$\bar{Y}$ を考えれば，それらはそれぞれ，

$$\bar{X} \sim N\left(\mu_X, \frac{\sigma_X^2}{M}\right), \quad \bar{Y} \sim N\left(\mu_Y, \frac{\sigma_Y^2}{N}\right)$$

となる。それゆえ，

$$(\bar{X} - \bar{Y}) \sim N\left(\mu_X - \mu_Y, \frac{\sigma_X^2}{M} + \frac{\sigma_Y^2}{N}\right)$$

となる（Xの分散を$\sigma_X{}^2$，Yの分散を$\sigma_Y{}^2$としたとき，$X-Y$の分散は$\sigma_X{}^2-\sigma_Y{}^2$ではないことに注意されたい）。以上より，

$$Z = \frac{(\bar{X}-\bar{Y})-(\mu_X-\mu_Y)}{\sqrt{\dfrac{\sigma_X{}^2}{M}+\dfrac{\sigma_Y{}^2}{N}}}$$

は標準正規分布に従う。そこで，帰無仮説$H_0: \mu_X = \mu_Y$のもとでは，

$$Z = \frac{\bar{X}-\bar{Y}}{\sqrt{\dfrac{\sigma_X{}^2}{M}+\dfrac{\sigma_Y{}^2}{N}}} \tag{6-2}$$

が標準正規分布に従う。

もし，分散の値$\sigma_X{}^2$，$\sigma_Y{}^2$がわかっているのであれば，それらの値を代入することにより，Zの値は簡単に計算可能である。その結果，これまでと同様，$|Z|>1.96$であれば有意水準5％で，$|Z|>1.64$であれば有意水準10％で，帰無仮説を棄却することになる。また，たとえ$\sigma_X{}^2$，$\sigma_Y{}^2$の値はわからなくとも，データが数多くあれば，それぞれの集団の標本分散を計算し，それらを代入すれば既知の場合と同様に考えることができる。

これに対し，分散の値$\sigma_X{}^2$，$\sigma_Y{}^2$が未知の場合，二つの分散の値が等しい（そのように，仮定できる）ならば，(6-2)式は，

$$Z = \frac{\bar{X}-\bar{Y}}{\sqrt{\left(\dfrac{1}{M}+\dfrac{1}{N}\right)\sigma^2}}$$

となる。そこで，

$$S^2 = \frac{\sum\limits_{i}^{M}(X_i-\bar{X})^2+\sum\limits_{i}^{N}(Y_i-\bar{Y})^2}{M+N-2} \tag{6-3}$$

として，共通の分散σ^2を推定し，その値をσ^2に代入すれば，

$$T = \frac{\bar{X}-\bar{Y}}{\sqrt{\left(\dfrac{1}{M}+\dfrac{1}{N}\right)S^2}} \tag{6-4}$$

は自由度$M+N-2$のt分布に従う。データ数が合計$M+N$個あり，X，Yにより二つの平均を推定しているので，自由度は$M+N-2$となることに注意されたい。

問題は，$\sigma_X{}^2 = \sigma_Y{}^2$という仮定がなされえない場合である。その場合，個

表 6-1　わが国における消費者物価指数（総合）上昇率（前年比）の推移

(単位：%)

1981	1982	1983	1984	1985	1986	1987	1988	1989	1990	1991	1992	1993	1994	1995
4.9	2.7	1.9	2.2	2.1	0.6	0.1	0.6	2.3	3.1	3.3	1.7	1.3	0.7	−0.1

1996	1997	1998	1999	2000	2001	2002	2003	2004	2005	2006	2007	2008	2009	
0.1	1.8	0.7	−0.3	−0.7	−0.8	−0.9	−0.2	0.0	−0.3	0.2	0.1	1.4	−1.4	

(出所)　総務省統計局
(注)　2005年＝100を基準とした月次データの平均値

別に分散の推定値をつくり，

$$S_1^2 = \frac{\sum_i^M (X_i - \overline{X})^2}{M-1}, \quad S_2^2 = \frac{\sum_i^N (Y_i - \overline{Y})^2}{N-1}$$

をそれぞれ σ_X^2, σ_Y^2 に代入したのでは，T の分布はスチューデントの t 分布には従わない。結局 $\sigma_X^2 \neq \sigma_Y^2$ の場合には，なんらかの近似を用いずには検定できないのである。これは，**ベーレンズ・フィッシャー問題**とよばれる古典的な統計問題であり，いまだに関連した問題が研究発表されている。ここでは，$\sigma_X^2 = \sigma_Y^2$ と仮定できない場合には検定がむずかしいことだけを指摘しておこう。

表 6-1 は，わが国の消費者物価上昇率（単位：%）を1981～2009年の29年間にわたり調べたものである。石油ショックの時期を除外するため，80年代からのデータを使用する。この期間を二つに分け，1990年以前とそれ以降の物価上昇率のあいだにはちがいがあるのかどうかを検定したい。前半のデータを X_i，後半のデータを Y_i とすれば，$M = 10$, $N = 19$ である。また，$\overline{X} = 2.050$, $\overline{Y} = 0.347$, $\sum_i (X_i - \overline{X})^2 = 17.77$, $\sum_i (Y_i - \overline{Y})^2 = 23.55$ であることもわかる。その結果，(6-3) 式の値は 1.53 となる。ここで，σ_X^2, σ_Y^2 を推定した場合，それらはあまり大きく異ならないことがたいせつである。さもなくば，$\sigma_X^2 = \sigma_Y^2$ という仮定が正当化されないことになる。いまの場合，$S_1^2 = 59.28/(10-1) = 6.587$, $S_2^2 = 23.55/(19-1) = 1.308$ となり多少問題はありそうだが，(6-3) の S^2 は 3.068 と計算される。したがって，これらの値から (6-4) 式を求めれば，

$$\frac{2.050-0.347}{\sqrt{\left(\frac{1}{10}+\frac{1}{19}\right)\times 1.53}}=3.52$$

となる。この値を自由度27の t 分布の上側2.5％点である2.05と比べれば，仮説 $H_0: \mu_X = \mu_Y$ は有意水準5％で棄却されることがわかる。よって，消費者物価上昇率の平均は，1990年を境に変化したといえる。

　ほぼ同様にして，二つの集団における比率の差の検定を行なうことも可能である。たとえば，A，B二つの地域において失業率の調査を行なったところ，A地域では20人中5人が，B地域では30人中6人が失業者であった。これらの標本にもとづき失業率を計算すると，A地域では25％，B地域では20％となるが，この程度の標本数で二つの地域の失業率に差があるといえるのだろうか。

　こういった問題は，より一般的には次のように述べられる。A，B二つの母集団において，ある性質を保有しているものの割合を p_1，p_2 とする。A，Bそれぞれから M，N 個の標本のうち R_1，R_2 個がその性質を保有していたとしよう。このとき，帰無仮説 $H_0: p_1 = p_2$ を検定する。

　以下のように考えればよい。113頁の議論から，

$$\frac{R_1}{M} \sim N\left(p_1, \frac{p_1(1-p_1)}{M}\right), \quad \frac{R_2}{N} \sim N\left(p_2, \frac{p_2(1-p_2)}{N}\right)$$

である。よってそれらの差を考えれば，

$$\left(\frac{R_1}{M}-\frac{R_2}{N}\right) \sim N\left(p_1-p_2, \frac{p_1(1-p_1)}{M}+\frac{p_2(1-p_2)}{N}\right)$$

となる。ここでも，二つの確率変数の差の分散は，それぞれの分散の和になることに注意したい。結局，

$$\frac{\left(\frac{R_1}{M}-\frac{R_2}{N}\right)-(p_1-p_2)}{\sqrt{\frac{p_1(1-p_1)}{M}+\frac{p_2(1-p_2)}{N}}} \tag{6-5}$$

が標準正規分布に従うことになる。仮説 $H_0: p_1 = p_2$ のもとでは $p_1 = p_2 = \bar{p} = (R_1+R_2)/(M+N)$ として，(6-5) は

$$\frac{\left(\dfrac{R_1}{M}-\dfrac{R_2}{N}\right)}{\sqrt{\left(\dfrac{1}{M}+\dfrac{1}{N}\right)\bar{p}(1-\bar{p})}}$$

と簡単になり，この絶対値が1.96をこえれば仮説が棄却される。上の失業率に関していえば，

$$\frac{R_1}{M}=0.25, \quad \frac{R_2}{N}=0.20, \quad \bar{p}=\frac{R_1+R_2}{M+N}=0.22$$

であるから，(6-5) の値は $\dfrac{0.05}{\sqrt{\dfrac{1}{12}\times 0.22\times 0.78}}=0.418$ となり，仮説は受容されることがわかる。結局，二つの地域の失業率に差があるとはいえない。

6.4 まとめ

　本章では統計的仮説検定の実際として，標準正規分布と t 分布を用いた応用例について考えてきた。具体的には，分散が未知の場合の平均の検定，比率の検定，平均や比率の差の検定を学んだ。対象とした問題は多岐にわたり，多少混線したかもしれない。混線が生じるのは，どのような場合にどの分布形を用いるべきかがわかりにくいからだと思われる。これは，慣れるまではたしかに混乱しやすい。

　一つのクイック・テストとしては，分散についての情報で判断するとよい。分散が既知かあるいは比率の例のように平均と同時にわかったものとみなせる場合には正規分布，分散が未知の場合には t 分布を利用する。また正規分布や t 分布は，検定すべき平均値のパラメータが一つの場合に用いられるのが原則であり，平均や比率の差だけが問題となる場合も，結局はそうしたケースに帰着している。二つ以上のパラメータの値やそれらのあいだでの大小を同時に検定する場合には，次章で検討するような χ^2 分布や別の分布形を利用することになる。いずれにしても，こうした「仕分け」ないし「割り当て」を正しく理解するには，実際に何度も経験を積むのが王道となる。その意味でも，章末の練習問題を利用されたい。

経済＝統計交差点
❻
経済学の実証研究

　経済学における実証研究は三つのジャンルに大別できる。一つは，生のデータないし加工されたデータの規則性を見出す記述統計ないし"fact findings"。もう一つは，いうまでもなく帰無仮説の検定である。そして第三は，その他。

　第一のファクト・ファインディングの例としては，家計支出に占める食費の割合であるエンゲル係数，経済発展とともに第一次産業から第二次・第三次産業へシフトするという産業構造についてのペティ・クラークの法則，インフレと失業率のあいだのトレード・オフ関係を問題とするフィリップス曲線，等々があげられる。こうした事実の発見は，それを説明できる理論の誕生を促し，経済学の発展に役立ってきた。最近では，データないしデータ間の特質を精緻な統計的手法によって調べるというアプローチ（因子分解や時系列分析）もとられており，かならずしも視覚に訴えないかたちでの発見も試みられている。

　第二の帰無仮説の検定は，経済学の実証研究でももっともオーソドックスなものである。検定の対象は，もちろん経済学の理論であり，それが帰無仮説となる。経済学理論をデータによって検証しようとする場合の問題は，そもそも理論の検証方法が何通りもあることである。学問上すぐれた実証研究には，検定法が工夫されているものが多い。もっとも，こうした一種の恣意性が残っているのも，ある経済学理論を支持する実証研究と棄却する実証研究が数のうえでも拮抗する原因ともなっている。とはいえ，こうした実証研究の蓄積ゆえに，経済学は社会科学の中ではもっとも自然科学に近いサイエンスとしての地位を確立したといってよい。

　第三のジャンルには，マクロ計量モデルの構築や各種のシミュレーション分析がはいる。税制改革にともなう税負担の変化，今後30年間の国の年金財政の予測，東日本大震災が1980年代末に発生していたとした場合の日本経済の動向，高速道路の料金を無料にした場合の混雑度の予測，最近盛んなゲームの理論にもとづいた文字どおりの実験，等々も，経済学の知識を前提とするという意味で，りっぱな経済学の実証研究のテーマとなる。

練 習 問 題

(＊印はやや難解。最初はスキップしてもかまわない。)

1. 以下の表は，母集団平均 μ に対して，$H_0: \mu = \mu_0$ を検定する際，さまざまな条件のもとで用いられるべき検定を分類したものである。検定のために用いられるべき適当な分布を答えよ。

母集団	標本数	分散の値	検定のための分布
正規分布を仮定	大	既知	
正規分布を仮定	大	未知	
正規分布を仮定	小	既知	
正規分布を仮定	小	未知	
分布を仮定しない	大	既知	
分布を仮定しない	大	未知	
分布を仮定しない	小	既知	
分布を仮定しない	小	未知	

2. A，B 二つの畑に咲くひまわりの背丈を，それぞれランダムに選んだ 4 輪ずつについて測定した。A の畑に咲くものの平均背丈は2.2mで標準偏差は0.8mであった。また，B の畑に咲くものの平均背丈は2.8mで標準偏差は0.6mであった。このとき，二つの畑に咲くひまわりの母集団には背丈のちがいがあるのか否かを知りたい。
   (1) 有意性検定を行ないたいが，帰無仮説，対立仮説は何であろうか。
   (2) 用いられるべき検定は，どのような検定であろうか。
   (3) 有意水準 5 ％で検定を行なえ。
3. 表 6-2 のようなデータにもとづき，A，B 二つの国の失業率に潜在的に差があるのかどうかを調べたい。有意水準 5 ％で検定せよ。

表 6-2　二国の失業率

	1991	92	93	94	95
A	3.8	4.2	3.6	2.8	2.2
B	3.6	3.4	3.3	3.0	3.1

4. Y 市にある C 中学では，800人の生徒のうち24人の登校拒否児がいて悩んでいた。新たに保健室登校でも出席とみなすことにしたところ，今期は20人に減った。このような数字は，はたして保健室登校を認めたことに効果があったことを裏付けるものといえるであろうか。

5. 景気循環がどのような原因によってひきおこされるのかは，経済学にとって重要な問題である。景気循環は政治的な要因によっても発生する場合があり，これをポリティカル・ビジネスサイクル（政治的景気循環）とよんでいる。表6-3は米国の各年の経済成長率のデータである。下線の引かれた年は大統領選挙が行なわれた年に当たる。さて，大統領選挙が行なわれた年の経済成長率が他の年と比べて有意に高いか否かをみることにより，ポリティカル・ビジネスサイクルの存在を検証せよ。

表6-3 アメリカの実質GDP成長率

(対前年比，1945～2009年)

年	成長率	年	成長率	年	成長率	年	成長率	年	成長率
1945	−1.1	1958	−0.9	1971	3.4	1984	7.2	1997	4.5
1946	−10.9	1959	7.2	1972	5.3	1985	4.1	1998	4.4
1947	−0.9	1960	2.5	1973	5.8	1986	3.5	1999	4.8
1948	4.4	1961	2.3	1974	−0.6	1987	3.2	2000	4.1
1949	−0.5	1962	6.1	1975	−0.2	1988	4.1	2001	1.1
1950	8.7	1963	4.4	1976	5.4	1989	3.6	2002	1.8
1951	7.7	1964	5.8	1977	4.6	1990	1.9	2003	2.5
1952	3.8	1965	6.4	1978	5.6	1991	−0.2	2004	3.6
1953	4.6	1966	6.5	1979	3.1	1992	3.4	2005	3.1
1954	−0.6	1967	2.5	1980	−0.3	1993	2.9	2006	2.7
1955	7.2	1968	4.8	1981	2.5	1994	4.1	2007	2.1
1956	2.0	1969	3.1	1982	−1.9	1995	2.5	2008	0.4
1957	2.0	1970	0.2	1983	4.5	1996	3.7	2009	−2.4

(出所) U.S. Department of Commerce, Bureau of Economic Analysis, GDP percent change based on chained 2005 dollar

6. E社株のある年の1月から12月までの月次収益率は，順に{4, 4, −2, 1, 3, 2, 30, 30, 18, −20, −37, −33}（単位：％）であったものとする。
(1) 1～6月のデータをもとに，「E社株の平均月次収益率は0％である」という帰無仮説を，有意水準5％で検定せよ。
(2) 同じデータをもとに，ⓐ「E社株の平均月次収益率はプラスである」という帰無仮説を，有意水準5％で検定せよ。また，同じ条件でⓑ「E社株の平均月次収益率はマイナスである」という帰無仮説も検定せよ。
(3) (1)と(2)の結果をもとに，帰無仮説の棄却や受容がどのような意味をもつものか確認せよ。
(4)* (1)と同様の作業を，ⓐ1～9月，ⓑ1～12月，のデータをもとにくりかえせ。検定結果に相違が認められるであろうか。相違があるとすれば，その原因としてなにが考えられるであろうか。

第7章

χ^2 分布による検定

7.1 分散に関する検定

これまでの議論においては,主として平均の値についての検定を考えてきた。しかし,ときには分散の値について知りたいこともある。4.4 において分散の区間推定について学んだ。そこでは,

$$\sum_i \frac{(X_i - \overline{X})^2}{\sigma^2}$$

が自由度 $N-1$ の χ^2 分布に従うことを用いて信頼区間が構成された。これまでの議論からもわかるように,検定と区間推定は1枚のコインの表と裏の関係にある。それゆえ分散の検定も χ^2 分布を用いて行なわれるのが理解されよう。

帰無仮説 $H_0: \sigma^2 = \sigma_0^2$ を対立仮説 $H_A: \sigma^2 \neq \sigma_0^2$ に対して検定する(有意水準は5%とする)には,H_0 のもとで,

$$\Pr\left\{a \leq \sum_i \frac{(X_i - \overline{X})^2}{\sigma_0^2} \leq b\right\} = 0.95$$

が成り立つことから,

$$\sum_i \frac{(X_i - \overline{X})^2}{b} > \sigma_0^2, \quad \text{あるいは} \quad \sum_i \frac{(X_i - \overline{X})^2}{a} < \sigma_0^2$$

が満たされるならば,5%の有意水準で帰無仮説を棄却することになる。ま

た対立仮説が，
$$H_B : \sigma^2 > \text{（あるいは} <\text{）} \sigma_0^2$$
という場合には，適当な有意水準で片側検定を用いればよいことは明らかである。

[例題7-1]────────────────────
　5枚の金貨の金含有量（単位はオンス）{0.90, 0.95, 1.00, 1.05, 0.85}の標準偏差が0.05オンスであるといえるであろうか。有意水準は5％とする。
　●解答
　　金含有量のサンプル平均は $(0.90+0.95+1.00+1.05+0.85)/5 = 0.95$。よって，$\sum_i (X_i - 0.95)^2 = (-0.05)^2 + 0^2 + 0.05^2 + 0.1^2 + (-0.1)^2 = 0.025$。巻末の数表Cより，自由度が4の χ^2 分布の下側2.5％点，上側2.5％点はそれぞれ0.48, 11.14であることがわかる。すなわち，95％信頼区間の下端は0.48，上端は11.14であり，検定統計値の $0.025/(0.05)^2 = 10$ はこの信頼区間にはいっている。したがって，5％有意水準ではこの帰無仮説は受容される。

7.2　比率の同時検定

　一般に，数多くの比率 p_i ($i = 1, 2, \cdots, M$)（ただし，p_i の合計は1）について，それらがある与えられた特定の値と考えられるか否かを同時に検定したいことがある。以下にみるように，そのような場合は意外に多い。そのうちもっとも単純な場合は $M = 2$ であり，なんらかの事象が生起する確率を p，生起しない確率を $1-p$ とし，そのうえで p がある特定の値 p_0 と考えられるか否かを調べる。これは6.2でのべた問題である。そこでは，データ中にみられるその事象の割合 R/N と p_0 との離れぐあいを R/N の標準偏差で除した値に注目した。数多くの比率について検定を行なう場合には，少々異なる値に注目する。

　たとえばサイコロを300回投げたところ，表7-1のような結果を得たとしよう。いま，サイコロに歪みがないのかを調べたい。p_i ($i = 1, 2, \cdots, 6$) を i という目の出る確率とすると，歪みがないということは，

表7-1 サイコロ投げ300回の出目

サイコロの目	(a) 出目の回数	(b) (a)−50	(c) (b)×(b)	(d) (c)／50
1	44	−6	36	0.72
2	51	1	1	0.02
3	45	−5	25	0.50
4	56	6	36	0.72
5	47	−3	9	0.18
6	57	7	49	0.98
合計	300	0	156	3.12

$$H_0 : p_1 = p_2 = \cdots = p_6 = \frac{1}{6}$$

ということである。そのとき,1から6までの目に対応するサイコロの回数は同数に近く,いずれも300/6＝50回に近いはずである。いま,各回数から50を引いた数を考える。そのような値は,表7-1の(b)欄に記入されている。ただし,その合計は0である。そこで,それらの値の2乗値を帰無仮説 H_0 からの離れぐあいと考える。ところが,離れぐあいは10に対して1と100に対して1とではその意味はおのずと異なるであろう。それゆえ,求められた2乗値をさらに50で除す。このような値は表の(d)欄に記入されている。そしてそれらの合計を全体としての H_0 からの離れぐあい Q と考える。結局,Q の値は3.12と計算される。

以上の手順を一般的に考えてみよう。いま,計 N 個の標本の中で,M 個のカテゴリーのうち,第 i カテゴリーにはいるものの数を R_i としよう。当然,M 個のカテゴリー全部について合計すると $\sum_i R_i = N$ が成り立っている。

帰無仮説 $H_0 : p_1 = p_{10},\ p_2 = p_{20},\ \cdots,\ p_M = p_{M0}$ が成り立つならば,それぞれのカテゴリーに含まれる観測数は,おおむね Np_{i0} に近いはずである。いま,各カテゴリー内に含まれる観測数から Np_{i0} を引いた値を考える。その値をそのまま加えると0となる(読者にはこのことを確認してもらいたい)。

そこで,これらの値を2乗した値を帰無仮説からの離れぐあいと考える。ところが,10に対して1のくいちがいがあるのと100に対して1あるのとでは,上述のように意味が異なるであろう。それゆえ,求められた2乗値をさらに Np_{i0} で除したのち,それらの値を合計する。すなわち,

$$Q = \sum_{i=1}^{M} \frac{(R_i - Np_{i0})^2}{Np_{i0}}$$

を求める。Q は，

$$\sum \frac{\{(実際の頻度)-(期待頻度)\}^2}{(期待頻度)}$$

と表わされる。このようにして得られた Q は，帰無仮説 H_0 のもとで，自由度 $M-1$ の χ^2 分布に従う。ここでは観測値は各カテゴリーに含まれるデータの数であるため，カテゴリーの数から 1 を引いた値が自由度になっていることに注意してもらいたい（自由度が 1 だけ減少するのは，$\sum_i p_i = 1$ という制約が一つ課されているからである）。また，Q の定義からもわかるように，χ^2 検定においては，対立仮説は帰無仮説 H_0：$p_1 = p_{10}$, $p_2 = p_{20}$, …, $p_M = p_{M0}$ のうちいずれかの等式が成立しないということであり，片側検定に対応するような特別のタイプの対立仮説を考えるにはなんらかの工夫が必要である。

[例題 7-2]

表 7-1 のサイコロ投げの結果から，このサイコロに歪みがあるか否かを有意水準 5％で検定せよ。

●解答

サイコロに歪みがないとの帰無仮説のもとでの Q の値は3.12であった。自由度が 5 の χ^2 分布の上側 5％点は11.07であるから，帰無仮説は受容される。

さて，上でのべた Q が近似的に自由度 $M-1$ の χ^2 分布に従うのであれば，χ^2 分布の定義によれば，Q は $M-1$ 個の標準正規分布の 2 乗の和として表現されうるはずである。このことを一般的に証明することはあまりに数学的になるので，ここでは 4.4 における説明と同様に，もっとも単純な $M=2$ の場合を例にとり，証明の雰囲気を感じとっていただきたいと思う。ただし，以下の議論はやや数学的になり，本質的ではないので，次の段落までは読みとばしていただいてもかまわない。

すでに，

$$Z = \frac{\frac{R_1}{N} - p_1}{\sqrt{\frac{p_1(1-p_1)}{N}}}$$

が標準正規分布に従うことは知っている（6.2などを参照）。そこで，Z^2 を考えると，

$$Z^2 = \frac{\left(\frac{R_1}{N} - p_1\right)^2}{\frac{p_1(1-p_1)}{N}} = \frac{(R_1 - Np_1)^2}{Np_1(1-p_1)} \tag{7-1}$$

となる。ところが，右辺はさらに，

$$\frac{1}{p_1(1-p_1)} = \frac{1}{p_1} + \frac{1}{1-p_1}$$

であるから，

$$\frac{(R_1-Np_1)^2}{Np_1} + \frac{(R_1-Np_1)^2}{N(1-p_1)}$$

と分解され，さらに，$R_1 + R_2 = N$，$p_1 + p_2 = 1$ であるから，

$$(R_1 - Np_1)^2 = \{-(N-R_1) + (N-Np_1)\}^2$$
$$= (-R_2 + Np_2)^2 = (R_2 - Np_2)^2$$

となる。つまり（7-1）式の Z^2 は

$$\frac{(R_1-Np_1)^2}{Np_1} + \frac{(R_2-Np_2)^2}{Np_2}$$

と Q の形に変形されうることがわかる。このことから，$M=2$ の場合には，たしかに Q は1個の標準正規分布の2乗として表現され，よって自由度1の χ^2 分布に従うことが確認される。

本節冒頭において，$M=2$ の場合には6.2で考察した比率の問題に還元されるとのべた。6.2では正規分布により，$|Z|$ がたとえば1.96をこすならば有意水準5％で帰無仮説を棄却した。また，上の式の変形から $M=2$ の場合には $Q=Z^2$ が成り立つことが示された。その場合，$Q<c$ ということは $-\sqrt{c} < |Z| < \sqrt{c}$ と同等である。$\sqrt{c} = 1.96$ とすれば，c は約3.84となるが，巻末の数表Cを見ると，自由度 $1 (= M-1)$ の χ^2 分布の上側5％点はたしかに3.84となっている。すなわち，$M=2$ の場合，二つの検定は同等であることがわかる。

ある地域に住む100人の成人男子を対象として就業状況の調査を行なったところ，フルタイムで働いている人が71人，パートが21人，そして失業者が8人であった．この地域の就業状況が全国並み（フルタイムが80％，パートが16％，失業者が4％）か否かを知るため，帰無仮説 $H_0 : p_1 = 0.8, p_2 = 0.16, p_3 = 0.04$ を検定したい．Q の値を求めると，

$$Q = \frac{(71-80)^2}{80} + \frac{(21-16)^2}{16} + \frac{(8-4)^2}{4} = 6.576$$

となる．この値は自由度2の χ^2 分布の上側5％点の値5.99を上回っている．よって，H_0 は有意水準5％で棄却され，この地域の就業状況は全国並みとはいえないことになる．

[例題 7-3]

　例題 6-2 のビールの例に戻ってもらいたい．4000人中，S社のビールを選んだものが1400人いたが，さらにA社のビールを選んだものが1250人，K社のビールを選んだものが1350人いたこともわかったとしよう．このとき，3社のビールに対する選好には差があるといえるであろうか？

●解答

　帰無仮説は $H_0 : p_1 = p_2 = p_3 = 1/3$ である．Q の値を求めると，

$$Q = \frac{\left(1400 - 4000 \times \frac{1}{3}\right)^2}{4000 \times \frac{1}{3}} + \frac{\left(1250 - 4000 \times \frac{1}{3}\right)^2}{4000 \times \frac{1}{3}}$$

$$+ \frac{\left(1350 - 4000 \times \frac{1}{3}\right)^2}{4000 \times \frac{1}{3}}$$

$$= 3.333 + 5.208 + 0.208 = 8.75$$

となる．この値は巻末の数表Cに与えられる自由度2の χ^2 分布の上側5％点の値5.99を上回っている．よって，H_0 は有意水準5％で棄却され，3社のビールに対する選好には差があるといえる．

図 7-1　F社株の月次収益率の分布

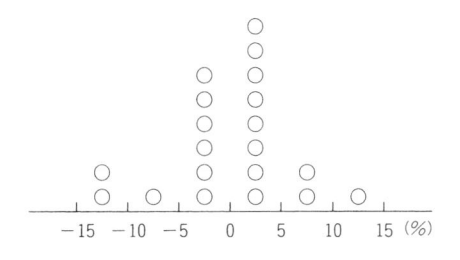

```
                  ○
                  ○
              ○   ○
              ○   ○
              ○   ○
              ○   ○
          ○   ○
      ○   ○   ○   ○   ○
  ○   ○   ○   ○   ○   ○   ○
─┼───┼───┼───┼───┼───┼───┼───┼──
 -15 -10  -5   0   5  10  15 (%)
```

7.3　分布の適合度の検定

　図7-1は，F社の株式の月次収益率の分布を20カ月間にわたって調べ，ヒストグラムに表わしたものである。この収益率の分布が正規分布と考えられるか否かを統計的に検定したい。

　まず，このヒストグラムが正規分布に従うものとした場合，どのような正規分布を想定するのが妥当かをみるため，その平均と分散をヒストグラムより推定する。ただし，ヒストグラムからパラメータを計算する際には，ある区間に含まれるデータはすべてその区間の中央の値をとるものとみなすのがふつうである。そのようにして平均と分散を計算すると，平均は，

$$\frac{2.5 \times 8 + 7.5 \times 2 + 12.5 \times 1 - 2.5 \times 6 - 7.5 \times 1 - 12.5 \times 2}{20} = 0$$

分散は，

$$\frac{2.5^2 \times 8 + 7.5^2 \times 2 + 12.5^2 \times 1 + 2.5^2 \times 6 + 7.5^2 \times 1 + 12.5^2 \times 2}{20} = 36.25$$

となる。よって，標準偏差は6.02％となる。分散を求めるために，標本数20で除したが，これは最尤法で分散を推定したということであり，不偏分散を求めたいのであれば，$20-1=19$ で除すことも考えられる。

　次に，この正規分布の場合，-15％から+15％までの5きざみの区間のそれぞれにどれだけの確率（面積）が割り当てられるのかを数表を用いて計算する。たとえば，0％から5％のあいだの確率は，標準正規分布において0から5/6.02までの区間に含まれる確率に等しく，その値は0.297であることがわかる。同様にして，すべての区間に対する確率を計算し，同時に各区間

表 7-2 ヒストグラムに対応する正規分布の確率と期待頻度

	――－10―	―5―	0 ―	5―	10 ―	計
確　率	0.048	0.155	0.297	0.297	0.155	0.048	1
期待頻度	0.96	3.10	5.94	5.94	3.10	0.96	20

に対応する期待頻度を求めれば，表7-2のようになる．ただし，±15％をこえる確率については±10％から±15％までの値としてまとめて計算される．もし，±15％をこえる値を別個に扱えば，Qの値は大きくなりがちであり，帰無仮説は不当に棄却されやすくなる．

以上の結果をもとに，Qの値を計算すると，

$$Q = \frac{(2-0.96)^2}{0.96} + \frac{(1-3.10)^2}{3.10} + \frac{(6-5.94)^2}{5.94} + \frac{(8-5.94)^2}{5.94}$$

$$+ \frac{(2-3.10)^2}{3.10} + \frac{(1-0.96)^2}{0.96} = 3.656$$

となる．ここで注意が必要である．ここでは帰無仮説によってp_{i0}の値が特定化されておらず，データにもとづきパラメータの値を推定し，それを用いてp_{i0}を計算した．その場合，推計されたパラメータの数だけQの自由度は追加的に減少する．いまの場合，正規分布の平均と分散という2個のパラメータをデータから推計したため，Qの自由度は2減少し，カテゴリー（区間数）の数が6個であるから，$6-1-2=3$となる．よって，Qの値を自由度3のχ^2分布の上側5％点の値7.81と比較すれば，有意水準5％で帰無仮説は受容されることがわかる．

このように，データがある特定の連続分布に従っているか否かを判断するには，ヒストグラムを描くことにより，χ^2検定を用いればよいことがわかる．しかしながら，ヒストグラムを描く際，一つひとつの区間の幅をいくらにするかにより，ヒストグラムの形が大きく変わり，Qの値も大きく影響される．

これに対して，データが特定の離散的な分布に従っているか否かを判断するには，ヒストグラムを描く必要はなく，より自然に検定を行なうことが可

図 7-2 ポアソン分布の概形

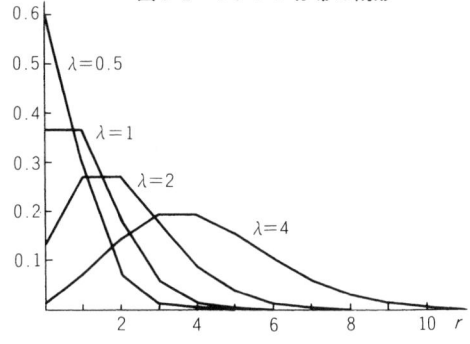

能である．以下に，離散分布に対する適用例を一つあげておこう．

ランダムに起こり，かつめったに起こらない事象に対し，生起数の分布を調べると，**ポアソン分布**とよばれる特殊な分布に従うことが知られている．たとえば，ある交差点における1カ月当たりの交通事故件数や，本書の1章当たりのミスプリントの数などは，おそらくポアソン分布に従うであろう．ポアソン分布の場合，生起数の確率は以下の式により与えられる．

$$\Pr\{X = r\} = \frac{e^{-\lambda}\lambda^r}{r!}$$

ここで，λ（ラムダ）はこの事象の平均生起回数を表わすパラメータである（じつは λ は分散でもある）．図7-2 はいくつかの λ の値に対するポアソン分布の概形を描いたものである．

さて，図7-3 は1969〜2009年の41年間におけるわが国の公定歩合の変化の回数を調べたものである．このデータから判断するかぎり，公定歩合の変化数の分布はポアソン分布に従うといえるであろうか？

まず，図7-3より平均変更回数を求めると，$\bar{x} = 1.39$ となる．これが λ の推定値となる．よって，データが，

$$\Pr\{X = r\} = \frac{e^{-1.39}(1.39)^r}{r!}$$

という確率で現われているかを検定することになる．表7-3の(a)は，$r = 0, 1, 2, \cdots$ に対し，この確率を具体的に計算したものである．ただし，4

図 7-3　公定歩合の年間変更回数の分布（1969〜2009 年）

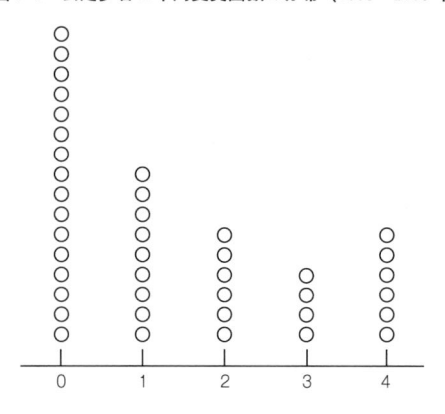

表 7-3　ポアソン分布の確率と期待頻度

r	0	1	2	3	4以上	計
(a)ポアソン分布の確率	0.249	0.346	0.241	0.112	0.053	1
(b)期待頻度	10.21	14.19	9.87	4.57	2.16	41

以上の値はひとまとめにし，$p_4 = 1 - p_0 - p_1 - p_2 - p_3$ として求められている。また (b) は，(a) の確率を用いて計算される期待出現回数であり，$41 \times p_0$，$41 \times p_1$，…として求められている。

これらの値を利用してQの値を求めると，
$$Q = \frac{(16-10.21)^2}{10.21} + \frac{(9-14.19)^2}{14.19} + \frac{(6-9.87)^2}{9.87} + \frac{(4-4.57)^2}{4.57}$$
$$+ \frac{(6-2.16)^2}{2.16} = 13.61$$

となることがわかる。ここではλを推定したため，自由度は$5-1-1=3$となる。自由度3のχ^2分布の上側5％点の値を求めると，7.81であることがわかり，よって帰無仮説は棄却される。本書の第2版のデータ（1969〜96年）では受容されていたが，図7-3のデータでは0回が多く追加されたために，ポアソン分布で考えるよりも公定歩合の変更は稀であることがわかった。

7.4 まとめ

　χ^2分布を利用した検定,すなわちχ^2検定は,1900年ピアソンにより考案された。その応用は数多く考えられる。本章においては,そのうち重要なものを三つ紹介した。すなわち,分散に関する検定,比率の同時検定,そして分布の適合度の検定である。このほかにもう一つ重要な応用があるが,それは第9章において学ぶことにしたい。

経済 = 統計交差点
❼
日本における経済学の実証研究

　経済 = 統計交差点⑥では，経済学の実証研究は三つのジャンルに大別されることを指摘した。これらのうち日本ではどのジャンルの実証研究がさかんかをみるために，『季刊理論経済学』(*The Economic Studies Quarterly*) に掲載された論文数を分類してみた。この専門誌は1950年に創刊された理論・計量経済学会の機関誌であり，いわば日本の経済学界の動向を端的に垣間見ることができると考えられる。

　さて，表7-4は，同誌に掲載された論文を，まず理論的研究と実証的研究に大別し，1950年からはじめて10巻ごと（1年分が1巻）に集計したものである。この際に，後者は三つのジャンルに沿って，①ファクト・ファインディング，②仮説検定，③その他，に分類した。また，前者の内数として，統計的手法に関する理論的研究を大括弧内に示した。なお，同誌は95年から完全英文雑誌化された "*Japanese Economic Review*" に発展的に改編されたために，90年代は90～94年の5年間とした。

　表7-4を見てみると，いくつかの特徴が見出される。

　第一に，論文の総数は1970年代にいったん減少し，80年代にはいってから急上昇している。これにはやや裏事情がある。すなわち，『季刊理論経済学』は季刊と銘打っていながら，実際に各巻4号体制をとったのは創刊当初と第37巻（1986年）以降であり，長期にわたって年3号ないし2号しか発行されなかった。70年代に件数が減少したのは，このころから平均頁数が長くなったからであり，50年代や60年代の論文が総体的には頁数が短かったことの裏返しとなっている。

　第二は，各年代を通じて理論的研究の比率がかなり高いことである。すなわち，比率が低い1960年代や90年代でも約三分の二に達し，70年代や80年代は70%台で安定している。換言すれば，実証的研究の比率にめだった増加トレンドのようなものは認められない。

　第三に，実証的研究の中身をみると，ここにはかなり顕著なトレンドがある。すなわち，1950～60年代には①の「ファクト・ファインディング」が主流であったのに対し，70年代以降は②の「仮説検定」が主流となってい

表 7-4 『季刊理論経済学』の論文数

	理論的研究 [統計的手法＝内数]	実証的研究 ①ファクト・ファインディング	②仮説検定	③その他	小計	合計
1950年代 (第1巻〜第10巻)	140〔2〕 (80.5%)	21	3	10	34 (19.5%)	174
1960年代 (第11巻〜第20巻)	113〔12〕 (66.1%)	24	16	18	58 (33.9%)	171
1970年代 (第21巻〜第30巻)	109〔9〕 (73.2%)	11	17	12	40 (26.8%)	149
1980年代 (第31巻〜第40巻)	147〔19〕 (71.7%)	13	28	17	58 (28.3%)	205
1990〜94年 (第41巻〜第45巻)	83〔9〕 (65.4%)	13	21	10	44 (34.6)	127

(注) 各年代の( )内は構成比。

る。③の「その他」の比率にはめだった変化はない。

　ただし、以上は表7-4を見た場合の目の子算的な観察であり、ほんらい厳密な仮説検定が必要である。以下では、上の観察が正しいとして、若干の感想をのべておこう。

　第三の観察である、実証的研究の中身が①から②にシフトしたことは、普段の同僚の研究動向からもうかがわれ、実感と合う。経済理論の現実妥当性をチェックすることは、科学としての経済学の進歩にとって不可欠なプロセスであり、それが統計的仮説検定の隆盛をもたらしていると考えられる。こうした仮説検定は近年ますます精緻化される傾向にあり、理論的研究に内数として含めた統計的・計量経済学的手法に関する論文数が増加傾向にあるのと符合する。

　意外なファクト・ファインディングであったのは、第二の観察である。すなわち、論文総数に占める実証的研究の比率は顕著な上昇傾向にあるものとふんでいた。見当が外れた原因の最たるものは、おそらく対象を『季刊理論経済学』に掲載されたものに限ったことに求められよう。経済学の専門誌は海外の英文誌をはじめとして他にも数多くあり、しかも新しい雑誌が内外を問わず次々と創刊されている。とくに日本国内では、官庁系の研究所を中心として主に実証研究の成果が発表される専門誌があり、本来そうした他誌の動向もチェックする必要があろう。

練 習 問 題

1. ある地域におけるピザの配達時間は，以下のようであった。
   {60, 50, 45, 30, 40, 90, 50, 120, 55（分）}
   このとき，この地域における配達時間の標準偏差は15分以内といえるであろうか。

2. 表7-5は，25カ国の国土面積と1人当たり国民所得をまとめたものである。

表7-5　国土面積と1人当たり国民所得（2007年）

事項別 国名	国土面積 (1000km²)	1人当たり国民所得 （ドル）
日　　　　本	378	35,533
ア　メ　リ　カ	9,632	45,114
イ　ギ　リ　ス	244	46,633
ド　　イ　　ツ	357	40,959
フ　ラ　ン　ス	549	41,207
イ　タ　リ　ア	301	35,429
カ　ナ　　　ダ	9,985	42,798
ス　　イ　　ス	41	60,551
ベ　ル　ギ　ー	31	43,766
オ　ラ　ン　ダ	42	48,419
ス　ペ　イ　ン	505	31,849
スウェーデン	450	50,677
アルゼンチン	2,780	6,512
ブ　ラ　ジ　ル	8,515	6,869
メ　キ　シ　コ	1,964	9,367
イ　　ン　　ド	3,287	976
タ　　　　　イ	513	3,533
マ　レ　ー　シ　ア	330	6,881
インドネシア	1,905	1,844
フ　ィ　リ　ピ　ン	300	1,771
オーストラリア	7,741	43,402
ニュージーランド	268	28,761
サウジアラビア	2,150	15,850
中　　　　　国	9,598	2,531
ロ　　シ　　ア	17,098	8,816

（出所）UN, National Accounts Statistics database

(1) 国土面積と1人当たり国民所得の標本平均と標本分散の値を求めよ。また，国土面積と1人当たり国民所得の変動係数（＝標準偏差/平均）を求めよ。

(2) それぞれの母集団の平均と分散の95%信頼区間を求めよ。

3. 2007年の世界各国の1人当たりCO_2排出量は表7-6に与えられるようであった。1人当たりCO_2排出量の国別分布は正規分布に従っているといえるであろうか。

表 7-6 2007年の各国の1人当たりCO_2排出量

(単位：二酸化炭素トン／人)

アメリカ	19.2	ロシア	10.8	フィリピン	0.808
カナダ	16	中国	4.53	タイ	3.3
メキシコ	4.27	日本	9.55	インド	1.21
ブラジル	1.77	香港	6.42	ベトナム	1.06
チリ	4.21	台湾	12	オーストラリア	18
ペルー	1.02	韓国	9.83	ニュージーランド	7.36
イギリス	8.73	シンガポール	11.9		
ドイツ	9.35	ブルネイ	17.9		
フランス	5.73	インドネシア	1.69		
イタリア	7.27	マレーシア	7.11		

(出所) 日本エネルギー経済研究所『EDMC エネルギー・経済統計要覧 (2010)』

4．2009年度における資本金3億円をこえる法人の月間取引停止処分件数は，以下のようであった。

$$\{3, 2, 4, 2, 2, 2, 5, 4, 3, 3, 1, 5\}$$

(出所) 全国銀行協会『全国法人取引停止処分者の負債状況』

月間取引停止処分件数はポアソン分布に従うと考えられるであろうか。

表 7-7 日本のマクロ変数

(単位：%)

	マネーサプライ上昇率	全国銀行貸出約定平均金利	実質GDP増加率	消費者物価上昇率
1990年度	11.7	6.868	5.6	3.1
1991	3.6	7.529	3.3	3.3
1992	0.6	6.112	0.8	1.7
1993	1.1	4.986	0.2	1.3
1994	2.1	4.133	0.9	0.7
1995	3.0	3.503	1.9	−0.1
1996	3.3	2.657	2.6	0.1
1997	3.1	2.449	1.6	1.8
1998	4.4	2.321	−2.0	0.7
1999	3.7	2.160	−0.1	−0.3
2000	2.1	2.067	2.9	−0.7
2001	2.8	1.969	0.2	−0.8
2002	3.3	1.865	0.3	−0.9
2003	1.7	1.822	1.4	−0.2
2004	1.6	1.767	2.7	0.0
2005	1.8	1.677	1.9	−0.3
2006	1.0	1.665	2.0	0.2
2007	1.6	1.884	2.4	0.1
2008	2.1	1.909	−1.2	1.4
2009	2.7	1.723	−5.2	−1.4

(出所) 日本銀行「金融経済統計日報」, 内閣府「国民経済計算年報」, 総務省統計局「消費者物価指数」
(注) マネーサプライはM2＋CD (平残), マネーストックM2を使用した。マネーサプライは2008年に定義が変わり, マネーストックが計算されるようになったので, 2009年からマネーストックの変化率を計算している。

5．表7-7に，日本のマクロ経済変数の年次データが与えられている。マネーサプライの上昇率，金利水準，実質GDP増加率，インフレ率が正規分布に従っているか否かを有意水準5％で検定せよ。
6．第1章で取り上げた貯蓄残高の1996年の分布（図1-13）と2009年の分布（図1-14）を思い起こそう。今，1996年と2009年の各年に，100世帯の貯蓄残高を調査し，図1-13と図1-14と同じ形状のヒストグラムが得られたとする。これらの貯蓄残高は，対数正規分布に従っているといえるであろうか。第2章の練習問題7(2)で作成した表を利用して，有意水準5％で検定せよ。調査対象が1000世帯や10000世帯ではどうか。

第8章

F 分布による検定

8.1 複数個の平均が等しいか否かの検定

いくつかの母集団の平均が等しいか否かを同時に検定したいことがある。たとえば表8-1は，ブラジル，ロシア，インド，中国という BRICs に属する4か国の2000年代初頭の経済成長率をまとめたものである。成長率の平均を潜在成長率と解釈するとして，4か国の潜在成長率はすべて等しいといえるであろうか。以下では母集団が3個あり，それらをA，B，C，それらの平均をμ_A，μ_B，μ_Cとしたとき，

$$H_0 : \mu_A = \mu_B = \mu_C \ (= \mu \text{とおこう})$$

が成立するか否かを検定するという問題を考える。

このような問題を考えるにあたり，まず素朴に思いつくことは，なぜ二つずつのペアを考えて検定しないのかということであろう。たとえば，$H_0 : \mu_A = \mu_B$ の検定については，第6章ですでに学んだように，平均の差についてのt検定を用いればよい。そこでt検定を仮説 $\mu_B = \mu_C$ と $\mu_A = \mu_C$ にも適用し，三つの仮説のうちいずれかの仮説が棄却されれば，$H_0 : \mu_A = \mu_B = \mu_C$ を棄却するという考え方はいけないのであろうか？

このような考え方の欠点としては，まず母集団の数が少し増えるだけでペアの数が急激に増えてしまうことが挙げられる。母集団の数をMとすれば，

表 8-1　2000年代初頭のBRICs 4カ国の経済成長率

(単位：%)

	ブラジル	ロシア	インド	中国
2001年	1.3	5.1	5.2	8.3
2002年	2.7	4.7	3.8	9.1
2003年	1.1	7.3	8.4	10.0
2004年	5.7	7.2	8.3	10.1
2005年	3.2	6.4	9.3	10.4
平　均	2.80	6.14	7.00	9.58

(出所) United Nations, Gross domestic product breakdown at constant 1990 prices in US Dollars (all countries)

調べるべきペアの数は $_MC_2 = M(M-1)/2$ と計算され，たとえば $M = 5$ とすれば，この値は10，$M = 10$ ならば45になる．

　第二の欠点は，有意水準の評価にある．ペアの一つひとつについては，5％水準で有意ではなかったにしても，いずれのペアにおいてもたとえば10％しか起こらないめずらしいことが起こっているとすれば，これは全体でみればかなりめずらしいことといえよう（ただし，そのような確率は同じ標本を何度も用いて検定するため，かならずしも単純に $0.1 \times 0.1 \times \cdots = 0.00\cdots 1$ とは求められない）．

　以上のような問題を解くには，分散に関して，

$$\sigma_A{}^2 = \sigma_B{}^2 = \sigma_C{}^2 \ (= \sigma^2 とおこう)$$

という仮定が必要である．二つの母集団に対する検定の場合にも，それらの分散が等しくないと検定不可能であったが，これはそれと同様の仮定である（6.3 を参照）．そして，分散の推定量を二つつくる．一つはナイーブな分散の推定量であり，標本分散の単純平均を考える．すなわち，各標本ごとに，

$$S_A{}^2 = \frac{\sum_i (X_i - \bar{X})^2}{N-1}, \ S_B{}^2 = \frac{\sum_i (Y_i - \bar{Y})^2}{N-1}, \ S_C{}^2 = \frac{\sum_i (Z_i - \bar{Z})^2}{N-1}$$

とし，

$$S_1{}^2 = \frac{S_A{}^2 + S_B{}^2 + S_C{}^2}{3}$$

を共通の分散 σ^2 の推定量と考える．この推定量は，帰無仮説が正しかろうが誤っていようが関係なく，分散の推定量としては適切なものといえよう．

　もう一つの推定量をつくるにあたっては，ちょっとした工夫がなされる．

図 8-1　帰無仮説の成立とS_2^2の推定量としての妥当性

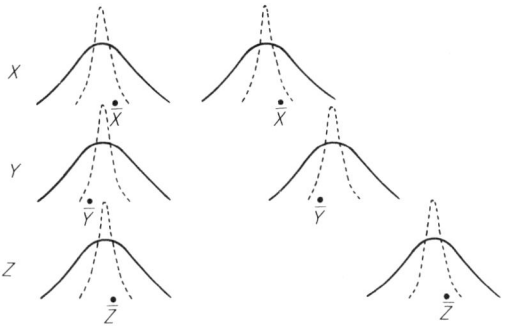

H_0が成り立つ場合：
$\overline{X}, \overline{Y}, \overline{Z}$は同一の母集団からの標本とみなしうる

H_0が成り立たない場合：
$\overline{X}, \overline{Y}, \overline{Z}$は同一の母集団からの標本とはみなしえない

まず，各標本ごとに標本平均を考える。このとき，

$$\overline{X} \sim N\left(\mu_A, \frac{\sigma^2}{N}\right), \quad \overline{Y} \sim N\left(\mu_B, \frac{\sigma^2}{N}\right), \quad \overline{Z} \sim N\left(\mu_C, \frac{\sigma^2}{N}\right)$$

が成り立つことは，もはや常識であろう。帰無仮説 H_0：$\mu_A = \mu_B = \mu_C = \mu$ のもとでは，$\overline{X}$，$\overline{Y}$，$\overline{Z}$ はいずれも $N(\mu, \sigma^2/N)$ に従うことがわかる。見方を変えれば，$\overline{X}$，$\overline{Y}$，$\overline{Z}$ は共通の母集団からとられた3個の標本とも考えることができる。そこで，その共通の母集団の分散である σ^2/N を推定するには，

$$\frac{\overline{X} + \overline{Y} + \overline{Z}}{3} = \overline{W}$$

とし，

$$\overline{S}^2 = \frac{(\overline{X} - \overline{W})^2 + (\overline{Y} - \overline{W})^2 + (\overline{Z} - \overline{W})^2}{3 - 1}$$

を用いればよい。ただし，$\overline{S}^2$ はあくまでも σ^2/N の推定量であって，σ^2 そのものの推定量ではない。σ^2 の推定量は，

$$S_2^2 = N\overline{S}^2$$

ということになる。

　これで，二つの分散の推定量が構成されたことになる。重要な点は，S_2^2 は帰無仮説のもとでのみ分散 σ^2 の推定量として使いうるということである。図 8-1 を見てもらいたい。H_0 が成り立たない場合には，S_2^2 はとてつもなく

図 8-2　F 分布

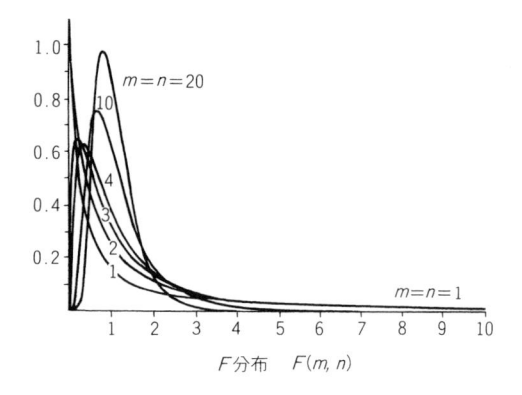

大きくなることもある。そこで,
$$F = \frac{S_2^2}{S_1^2}$$
とすれば，F は仮説が正しい場合にはほぼ 1 に近い値をとり，また仮説が誤っている場合には大きな値をとることが予想される。

じつはこの F は，**F 分布**という分布に従うことが知られている。F 分布に対しては，これまで紹介されたいくつかの分布同様，上側 5％点や 1％点などの値が計算されている。ただし，これまでの分布と異なる点は，F 分布は分母と分子にある二つの統計量の自由度に依存して定まるところである。図 8-2 は自由度 (m, n) の F 分布の概形を $m = n$ の場合にかぎり描いたものである。F 分布の概形は右に歪んでおり，χ^2 分布とも似ていることがわかる。

表 8-1 の場合，分母についてみれば，各標本分散の自由度が $5-1 = 4$ であることはすでに学んだとおりである。そこで，そのような標本分散の 4 個の合計（平均）は $4 \times 4 = 16$ の自由度をもつ。これに対し，分子は 4 カ国の平均をそれぞれ 1 個のデータとみなし，そこから分散の推定値をつくる。そのとき，標本平均 $\overline{W}$ の知識を用いる分だけ自由度が減少し，自由度は $4-1 = 3$ となる。結局，F の自由度は $(3, 16)$ となる。

以上をもとに，表 8-1 に与えられる成長率のデータに対し帰無仮説 H_0：$\mu_A = \mu_B = \mu_C = \mu_D$ を検定してみよう。A：ブラジル，B：ロシア，C：

インド，D：中国とする．まず，それぞれの標本平均を求めると $\bar{a} = 2.80$, $\bar{b} = 6.14$, $\bar{c} = 7.00$, $\bar{d} = 9.58$ となる．次に，それぞれの国において標本分散の不偏推定値を求めると，

$$s_A{}^2 = \frac{13.72}{4} = 3.43, \qquad s_B{}^2 = \frac{5.69}{4} = 1.42,$$

$$s_C{}^2 = \frac{22.42}{4} = 5.61, \qquad s_D{}^2 = \frac{2.99}{4} = 0.75$$

となり，結局，

$$s_1{}^2 = \frac{3.43 + 1.42 + 5.61 + 0.75}{4} = 2.80$$

が求められる．さらに，$\bar{w} = (\bar{a} + \bar{b} + \bar{c} + \bar{d})/4 = 6.38$, $\bar{s}^2 = 23.50/3 = 7.83$ であるから，

$$s_2{}^2 = 5 \times 7.83 = 39.16$$

となる．したがって F の値は，$39.16/2.80 = 13.98$ と計算される．自由度 $(3, 16)$ の F 分布の場合，上側5％（1％）点の値は3.24（5.29）であるから，4カ国の潜在成長率が同じという帰無仮説は，有意水準が1％に設定されていたとしても棄却ということになる．

8.2 分散分析(1) 1元配置

8.1においては，4カ国の潜在成長率がすべて等しいといえるか否かを統計的に調べた．すなわち，それぞれの国の成長率の平均を μ_A, μ_B, μ_C, μ_D としたとき，帰無仮説 $H_0 : \mu_A = \mu_B = \mu_C = \mu_D$ が成立するか否かを吟味した．ここでは，F 検定を用いたパワフルな統計手法について，より一般的に説明するために，前節における分析をもう一度整理してみたい．

帰無仮説 H_0 は，$\mu_A = \mu + a_1$, $\mu_B = \mu + a_2$, $\mu_C = \mu + a_3$, $\mu_D = \mu + a_4$ (ただし $a_1 + a_2 + a_3 + a_4 = 0$) とおけば，$H_0' : a_1 = a_2 = a_3 = a_4 = 0$ を検定することと同等である．H_0' においては，μ は4カ国に共通して成長率に影響を与える要因であり，a_i はそれぞれの国に特有の要因と考えればよい．それゆえ，H_0' はそれぞれの国に特有な成長率の規定要因がすべて0であることを主張するものと解釈されうる．

表 8-2　1元配置のデータ

i／j	1	2	……	M
1	X_{11}	X_{21}	……	X_{M1}
2	X_{12}	X_{22}	……	X_{M2}
⋮	⋮	⋮		⋮
N	X_{1N}	X_{2N}	……	X_{MN}
平均	$\bar{X}_{1\cdot}$	$\bar{X}_{2\cdot}$	……	$\bar{X}_{M\cdot}$

表 8-2 は，表 8-1 をより一般的に表現したものである。第 i 国 ($i=1, \cdots, M$) に関する第 j 番目 ($j=1, \cdots, N$) のデータが X_{ij} と表わされている（ただし，i が横に——すなわち列を表わすように，また j が縦に——すなわち行を表わすようにとられており，通常の行列のノーテーションとは異なることに注意）。H_0 のもとで，X_{ij} の平均は，全体に共通の平均 μ と i 国に特有な平均 α_i の和として表わされる。$\bar{X}_{1\cdot}, \bar{X}_{2\cdot}, \bar{X}_{3\cdot}$ はそれぞれの国における標本平均 ($\bar{X}_{i\cdot} = \sum_j X_{ij}/N$) を表わし，すべての X_{ij} の総平均は，

$$\bar{\bar{X}} = \frac{\sum_i \sum_j X_{ij}}{MN}$$

と記述されている（8.1 のノーテーションとはやや異なるが，混乱はしないと思う。このように表わすほうが，以下の一般的な分析のためにはつごうがよい）。このとき，以下の重要な命題が成り立つことがわかる。

$$\sum_i \sum_j (X_{ij} - \bar{\bar{X}})^2 = N\{\sum_i (\bar{X}_{i\cdot} - \bar{\bar{X}})^2\} + \sum_i \{\sum_j (X_{ij} - \bar{X}_{i\cdot})^2\} \quad (8\text{-}1)$$

これを簡単に説明するために，まず，

$$X_{ij} - \bar{\bar{X}} = (\bar{X}_{i\cdot} - \bar{\bar{X}}) + (X_{ij} - \bar{X}_{i\cdot}) \quad (8\text{-}2)$$

と分解する。(8-2) 式の両辺を 2 乗して，それぞれ i，j について加えると，

$$\sum_i \sum_j (X_{ij} - \bar{\bar{X}})^2 = \sum_i \sum_j (\bar{X}_{i\cdot} - \bar{\bar{X}})^2 + \sum_i \sum_j (X_{ij} - \bar{X}_{i\cdot})^2$$
$$+ 2\sum_i \sum_j (\bar{X}_{i\cdot} - \bar{\bar{X}})(X_{ij} - \bar{X}_{i\cdot})$$

となるが，右辺第 3 項は 0 となることが以下のようにして示される。すなわち，$(\bar{X}_{i\cdot} - \bar{\bar{X}})$ が j に依存しないことから，

$$\sum_i \sum_j (\bar{X}_{i\cdot} - \bar{\bar{X}})(X_{ij} - \bar{X}_{i\cdot}) = \sum_i \{(\bar{X}_{i\cdot} - \bar{\bar{X}}) \sum_j (X_{ij} - \bar{X}_{i\cdot})\}$$

となるが，$\bar{X}_{i\cdot} = (1/N) \sum_j X_{ij}$ より，右辺は 0 となり，(8-1) 式が成立する。

表 8-3　分散分析表

	平方和	自由度	不偏分散	F
要因による変動 (グループ間変動)	$V_1 = N\Sigma(\bar{X}_{i\cdot} - \bar{\bar{X}})^2$	$M-1$	$V_1/(M-1)$	$\dfrac{V_1/(M-1)}{V_2/M(N-1)}$
残差変動 (グループ内変動)	$V_2 = \Sigma\Sigma(X_{ij} - \bar{X}_{i\cdot})^2$	$M\times(N-1)$	$V_2/M(N-1)$	∗
全変動	$V_0 = \Sigma\Sigma(X_{ij} - \bar{\bar{X}})^2$	$M\times N - 1$	∗	∗

(8-1) 式の右辺第 2 項の { } 内は，各グループ内のデータの変動を表わしており，これを $N-1$ で除したものが各グループ内の分散の推定値となる。また，それらのグループについての平均をとったもの，すなわち第 2 項全体を $M(N-1)$ で除したもの（8.1 の S_1^2 に対応）が分散の一つの推定値を与えた。これに対し，第 1 項の { } 内は，各グループの標本平均の変動を表わしている。第 1 項全体を $M-1$ で除したものが，分散のもう一つの推定値（8.1 の S_2^2 に対応）をもたらした。(8-1) 式の右辺の第 2 項を**グループ内変動**，第 1 項を**グループ間変動**とよぶ。すなわち，(8-1) 式は，

　　　　全変動＝グループ間変動＋グループ内変動

と表現される。

　　　　全変動 $= V_0$，グループ間変動 $= V_1$，グループ内変動 $= V_2$

とおけば，表 8-1 に与えられるデータの場合，

　　　　$V_0 = 162.31,\quad V_1 = 117.49,\quad V_2 = 44.82$

と計算される。すでに学んだように，これらの統計量の自由度はそれぞれ $4\times 5 - 1 = 19$，$4-1 = 3$，$4\times(5-1) = 16$ である。$V_i\ (i = 0, 1, 2)$ をその自由度で除することにより，分散の推定量が 3 個つくられる。しかしながら，それらの中で，帰無仮説 H_0 の成立のいかんにかかわらず分散 σ^2 の推定量として適当であるのは $V_2/16$ のみであることに注意されたい。$V_1/3$（$V_0/19$ も同様）は帰無仮説が成立しないならば，大きな値をとるであろう。さらに，検定のためには，

$$F = \dfrac{\dfrac{V_1}{3}}{\dfrac{V_2}{16}}$$

の値を調べ，それが自由度 $(3, 16)$ の F 分布の上側 $\alpha \%$ 点よりも大きいなら

表 8-4　2000年代初頭のBRICs 4 カ国の経済成長率についての分散分析表

	平方和	自由度	不偏分散	F
国別要因による変動	117.49	3	39.16	13.98
残差変動	44.82	16	2.80	*
全変動	162.31	19	*	*

表 8-5　短期金利（2009年）

(単位：%)

	コールレート	CP	現先レート	CDレート
1 月	0.128	0.840	0.271	0.385
2 月	0.109	0.840	0.246	0.533
3 月	0.088	0.660	0.217	0.447
4 月	0.113	0.450	0.193	0.330
5 月	0.099	0.390	0.178	0.276
6 月	0.110	0.290	0.169	0.261

(出所)　日本銀行

ば，有意水準 α ％で H_0 を棄却すればよいことをみた。

　以上においては，データの全変動を分解することにより，変動を生み出す要因の存在を調べた。各変動は分散に対応していることから，このような統計的分析方法を**分散分析**（analysis of variance, ANOVA と略記する）とよんでいる。分散分析の結果をまとめたものが表 8-3 であり，このような表は**分散分析表**とよばれる。分散分析表においては，グループ間変動は**要因による変動**，グループ内変動は**残差変動**（グループという要因を除いた後の変動）と表現される。また，表 8-4 は，表 8-1 のデータに対して分散分析表を作成したものである。

　表 8-2 に与えられるデータの場合，国のちがいという一つの要因によりデータがグループ分けされている。そこで，このようなデータのことを **1 元配置**のデータとよぶことがある。これに対して，次節でみるように 2 個以上の要因によってデータがグループ分けされている場合には，**2 元配置**（two-way analysis of variance），3 元配置あるいは一般的に**多元配置**のデータなどとよばれている。

[例題 8-1]

　表 8-5 は，2009年 1 月〜 6 月の 6 か月について，短期金融市場での代表的金利

表 8-6　短期金利の分散分析表

	平方和	自由度	不偏分散	F
金利間変動 （グループ間変動）	0.756	3	0.252	14.712
残差変動 （グループ内変動）	0.343	20	0.017	＊
全変動	1.099	23	＊	＊

表 8-7　東証一部 3 業種の収益率

(単位：％)

		建　設	食料品	サービス業	平　均
バブル期	1985年	47.6	18.3	47.5	
	1986	87.8	60.3	45.2	
	1987	5.1	27.0	6.9	
	1988	28.1	6.4	25.2	
	1989	47.0	25.0	53.1	
	平　均	43.12	27.40	35.58	35.37
バブル後	1990年	−32.1	−39.3	−37.6	
	1991	0.6	7.4	−13.8	
	1992	−32.1	−16.9	−25.5	
	1993	−0.7	0.6	8.9	
	1994	−1.9	−1.6	8.8	
	平　均	−13.24	−9.96	−11.84	−11.68
平　均		14.94	8.72	11.87	11.84

(出所)　東京証券取引所，東証業種別株価指数（月末値）

である．$X_1 =$ コールレート（無条件物），$X_2 =$ コマーシャルペーパー発行金利（3 か月），$X_3 =$ 現先レート（3 カ月），$X_4 =$ CD レート（新発 3 カ月）の推移をまとめたものである．もし金利間の裁定が働くならば，これら 4 種類の短期金利は等しくなるはずである．この仮説の真偽を確かめるために，「それぞれの金利の平均が等しい」を帰無仮説として，有意水準 5 ％で検定せよ．

●解答

$\bar{x}_1 = 0.108$, $\bar{x}_2 = 0.578$, $\bar{x}_3 = 0.212$, $\bar{x}_4 = 0.372$．総平均は $(\bar{x}_1 + \bar{x}_2 + \bar{x}_3 + \bar{x}_4)/4 = 0.318$．さらに，$\sum_j x_{1j}^2 = 0.001$, $\sum_j x_{2j}^2 = 0.279$, $\sum_j x_{3j}^2 = 0.008$, $\sum_j x_{4j}^2 = 0.055$．これらのデータをもとに分散分析表を作成したのが，表 8-6 である．

帰無仮説を検定する F 統計量は，

$$F = \frac{\frac{0.756}{3}}{\frac{0.343}{20}} = 14.712$$

であり，これが自由度（3, 20）の F 分布に従う．有意水準 5 ％の臨界値は 3.11 であり，帰無仮説は棄却される．

8.3 分散分析(2) 2元配置

本節では 2 元配置の分散分析を説明するが，ここでの分析は本書全体の中で，もっとも複雑なものの一つに数えられる．本書をはじめて読む場合には，本節はスキップして先にすすんでいただいてかまわない．

さて，表 8-7 は，東京証券取引所の市場第 1 部に上場されている建設，食料品，サービス業に属する企業の株価収益率について，バブル期とバブル期後について調べたものである．バブル期とは，1980 年代後半からの日本の景気拡大期のことである．

さて，ここでの分析の目的は，まずバブル期とバブル期後とでは，収益率の値に差があるか否か，そして業種によって収益率の値に違いがあるか否かの 2 点について調べることである．第二に，たとえば，「バブル期であること」「建設業であること」のみが高い収益率をもたらすのではなく，「バブル期の建設業であること」という二つの要因が相乗効果をもたらす結果，収益率が高くなるかを調べる．じつは，このような交互作用 (interaction) の存在をみることが分析の目的となることも多く，交互作用の存在の検証は 2 元配置の重要な応用分野なのである（ただし，交互作用が検出されるためには，各セルにデータが複数個なければならない）．

収益率の各データは，i 行，j 列のセルにはいる第 k 番目のデータということで，一般的には X_{ijk} と表わされる．それらは「バブル期かバブル期後か」という要因と，「業種のちがい」という要因，そしてそれら二つの相乗効果という三つの要因の影響を受けるものと考えられている．より具体的に表現すれば，X_{ijk} の平均は，

$$\mu_{ij} = \mu + \alpha_i + \beta_j + \gamma_{ij} \quad (i = 1, 2 \, ; \, j = 1, 2, 3) \tag{8-3}$$

と表わされる。ここで α_i は「バブル期かバブル期後か」という要因の効果，β_j は「業種のちがい」という要因の効果を表わし，γ_{ij} はそれらの相乗効果を表わしている。α_i，β_j はそれぞれ，表8-7 の行（横），列（縦）に示される性質の効果を表わしているところから，**行効果**，**列効果**とよばれる。これに対し，γ_{ij} は**交互作用**，μ は**主効果**とよばれる。X_{ijk} は μ_{ij} に各標本に固有な変動 ε_{ijk} が加えられた結果得られる値と考えられる。X_{ijk} の分散はここでも i，j，k にかかわりなく一定の値 σ^2 であると仮定される。ここで検定すべき仮説は，

H_1：$\alpha_1 = \alpha_2 = 0$

H_2：$\beta_1 = \beta_2 = \beta_3 = 0$

そして，

H_3：$\gamma_{11} = \gamma_{12} = \gamma_{13} = \gamma_{21} = \gamma_{22} = \gamma_{23} = 0$

の三つである。ただし，

$\alpha_1 + \alpha_2 = 0$

$\beta_1 + \beta_2 + \beta_3 = 0$

$\gamma_{11} + \gamma_{12} + \gamma_{13} = 0$

$\gamma_{21} + \gamma_{22} + \gamma_{23} = 0$

$\gamma_{11} + \gamma_{21} = 0$

$\gamma_{12} + \gamma_{22} = 0$

$\gamma_{13} + \gamma_{23} = 0$

が成り立つものとする。

各データは（8-2）式に対応して，

$$X_{ijk} - \bar{\bar{X}} = (\bar{X}_{i..} - \bar{\bar{X}}) + (\bar{X}_{.j.} - \bar{\bar{X}})$$
$$+ (X_{ijk} - \bar{X}_{i..} - \bar{X}_{.j.} + \bar{\bar{X}}) \tag{8-4}$$

と分解される。ここに，i，j，k の総数はそれぞれ 2，3，5 であるから，

$$\bar{\bar{X}} = \sum_i \sum_j \sum_k \frac{X_{ijk}}{2 \times 3 \times 5} = \sum_i \sum_j \frac{\bar{X}_{ij.}}{2 \times 3}$$

$$\bar{X}_{i..} = \sum_j \sum_k \frac{X_{ijk}}{3 \times 5}$$

$$\bar{X}_{.j.} = \sum_i \sum_k \frac{X_{ijk}}{2 \times 5}$$

と計算される。

　ここで以上の各項について考えてみよう。まず X_{ijk} は主効果 μ，行効果 α_i，列効果 β_j，交互作用 γ_{ij}，そしてこれ以外の各標本のもつ固有の効果 ε_{ijk} のすべての影響を受けた結果得られる値である。これに対して，$\bar{X}$ は i，j，k のすべてについて合計するため，(8-3) 式を考慮すれば，α_i，β_j，γ_{ij}，ε_{ijk} の四つの効果がキャンセルされてなくなってしまう。ただし主効果である μ は残っている。$\bar{X}_{i..}$ は j，k について合計するため β_j，γ_{ij}，そして ε_{ijk} の三つの効果がキャンセルされてなくなっている。以下同様に，$\bar{X}_{.j.}$ は α_i，γ_{ij}，ε_{ijk} が，$\bar{X}_{ij.}$ は ε_{ijk} のみがなくなっている。いずれも主効果 μ は残っている。

　以上を前提として (8-4) 式の各項についてみると，$(\bar{X}_{i..} - \bar{X})$ では主効果が差し引かれることにより α_i の効果が抽出されることになる。また，$(\bar{X}_{.j.} - \bar{X})$ では β_j の効果が抽出されることになる。さらに第 3 項 $(X_{ijk} - \bar{X}_{i..} - \bar{X}_{.j.} + \bar{X})$ では γ_{ij} と ε_{ijk} の二つの効果が抽出されることがわかる。

　(8-4) 式の右辺第 3 項をさらに以下のように分解して考える。

$$(X_{ijk} - \bar{X}_{i..} - \bar{X}_{.j.} + \bar{X})$$
$$= (\bar{X}_{ij.} - \bar{X}_{i..} - \bar{X}_{.j.} + \bar{X}) + (X_{ijk} - \bar{X}_{ij.}) \quad (8\text{-}5)$$

(8-5) 式の右辺第 1 項は，これまで考えられてきた i 要因と j 要因の影響を取り除いた後，さらに i，j 項に存在するなんらかの要因であり，これが i と j の交互作用と考えられる。

　この場合は，(8-2) 式に対応して，

$$\sum_i \sum_j \sum_k (X_{ijk} - \bar{X})^2$$
$$= \sum_i \sum_j \sum_k (\bar{X}_{i..} - \bar{X})^2 + \sum_i \sum_j \sum_k (\bar{X}_{.j.} - \bar{X})^2$$
$$+ \sum_i \sum_j \sum_k (X_{ijk} - \bar{X}_{i..} - \bar{X}_{.j.} + \bar{X})^2$$
$$= 3 \times 5 \sum_i (\bar{X}_{i..} - \bar{X})^2 + 2 \times 5 \sum_j (\bar{X}_{.j.} - \bar{X})^2$$
$$+ 5 \sum_i \sum_j (\bar{X}_{ij.} - \bar{X}_{i..} - \bar{X}_{.j.} + \bar{X})^2 + \sum_i \sum_j \sum_k (X_{ijk} - \bar{X}_{ij.})^2 \quad (8\text{-}6)$$

が成り立つ。ここでは (8-2) 式から (8-1) 式を導いたプロセス同様，(8-4)，(8-5) 式の各項の積の合計が 0 になることを用いている。左辺を V_0，

右辺の各項を V_1, V_2, V_3, V_4 とおこう．すなわち，
$$V_0 = V_1 + V_2 + V_3 + V_4$$
と分解する．このとき V_i の自由度はそれぞれ，

$V_0 : 2 \times 3 \times 5 - 1 = 29$

$V_1 : 2 - 1 = 1$

$V_2 : 3 - 1 = 2$

$V_3 : (2-1)(3-1) = 2$

$V_4 : 2 \times 3 \times (5-1) = 24$

となり，やはり，

V_0 の自由度 $= V_1$ の自由度 $+ V_2$ の自由度
$+ V_3$ の自由度 $+ V_4$ の自由度

が成り立っていることに注意したい．

さて，ここでも分散 σ^2 の推定値はいくつか考えられる．しかしながら，これらのなかで H_1, H_2, H_3 の成立のいかんにかかわらず分散の推定値として適切でありうるのは，V_4 をその自由度24で除したもののみである．これに対して，V_1 をその自由度1で除したものは列効果 β_j や交互作用 γ_{ij} の影響は足し合わされることによって消えてなくなってはいるが，行効果 α_i は残っている．それゆえ，帰無仮説 H_1 が成立する場合にのみ，σ^2 の推定値として適当である．また同様に，V_2 をその自由度2で除したものは，H_2 が成立する場合にのみ σ^2 の推定値として適当である．H_1 のもとでは，$V_1/1$ と $V_4/24$ の値は近いはずであり，また同様に，H_2 のもとでは $V_2/2$ と $V_4/2$ の値は近いはずである．このような性質を利用して，帰無仮説 H_1, H_2 の検定は，

$$F_1 = \frac{\dfrac{V_1}{1}}{\dfrac{V_4}{24}}, \quad F_2 = \frac{\dfrac{V_2}{2}}{\dfrac{V_4}{24}}$$

がそれぞれ，自由度 $(1, 24)$ と $(2, 24)$ の F 分布に従うことを利用して行なわれる．

また，H_3 を検定するにあたっては，

表 8-8 収益率についての分散分析表

要因別変動	平方和	自由度	不偏分散	F
バブル期・後	16600.42	1	16600.42	35.97
業　　　種	193.45	2	96.73	0.21
交 互 作 用	451.77	2	225.89	0.49
残 差 変 動	11077.29	24	461.55	＊
全　　変　　動	28322.93	29	＊	＊

$$F_3 = \frac{\frac{V_3}{2}}{\frac{V_4}{24}}$$

が自由度 $(2, 24)$ の F 分布に従うことを利用すればよい．表 8-7 に与えられるデータに対して分散分析を行なった結果，分散分析表は表 8-8 のように与えられる．

　以上の統計分析は，三つ以上の要因に依存するデータにも容易に拡張することが可能である．ただ，計算はそれなりにややこしくなることを覚悟しなければならない．しかしながら，経済現象に適用することを主目的とするならば，分散分析に関する説明はこの程度で十分と思われるので，これ以上の深入りは避けることにしよう．

8.4　二つの母集団の分散が等しいか否かの検定

　第 6 章において，二つの母集団の平均あるいは比率が等しいか否かの検定について学んだ．そこでは，データ数が大きい場合には正規分布，小さい場合には t 分布を用いることがわかった．ただし，データ数が小さい場合，それら二つの母集団の分散は等しいことを前提としなければならなかった．

　二つの母集団の分散が等しいか否かの検定は，F 分布を用いて行なわれる．その場合，二つの母集団の平均は等しくなくともかまわない．この点は平均の検定の場合と大きく異なる重要な点である．

　母集団 A からの標本を $\{X_1, X_2, \cdots, X_M\}$，母集団 B からの標本を $\{Y_1, Y_2, \cdots, Y_N\}$ とする．それぞれの母集団の分散を σ_X^2，σ_Y^2 とし，仮説 $H_0 : \sigma_X^2 = \sigma_Y^2$ を検定するとしよう．

3.4 で述べたように，

$$S_X{}^2 = \frac{\sum_i (X_i - \overline{X})^2}{M-1}, \quad S_Y{}^2 = \frac{\sum_i (Y_i - \overline{Y})^2}{N-1}$$

はそれぞれ $\sigma_X{}^2$，$\sigma_Y{}^2$ の不偏推定量である。また前節の結果から，

$$\frac{\sum_i (X_i - \overline{X})^2}{\sigma_X{}^2}, \quad \frac{\sum_i (Y_i - \overline{Y})^2}{\sigma_Y{}^2}$$

はそれぞれ自由度 $M-1$，$N-1$ の χ^2 分布に従う。このとき，

$$F = \frac{\dfrac{\sum_i (X_i - \overline{X})^2}{\sigma_X{}^2}/(M-1)}{\dfrac{\sum_i (Y_i - \overline{Y})^2}{\sigma_Y{}^2}/(N-1)}$$

とおくと，F は自由度 $M-1$，$N-1$ の F 分布に従う。仮説 $H_0: \sigma_X{}^2 = \sigma_Y{}^2$ のもとでは，$\sigma_X{}^2$，$\sigma_Y{}^2$ が消去され，

$$F = \frac{\sum_i (X_i - \overline{X})^2/(M-1)}{\sum_i (Y_i - \overline{Y})^2/(N-1)} = \frac{S_X{}^2}{S_Y{}^2} \tag{8-7}$$

が自由度 $M-1$，$N-1$ の F 分布に従うことがわかる。結局，データから (8-7) を計算することにより検定が行なわれる。

8.5 まとめ

本章で紹介した分散分析をもって，4章にわたって行なってきた一連の仮説検定の説明を終える。いままでの仮説検定は，もともとの母集団の分布形について正規分布を前提とし，とくにその平均と分散について既知とするか，ランダム標本から点推定されたものを用いた。このように，母集団のパラメータの知識にもとづいて検定を行なうアプローチを，広くパラメトリック検定とよんでいる。これに対して，母集団のパラメータの知識を前提とせずに行なう検定法もあり，そうしたアプローチはノンパラメトリック検定とよばれている。そうした検定法については，第V部で取り上げる。

● 補論・検定統計量間の関係の整理

　これまで4章にわたり，さまざまな検定を紹介してきた。ここで，これまでに登場した検定のための統計量についてもう一度振り返るとともに，それらのあいだの関連について簡単にまとめてみたい。

　まず，中心的な役割を果たす統計量は $\bar{X}$ であり，その分布は正規分布である。X_i を正規分布からのランダム標本とすれば，

$$\bar{X} = \sum_i \frac{X_i}{N} \sim N\left(\mu, \frac{\sigma^2}{N}\right)$$

であり，その結果，

$$Z = \frac{\bar{X} - \mu}{\sqrt{\frac{\sigma^2}{N}}} = \frac{\sqrt{N}(\bar{X} - \mu)}{\sigma}$$

は標準正規分布 $N(0,1)$ に従う。σ が既知であるならば，このことを用いて μ に関する検定がなされうる。

　また，Z_i を標準正規分布からのランダム標本とするとき，Z_i^2 の n 個の和は，自由度 n の χ^2 分布に従う。分散の推定量としてよく使われる不偏分散

$$S^2 = \sum_i \frac{(X_i - \bar{X})^2}{N-1}$$

についてみると，$(N-1)S^2$ を σ^2 で除した値，すなわち

$$\sum_i \frac{(X_i - \bar{X})^2}{\sigma^2}$$

は自由度 $(N-1)$ の χ^2 分布に従う。このことを用いて，σ^2 についての検定がなされうる。その場合，μ の値は未知であってもかまわないことに注意したい。χ^2 検定は比率の検定に利用される。その応用として分布の検定について学んだが，第9章では分割表の検定についても学ぶ。

　自由度 n の t 分布は，標準正規変量と，自由度 n の χ^2 変量を n で除し平方根をとった値の比

$$t_{(n)} = \frac{Z}{\sqrt{\frac{\chi(n)^2}{n}}} \tag{A}$$

図 8-3 基本的な分布形の関係

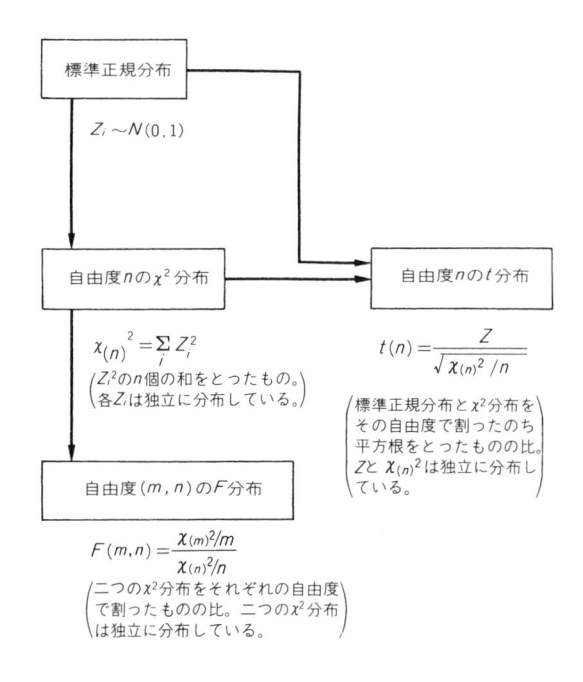

```
   標準正規分布
        │
        │ $Z_i \sim N(0,1)$
        ▼
  自由度$n$の$\chi^2$分布 ─────────▶  自由度$n$の$t$分布
        │
   $\chi_{(n)}^2 = \sum_i Z_i^2$           $t(n) = \dfrac{Z}{\sqrt{\chi_{(n)}^2/n}}$
   ($Z_i^2$の$n$個の和をとったもの。
    各$Z_i$は独立に分布している。)
                                   (標準正規分布と$\chi^2$分布を
        │                            その自由度で割ったのち
        ▼                            平方根をとったものの比。
  自由度$(m,n)$の$F$分布              $Z$と$\chi_{(n)}^2$は独立に分布し
                                     ている。)
   $F(m,n) = \dfrac{\chi_{(m)}^2/m}{\chi_{(n)}^2/n}$
   (二つの$\chi^2$分布をそれぞれの自由度
    で割ったものの比。二つの$\chi^2$分布
    は独立に分布している。)
```

として与えられる。このことから,

$$\frac{\sqrt{N}(\overline{X}-\mu)}{S}$$

は自由度$(N-1)$のt分布に従うことがわかる。さらには, σが未知の場合 (ふつうはσは未知であろう), μに対する検定は, 上述のZの中のσにその推定値を代入し, t検定を用いればよいことがわかる。ただし, 厳密には(A)式が自由度nのt分布に従うには, 分子のZと分母のχ^2の二つの統計量が無関係に分布していなければならない。たとえば, 一方が大きくなれば他方も大きくなるというのでは, こまる。二つの統計量が無関係に分布することを, それらは**独立に分布する**という (独立という考え方については, 第9章で学ぶ)。結局, 分子のZと分母のχ^2の二つの統計量が独立に分布する場合にかぎり, (A)式は自由度nのt分布に従うことになる。なお, この独立性の条件は, 各X_iがランダム標本とすれば自動的に満たされる。

表 8-9 確率密度関数, 平均, 分散

	確率密度関数	x の範囲	平均	分散
標準正規分布	$f(x) = \dfrac{1}{\sqrt{2\pi}} e^{-\frac{x^2}{2}}$	$-\infty < x < \infty$	0	1
自由度 n の χ^2 分布	$f(x) = \dfrac{1}{2^{\frac{n}{2}} \Gamma\left(\frac{n}{2}\right)} x^{\frac{n}{2}-1} e^{-\frac{x}{2}}$	$x > 0$	n	$2n$
自由度 n の t 分布	$f(x) = \dfrac{1}{\sqrt{n\pi}} \dfrac{\Gamma\left(\frac{n+1}{2}\right)}{\Gamma\left(\frac{n}{2}\right)} \left(1 + \dfrac{x^2}{n}\right)^{-\frac{(n+1)}{2}}$	$-\infty < x < \infty$	0	$\dfrac{n}{n-2}\ (n>2)$
自由度 (m, n) の F 分布	$f(x) = \dfrac{\Gamma\left(\frac{m+n}{2}\right) m^{\frac{m}{2}} n^{\frac{n}{2}}}{\Gamma\left(\frac{m}{2}\right)\Gamma\left(\frac{n}{2}\right)} \dfrac{x^{\frac{m}{2}-1}}{(mx+n)^{\frac{m+n}{2}}}$	$x > 0$	$\dfrac{n}{n-2}\ (n>2)$	$\dfrac{2n^2(m+n-2)}{m(n-2)^2(n-4)}\ (m>4)$

ただし, $\Gamma(a)$ はガンマ関数を表わす。ガンマ関数は, $\Gamma(a) = \int_0^\infty e^{-x} x^{a-1} dx$ で定義され, a が正の実数ならば $\Gamma(a+1) = a\Gamma(a)$ を満たす。したがって, とくに a が自然数ならば $\Gamma(a) = a!$ となる。

一方,自由度 (m, n) の F 分布は $\chi_{(m)}^2/m$ と $\chi_{(n)}^2/n$ の比で定義される。二つの χ^2 分布(独立性を満たす)の比が F 分布に従うわけである。とくに $m=1$ の場合には,$\chi_{(1)}^2$ は標準正規変量の 2 乗であるから,

$$F = \frac{\chi_{(1)}^2}{\frac{\chi_{(n)}^2}{n}}$$

は自由度 n の t 分布の 2 乗に等しい。すなわち,$\sqrt{F}$ が t 分布に従う。F 分布は,三つ以上の平均の同等性を調べたり,さらに一般的には分散分析を行なうために用いられる。以上を図示すれば,図 8-3 のようにまとめられる。

また表 8-9 は,参考までに各分布形の確率密度関数とその平均と分散をまとめたものである。確率密度関数はいずれもかなり複雑であり,それらを記憶する必要はない。われわれが必要とするのは,有意水準に対応した特定の確率を与える臨界値の知識だけであり,これらはどのみち数表から読みとればよいからである。

練 習 問 題

（＊印はやや難解。最初はスキップしてもかまわない。）

1．イタリア人，ドイツ人，日本人の成人7人ずつを選び，その鼻の高さを測ったところ，表8-10のような結果を得た。このとき，民族により鼻の高さにちがいがあるといえるか否かを検定せよ。

表8-10 鼻の高さのちがい

（単位：mm）

イタリア人	ドイツ人	日本人
26	28	24
28	30	24
28	32	26
30	34	26
32	36	26
32	38	28
34	40	28

2．表8-1のBRICs 4カ国の経済成長率に一律100だけ足した数字を考え，成長率から対前年指数のデータに変換する。
  (1) そのうえで，「4カ国で指数の平均に差がない」という帰無仮説を検定せよ。成長率のデータにもとづいた本文中の検定結果とちがいが生じるであろうか。もとのデータに一律1万を加えた場合，また一律100倍した場合はどうか。
  (2)＊ (1)の結果を解釈せよ。

3．統計的仮説検定の総まとめとして，以下のさまざまな問いに対する解答，ないし命題の当否をテーマにレポート提出を課されたとする。それぞれの問題について，とくに，
  ① どのような仮説検定を行なえばよいか，
  ② そのためには，どのようなデータが必要か，
について考えてみよう。なお，データが実際に入手可能か否かは問わないものとする。もちろん，適切なデータが入手できたとすれば，検定結果を添えるのが好ましい。
  (1) 2000年代にはいり，経済成長率は例年より低くなった。
  (2) 血液型によって貯蓄率にちがいがあるだろうか。
  (3)＊ 最近のファッションの流行期間は，昔と比べて短くなったようだ。
  (4) 会社の規模によって賃金格差があり，規模が大きいほど賃金は高い。

(5) 一生涯を通してみれば，金融機関やメーカーに就職しようが，あるいは公務員になろうが，平均的な生涯収入は同じはずである。さもなければ，人びとは合理的な職業選択をしていないことになる。

(6) ある大学の入学試験の合格率は，地元出身者のほうが高い。

(7) 日本の GDP の支出項目別構成比は，OECD 加盟国としては平均的なものである。

(8)* 各国の貿易収支をみると，景気が好況のときは赤字に，不況のときは黒字になる傾向にある。

(9) インフレの指標として消費者物価上昇率を用いようと，企業物価上昇率や GDP デフレータの上昇率を用いようと，大差ない。

(10) 株価の月間上昇率には，1年のうち1月が他の月と比べてきわだって高いという「1月効果」が認められる。

(11) 所得が高い階層ほど，資産に占める危険資産の比率が高くなる傾向がある。

(12) 8月中に日本に上陸する台風の数は，ポアソン分布に従っているようだ。

(13)* 円ドル・レートの変動をみると，1980年の資本自由化を境として乱高下がはげしくなった。

4．表 8-11 に与えられるデータにもとづき，$A, B, \cdots, E$ の母集団平均に差があるといえるかを有意水準1%で検定せよ。つづいて，A と E の二つのグループだけについて，その母集団平均に差があるか否かを同じく有意水準1%で検定し，二つの結果を比較検討せよ。

表 8-11

A	B	C	D	E
1	2	3	4	5
2	3	4	5	6
3	4	5	6	7
4	5	6	7	8
5	6	7	8	9

5．表 8-12 は，主要5カ国の消費者物価上昇率を調べたものである。これら5カ国の平均物価上昇率がすべて同等とみなしうるか否かを検定せよ。

表 8-12 主要 5 カ国の消費者物価変動率

(単位：%)

	日本	フランス	ドイツ	イギリス	アメリカ
2003年	−0.30	2.17	1.03	1.36	2.30
2004	0.00	2.34	1.79	1.34	2.67
2005	−0.30	1.90	1.92	2.04	3.37
2006	0.30	1.91	1.78	2.30	3.22
2007	0.00	1.61	2.28	2.35	2.87
2008	1.40	3.16	2.75	3.63	3.82

(出所) International Monetary Fund, World Economic Outlook Database

6．表 4-3 に与えられたアジア諸国の実質 GDP のデータから，2001年と2007年の成長率のばらつきは等しいと考えてもよいであろうか．

7．正規母集団からのランダム標本に対し，以下の目的で用いられるべき検定を示せ．ただし，標本数は大きくないものとする．

	1個 (ある特定の値か否か)	2個 (二つの値が等しいか否か)	3個以上が 等しいか否か
平均 μ			
分散 σ^2			

IV

2変量の分析

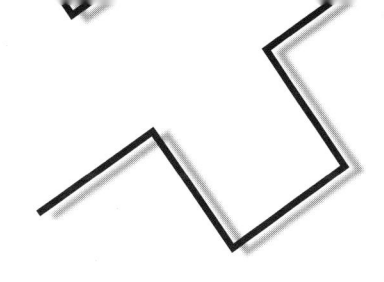

第9章
二つの質的変量間の分析

第10章
二つの連続変量の分析

第11章
回帰分析 (1)
回帰分析の基礎的事項

第12章
回帰分析 (2)
分析結果の吟味

これまで学んできた統計学は，もっぱら一つの変量についての分析であった。第6章で学んだ二つの母集団の比較にしても，たとえば「物価上昇率」という一つの変量に関する比較であった。第IV部は二つの変量間の関係の分析である。
　まず第9章では，二つの質的変量間の分析について学ぶ。そこでのデータは，質的変量の値に応じて分割表とよばれる表にまとめられる。9.1では分割表にもとづき，さまざまな確率を定義する。9.2はベイズの定理について説明し，その応用例を示す。9.3は分割表による，2変量間の関連の分析である。
　続く第10章では，二つの連続変量間の分析について学ぶ。10.1では分割表の議論が連続変量の場合に拡張される。10.2では二つの変量間の関連の強さを測る尺度として相関係数が紹介される。10.3はその相関係数の有意性の検定である。
　第11，12章は回帰分析について学ぶ。回帰分析は経済学でもっともよく用いられる統計手法である。11.1はその生い立ちをのべるとともに，最小2乗推定量について説明する。11.2では回帰分析がどの程度うまくいっているかを表わす一つの指標として決定係数が紹介される。11.3は最小2乗推定量の仮説検定である。
　第12章はややすすんだ内容にふれる。まず12.1で誤差項に関する仮定について吟味し，12.2では残差の検定についてのべる。12.3では説明変数が複数個ある場合の回帰分析，すなわち重回帰分析について学ぶ。そして最後に12.4において，回帰分析の実例を一つ紹介する。

第9章

二つの質的変量間の分析

9.1 分割表と確率

　まず簡単な例を考えてみよう。神のみぞ知る話であるが，小人の国には男女それぞれ5000人ずつおり，そのうち目の色の青いものと緑色のものとがいる。くわしく調べたところ，結果は表9-1のようにまとめられた。このような表は，2×2分割表とよばれる。ここでは男女という性別を表わす変量（Xとしよう）と目の色という変量（Yとしよう）の二つの変量のそれぞれが二つずつの性質により分けられ，それに応じてデータが分類されている。X, Yはともに質的変量である。くどいようであるが，このような分類は小人の母集団に対してなされたものであり，われわれにはふつう知るすべもない情報である。

　このような小人の中から1人をランダムに選び出すとしよう。このとき，男性が選ばれる確率を$P(X=M)$（Maleということ），女性が選ばれる確率を$P(X=F)$（Femaleということ），青い目の小人が選ばれる確率を$P(Y=B)$（Blueということ），緑の目の小人が選ばれる確率を$P(Y=G)$（Greenということ）と表わすことにしよう。そこで考えられている変量が明らかな場合には，$P(X=M)$などに代わり，$P(M)$などと表わすほうが簡単でもあり，また一般的でもある。これまでは確率を$\Pr\{\cdot\}$と表記してき

たが，以下ではできるかぎりこの簡単な表記法を採用することにしよう。このとき，

$$P(M) = \frac{5000}{10000} = \frac{1}{2}, \quad P(F) = \frac{5000}{10000} = \frac{1}{2}$$
$$P(B) = \frac{4000}{10000} = \frac{2}{5}, \quad P(G) = \frac{6000}{10000} = \frac{3}{5}$$
(9-1)

となることは明らかであろう。ここでは確率を考えるのに，一方の変量にのみ注目しており，もう一方は考えていない。このような確率を X あるいは Y の**周辺確率**（marginal probability）という。2×2 分割表において，これらの周辺確率は表の周辺に現われていることを確認してもらいたい。

それでは，青い目の男性が選ばれる確率はいくらであろうか？ 男性であり，かつ目が青い小人が選ばれる確率を $P(M, B)$（厳密には $P(X = M, Y = B)$）と表わすことにしよう。以下，$P(F, B)$，$P(M, G)$，$P(F, G)$ の意味は明らかであろう。このとき，表から，

$$P(M, B) = \frac{3000}{10000} = \frac{3}{10}, \quad P(F, B) = \frac{1000}{10000} = \frac{1}{10}$$
$$P(M, G) = \frac{2000}{10000} = \frac{1}{5}, \quad P(F, G) = \frac{4000}{10000} = \frac{2}{5}$$

である。このように，二つの変量のとる値を同時に考えた確率を**同時確率**（joint probability）という。ここで，

$$P(M, B) + P(F, B) = P(B), \quad P(M, G) + P(F, G) = P(G)$$
$$P(M, B) + P(M, G) = P(M), \quad P(F, B) + P(F, G) = P(F)$$
(9-2)

が成り立つことを，分割表で確認してもらいたい。

さて，(9-1) 式に目の青いものが選ばれる確率，および男性が選ばれる確率などが求められているのであるから，これらの積として同時確率を計算してはどうだろうか？ 答えは，ノーである。実際，たとえば，

$$P(M) \times P(B) = \frac{1}{2} \times \frac{2}{5} = \frac{1}{5}$$

であり，上の値 $P(M, B) = 3/10$ とは異なる。正しくは次のように考えなければならない。

表 9-1 小人の国の住人の分割表

Y \ X	男(M)	女(F)	
青(B)	3,000	1,000	4,000
緑(G)	2,000	4,000	6,000
	5,000	5,000	10,000

男性のうちで目の青いものは3/5であり，女性のうちで目の青いものは1/5である。よって，男性が選ばれたという条件のもとと女性が選ばれたという条件のもとでは，青い目の小人が選ばれる確率は異なる。いま，男性という条件のもとで青い目のものが選ばれる確率を $P(B|M)$（厳密には $P(Y=B|X=M)$）と表わすことにしよう。このような確率を**条件付き確率**（conditional probability）という。もちろん，$P(G|M)$，$P(B|F)$，$P(G|F)$ も同様に定義される。さらに，$P(M|B)$，$P(F|B)$ や $P(M|G)$，$P(F|G)$ などの意味も明らかであろう。たとえば $P(B|M)$，$P(B|F)$ の値は，以下のとおり求められる。

$$P(B|M) = \frac{3000}{5000} = \frac{3}{5}, \quad P(B|F) = \frac{1000}{5000} = \frac{1}{5}$$

[例題 9-1]

表9-1より，$P(G|M)$，$P(G|F)$，$P(M|B)$，$P(M|G)$，$P(F|B)$，$P(F|G)$ の値を求めよ。

●解答

$$P(G|M) = \frac{2000}{5000} = \frac{2}{5}, \quad P(G|F) = \frac{4000}{5000} = \frac{4}{5}$$

$$P(M|B) = \frac{3000}{4000} = \frac{3}{4}, \quad P(M|G) = \frac{2000}{6000} = \frac{1}{3}$$

$$P(F|B) = \frac{1000}{4000} = \frac{1}{4}, \quad P(F|G) = \frac{4000}{6000} = \frac{2}{3}$$

ここで，$P(B|M)$ と $P(G|M)$ などのように同じ条件をもつ条件付き確率の合計は1になることに注意したい。たとえば，

$$P(B|M) + P(G|M) = \frac{3}{5} + \frac{2}{5} = 1$$

となっている．一度男性が選ばれれば，次は目の色が青いものと緑色のもののいずれかがかならず選ばれるからである．

[例題 9-2]

その他の条件付き確率についても，同じ条件をもつ条件付き確率の合計は 1 になることを確認せよ．

●解答

$$P(B|F) + P(G|F) = \frac{1}{5} + \frac{4}{5} = 1$$

$$P(M|B) + P(F|B) = \frac{3}{4} + \frac{1}{4} = 1$$

$$P(M|G) + P(F|G) = \frac{1}{3} + \frac{2}{3} = 1$$

となっている．

さて，男性であり，かつ目の色の青い小人が選ばれるということは，まず男性が選ばれ，その中で目の色が青いものが選ばれると考えることができる．そのような確率は，

$$P(M) \times P(B|M) = \frac{1}{2} \times \frac{3}{5} = \frac{3}{10}$$

と計算され，この値はたしかに $P(X=M, Y=B)$ と等しくなっている．よって，

$$P(M, B) = P(M) \times P(B|M)$$

が成り立つ．また，男性かつ青い目の小人が選ばれるということは，まず目の青いものが選ばれ，その中で男性が選ばれるとも考えられるので，

$$P(M, B) = P(B) \times P(M|B)$$

も成り立つ．こういった関係はもちろん，男性であること，青い目の小人が選ばれることにかぎらない．一般に，二つの事象 A と B に対して，

$$P(A, B) = P(A) \times P(B|A) = P(B) \times P(A|B) \tag{9-3}$$

が成り立つ．

[例題 9-3]

表 9-1 より，以下の関係を確かめよ。

$$P(M, G) = P(M) \times P(G|M) = P(G) \times P(M|G)$$
$$P(F, B) = P(F) \times P(B|F) = P(B) \times P(F|B)$$
$$P(F, G) = P(F) \times P(G|F) = P(G) \times P(F|G)$$

●解答

$$P(M, G) = \frac{1}{5}, \quad P(M) \times P(G|M) = \frac{1}{2} \times \frac{2}{5} = \frac{1}{5}$$

$$P(G) \times P(M|G) = \frac{3}{5} \times \frac{1}{3} = \frac{1}{5}$$

以下省略。

それでは，男性であり，かつ青い目の小人が選ばれる確率が，青い目の小人が選ばれる確率と男性が選ばれる確率の積として計算されるのは，どのような場合であろうか？　それは，

$$P(M) \times P(B) = P(M) \times P(B|M) = P(B) \times P(M|B)$$

となるときであるから，

$$P(B) = P(B|M) \text{ もしくは, } P(M) = P(M|B) \quad (9\text{-}4)$$

という関係が成り立つときであることがわかる。(9-4) 式は，条件付き分布が周辺分布に等しいことを表わしている。もちろん同様に，青い目の女性について考えると，

$$P(B) = P(B|F), \quad P(F) = P(F|B)$$

が得られる。その意味するところは，条件のいかんにかかわらず周辺確率を考えばよいということである。このことは，男女という性別と目の色に関係がないことを示している。同様にして，

$$P(G) = P(G|F) = P(G|M), \quad P(M) = P(M|G) = P(M|B),$$
$$P(F) = P(F|G) = P(F|B)$$

も成り立つ。

このような場合，変量 X と変量 Y は**独立である**という。あるいは一般に，二つの事象 A と B に対して，

$$P(A, B) = P(A) \times P(B)$$

が成り立つとき，その二つの事象AとBはたがいに独立であるといういい方もする。

9.2 ベイズの定理

18世紀後半，イギリスの牧師兼数学者であったトーマス・ベイズは条件付き確率に関して重要な命題を提唱した。その命題とは，二つの事象AとBに対して定義される二つの条件付き確率$\mathrm{P}(A|B)$と$\mathrm{P}(B|A)$を結び付けるものであった。その命題は**ベイズの定理**とよばれ，広く応用されている。本節は，ベイズの定理について簡単に説明しよう。

表記法を簡単にするため，ある変量のとる値をAとし，それ以外の値を$\bar{A}$としよう。上の例では，たとえばXのとる値としてMを考えれば，MがAであるのに対し，Fが$\bar{A}$ということになる。このようにしておけば，Yのとる値が三つ以上になったにしても表記上便利であることが後でわかる。

いま（9-3）式より，二つの事象A，Bについて一般に，
$$\mathrm{P}(A,B) = \mathrm{P}(B)\times\mathrm{P}(A|B)$$
あるいは，
$$\mathrm{P}(A|B) = \frac{\mathrm{P}(A,B)}{\mathrm{P}(B)}$$
が成り立つ。さらに，Bの周辺確率$\mathrm{P}(B)$については（9-2）式より，
$$\mathrm{P}(B) = \mathrm{P}(A,B)+\mathrm{P}(\bar{A},B)$$
であることを学んだ。これら二つの式から，
$$\mathrm{P}(A|B) = \frac{\mathrm{P}(A,B)}{\mathrm{P}(A,B)+\mathrm{P}(\bar{A},B)} \tag{9-5}$$
と表わされることがわかる。ここで，（9-3）式においてAとBの役割を反対に考えると，
$$\mathrm{P}(A,B) = \mathrm{P}(A)\times\mathrm{P}(B|A), \quad \mathrm{P}(\bar{A},B) = \mathrm{P}(\bar{A})\times\mathrm{P}(B|\bar{A})$$
も成り立つはずである。これらを（9-5）式に代入すると，
$$\mathrm{P}(A|B) = \frac{\mathrm{P}(A)\mathrm{P}(B|A)}{\mathrm{P}(A)\mathrm{P}(B|A)+\mathrm{P}(\bar{A})\mathrm{P}(B|\bar{A})} \tag{9-6}$$

が得られる。これがベイズの定理である。$P(\overline{A})$ は $1-P(A)$ として求められる。よって，$P(A)$，$P(B|A)$，$P(B|\overline{A})$ が与えられれば，ベイズの定理を用いて $P(A|B)$ が計算可能であることがわかる。このようなベイズの定理の応用範囲は広い。

[例題 9-4]

表 9-1 において，$P(M)$，$P(B|M)$，$P(B|F)$ だけが与えられたものとしたとき，ベイズの定理を用いて $P(M|B)$ を求めよ。また，$P(F|B)$ の値はいくらであろうか。さらに，ベイズの定理を用いて得られたこれらの値が，表から得られる値と一致することを確認せよ。

●解答

$P(M)$，$P(B|M)$，$P(B|F)$ はそれぞれ 1/2，3/5，1/5 である。また $P(F)$ は $1-P(M) = 1/2$ である。ベイズの定理より，

$$P(M|B) = \frac{P(M)P(B|M)}{P(M)P(B|M)+P(F)P(B|F)}$$

が成り立つ。上の値を代入すれば

$$P(M|B) = \frac{\frac{1}{2} \times \frac{3}{5}}{\frac{1}{2} \times \frac{3}{5} + \frac{1}{2} \times \frac{1}{5}} = \frac{3}{4}$$

となる。$P(F|B)$ は $1-P(M|B)$ として求められ，その値は 1/4 である。これらの値は，例題 9-1 で求めた値と一致している。

簡単な例を考えてみよう。読者には小学生のころツベルクリン検査を受けた記憶があると思う。ツベルクリン検査は結核菌を保有しているか否かを調べるための検査で，結果は陽性＋，陰性－の二つに分類される。ただし，ツベルクリン検査とて完璧ではなく，以下のような確率で＋，－の反応が現れることがわかっているものとする。

(1) 結核菌保有者は確率 0.90 で＋の反応を示す。
(2) これに対して，結核菌保有者でなくとも，その他の病気や体調のせいで 0.05 の確率で＋の反応を示す。

これらに加えて，

(3) ある町では人口の1％が結核菌の保有者であることがわかっている。結核菌を保有しているという事象をT，保有していないという事象を$\overline{T}$と表わすことにしよう。また，反応が陽性であったことを単に+と表わすことにしよう。そのとき，(1)は$P(+|T) = 0.90$，(2)は$P(+|\overline{T}) = 0.05$，(3)は$P(T) = 0.01$と表わすことができる。また(3)より，$P(\overline{T}) = 0.99$でもある。

さて，いまその町のある人が+の反応を示したとしよう。そのとき，その人が結核菌の保有者である確率はいくらであろうか？ このような問題はベイズの定理の典型的な応用問題である。求めるべきは，$P(T|+)$である。(9-6)式より，

$$P(T|+) = \frac{P(T)P(+|T)}{P(T)P(+|T) + P(\overline{T})P(+|\overline{T})}$$

となる。この式に，(1)，(2)，(3)の確率を代入すると，

$$P(T|+) = \frac{0.01 \times 0.90}{0.01 \times 0.90 + 0.99 \times 0.05} = 0.154 \qquad (9\text{-}7)$$

と求められる。読者は，この値が意外に小さいという印象を受けたのではないだろうか。その理由は，$P(T)$と$P(\overline{T})$の値にあることがわかる。(9-7)式において，$P(T)$，$P(\overline{T})$は(1)，(2)に与えられる確率のウェイトとなっていることに注意したい。もし，$P(T) = 0.5$であったならば，$P(T|+)$の値は0.947であったことがわかる。そもそも，その町で結核菌を保有しているものの割合が小さいことが，(9-7)式の確率のウェイトを小さくさせるわけである。

[例題9-5]

じつは，かぜをひいているものもツベルクリン反応は陽性となることがある。その確率は0.10であり，その他のものは上の例と同様0.05で+の反応を示すものとしよう。また，その町でかぜをひいているものの割合は，2％と考えられる。このとき，その町のある人が+の反応を示したとすれば，その人が結核菌の保有者である確率はいくらであろうか？ また，かぜをひいている確率はいくらであろうか？

●解答

ある人がかぜをひいているという事象を$C(Cold)$，健康であるという事象を

表 9-2　小人100人の分割表

Y \ X	M	F	
B	30	10	40
G	20	40	60
	50	50	100

TC と表わすことにしよう。問題の条件から，$P(C) = 0.02$，$P(+|C) = 0.10$ である。また，$P(+|TC) = 0.05$，$P(TC) = 0.97$ ということになる。ベイズの定理より，

$$P(T|+) = \frac{P(T)P(+|T)}{P(T)P(+|T)+P(C)P(+|C)+P(TC)P(+|TC)}$$

および

$$P(C|+) = \frac{P(C)P(+|C)}{P(T)P(+|T)+P(C)P(+|C)+P(TC)P(+|TC)}$$

が成り立つ。これらに上の値を代入することにより，

$$P(T|+) = \frac{0.01 \times 0.90}{0.01 \times 0.90 + 0.02 \times 0.10 + 0.97 \times 0.05} = 0.151$$

$$P(C|+) = \frac{0.02 \times 0.10}{0.01 \times 0.90 + 0.02 \times 0.10 + 0.97 \times 0.05} = 0.034$$

と求められる。

9.3　分割表の分析

われわれの目の前に小人が100人現われたとしよう。彼らを 2×2 分割表にまとめたところ，表 9-2 が得られた。すなわち，表 9-2 は母集団からの標本であり，たまたま選ばれた100人の性別，目の色である。表 9-2 では，男性のうち30/50が青い目をしているのに対して，女性の場合はその値が10/50と少ない。このような数字を見るかぎり，一般に小人の国では女性は緑の目をしているものが多く，反対に男性は青い目のものが多いのではないかと予想するだろう。そこで，母集団において男女によって目の青いものの割合が異なるのかどうかを知りたい。いいかえれば，表のようなちがいが統計的に考えて偶然といえるか否かを調べたい。

表 9-3　国土面積と 1 人当たり国民所得

国土面積＼1人当たり国民所得	大	小	計
大	4	7	11
小	11	3	14
計	15	10	25

　このような問題に対するアプローチとしては，まず男女二つの母集団における青い目の小人の比率を調べることが考えられ，これは第 6 章ですでに学んだ課題である．ただし，そのようなアプローチは 2 × 2 分割表の場合のみ適用可能であり，たとえば二つの変量のそれぞれが三つずつに分類されているときには無力である．ここでは，分割表に表わされるデータを一般的に分析する方法について学んでいきたい．じつは，分割表の分析は χ^2 検定の重要な応用例の一つなのである．

　表 9-3 は，ランダムに選ばれた25カ国（原データは表 7-5 参照）について，その国土面積の大小と 1 人当たり国民所得の大小を調べ，その二つの変量間の関係をまとめたものである．ここで大国とは，国土面積が1000万km²以上の国をさし，また経済的に豊かな国とは，1 人当たり国民所得が2007年現在で10000ドルをこえる国とした．分析の目的は，いわゆる大国が経済的にも豊かか否かを統計的に調べることにある．

　ここでは，2 × 2 分割表について，より一般的に考えてみよう．総数 N 個の標本について，二つの性質を調べ，結果を分類したところ，表 9-4 のようであったとしよう．表においては，

$$n_{1\cdot} + n_{2\cdot} = n_{\cdot 1} + n_{\cdot 2} = N$$

が成り立っている．ここで，$n_{i\cdot}$ は第 i 行の和を，$n_{\cdot j}$ は第 j 列の和を表わしている．

　さて，ある標本をとったときに，その個体が 1 行 1 列目にはいる確率を p_{11}，2 行 1 列目にはいる確率を p_{21}，以下，一般に第 i 行，第 j 列（これを第 ij セルとよぶ）にはいる確率を p_{ij} と表わすことにしよう．p_{ij} は，母集団において第 ij セルに分類される個体の割合と考えればよい．さらに，総計 N 個の個体について調査したところ，実際に各セルに分類された個体数は X_{ij} であったとしよう．このとき，

表9-4　2×2分割表

B A	1	2	計
1	X_{11}	X_{12}	$n_{1\cdot}$
2	X_{21}	X_{22}	$n_{2\cdot}$
計	$n_{\cdot 1}$	$n_{\cdot 2}$	N

$$Q = \sum_i \sum_j \frac{(X_{ij} - Np_{ij})^2}{Np_{ij}} \tag{9-8}$$

を考えると，Q は 7.2 の議論から，自由度 $4-1=3$ の χ^2 分布に従うことがわかる（第7章を読まれた読者には，ある程度明らかであろう。Q は標準正規分布から3個の〔4個ではなく〕標本の2乗の和として表現されることになる）。ただし，第7章での議論と異なり，ここでは p_{ij} の値は特定化されておらず，未知である。

さらに，ある1個の標本が，第 i 行に分類される確率を $p_{i\cdot}$ としよう。このことは，母集団のうち第 i 行に示される性質をもつものの割合が $p_{i\cdot}$ ということである。同様に，第 j 列に分類される確率を $p_{\cdot j}$ としよう。表9-3 についていえば，たとえば $p_{1\cdot}$ は，すべての国の中で大国と分類されるものの割合を表わしている。また，$p_{\cdot 1}$ は経済的に豊かな国の割合を表わしている。そして，p_{11} は，すべての国の中で，大国でありかつ経済的にも豊かな国の割合を表わすことになる。

さて，かりに国の大きさと，経済的な豊かさのあいだにはとくに関係がないとしよう。すなわち，この二つの事象が独立であるとしよう。その場合，9.1 の議論から，大国でありかつ豊かな国の割合は，大国の割合と豊かな国の割合の積で求められることになる。図9-1 は，かりに母集団において大国が50％あり，経済的に豊かな国が30％あったとしたとき，この二つの性質に関係がない場合とある場合の状況を描いたものである。読者は，図9-1 を見ながら，

(1) この二つの性質のあいだに関係がないとすれば，大国でありかつ経済的に豊かな国の割合は $0.5 \times 0.3 = 0.15$ と求められる。

(2) この二つの性質のあいだに関係があるとすれば，大国でありかつ豊かな国の割合は二つの割合の積では求められない。

図 9-1 国の大きさと経済的な豊かさ

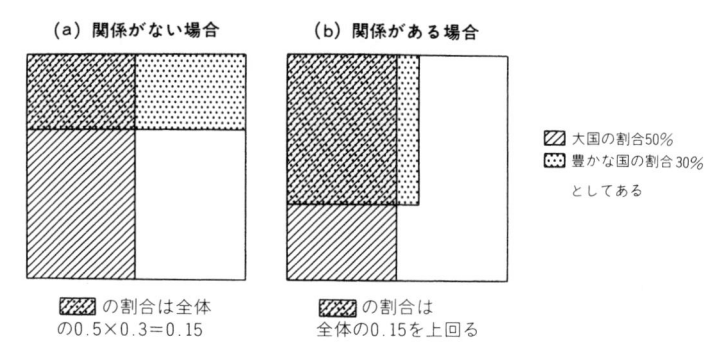

(a) 関係がない場合　　(b) 関係がある場合

大国の割合 50%
豊かな国の割合 30%
としてある

(a) の割合は全体の $0.5 \times 0.3 = 0.15$
(b) の割合は全体の 0.15 を上回る

ことを確認してもらいたい。以上を一般的に表現すれば，二つの性質のあいだに関係がないということは，二つの性質が独立だということであり，p_{ij} が $p_{i.}$ と $p_{.j}$ の積で求められるということである。とすれば帰無仮説は，

$$H_0 : p_{ij} = p_{i.} p_{.j} \ (i, j = 1, 2)$$

と表現することが可能である。一方 $p_{i.}$ は母集団において i という性質をもつもの，すなわち，第 i 行に分類されるものの割合であるから，標本から判断すれば，これは $n_{i.}/N$ と推定される。$p_{1.}$ が推定されれば，$p_{2.}$ は $1 - p_{1.}$ で求められる。同様に $p_{.j}$ は $n_{.j}/N$ と推定される。

X_{ij} の値は $N \times p_{ij}$ に近いものと予想される。そこで，帰無仮説 H_0 が正しい場合，上で得られた推定値を代入すれば，X_{ij} の値は $(n_{i.} \times n_{.j})/N$ に近いものと予想される。そこで，2×2 分割表全体を見た場合の実際の値とのくいちがいを，

$$Q = \sum_i^2 \sum_j^2 \frac{(X_{ij} - \frac{n_{i.} n_{.j}}{N})^2}{\frac{n_{i.} n_{.j}}{N}} \qquad (9\text{-}9)$$

ではかることにする。この Q の値は帰無仮説が正しいならば，すなわち，二つの性質のあいだに関係がないならば，あまり大きな値はとらないはずである。

(9-9) 式は (9-8) 式で与えられる Q において，二つの推定値を利用して計算されるため，自由度が (9-8) 式よりもさらに 2 減少し，結局自由度 1 の χ^2 分布に従う。自由度については，次のように考えてもよい。2×2 分

割表9-4において，N，$n_{i\cdot}$，$n_{\cdot j}$ が与えられたとしよう．このとき，表9-4のいずれか1個のセルの値がわかれば，残りのセルの値はおのずと定まってしまう．

たとえば，X_{11} がわかれば $n_{1\cdot} - X_{11}$ より X_{12} がわかり，$n_{\cdot 1} - X_{11}$ より X_{21} が求められる．さらに，$n_{2\cdot}$，$n_{\cdot 2}$ のいずれかを用いれば，X_{22} も計算される．よって，2×2分割表のすべてのセルの値を知るために必要なデータは，四つのセルのうちいずれか一つのみということがわかる．このように考えれば，そのようなデータから構成された Q の自由度は1と考えられる．そこで，数表より自由度1の χ^2 分布の上側5％点を調べ，その値と Q の値を比較する．いまの場合，$Q > 3.84$ であるならば有意水準5％で帰無仮説を棄却しうることがわかる．

表9-3のデータについて，Q の値を実際に計算すると，

$$\frac{\left(4 - \frac{11 \times 15}{25}\right)^2}{\frac{11 \times 15}{25}} + \frac{\left(7 - \frac{11 \times 10}{25}\right)^2}{\frac{11 \times 10}{25}} + \frac{\left(11 - \frac{14 \times 15}{25}\right)^2}{\frac{14 \times 15}{25}}$$

$$+ \frac{\left(3 - \frac{14 \times 10}{25}\right)^2}{\frac{14 \times 10}{25}} = 1.024 + 1.536 + 0.805 + 1.207 = 4.573$$

となる．この値は3.84より大きく，よって，帰無仮説は有意水準5％では棄却される．

[例題9-6]

表9-2に与えられる小人のデータにおいて，性別と目の色には関係がないか否かを検定せよ．

●解答

表9-2のデータに対して Q の値を求める．

$$Q = \frac{\left(30 - 100 \times \frac{40}{100} \times \frac{50}{100}\right)^2}{100 \times \frac{40}{100} \times \frac{50}{100}} + \frac{\left(10 - 100 \times \frac{40}{100} \times \frac{50}{100}\right)^2}{100 \times \frac{40}{100} \times \frac{50}{100}}$$

第9章／二つの質的変量間の分析

表 9-5　$m \times n$ 分割表

	1	2	…… $n-1$	n	計
1	x_{11}	x_{12}	……	x_{1n}	$n_{1 \cdot}$
2	x_{21}	x_{22}	……	x_{2n}	$n_{2 \cdot}$
$\vdots$ $m-1$ m	$\vdots$ x_{n1}	$\vdots$ x_{m2}	$\vdots$ ……	$\vdots$ x_{mn}	$\vdots$ $n_{m \cdot}$
計	$n_{\cdot 1}$	$n_{\cdot 2}$	……	$n_{\cdot n}$	N

表 9-6　国土面積と 1 人当たり国民所得
（ 3 × 3 分割表）

国土面積 ＼ 1人当たり国民所得	大	中	小	計
大	10	1	0	11
中	2	0	1	3
小	1	1	9	11
計	13	2	10	25

国土面積（単位：km²）　　1人当たり国民所得（単位：ドル）
大：1500以上　　　　　　大：30000以上
中：500〜1500　　　　　 中：10000〜30000
小：500未満　　　　　　 小：10000未満

$$+ \frac{\left(20 - 100 \times \frac{60}{100} \times \frac{50}{100}\right)^2}{100 \times \frac{60}{100} \times \frac{50}{100}} + \frac{\left(40 - 100 \times \frac{60}{100} \times \frac{50}{100}\right)^2}{100 \times \frac{60}{100} \times \frac{50}{100}}$$

$$= 16.67 > 3.84$$

有意水準を 5 ％とすれば，「性別と目の色には関連がない」という帰無仮説は棄却される。

一般に $m \times n$ 分割表においても Q は，

$$Q = \sum_i \sum_j \frac{\left(X_{ij} - \frac{n_{i \cdot} n_{\cdot j}}{N}\right)^2}{\frac{n_{i \cdot} n_{\cdot j}}{N}} \tag{9-10}$$

と計算される。その場合 $p_{i \cdot}$ が $(m-1)$ 個，$p_{\cdot j}$ が $(n-1)$ 個推定されるため，自由度は $mn - 1 - (m-1) - (n-1) = (m-1)(n-1)$ となる。実際，表 9-5 において，影の部分の $(m-1)(n-1)$ 個のセルの値が求められれば，残りのセルの値はすべて計算されうることを確認してもらいたい。

表 9-7　期待頻度

	大	中	小	計
大	5.72	0.88	4.4	11
中	1.56	0.24	1.2	3
小	5.72	0.88	4.4	11
計	13	2	10	25

表 9-8　修正された分割表

Y \ X	M	F	
B	20	5	25
B G	20	20	40
G	10	25	35
	50	50	100

　表9-6は，表9-3をさらにくわしく分類し，国土面積および1人当たり国民所得を大，中，小の3段階に分類しなおしたものである．3段階の分類のしかたについては表の下にその基準が与えられている．また，表9-7は，それぞれのセルの期待頻度 $(n_i \cdot n_{\cdot j})/N$ を示している．(9-10) 式に従い，Qの値を計算すれば，

$$\frac{(10-5.72)^2}{5.72} + \frac{(1-0.88)^2}{0.88} + \cdots + \frac{(9-4.4)^2}{4.4} = 16.737$$

となることがわかる．Qの自由度は，$(3-1) \times (3-1) = 4$ であり，対応する χ^2 分布表を参照すれば，上側5％点の値は9.49であることがわかる．よって，ふたたび帰無仮説は棄却される．国土の大きさと経済的な豊かさのあいだには関係があるといえる．

　この結論は，同じグループの25カ国に対しての1995年のデータで試みた仮説検定の結論（本書第2版）とは逆になっている（1987年のほぼ同じグループの27カ国を対象とした本書第1版の結論も第2版と同じ）．この原因としては，1995年から2007年にかけて達成された，国土面積の広いBRICs諸国の経済成長が考えられよう．

[例題 9-7]

　小人の目の色をよく調べてみると，青と緑のあいだにその中間ともいえる青緑

色をした小人がいることがわかった。そこで，分割表をつくり直したものが表9-8である。この表にもとづき，性別と目の色の関連の有無を分析せよ。

●解答

$$Q = \frac{\left(20 - 100 \times \frac{50}{100} \times \frac{25}{100}\right)^2}{100 \times \frac{50}{100} \times \frac{25}{100}} + \frac{\left(20 - 100 \times \frac{50}{100} \times \frac{40}{100}\right)^2}{100 \times \frac{50}{100} \times \frac{40}{100}}$$

$$+ \frac{\left(10 - 100 \times \frac{50}{100} \times \frac{35}{100}\right)^2}{100 \times \frac{50}{100} \times \frac{35}{100}} + \frac{\left(5 - 100 \times \frac{50}{100} \times \frac{25}{100}\right)^2}{100 \times \frac{50}{100} \times \frac{25}{100}}$$

$$+ \frac{\left(20 - 100 \times \frac{50}{100} \times \frac{40}{100}\right)^2}{100 \times \frac{50}{100} \times \frac{40}{100}} + \frac{\left(25 - 100 \times \frac{50}{100} \times \frac{35}{100}\right)^2}{100 \times \frac{50}{100} \times \frac{35}{100}}$$

$$= 15.43$$

自由度 $(3-1) \times (2-1) = 2$ の χ^2 分布の上側5％点の値は5.99であり，Q の値はこの値を上回る。よって「性別と目の色には関連がない」という帰無仮説は有意水準5％で棄却される。

9.4 まとめ

本章では，質的変量間の分析を行なう分割表について学んだ。まず，分割表にもとづき，周辺確率，同時確率，条件付き確率を定義した。これらの確率のあいだでは，ベイズの定理とよばれる関係式が成立する。この関係式を利用すると，たとえば，周辺確率と同時確率の知識のもとで条件付き確率の計算ができることになる。本章の後半では，分割表を用いた仮説検定についてふれた。この検定は，質的変量間の独立性の検定などに用いられるものであり，χ^2 検定の応用例となっている。

経済 = 統計交差点
❽
ベイジアンとノンベイジアン

　ベイズの定理は数学的に正しい。もちろん，例外はない。しかし，それをどのように利用するかをめぐって，統計学者はベイジアンとノンベイジアンに分かれてしまう。ベイジアンとは，推測において常にベイズの定理を用いるべきだとする人びとである。かれらは事前確率と事後確率とのあいだにベイズの定理をあてはめ，事前確率として主観確率を登場させる。そうした主観確率はデータを観察することによって改定され，事後確率となる。

　あるパラメータ θ を推定するとしよう。まず，推論を行なう人が未知のパラメータ θ について抱く不確実性を，確率分布 $P(\theta)$ として表現する。これが主観的な事前確率である。次に，実験の結果観測されるデータはパラメータ θ に依存するものとし，その確率分布を $P(X|\theta)$ と表わす。パラメータを所与としたデータ X の周辺分布である。ここでベイズの定理をもちい，データを条件とした θ についての事後確率が計算される。推論は，すべてこの事後確率にもとづいて行なわれる。

　以上のような手順に対して，ノンベイジアンの統計学者は主観確率の介在を否定する。すなわち，パラメータに対して恣意的に設定される確率の解釈に哲学的な疑義を申し立てるわけである。統計的推論は，あくまでも客観的なデータの利用のみによってなされるべきであり，主観のはいり込む余地をシャット・アウトする立場である。ノンベイジアンにとっては，確率とはあくまでも頻度と結びついた客観的なものにかぎられるべきものなのである。

　ベイジアンとノンベイジアンの確執は，どちらかといえば哲学的なものである。統計学固有の観点からは決着をつけられない。個々の統計学者の信念しだいといったところであろう。

　ところで，経済学の立場からは，往々にしてベイジアン的アプローチが有望なものとなる。すなわち，不確実性下における経済主体の意思決定問題は，しばしばベイジアンの試行錯誤をともなう推論過程そのものとして定式化されうるからである。パラメータが時間とともに変動する可変パラメータ・モデルでの推論は，まさにその応用例となるのである。

練習問題

1. $P(A) = \frac{3}{4}$, $P(B) = \frac{1}{5}$, $P(C) = \frac{1}{3}$, $P(A, C) = \frac{1}{8}$, $P(B|C) = \frac{3}{20}$ のとき, $P(A|C)$, $P(C|A)$, $P(B, C)$, $P(C|B)$ を求めよ.

2. 自動車事故について調べたところ, その60%が夜に起きていて, 40%が26歳以下の若者の運転に起因しており, 20%が夜に起きた若者による事故であるという. このとき,
   (1) 夜起きた事故のうち, 若者の運転による事故はどの程度の割合と思われるか.
   (2) 若者の運転により起きた事故のうち, 夜起きたものの割合はどれくらいと思われるか.

3. 二つのタイプの歪んだサイコロが同数, 箱の中に入っている. タイプ1のサイコロは偶数が確率0.4で出る. タイプ2のサイコロは偶数が確率0.7で出る. 箱の中からサイコロを取り出し一度投げたところ偶数が出た. このとき, このサイコロがタイプ1, タイプ2である確率をそれぞれ求めよ. このサイコロをもう一度投げたところ, ふたたび偶数が出た. このとき, このサイコロがタイプ1, タイプ2である確率をそれぞれ求めよ.

4. 某国の中央銀行は, 景気が悪くなると公定歩合を下げることが多い. 景気が悪い場合, 1カ月間に公定歩合を下げる確率は0.6である. 景気が悪くはなくとも公定歩合を下げることはありうるが, その確率は0.1と低い. あるエコノミストはこのところ景気が悪い気がしており, 個人的には景気が悪い確率は0.7と考えている. さてこのような状況のもとで, 今月, 中央銀行が公定歩合を下げたという情報が与えられたとすれば, 景気が悪い確率はいくらに変更されるはずであろうか.

5. ある病院の患者100人について調査し, 表9-9のような結果を得た. このとき, 喫煙習慣の有無と肺がんに悩まされているか否かのあいだに関係があるといえるかどうかを有意水準5%で検定したい. χ^2 検定と比率の差の検定の二通りの検定を行ない, 結果を比較せよ.

6. ある町の住民25人をランダムに選び, 所得水準と持ち家の形態について調べたところ, 表9-10のような結果を得た. このとき, 二つのあいだに関係があるか否かを調べたい. 所得水準を500万円で二分し, 持ち家形態を借間, 借家

表 9-9　喫煙と肺がん

	喫煙者	非喫煙者	計
肺がん	20	5	25
異常アリ	10	5	15
正　常	40	20	60
計	70	30	100

表 9-10　所得水準と持ち家

	所得（万円）	持ち家形態
1	350	B
2	280	D
3	720	C
4	270	B
5	680	B
6	560	D
7	350	D
8	160	A
9	920	C
10	610	C
11	330	B
12	520	A
13	950	D
14	880	B
15	310	A
16	1430	D
17	840	A
18	270	B
19	540	B
20	430	C
21	1110	C
22	360	A
23	810	D
24	1220	C
25	420	D

（注）　A：借間，B：借家，C：マンション，D：一戸建て

とマンション，一戸建てとに二分して分割表を作成したのち，χ^2 検定を用いて有意水準10%で検定せよ．次に，所得水準を5分類，持ち家形態を4分類し，同様の作業を行なえ．

第10章

二つの連続変量の分析

10.1 2変量の分布

　第1章において，一つの変量をグラフとして表わしたヒストグラムについて学んだ。表10-1は，1971年から2009年まで39年間の失業率と消費者物価上昇率について調べたものであり，図10-1はそれをそれぞれ0.5%，5%のきざみ幅で区間に分けて図示したものである（ただし図においては，見やすくするため横軸に失業率が，縦軸に消費者物価上昇率がとられている）。それぞれの区間に含まれるデータの値は全体に対する割合，すなわち相対頻度で表わされている。たとえば，失業率が2.0%から2.4%のあいだにあり，かつ物価上昇率が0%から4.9%のあいだにあった年は39年のうち8年あり，それは全体の約20.5%であることが読み取れる（図中の斜線部分）。これが**2変量のヒストグラム**である。1変量の場合と同様，データの数を増やしつつ区間のきざみ幅を小さくしてゆけば，一般的には図10-2の滑らかなゼリーのお菓子のような立体が得られると予想される。これが**2次元の確率密度関数**である。

　さて，図10-1に与えられる情報を用いて，この期間の物価上昇率だけの分布を描いたものが図10-3 (a)，同様に失業率だけの分布を描いたものが図10-3 (b) である。このようなグラフは図10-1に与えられる数字を一方の

表 10-1　失業率と消費者物価上昇率(1971～2009年)

(単位：%)

	完全失業率	消費者物価上昇率		完全失業率	消費者物価上昇率
1971年	1.2	6.3	1991年	2.1	3.3
1972	1.4	5.0	1992	2.2	1.7
1973	1.2	11.7	1993	2.5	1.3
1974	1.4	23.2	1994	2.9	0.7
1975	1.9	11.7	1995	3.2	−0.1
1976	2.0	9.4	1996	3.4	0.1
1977	2.0	8.1	1997	3.4	1.8
1978	2.2	4.2	1998	4.1	0.7
1979	2.1	3.7	1999	4.7	−0.3
1980	2.0	7.8	2000	4.7	−0.7
1981	2.2	4.9	2001	5.0	−0.8
1982	2.4	2.7	2002	5.4	−0.9
1983	2.7	1.9	2003	5.2	−0.2
1984	2.7	2.2	2004	4.7	0.0
1985	2.6	2.1	2005	4.4	−0.3
1986	2.8	0.6	2006	4.1	0.2
1987	2.8	0.1	2007	3.8	0.1
1988	2.5	0.6	2008	4.0	1.4
1989	2.2	2.3	2009	5.1	−1.4
1990	2.1	3.1			

(出所)　総務省統計局「消費者物価指数」,「労働力調査」

軸に沿って足し合わせることにより得られる。ただし，このようにしても全体のデータ数は変わってはいない。このような操作は，第9章においてみた分割表の議論とまったく同じである。ここでも，XとYの2次元の分布を**同時分布**(joint distribution)，そこから求められるXもしくはYだけの分布を**周辺分布**(marginal distribution)という。以上を記号を用いて表わしてみよう。

変量X，YがそれぞれM個，N個の区間に分かれて測定される。各区間の中心を X_i，Y_j で代表させることにし，このとき，(i, j)区間にはいるデータの割合をf_{ij}としよう。以上のもとで，XとYの同時分布はf_{ij}，Xの周辺分布は$\sum_j f_{ij} = g_i$，Yの周辺分布は$\sum_i f_{ij} = h_j$で表わされる。ここで，

$$\sum_i \sum_j f_{ij} = 1, \quad \sum_i g_i = 1, \quad \sum_j h_j = 1$$

が成り立っている。XとYの平均は，それぞれ，

$$\sum_i \sum_j x_i f_{ij} = \sum_i x_i g_i = m_x, \quad \sum_i \sum_j y_j f_{ij} = \sum_j y_j h_j = m_y \quad (10\text{-}1)$$

として求められる。またXとYの分散は，

図 10-1　2 変量のヒストグラム

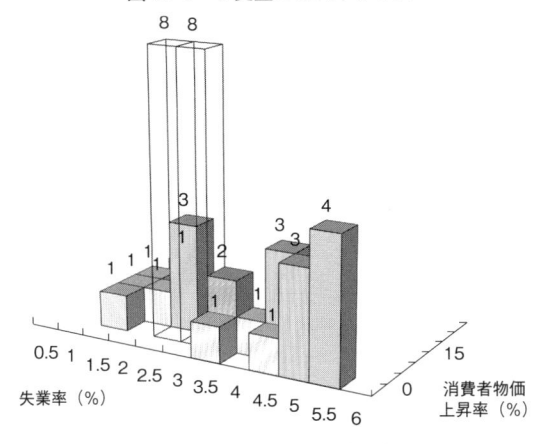

図 10-2　2 次元の確率密度関数

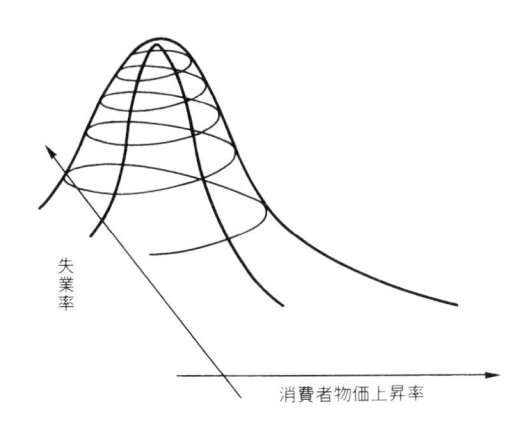

$$\sum_i \sum_j (x_i - m_x)^2 f_{ij} = \sum_i (x_i - m_x)^2 g_i = s_x^2$$
$$\sum_i \sum_j (y_j - m_y)^2 f_{ij} = \sum_j (y_j - m_y)^2 h_j = s_y^2$$
(10-2)

となる。(10-1), (10-2) より, X あるいは Y のみの平均と分散を考えるのであれば，それぞれの周辺分布のみが与えられればそれですむことがわかる。

一方, データの数を増やしつつ, 区間のきざみ幅を小さくしてゆくと, f_{ij} は $f(x, y)$ という 2 次元の確率密度関数で近似される。と同時に, g_i, h_j も $g(x)$, $h(y)$ により近似される。一般に連続変量の場合, 同時分布を $f(x, y)$,

図 10-3　消費者物価上昇率と失業率の分布

(a) 消費者物価上昇率 (%)

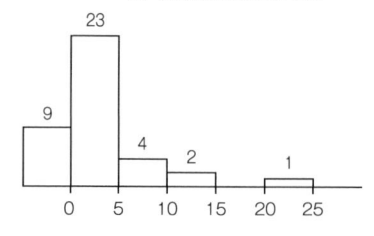

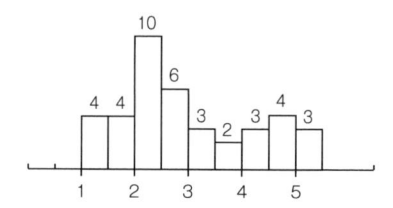

(b) 失業率 (%)

X，Y の周辺分布をそれぞれ $g(x)$，$h(y)$ と表わせば，和の記号 Σ と積分記号 $\int$ の対応に気をつけて考えると，

$$g(x) = \int f(x, y) dy, \quad h(y) = \int f(x, y) dx$$

と表わされ，

$$\iint f(x, y) dxdy = 1, \quad \int g(x) dx = 1, \quad \int h(y) dy = 1$$

が成り立っている。また，(10-1) 式に対応して X と Y の平均は，

$$\begin{aligned} \iint x f(x, y) dxdy &= \int x g(x) dx = \mu_x \\ \iint y f(x, y) dxdy &= \int y h(y) dy = \mu_y \end{aligned} \quad (10\text{-}3)$$

となる。ここで $\iint$ は **2 重積分** とよばれ，x，y とについて計 2 回積分を行なうことを表わしている。たとえば，$\iint x f(x, y) dxdy$ は $\int x \{\int f(x, y) dy\} dx$ と考え，まず y について積分することにより，$\int x g(x) dx = \mu_x$ となることがわかる。$\iint y f(x, y) dxdy$ についても同様である。

さらに分散は (10-2) 式に対応して，

$$\begin{aligned} \iint (x - \mu_x)^2 f(x, y) dxdy &= \int (x - \mu_x)^2 g(x) dx = \sigma_x^2 \\ \iint (y - \mu_y)^2 f(x, y) dxdy &= \int (y - \mu_y)^2 h(y) dy = \sigma_y^2 \end{aligned} \quad (10\text{-}4)$$

と表わされる。

図 10-4　失業率が 4.0〜4.4%のもとでの
消費者物価上昇率の相対度数分布

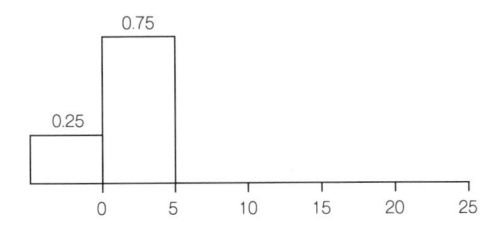

```
       0.75
 0.25 ┌────┐
┌───┐ │    │
│   │ │    │
0   5   10   15   20   25
```

　これに対して、もう一度図 10-1 に戻り、今度は失業率が4.0%から4.4%の年にかぎり、そのときの消費者物価上昇率の分布を考えてみよう。図 10-1 より、失業率が4.0%から4.4%の年は計 4 年あったことがわかる。このうち、消費者物価上昇率が 0 %から4.9%の年は 3 年ある。よって、失業率が4.0%から4.4%という条件のもとで、消費者物価上昇率が 0 %から4.9%である相対頻度は3/4ということになる。同様にして、失業率が4.0%から4.4%という条件のもとで、消費者物価上昇率の相対頻度分布のグラフを描くと、図 10-4 のようになる。このように考えれば、一般に i 区間における Y の分布の値は、同時分布にみられる f_{ij} の値を周辺分布の値 g_i で割ることにより得られることがわかる。すなわち、X の値が x_i であるという条件のもとで Y の分布を求める場合、その分布 $k_{j|i}$ は、

$$k_{j|i} = \frac{f_{ij}}{g_i}$$

として求められる。このような分布を Y の x_i における**条件付き分布**（conditional distribution）とよぶ。同様に X の y_j における条件付き分布 $k_{i|j}$ は、

$$k_{i|j} = \frac{f_{ij}}{h_j}$$

として求められる。これは分割表のところでみた条件付き分布の定義となんら変わるところはない（(9-3) 式を参照）。

[例題 10-1]───────────────────────────

　表 10-2 は 8 組の小人のカップルについて身長の調査をした結果である。8 cmより 2 cmきざみで区間を分割し、2 次元のヒストグラムを描け。また、それぞれの周辺分布を求めよ。さらに、男性の身長が10cmから12cmであるという条件

表 10-2　8組の小人のカップルの身長

夫	妻
11.0	11.0
12.5	10.5
11.0	13.0
13.0	11.5
10.5	9.0
9.0	8.5
11.5	8.5
9.5	8.0

のもとでの女性の身長の分布を描け。

●解答

　数えまちがいさえなければ，2次元のヒストグラムは図10-5 (a) のように，また，男性の身長が10cmから12cmであるという条件のもとでの女性の身長の分布は，図10-5 (b) のように描かれるはずである。

　よくまちがわれることであるので，ここでもう一度注意しておくが，$P(X = x_i$ かつ $Y = y_j)$ の確率は $P(X = x_i)$ と $P(Y = y_j)$ の積で表わされるのではなく，$P(X = x_i)$ と $P(X = x_i$ という条件のもとでの $Y = y_j)$ ($P(Y = y_j | X = x_i)$ と表わすことにする) の積で表わされる。たとえば，失業率が4.0%から4.4%であり，かつ消費者物価上昇率が0.0%から4.9%となる確率を考えてみよう。f_{ij} の値は3/39，g_i は4/39，h_j は23/39であるから，たしかに

$$f_{ij} \neq g_i \times h_j$$

である。$f_{ij}/g_i = 3/4$ であり，この値はすでにのべたように $k_{j|i}$ に等しくなっている。これらのことは，失業率の値いかんによって消費者物価上昇率の分布も変わることを意味している。これに対して，二つのサイコロを投げ，それぞれの出目をXとYとしたとき，$P(X = x_i$ かつ $Y = y_j)$ (ただし，x_i，y_j は1から6までの出目をさす) の値は，$P(X = x_i)$ と $P(Y = y_j)$ の積で求められる。これは，一方のサイコロの出目の分布が他方の出目のいかんによらないからである。

　一般に，

$$P(X = x_i \text{ かつ } Y = y_j) = P(X = x_i) \times P(Y = y_j)$$

すなわち，

図10-5　8組の小人のカップル

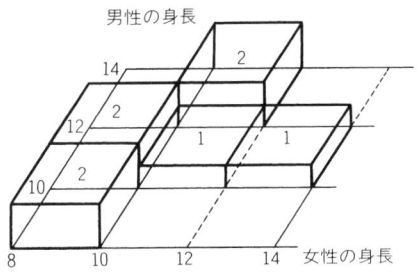

(a) 2次元のヒストグラム

(b) 男性の身長が10〜12cmのもとでの女性の身長の分布

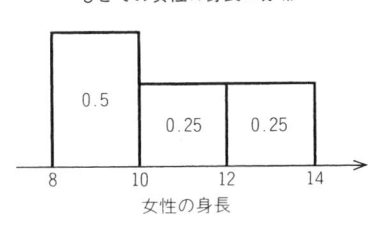

$$P(X = x_i | Y = y_j) = P(X = x_i),$$

もしくは

$$P(Y = y_j | X = x_i) = P(Y = y_j)$$

が成り立つとき，XとYは独立であるという。読者はすでに独立という概念については第9章で学んでおり，ここでの議論はそれをヒストグラムについてのべているだけである。

以上を連続変量に対して考えれば（すなわち，母集団全体を考えれば），XおよびYの条件付き分布はそれぞれ，

$$k(y|x) = \frac{f(x, y)}{g(x)}, \quad k(x|y) = \frac{f(x, y)}{h(y)}$$

と表わされる。ここでも，

$$f(x, y) = g(x) \times k(y|x) = h(y) \times k(x|y)$$

であり，XとYが独立であるときにかぎり，

$$f(x, y) = g(x) \times h(y)$$

である点に注意されたい。

10.2　二つの変量間の関連：共分散と相関係数

図10-1のように，2変量の同時分布が与えられたとき，各変量の平均やばらつきを個別に考えるのであれば，周辺分布をみるだけでよい。同時分布を考えることにより，二つの変量間の関連をも調べることが可能になる。そ

表 10-3 　計算表

	$(x-\bar{x})^2$	$x-\bar{x}$	x	y	$y-\bar{y}$	$(y-\bar{y})^2$	$(x-\bar{x})(y-\bar{y})$
1971年	3.268	−1.808	1.2	6.3	3.269	10.688	−5.910
1972	2.585	−1.608	1.4	5.0	1.969	3.878	−3.166
1973	3.268	−1.808	1.2	11.7	8.669	75.156	−15.671
1974	2.585	−1.608	1.4	23.2	20.169	406.798	−32.426
1975	1.227	−1.108	1.9	11.7	8.669	75.156	−9.603
1976	1.015	−1.008	2.0	9.4	6.369	40.567	−6.418
1977	1.015	−1.008	2.0	8.1	5.069	25.697	−5.108
1978	0.652	−0.808	2.2	4.2	1.169	1.367	−0.944
1979	0.824	−0.908	2.1	3.7	0.669	0.448	−0.607
1980	1.015	−1.008	2.0	7.8	4.769	22.746	−4.806
1981	0.652	−0.808	2.2	4.9	1.869	3.494	−1.510
1982	0.369	−0.608	2.4	2.7	−0.331	0.109	0.201
1983	0.095	−0.308	2.7	1.9	−1.131	1.279	0.348
1984	0.095	−0.308	2.7	2.2	−0.831	0.690	0.256
1985	0.166	−0.408	2.6	2.1	−0.931	0.866	0.379
1986	0.043	−0.208	2.8	0.6	−2.431	5.909	0.505
1987	0.043	−0.208	2.8	0.1	−2.931	8.589	0.609
1988	0.258	−0.508	2.5	0.6	−2.431	5.909	1.234
1989	0.652	−0.808	2.2	2.3	−0.731	0.534	0.590
1990	0.824	−0.908	2.1	3.1	0.069	0.005	−0.063
1991	0.824	−0.908	2.1	3.3	0.269	0.072	−0.244
1992	0.652	−0.808	2.2	1.7	−1.331	1.771	1.075
1993	0.258	−0.508	2.5	1.3	−1.731	2.996	0.879
1994	0.012	−0.108	2.9	0.7	−2.331	5.432	0.251
1995	0.037	0.192	3.2	−0.1	−3.131	9.802	−0.602
1996	0.154	0.392	3.4	0.1	−2.931	8.589	−1.150
1997	0.154	0.392	3.4	1.8	−1.231	1.515	−0.483
1998	1.193	1.092	4.1	0.7	−2.331	5.432	−2.546
1999	2.864	1.692	4.7	−0.3	−3.331	11.094	−5.637
2000	2.864	1.692	4.7	−0.7	−3.731	13.919	−6.314
2001	3.969	1.992	5.0	−0.8	−3.831	14.675	−7.632
2002	5.723	2.392	5.4	−0.9	−3.931	15.451	−9.404
2003	4.806	2.192	5.2	−0.2	−3.231	10.438	−7.083
2004	2.864	1.692	4.7	0.0	−3.031	9.186	−5.129
2005	1.939	1.392	4.4	−0.3	−3.331	11.094	−4.637
2006	1.193	1.092	4.1	0.2	−2.831	8.013	−3.092
2007	0.628	0.792	3.8	0.1	−2.931	8.589	−2.322
2008	0.985	0.992	4.0	1.4	−1.631	2.659	−1.618
2009	4.378	2.092	5.1	−1.4	−4.431	19.632	−9.271
合計	56.148	0.000	117.300	118.200	0.000	850.243	−147.069
平均	—	—	3.008	3.031	—	—	—

x, y を真ん中に置き，x に関する計算は左側に，y に関する計算は右側に置くとよい．

のために用いられる尺度として，(10-2) 式や (10-4) 式で定義された分散とよく似た値を考える．それは**共分散**とよばれ，次のように定義される．

$$s_{xy} = \sum_i \sum_j (x_i - m_x)(y_j - m_y) f_{ij} \qquad (10\text{-}5)$$

あるいは，データがヒストグラムではなく (x_i, y_i) とペアになってN個得られるならば，

図10-6 2変量データの散布図

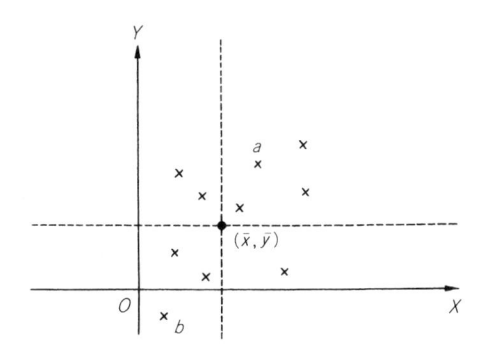

$$s_{xy} = \sum_i \frac{(x_i - \bar{x})(y_i - \bar{y})}{N}$$
$$= \sum_i \left(\frac{x_i y_i}{N}\right) - \bar{x}\bar{y} \tag{10-6}$$

とも表わされる。特別なケースとして，(i, j) 区間の中央値 (x_i, y_i) をとるデータがN個のうち f_{ij}％ある場合に（10-5）式を用いて計算すると考えればよい。母集団に対しては，これらに代わり，

$$\sigma_{xy} = \iint (x - \mu_x)(y - \mu_y) f(x, y) dx dy \tag{10-7}$$

を考えればよい。(10-7) 式は，期待値の記号を用いて，

$$\sigma_{xy} = E\{(X - \mu_x)(Y - \mu_y)\}$$

とも表わされる。(10-5) 式あるいは (10-7) 式において，x, y の一方を他方に置き換えれば，それぞれの分散となることに注意したい。

[例題 10-2]

表 10-1 に与えられるデータから，(10-2) および (10-6) 式を用いて失業率と消費者物価上昇率のそれぞれの分散と二つの変量間の共分散を計算せよ。

●解答

表 10-1 のデータを (10-2)，(10-6) 式に代入するだけである。失業率を X，消費者物価上昇率を Y とすれば，少々計算は煩雑であるが，

$$\bar{x} = 3.008, \quad \bar{y} = 3.031,$$

図10-7　データのばらつきと共分散

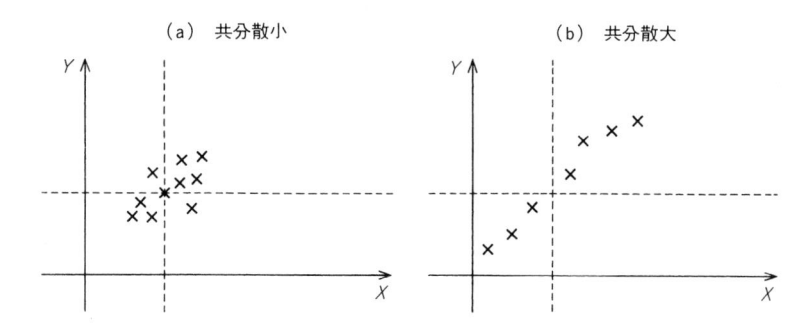

（a）共分散小　　　　　　　　（b）共分散大

$$\sum_i (x_i - \bar{x})^2 = 56.148, \quad \sum_i (y_i - \bar{y})^2 = 850.243$$

そして

$$\sum_i (x_i - \bar{x})(y_i - \bar{y}) = -147.069$$

と計算される。よって失業率の分散は1.440，消費者物価上昇率の分散は21.801，そして二つの変量の共分散は−3.771と求められる。なお，このような計算にあたっては，表10-3のような表を作成することを薦めたい。

ここで s_{xy} あるいは σ_{xy} の意味を考えてみよう。図10-6は，ペアになって得られた N 個のデータの**散布図**である。点線は平均 $(\bar{x}, \bar{y})$ を原点となるようにグラフの軸を移動したものである。このとき，a 点のように，移動後のグラフの第1象限にあるデータ，および b 点のように第3象限にあるデータに対しては，$(x_i - \bar{x})(y_i - \bar{y})$ という値は正の符号をとる。これに対し，第2，第4象限にあるデータに対しては，$(x_i - \bar{x})(y_i - \bar{y})$ は負の値となる。(10-5)，(10-6)両式は $(x_i - \bar{x})(y_i - \bar{y})$ が平均的にみてどのような値をとるかを調べるものである。データが第1，第3象限に数多く現われるならば相対的に大きな値をとり，反対に第2，第4象限に数多く現われるならば小さな値をとる。結局，共分散はデータの出現のしかた，すなわち二つの変量間の関係を調べるためのものであることがわかる。

しかしながら，共分散は単位のとり方によってその値が大きく異なることに注意しなければならない。たとえば，身長と体重の2変量分布を考えたと

図 10-8 二つの変量間の関係

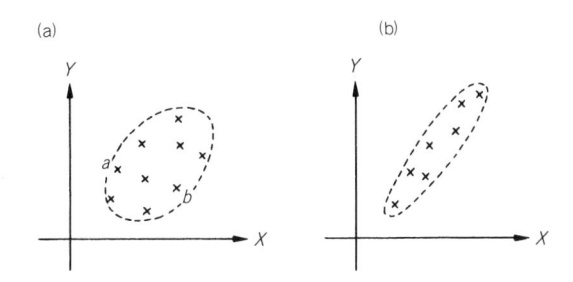

(a) (b)

き，それぞれを〈cm, g〉で測定するか，〈m, kg〉で測定するかでは，大きくその値が変化する．さらには図 10-7 に見られるように，たとえ 2 変量間の関係がさほど強くなくても，データが広範囲に散布しているほど共分散の値は大きくなることがわかる．その意味では，二つの変量間の関係をみる尺度として共分散はかならずしも適当とはいえない．

このような欠点を補うために，共分散をそれぞれの変量の標準偏差（分散の平方根）で除する．ここではデータが (x_i, y_i) とペアになって N 個得られるものとして話をすすめよう．その場合，

$$r_{xy} = \frac{s_{xy}}{\sqrt{s_x^2 s_y^2}}$$

$$= \frac{\sum_i \frac{(x_i - \bar{x})(y_i - \bar{y})}{N}}{\sqrt{\left\{\sum_i \frac{(x_i - \bar{x})^2}{N}\right\}\left\{\sum_i \frac{(y_i - \bar{y})^2}{N}\right\}}}$$

$$= \frac{\sum_i (x_i - \bar{x})(y_i - \bar{y})}{\sqrt{\{\sum_i (x_i - \bar{x})^2\}\{\sum (y_i - \bar{y})^2\}}} \tag{10-8}$$

を考える．このとき，r_{xy} の単位に注目すれば，それが無名数であることがわかる．たとえば，身長と体重をそれぞれ cm，g で測り，その相関を調べたとしよう．その場合，r_{xy} の分母，分子はともに cm，g という単位をもつことになり，たがいにキャンセルされる．すなわち，r_{xy} は単位のとり方に無関係に求められる値であることがわかる．このような r_{xy} を**相関係数**（correlation coefficient）という．

図 10-8 は散布図のいくつかの例を描いたものである．まず，図 10-8 (a)

第10章／二つの連続変量の分析　195

図10-9 散布図と相関係数(r)の値

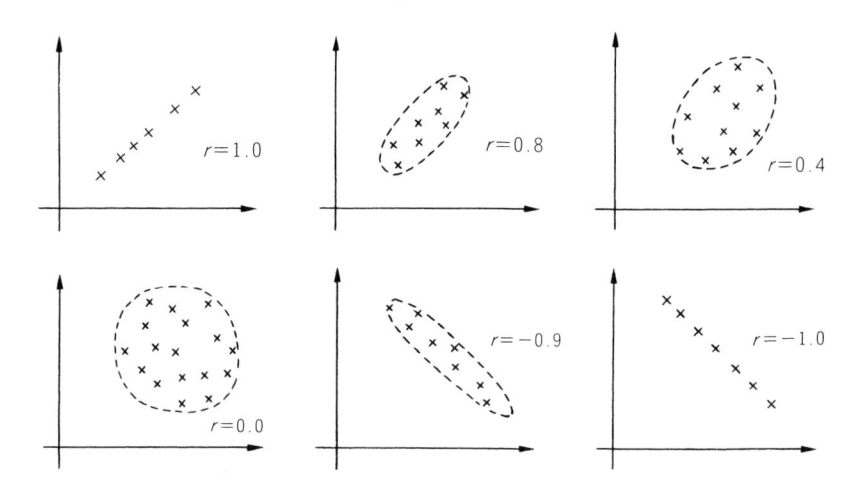

を見てみよう。図からわかるように，Xが大きくなれば概してYも大きくなる傾向にある。しかし，例外も多い。たとえば，a，b，二つの点を考てみれば，Xについてはaよりもbのほうが大きな値をとっているにもかかわらず，Yについてはaのほうが大きい。このような例外は数多く含まれている。図10-8 (b) においても同様なことがいえるが，例外の割合は減っており，Xが大きくなればYも大きくなるという傾向が強く見られる。そこで一般に，図10-8で示されるように，データを包む楕円を描き，この楕円のつぶれぐあいでもって二つの変量間の関係を測ることにする。そのための尺度が相関係数である。

[例題10-3]

表10-1のデータから，失業率と消費者物価上昇率間の相関係数を計算せよ。

●解答

例題10-2での計算結果を利用する。結局，

$$\frac{s_{xy}}{s_x s_y} = \frac{\sum_i (x_i - \bar{x})(y_i - \bar{y})}{\sqrt{\sum_i (x_i - \bar{x})^2} \sqrt{\sum_i (y_i - \bar{y})^2}}$$

図 10-10　2 変量間の関係と相関関係

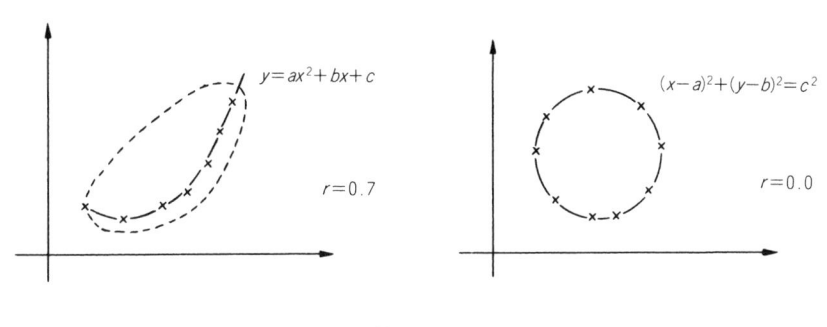

$y = ax^2 + bx + c$

$r = 0.7$

$(x-a)^2 + (y-b)^2 = c^2$

$r = 0.0$

$$= -\frac{147.069}{\sqrt{56.148 \times 850.243}} = -0.673$$

と求められる。

[例題 10-4]

一般に，すべての X_i を a 倍，Y_i を b 倍したにしても相関係数の値は変わらないことを確認せよ。

●解答

まず，すべての X_i を a 倍，Y_i を b 倍することにより，$\bar{X}$，$\bar{Y}$ もそれぞれ a 倍，b 倍になり，同時に X，Y の標準偏差もそれぞれ a 倍，b 倍になることに注意したい。その結果，r_{xy} は，

$$\frac{\sum_i (ax_i - a\bar{x})(by_i - b\bar{y})}{as_x bs_y} = \frac{abs_{xy}}{as_x bs_y} = r_{xy}$$

と変化しないことがわかる。m 単位で測られた値を cm 単位に変換すればデータの値は100倍される。その場合にも相関係数の値は変化しないことがわかる。

図 10-9 はいくつかの散布図に対して，相関係数の値を計算したものである。楕円が右に傾けば，相関係数の値は"＋"，左に傾けば"－"となる。楕円が完全につぶれて直線になったとき，相関係数の絶対値は1となり，二つの変量間にもっとも強い相関関係がある。反対に，楕円が円になったとき，楕円はどちらに傾いているかわからず，相関係数も0となる。この間の相関係数の値に対しては，図を見ながらいわば雰囲気でだいたいの値を覚えておくとよい。

このことから，相関関係について重要なことがわかる。それは，「相関関係とは二つの変量間の直線的な関係を指す」ということである。たとえば，図 10-10 のように，二つの変量間には強い関係がみられるにしても，それが線形でなければ，その相関係数は小さくなってしまうことに注意されたい。また，二つの変量が独立ならば相関係数は 0 となる。このことは，たとえば (10-7) 式において X と Y が独立であるならば，

$$\sigma_{xy} = \iint (x-\mu_x)(y-\mu_y) f(x,y) dx dy$$

$$= \iint (x-\mu_x)(y-\mu_y) g(x) h(y) dx dy$$

$$= \int (x-\mu_x) g(x) dx \int (y-\mu_y) h(y) dy \quad (x \text{ と } y \text{ の関数を分離})$$

と分解され，$\int (x-\mu_x) g(x) dx$ は ($\int (y-\mu_y) h(y) dy$ についても同様)，

$$\int (x-\mu_x) g(x) dx = \int x g(x) dx - \mu_x \int g(x) dx$$

$$= \mu_x - \mu_x = 0$$

であるから，共分散が 0 となることからわかる。

しかしながら，図 10-10 で見たように，その逆はいえない。独立とは，二つの変量間になんら関係がみられないことを指すのであるから，相関がなくとも独立とはいえないのである。

以上のまとめとして，相関係数 r_{xy} について，$-1 \leq r_{xy} \leq 1$ となり，等号は X_i と Y_i のあいだに直線的な関係，$Y_i = a + bX_i$ があるときに成り立つことを証明しておこう。

やや唐突ではあるが，

$$f(t) = \sum_i \{(X_i - \overline{X})t + (Y_i - \overline{Y})\}^2 \tag{10-9}$$

なる，t についての 2 次式を考える。$f(t)$ は

$$f(t) = \sum_i (X_i - \overline{X})^2 t^2 + \sum_i 2(X_i - \overline{X})(Y_i - \overline{Y}) t + \sum_i (Y_i - \overline{Y})^2$$

$$= \{\sum_i (X_i - \overline{X})^2\} t^2 + 2\{\sum_i (X_i - \overline{X})(Y_i - \overline{Y})\} t + \{\sum_i (Y_i - \overline{Y})^2\}$$

と整理される。ここで，(10-9) 式はどのような t に対してもつねに正または 0 であるから，高等学校で習った数学より，$f(t)$ の判別式 D を考え，

表 10-4　半径，円周，面積

半径 (X)	円周 (Y)	面積 (Z)
1	6.28	3.14
2	12.56	12.56
3	18.84	28.26
4	25.12	100.48
5	31.40	157.00

$$D = \{\sum_i (X_i - \overline{X})(Y_i - \overline{Y})\}^2 - \{\sum_i (X_i - \overline{X})^2\}\{\sum_i (Y_i - \overline{Y})^2\} \leq 0$$

であることがわかる。$D \leq 0$ を変形すれば，

$$r_{xy}{}^2 = \left(\frac{S_{xy}}{S_x S_y}\right)^2 \leq 1$$

であることが容易に示され，よって r_{xy} は -1 と $+1$ のあいだにあることが証明される。

等号が成立するのは，$f(t)$ が 0 になるような重根をもつ場合である。そのためには，(10-9) 式の { } の中が，ある t において，すべてのデータに対して 0 とならなければならない。すなわち，

$$(Y_i - \overline{Y}) + t(X_i - \overline{X}) = 0 \tag{10-10}$$

が成り立つ。$Y_i = a + bX_i$ が成り立てば，$\overline{Y} = a + b\overline{X}$ も成り立つことに注意すれば，(10-10) 式は Y_i と X_i が直線関係にあることを意味するものである。

[例題 10-5]

表 10-4 は X（円の半径）のいくつかの値に対し，Y（円周），Z（円の面積）を計算したものである。このとき，X と Y，X と Z の相関係数を求めよ。

●解答

X と Y の相関係数は 1，X と Z の相関係数は 0.945 となる。X と Z のあいだには $Z = 3.14X^2$ という関係があるが，相関係数の値は 1 とはならないことに注意しよう。

最後にもう一つ，相関という概念に関する重要な点を指摘しておきたい。相関とは二つの変量間の統計的な関係であって，因果関係ではない。よく引

かれる例であるが、成人の知能（IQ）とその人が受けた教育の長さとのあいだには、強い正の相関がある。これは、「IQ が高い人は教育を長く受けたがる」とも、「教育を長く受けた結果 IQ は高くなる」とも解釈可能である。どちらが正しいかはわからない。さらには、これら二つの変数とは異なるまったく別の第三の変数が存在し、それがこれらの二つの変数間の**見せかけの相関**を生み出しているかもしれない。たとえば第三の変数としては、「両親の知性」が考えられる。知性の高い両親ほど、子どもの IQ も高いであろうし、同時に子どもに施す教育の期間も長くなるとも考えられる。その結果として、IQ と教育期間の長さには正の相関がみられるわけである。

高度成長期における日本のマクロ経済変数を調べてみると、さまざまな変数間に強い相関がみられる。そのことから、それらの変数間の関係をのべる経済理論があたかも証明されたかのような錯覚に陥りやすい。じつは、それらの変数の多くが経済成長とともに大きくなっていて、タイム・トレンド（時間的傾向）をもっており、そのことが変数間の見せかけの相関をつくりだしているのである。それらのあいだの因果関係を調べるには、別の分析が必要とされる。

10.3 相関係数の有意性

r_{xy} は与えられたデータ間の（直線的）関係の強さを測るものであった。われわれにとってほんとうに興味があるのは、むしろ二つの変量の母集団における関連の強さであろう。データ (X_i, Y_i) が母集団からの標本であるとすれば、別の標本をとったときに同じ r_{xy} の値が得られるとは考えられない。いいかえれば、標本から作成した相関係数は確率変数であり、その標本変動を考慮しなければならない。以下では、母集団の相関係数を ρ_{xy}（ρ はローと読む）と表わすことにしよう。

4.2 でもふれたように、統計量の標準偏差は標準誤差とよばれ、SE (standard error) と略記される。たとえば $\bar{X}$ の標準誤差は SE$(\bar{X})$ と書かれ、その値は $\sigma/\sqrt{N}$ である。標本相関係数の標準誤差は、標本の数を N と

したとき，近似的に以下の式で与えられることが知られている。

$$\text{SE}(r_{xy}) = \frac{1-r_{xy}^2}{\sqrt{N}} \tag{10-11}$$

$\text{SE}(r_{xy})$ はデータ数が増加するにつれてその値が小さくなる。このことは $\text{SE}(\overline{X})$ の場合との対応を考えても自然なことと思われる。しかしさらに $\text{SE}(r_{xy})$ の場合，標本より求められた r_{xy} の絶対値が 1 に近いほどその値が小さいことがわかる。たとえば，r_{xy} がちょうど 1 であれば，$\text{SE}(r_{xy})$ は 0 となる。すなわち，標本が直線上に並ぶならば，その母集団の相関係数はまちがいなく 1 であることになる。$\text{SE}(r_{xy})$ が求められた場合，r_{xy} の分布を正規分布で近似することにすれば，母集団の相関係数 ρ_{xy} は95%の信頼度で，

$$r_{xy} - 1.96 \times \text{SE}(r_{xy}) \leq \rho_{xy} \leq r_{xy} + 1.96 \times \text{SE}(r_{xy})$$

と区間推定可能である。たとえば，表10-1に与えられたデータの場合，例題10-2の計算結果から，

$$\mu_x = 3.008, \quad \mu_y = 3.031, \quad s_x = 1.200, \quad s_y = 4.669, \quad s_{xy} = -3.771$$

より，

$$r_{xy} = \frac{-3.771}{1.200 \times 4.669} = -0.673$$

であるから，

$$\text{SE}(r_{xy}) = \frac{1-(-0.673)^2}{\sqrt{39}} = 0.088$$

となり，したがって ρ_{xy} の95%信頼区間は，

$$-0.845 \leq \rho_{xy} \leq -0.501$$

となる。

[例題10-6]

$N = 25$，100のとき，r_{xy} のいくつかの値に対して95%信頼区間を構成し，グラフとして図示せよ。

●解答

$$r_{xy} \pm 1.96 \times \frac{1-r_{xy}^2}{\sqrt{N}}$$

を求める。これを図示すると，その概形は図10-11のようになる。

図10-11　相関係数の信頼区間

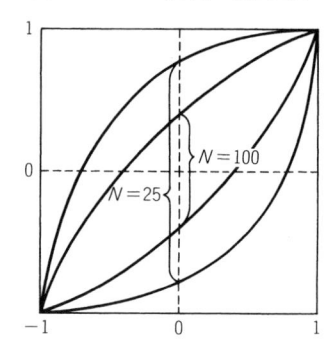

　帰無仮説 $H_0: \rho_{xy} = \rho_0$ を検定したい場合には，(10-11) 式の $\text{SE}(r_{xy})$ の r_{xy} を ρ_0 で置き換える。そのうえで，正規分布を用いた検定を行なえばよい。この場合も，$|\rho_0|$ が1に近いほど，$\text{SE}(\rho_0)$ の値が小さくなり，与えられる情報量が大きい（すなわち，仮説を棄却しやすい）。また，とくに ρ_0 が0の場合には，$\text{SE}(\rho_0) = 1/\sqrt{N}$ となり，簡単な計算で検定が可能となる。たとえば，表10-1に与えられるデータの場合，$\rho_0 = 0$ に対する検定を行なえば，対応する標準正規分布の値は，

$$z = \frac{-0.673 - 0}{\sqrt{\frac{1}{39}}} = -4.203$$

となり，有意水準を1％としても問題なく棄却される。

　上の手順は，標本数が大きいとき，r_{xy} の分布が中心極限定理によって正規分布で近似可能であるという前提にたっている。しかしながら，r_{xy} の分布の正規近似はその精度が悪いことが知られている。よって簡便ではあるが，あまり薦められない。一般には次のような方法を用いるほうがよい。

$$W = \frac{1}{2}\log\left(\frac{1+r_{xy}}{1-r_{xy}}\right) \sim N(\xi,\ 1/(N-3))$$

$$\xi = \frac{1}{2}\log\left(\frac{1+\rho_{xy}}{1-\rho_{xy}}\right)$$

としよう。そのとき，W は近似的に正規分布に従い，その平均は ξ（グザイあるいはクサイなどと読む），分散は $1/(N-3)$ となることが知られている。このことを用いて，ρ_{xy} のたとえば95％信頼区間は，

$$W - \frac{1.96}{\sqrt{N-3}} < \xi < W + \frac{1.96}{\sqrt{N-3}}$$

という不等式を ρ_{xy} について解くことにより求められる。読者には仮説検定の手順も明らかであろう。たとえば有意水準を5％として $H_0: \rho_{xy} = \rho_0$ を検定するには，ξ の ρ_{xy} に ρ_0 を代入し，$\sqrt{N-3}|W-\xi|$ が1.96を上回るか否かを調べればよい。ただしとくに $\rho_{xy} = 0$ の場合にかぎり，

$$t = \frac{r_{xy}}{\sqrt{\frac{1-r_{xy}^2}{N-2}}}$$

とおくと，t が自由度 $(N-2)$ の t 分布に従うことも知られている。これは近似式ではない。つまり $H_0: \rho_{xy} = 0$ の検定にかぎり t 検定を用いるのがよい。このような方法を表10-1のデータに適用してみよう。

上でみたように，$r_{xy} = -0.673$ より，$W = -0.816$ となり，ξ の95％信頼区間は，

$$-1.143 < \xi < -0.490$$

となる。これを ρ_{xy} について解くことにより，ρ_{xy} の95％信頼区間は，

$$-0.815 < \rho_{xy} < -0.454$$

となる。この区間は，上でのべた簡便法により得られる区間よりやや大きい値を覆っている。

次に $H_0: \rho_{xy} = 0$ の検定を行なうことにしよう。$\rho_{xy} = 0$ の場合 $\xi = 0$ となるので，$\sqrt{N-3}|W| = 4.897$ を得る。この値は1.96をはるかに上回り，有意水準が1％であっても仮説は棄却される。一方，t の値を計算すると，$t = -2.755$ となる。自由度37の t 分布に従う。よって，仮説はやはり有意水準1％であっても棄却される。

[例題10-7]

表10-2のデータより，小人のカップルの身長間の相関係数を求め，夫婦間の身長には相関があるといえるかどうかを調べよ。

●解答

夫の身長を X，妻の身長を Y とすると，$\bar{x} = 11$，$\bar{y} = 10$，$s_x^2 = 13/8$，$s_y^2 = 22/8$，$s_{xy} = 9.5/8$．したがって，小人のカップルの身長の相関係数は，

$$r_{xy} = \frac{\frac{9.5}{8}}{\sqrt{\frac{13}{8} \times \frac{22}{8}}} = 0.562$$

と求められる。データ数は 8 であるから，本来正規分布による近似は適当ではない。しかし，ここではあえて練習のため，いく通りかの方法で検定することにしよう。まず r_{xy} に対して正規近似を用いるという簡便法では，帰無仮説のもとでは，

$$\mathrm{SE}(r_{xy}) = \frac{1 - 0^2}{\sqrt{8}} = 0.354$$

であるから，

$$z = \frac{0.562}{0.354} = 1.59$$

となる。この値は有意水準 5％では棄却されない。よって相関があるとはいえない。

次に，$\sqrt{N-3}|W|$ の値を求めると，1.42 となる。最後に t の値は 1.66 であることがわかる。いずれも有意水準 5％では棄却されず，相関があるとはいえない。

10.4　二つの変量の和の分布：$(X+Y)$ の平均と分散

二つの変量 X，Y の合計，すなわち $(X+Y)$ の平均と分散について考えてみよう。読者の中には，このような問題はすでに第 2 章において学んだと思う人もいるのではないだろうか。第 2 章では，ランダムにとられた二つの標本 X_1 と X_2 の和について学んだ。そこでは，X_1，X_2 がともに平均 μ，分散 σ^2 の母集団からとられたランダム標本であるとすれば，(X_1+X_2) の平均は 2μ，分散 $2\sigma^2$ であることを，証明せずに結果だけのべた。X_1 と X_2 が同一の母集団からランダムにとられるということは，二つの変数が独立であり，かつ同一の分布に従うことを意味する。それでは二つの変量が独立とはかぎらない場合にはどうなるのであろうか？　本章において，読者は 2 次元の分布について学んだ。ここにいたってようやくこのような問いに対する解答がなされ，さらに独立な場合についてもその厳密な証明がなされうる。

まず，$(X+Y)$ の平均から考えてみよう。X や Y の平均は (10-1) 式や

(10-3) 式で与えられたように，以下のように表わされる。
$$\mathrm{E}(X) = \int x g(x) dx, \quad \mathrm{E}(Y) = \int y h(y) dy$$
$(X+Y)$ の平均はそのアナロジーからもわかるように，
$$\mathrm{E}(X+Y) = \iint (x+y) f(x,y) dx dy \tag{10-12}$$
と定義される。(10-12) 式は，以下のように変形される。
$$\iint (x+y) f(x,y) dx dy = \iint x f(x,y) dx dy + \iint y f(x,y) dx dy$$
$$= \int x g(x) dx + \int y h(y) dy$$
よって，
$$\mathrm{E}(X+Y) = \mathrm{E}(X) + \mathrm{E}(Y) \tag{10-13}$$
であることがわかる。

一方，分散は以下のように定義される。
$$\mathrm{E}\{(X+Y) - \mathrm{E}(X+Y)\}^2$$
$$= \iint \{(x+y) - \mathrm{E}(X+Y)\}^2 f(x,y) dx dy \tag{10-14}$$
(10-14) 式は1変量の場合の分散の定義式 (10-4) 式に対応している。(10-14) 式は以下のように変形される。
$$\iint \{(x+y) - \mathrm{E}(X+Y)\}^2 f(x,y) dx dy$$
$$= \iint \{(x - \mathrm{E}(X))^2 + (y - \mathrm{E}(Y))^2$$
$$+ 2(x - \mathrm{E}(X))(y - \mathrm{E}(Y))\} f(x,y) dx dy$$
$$= \iint (x - \mathrm{E}(X))^2 f(x,y) dx dy + \iint (y - \mathrm{E}(Y))^2 f(x,y) dx dy$$
$$+ 2 \iint \{(x - \mathrm{E}(X))(y - \mathrm{E}(Y))\} f(x,y) dx dy$$
$$= \int (x - \mathrm{E}(X))^2 g(x) dx + \int (y - \mathrm{E}(Y))^2 h(y) dy$$
$$+ 2 \iint \{(x - \mathrm{E}(X))(y - \mathrm{E}(Y))\} f(x,y) dx dy$$

最後の行の第1，2項はそれぞれX，Yの分散であり，第3項は10.2で学

表10-5　小人のカップルの身長

	夫	妻	計
	11.0	11.0	22.0
	12.5	10.5	23.0
	11.0	13.0	24.0
	13.0	11.5	24.5
	10.5	9.0	19.5
	9.0	8.5	17.5
	11.5	8.5	20.0
	9.5	8.0	17.5
平均	11.0	10.0	21.0

んだXとYの共分散である。結局,

$$\mathrm{Var}(X+Y) = \mathrm{Var}(X)+\mathrm{Var}(Y)+2\mathrm{Cov}(X, Y) \qquad (10\text{-}15)$$

であることがわかる。ただし,$\mathrm{Var}(X)$はXの分散を,$\mathrm{Cov}(X, Y)$はXとYの共分散を表わす記号である。$(X+Y)$の分散にはXとYの共分散が現われるのである。XとYが独立の場合には,$\mathrm{Cov}(X, Y) = 0$であるから,

$$\mathrm{Var}(X+Y) = \mathrm{Var}(X)+\mathrm{Var}(Y)$$

が成り立つ。

[例題10-8]

表10-2のデータよりカップル内の2人の身長の合計値を求め,$(X+Y)$の平均,分散を求めよ。またその値と,例題10-7ですでに求められているs_x^2,s_y^2,s_{xy}の値より(10-15)式の成立を確認せよ。

●解答

カップル内の2人の身長の合計値は表10-5のように求められる。その分散は54/8と計算される。これに対し,$s_x^2 = 13/8$,$s_y^2 = 22/8$,そして$s_{xy} = 9.5/8$であるから,

$$s_x^2 + s_y^2 + 2s_{xy} = \frac{54}{8}$$

となり,たしかに一致する。

$(X+Y+Z)$の平均と分散も,同様にして求めることができる。結果だけをまとめることにすれば,

$$\mathrm{E}(X+Y+Z) = \mathrm{E}(X)+\mathrm{E}(Y)+\mathrm{E}(Z)$$

$$\mathrm{Var}(X+Y+Z) = \mathrm{Var}(X)+\mathrm{Var}(Y)+\mathrm{Var}(Z)$$
$$+2\mathrm{Cov}(X,Y)+2\mathrm{Cov}(X,Z)+2\mathrm{Cov}(Y,Z)$$

となる。

さらに一般に，$(X_1+X_2+\cdots+X_N)$ については，

$$\mathrm{E}(X_1+X_2+\cdots+X_N) = \mathrm{E}(X_1)+\mathrm{E}(X_2)+\cdots+\mathrm{E}(X_N)$$

$$\mathrm{Var}(X_1+X_2+\cdots+X_N) = \mathrm{Var}(X_1)+\mathrm{Var}(X_2)+\cdots+\mathrm{Var}(X_N)$$
$$+2\mathrm{Cov}(X_1,X_2)+2\mathrm{Cov}(X_1,X_3)+\cdots+2\mathrm{Cov}(X_1,X_N)$$
$$+2\mathrm{Cov}(X_2,X_3)+\cdots+2\mathrm{Cov}(X_2,X_N)$$
$$\vdots \qquad \vdots$$
$$+2\mathrm{Cov}(X_{N-1},X_N)$$

となる。第2章で扱ったように X_i と X_j が独立の場合にはすべての Cov の項が0となるため，

$$\mathrm{Var}(X_1+X_2+\cdots+X_N)$$
$$= \mathrm{Var}(X_1)+\mathrm{Var}(X_2)+\cdots+\mathrm{Var}(X_N)$$

が成り立つ。とくに，ランダム標本のようにすべての分散の値が等しい場合には，

$$\mathrm{Var}(X_1+X_2+\cdots+X_N) = N\mathrm{Var}(X_i)$$

と，さらに簡単に表現される。

10.5 まとめ

本章では，まず2変量のヒストグラムを描き，2変量の分布について学んだ。次いで，同時分布を考えるときの新しい概念として共分散や相関係数の考え方を導入し，二つの変量間の関連を調べた。二つの変量が独立ならば相関係数はゼロであるが，その逆はいえない。相関係数については，その有意性の検定法も学んだ。また，二つの変量の和の分布について，くわしく考察した。二つの変量が独立ではない場合には，それらの和の分散は二つの変量間の共分散に左右されるのである。

経済＝統計交差点
❾
因果性について

　ニワトリと卵のどちらが先か。これは原因と結果に関連した問題を考える場合に，つねに例にあげられるものである。経済学でも，こうした原因と結果についての因果性を問題とする場合が多い。インフレの原因はなにか，株価は景気に先行して変動するか，経常収支が黒字となるのは国内総貯蓄が国内総投資を上回るからか，あるいは逆に経常収支が黒字となっているから国内で超過貯蓄が生じるのか（いわゆるISバランス論），等々。

　データから因果性を判断する基準が考案されている。グレンジャーの意味での因果性とよばれる概念であり，それによると「Xを知ることによってYの予測に役立つ（予測誤差が小さくなる）場合に，XからYへの因果性がある」と結論づけられる。XからYへの因果性があって，YからXへの因果性がない場合には「XからYへの一方方向の因果性がある」という。XからYへとYからXへの両方の因果性が同時に認められるならば，このときには「双方向の因果性がある」ものとされる。どちらの因果性も認められないならば，「XとYはおたがいに原因と結果の関係にはない」ことになる。

　こうした定義に則った統計的検定法が何種類か考案されており，たとえば「マネーサプライの増加がインフレをもたらしている」といった帰無仮説の検証が行なわれている。マネタリスト・ケインジアン論争において，インフレの原因について"Only money matters."というマネタリストの主張があり，それの検証に用いられたわけである。このほかにも，金融政策の伝播経路の判定や経常収支と国内超過貯蓄とのあいだの因果性の判断にも利用されている。グレンジャーの意味での因果性は，時系列データのあいだの先行性をチェックするには，それなりに有効なアプローチといえよう。

　もっとも，このグレンジャーの意味での因果性については，もともと限界があることが早くから指摘されている。たとえば，天気予報をXとしてYを実際の天気の状態としよう。すると，明らかにXの知識があるとYの予測に役に立つ。しかし，もちろん，天気予報が実際の天気の原因となっているわけではない。このように，グレンジャーの意味での因果性では，見かけだけの因果性の存在を排除できないのである。

練　習　問　題

（＊印はやや難解。最初はスキップしてもかまわない。）

1. 失業率とインフレ率のあいだの負の相関関係は，（物価版）フィリップス曲線とよばれる。本文中では，インフレ率として消費者物価上昇率を採用したが，日本におけるフィリップス曲線の関係をよりくわしくみるために，以下の問いに答えよ。

(1) 表 10-1 の39年間を前半期（1971～1990年）と後半期（1991～2009年）に分ける。そのうえで，それぞれの期間中の失業率と消費者物価上昇率とのあいだの相関係数を求めよ。このとき，
   ⓐ それぞれの期間中の相関係数は負であるといえるであろうか。
   ⓑ* 前半期と後半期の相関係数が等しいという帰無仮説を検定せよ。
   なお，ⓐ，ⓑ ともに有意水準は 5 ％ とする。

表 10-6　企業物価上昇率と名目賃金上昇率（1971～2009年）

(単位：％)

	企業物価上昇率	名目賃金上昇率		企業物価上昇率	名目賃金上昇率
1971年	−0.8	14.5	1991	1.0	3.4
1972	1.6	16.1	1992	−0.9	1.8
1973	15.8	21.4	1993	−1.6	0.6
1974	27.5	27.4	1994	−1.6	1.8
1975	2.8	14.7	1995	−0.8	1.8
1976	5.5	12.4	1996	−1.7	1.5
1977	3.3	8.6	1997	0.7	2.0
1978	−0.5	6.5	1998	−1.5	−1.3
1979	5.0	5.8	1999	−1.5	−1.4
1980	14.9	6.3	2000	0.0	−0.3
1981	1.4	5.5	2001	−2.3	−0.9
1982	0.4	4.1	2002	−2.1	−2.9
1983	−0.6	2.8	2003	−0.8	−0.1
1984	0.1	3.5	2004	1.3	−0.9
1985	−0.8	2.8	2005	1.7	1.1
1986	−4.7	2.7	2006	2.2	1.0
1987	−3.1	1.9	2007	1.7	−0.9
1988	−0.5	3.4	2008	4.6	−0.6
1989	1.9	4.3	2009	−5.3	−4.7
1990	1.5	4.7			

（出所）　日本銀行，厚生労働省「毎月勤労統計調査」

(2) インフレ率として消費者物価上昇率に代わって，表 10-6 で与えられる企業物価上昇率と名目賃金上昇率（1971年以降）を採用し，それぞれについて，フィリップス曲線の関係が成立しているか否かをチェックしたい。
   ⓐ まず，横軸に失業率，縦軸にそれぞれのインフレ率をとって，散布図を

描け．その図を眺めて，相関係数の値を直観的に推測せよ．
ⓑ それぞれのインフレ率について，相関係数の値を実際に計算せよ．
ⓒ 相関係数の95%信頼区間を求め，ⓐで推測した直観的な相関係数の値がその中にはいっているか否かを確かめよ．
ⓓ 相関係数がゼロであるという帰無仮説を5%有意水準で検定せよ．

2．表10-1と表10-6で与えられている，1971年以降の39年間の消費者物価上昇率と企業物価上昇率の関係を調べたい．
 (1) おのおの5%きざみとして，同時分布と周辺分布の相対頻度を表にせよ．
 (2) (1)にもとづいて，2変量のヒストグラムを描け．
 (3) 消費者物価上昇率が，ⓐ 0.0〜4.9%，ⓑ 15.0〜19.9%として与えられた場合の，企業物価上昇率についての条件分布の概形を描け．
 (4) 消費者物価上昇率と企業物価上昇率について，帰無仮説
   ⓐ 平均が等しい
   ⓑ 分散が等しい
  を5%有意水準で検定せよ．
 (5) 消費者物価上昇率と企業物価上昇率の相関係数を計算し，「相関係数が1である」という帰無仮説を5%有意水準で検定せよ．

3．表7-7に与えられるデータにもとづき，マネーサプライの上昇率と実質GDPの増加率の同時点における相関係数を求め，母集団相関係数の有意性を検定せよ．同様に，マネーサプライの上昇率と1年後の実質GDPの増加率の相関係数を求め，母集団相関係数の有意性を検定せよ．

4．表7-7に与えられるデータにもとづき，消費者物価上昇率と金利に関し，それぞれの変数の，平均（期待値）と分散，および2変数の共分散，相関係数を求めよ．さらに，適当なきざみで2次元のヒストグラムを描け．

第11章

回帰分析(1)
回帰分析の基礎的事項

11.1 回帰分析とは

　回帰するとは「一回りして元に戻る」と辞書にある。夏至や冬至のときに太陽からの光線を垂直に受ける，南北約23.5度の緯線を南北の回帰線ということは，ご存じの読者も多いと思う。すなわち，回帰の本来の意味は，そこまでくると元に戻るとか反転するということである。しかし，統計学における回帰とは，こうした意味合いとは別のものと考えたほうがよい。じつは，回帰分析の語源はそれがはじめて用いられた分析例にもとづくものであり，直接，分析内容を示すものではない。

　回帰分析がはじめて応用されたのは，19世紀にさかのぼる。当時活躍した生物学者ガルトンは，同性の親子間の身長の関係について長年にわたって調査し，図11-1のような散布図を得た。図においては，横軸に父親の身長を，縦軸に息子の身長を測ってある。このような図から，ガルトンは次のような結論を得た。①親の身長が高ければ，子どもの身長も高くなる傾向にある。このことは，図のAとBにおける子どもの身長の分布を比較すればわかる。②親の身長が高い子どもたちを集めると，その平均は親ほどは高くない。反対に，親の身長が低い子どもたちを集めると，その平均は親ほどは低くない。たとえば，点Aは親の身長185cmに対応するが，子どもたちの平均はおおよ

図 11-1 親子間の身長

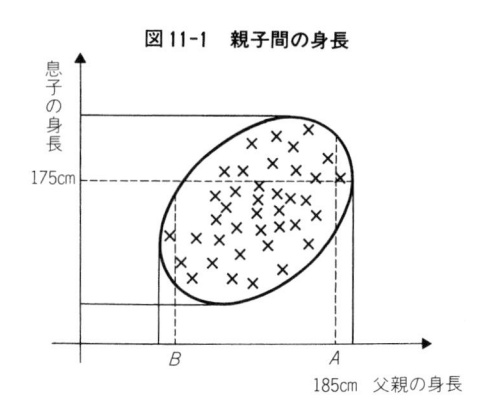

そ175cmと，それほど高くない。①は親子の身長には遺伝的要素が働いていることを示すものであるが，②は人類の身長には平均への「回帰」傾向があることが示唆されるものである。すなわち回帰傾向の存在によって，何世代もの人類の身長の分布が2極分化せずに安定していることがわかる。

ガルトンはよりくわしい分析にあたり，親子の身長間に関数関係を見出そうと試み，散布図のデータに直線を当てはめようとした。そのことから，二つの変量XとYのあいだに関数関係を見出すこと，すなわち $Y = f(X)$ を当てはめることを**回帰分析**とよんでいる。とくに，XとYのあいだに直線関係を考える場合を**線形回帰分析**とよんでおり，以下の議論の中心となる。現在では，本来の「回帰」という意味合いは薄れたものになっており，むしろ日常用語とは異なる専門用語として用いられていると割り切って考えたほうがよい。

前章において，二つの変量間の直線的関係を測る尺度として，相関係数について学んだ。相関関係は，二つの変量XとYを対等に考えた関連の尺度である。これに対して，回帰分析においては，一方を他方の関数と考え，一方が他方を決定する，あるいは説明する関係として明示する。たとえば，$Y = \alpha + \beta X$ という回帰式において，XがYを決定し，説明する。一般に，このようなXを**説明変数**，Yを**被説明変数**という。説明変数は**独立変数**，被説明変数は**従属変数**ともよばれる。回帰式は一つの理論を明示的に表わすものと解釈され，さまざまな分野で重要な役割を果たしている。

図11-2は6個のデータからなる散布図を示している。このようなXとY

図 11-2　6個のデータと直線

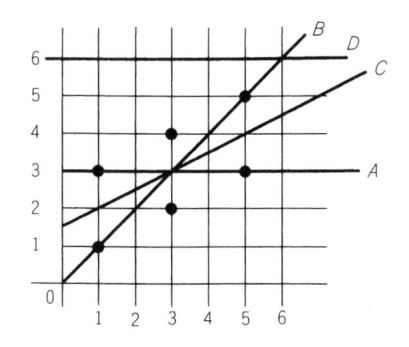

図 11-3　回帰直線と残差

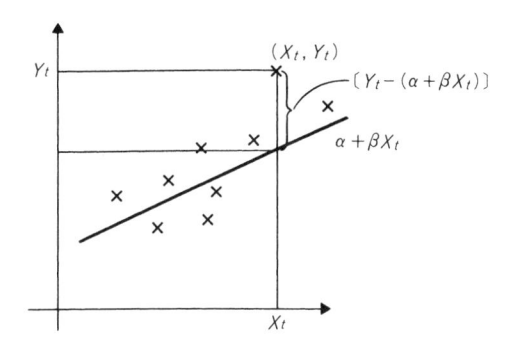

の関係を直線で記述するならば，どのように線を引くのが妥当であろうか。$A \sim D$ のいずれを選べばよいか目の子で判断がつくであろうか。直観的にも，データと直線の離れぐあいが小さくなるように線を引くのがよいことは明らかであろう。問題は離れぐあいをどのように測るべきかである。ここでは第3章で説明した最小2乗法の考え方に従い，Y 軸に沿って測ったデータと直線の距離の2乗の和が最小になるように直線を引くことにする。図 11-3 より，このような2乗の和の値は，

$$\sum_t \{Y_t - (\alpha + \beta X_t)\}^2 \tag{11-1}$$

と与えられることがわかる（以下では，変数の添え字として i ではなく t を用いる。これは時系列データを意識したものであるが，違和感がなければも

ちろん i でもかまわない)。もちろん，データと直線との距離を 2 乗せずに，たとえば絶対値を考えてもよい。2 乗和を考えるのは，のちのちつごうのよいことがあるからである。ただし，データと直接の離れぐあいを単に合計したのでは，すなわち $\sum_{t}\{Y_t-(\alpha+\beta X_t)\}$ を考えたのでは，その値を 0 にする (α, β) はいくらでも存在する。たとえば，図 11-2 の A，B，C 線はいずれもそうである。読者にはこのことを確認してもらいたい。

[例題 11-1]

図 11-2 の 4 本の線 $A \sim D$ に対して（11-1）式の値を求め，いずれの線がもっとも適当か（最小 2 乗の意味で）を調べよ。

●解答

$A \sim D$ の 4 本の直線に対する（11-1）式の値はそれぞれ，

$A : 10$,　　$B : 10$,　　$C : 6$,　　$D : 64$

である。それゆえ，最小 2 乗という基準に従えば C がもっともよいことになる。

散布図のデータにいかにうまく線を引いてみたところで，すべてのデータがその線上に乗ることは，まず考えられない。息子の身長が父親の身長だけで決定されるはずはない。母親の身長や，その他その家族の食事など諸々の要因が影響を与えているであろう。さらに，息子の身長が父親の身長の 1 次式で表わされるということ自体，なんの根拠もない。そこで次のように考える。Y と X のあいだの関係はおおむね直線で決まる。しかし，最後に神様がランダムに誤差を加えて最終的な Y の値を決める。とすれば，Y と X の関係は具体的には，

$$Y_t = (\alpha+\beta X_t)+u_t \qquad (11\text{-}2)$$

と表わされる。ここで，u_t が直線からの離れぐあいを表わす確率的な変数で，神様のランダムな誤差に対応する。この u_t が父親の身長の 1 次式で表現されえないすべてを含むものと考えられる。誤差 u_t はプラスの値もマイナスの値もとるものとし，その平均は 0 としておく。X_t が与えられればそれに応じて $(\alpha+\beta X_t)$ が Y_t の平均的な値として定まる。ここで，α，β は神

のみぞ知る未知のパラメータであり，それにより $(\alpha+\beta X_t)$ も未知の直線となる。このような考え方において，確率的に変動するのは u_t の影響を受ける Y_t であり，X_t はあくまでも与えられた定数というふうに理解すればよい。

そこで第3章の平均の推定のところでのべたように，最小2乗法により平均を推定すればよい。すなわち，

$$\phi(\alpha, \beta) = \sum_t \{Y_t - (\alpha + \beta X_t)\}^2 \tag{11-3}$$

とおき，$\phi(\alpha, \beta)$ を最小にするように $(\alpha+\beta X_t)$ を，あるいは同じことであるがパラメータ α，β を定めればよい。このように回帰分析は母集団の平均の推定を拡張したものであり，ただ単にデータ Y_t の平均が X_t の関数となっているにすぎない。

ちなみに，第3章で学んだ平均の推定は，(11-3) 式においては $\beta=0$ とおくことにより，

$$\phi(\alpha) = \sum_t (Y_t - \alpha)^2$$

を考えることに対応する。ϕ（ファイ）を最小にする $\hat{\alpha}$ については，$\phi(\alpha)$ を α で微分して0とおくことにより $\hat{\alpha}=\bar{Y}$ となることは，すでに第3章の最小2乗法の項で学んだ。(11-3) 式の場合，二つのパラメータ α，β について同時に最小にしなければならない。そのようなときには，α と β についてそれぞれ微分する。その際，一方のパラメータはあたかも定数であるかのように扱う。このような微分を偏微分といい，記号 $\partial\phi/\partial\alpha$，$\partial\phi/\partial\beta$ を用いる。その結果得られる二つの式を0とおくと，2本の式からなる連立方程式が得られる。(11-3) 式の場合，

$$\begin{aligned}\frac{\partial\phi(\alpha,\beta)}{\partial\alpha} &= -2\sum_t(Y_t-\alpha-\beta X_t) = 0 \\ \frac{\partial\phi(\alpha,\beta)}{\partial\beta} &= -2\sum_t X_t(Y_t-\alpha-\beta X_t) = 0\end{aligned} \tag{11-4}$$

を得る。(11-4) 式は最小値を得るための必要条件にすぎないが，じつは十分条件でもあることが (11-1) 式の関数形から容易に確かめられる。この点についてここではくわしく論じないことにしたい。

さて，(11-4) 式は，次のように整理される。

$$\sum_t Y_t = \alpha N + \beta \sum_t X_t \tag{11-5}$$

$$\sum_t X_t Y_t = \alpha \sum_t X_t + \beta \sum_t X_t^2 \tag{11-6}$$

(11-5) 式の両辺をデータ数 N で割れば,

$$\sum_t \frac{Y_t}{N} = \alpha + \beta \left(\sum_t \frac{X_t}{N} \right)$$

となる。これは回帰直線がつねに $(\bar{X}, \bar{Y})$ を通過することを表わしている。(11-5), (11-6) 両式において, $\sum_t Y_t$, N, $\sum_t X_t$, $\sum_t X_t Y_t$, $\sum_t X_t^2$ はすべてデータから計算することが可能である。よって, (11-5), (11-6) 両式は α と β を未知数とする 2 本の連立方程式であることがわかる。このような連立方程式を**正規方程式**とよぶ。要するに正規方程式とは, 最小 2 乗法で得られるパラメータの推定量(値)が満たすべき連立方程式のことである。

(11-5), (11-6) 両式を α, β について実際に解くと,

$$\hat{\beta} = \frac{N \sum_t X_t Y_t - (\sum_t X_t)(\sum_t Y_t)}{N \sum_t X_t^2 - (\sum_t X_t)^2} \tag{11-7}$$

$$\hat{\alpha} = \bar{Y} - \hat{\beta} \bar{X} \tag{11-8}$$

となる。ただし (11-8) 式は, まず $\hat{\beta}$ を (11-7) 式より求め, 続いて (11-5) 式を使って $\hat{\alpha}$ を求めることを示しているにすぎない。(11-7) 式において, $\hat{\beta}$ は確率変数である Y_t についてみれば,

$$a_t = \frac{X_t - \bar{X}}{\sum_t (X_t - \bar{X})^2}$$

とおくことにより, $\hat{\beta} = \sum_t a_t Y_t$ と 1 次式で表わされる。また $\hat{\alpha}$ についても, (11-8) 式より,

$$b_t = \frac{1}{N} - \left\{ \frac{X_t - \bar{X}}{\sum_t (X_t - \bar{X})^2} \right\} \bar{X}$$

とおけば, $\hat{\alpha} = \sum_t b_t Y_t$ と書かれる。

このように観測値の 1 次式として表わされる推定量は, とくに**線形推定量**とよばれる。

上にのべたように, $\sum_t Y_t$, N, $\sum_t X_t$, $\sum_t X_t Y_t$, $\sum_t X_t^2$ は, すべてデータ

図11-4 楕円状のデータと最小2乗法

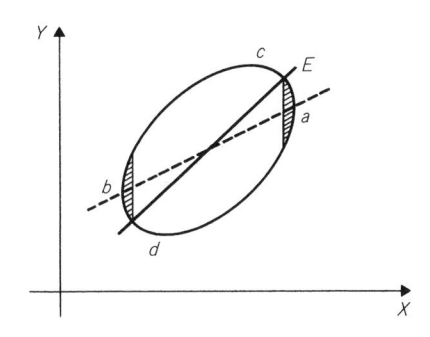

から計算することが可能である。よって読者は，(11-7)，(11-8) 両式にそれらの値を代入すれば推定値を求めることができ，連立方程式をいちいち解く必要はない。(11-7) 式は次のように変形しておくほうが覚えやすいであろう。

$$\widehat{\beta} = \frac{\sum_t (X_t - \overline{X})(Y_t - \overline{Y})}{\sum_t (X_t - \overline{X})^2} = \frac{S_{XY}}{S_X^2}$$

$$= \frac{X と Y の共分散}{X の分散}$$

これが β の最小2乗推定量である。

[例題11-2]

図11-2のデータに対して，正規方程式 (11-5)，(11-6) を求めよ。また，(11-7)，(11-8) 式を用い，α，β の最小2乗推定値を計算せよ。さらに，その結果得られる直線と，例題11-1の結果を比べよ。

●解答

図11-2のデータに対しては，

$$\sum_t y_t = 18, \quad \sum_t x_t = 18, \quad \sum_t x_t y_t = 62, \quad \sum_t x_t^2 = 70$$

となる。それゆえ正規方程式は，

$$18 = 6\alpha + 18\beta$$
$$62 = 18\alpha + 70\beta$$

と表わされる。(11-7)，(11-8) 両式より $\widehat{\alpha}$，$\widehat{\beta}$ を求めると，

図 11-5　データの散布図と回帰直線

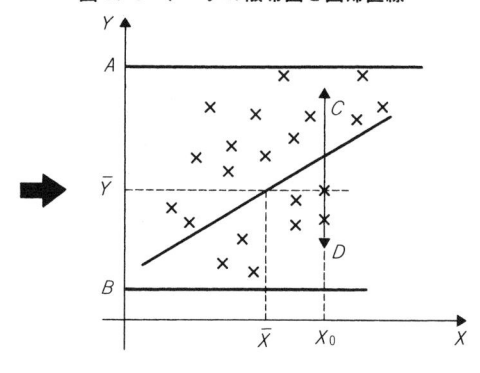

$$\widehat{\alpha} = \frac{3}{2}, \quad \widehat{\beta} = \frac{1}{2}$$

となる。もちろん，これらの値は上の正規方程式の解でもある。この結果から，最小2乗法により得られる直線は，例題 11-1 の C と一致することがわかる。

図 11-4 に見られるような楕円状のデータに対して最小2乗法で直線を当てはめたとしよう。回帰直線は楕円の長軸 E ではなく，a，b 点を結ぶ直線となる。楕円の長軸が回帰直線とすれば，斜線部のデータはすべて回帰直線の下側か上側かどちらか一方にある。最小2乗法ではこのようなことは起こらない。さらにいま説明変数と被説明変数の役割を交換し，X_t を Y_t に回帰したとしよう。その場合，回帰直線は c，d 点を結ぶ直線となり，元の回帰直線とは一致しないことがわかる。

11.2　決定係数

図 11-5 は，与えられたデータの散布図に回帰直線を記入したものである。(11-5) 式で見たように，回帰直線は X と Y のデータの平均 $(\overline{X}, \overline{Y})$ をかならず通過する。X の情報を利用しないとすれば，Y は $\overline{Y}$ を中心に，A から B までの範囲にばらついて現われる。このことは，図 11-5 の散布図を左矢印のほうから眺め，Y だけの分布（すなわち，Y の周辺分布）を考えることに対応する。いま，X の値について，$X = X_0$ という情報が得られたとしよ

図 11-6　偏差の分解

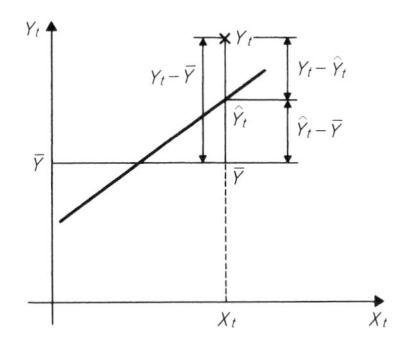

う。この情報を利用すれば，Y の値はおおよそ C から D の範囲に現われるものと思われ，Y の現われる予想範囲を狭めることができる。このことを $\overline{Y}$ を中心にし，ある特定のデータ (X_t, Y_t) について考えてみよう。

図 11-6 において，$(Y_t - \overline{Y})$ という偏差のうち，$(\widehat{Y}_t - \overline{Y})$（ただし，$\widehat{Y}_t = \widehat{\alpha} + \widehat{\beta}X_t$）は $X = X_t$ という情報を用い，回帰分析によって得られた情報であり，回帰式により予想された（あるいは説明されたといってもよい）分である。その結果，$(Y_t - \widehat{Y}_t)$ が説明されなかった分として残る。すなわち，

$$(Y_t - \overline{Y}) = (\widehat{Y}_t - \overline{Y}) + (Y_t - \widehat{Y}_t)$$

と分解される。この両辺を 2 乗し，すべてのデータについて合計すれば，

$$\sum_t (Y_t - \overline{Y})^2 = \sum_t (\widehat{Y}_t - \overline{Y})^2 + \sum_t (Y_t - \widehat{Y}_t)^2 \\ + 2\sum_t (\widehat{Y}_t - \overline{Y})(Y_t - \widehat{Y}_t)$$

となるが，じつは右辺の第 3 項は 0 となる。ただし第 3 項において $(\widehat{Y}_t - \overline{Y})(Y_t - \widehat{Y}_t)$ がそれぞれの t に対して 0 となるのではなく，すべてのデータについて合計してはじめて 0 となるわけである。このことは次のように示される。

$$\sum_t (\widehat{Y}_t - \overline{Y})(Y_t - \widehat{Y}_t)$$
$$= \sum_t (\widehat{\alpha} + \widehat{\beta}X_t - \overline{Y})(Y_t - \widehat{\alpha} - \widehat{\beta}X_t) \quad (\widehat{Y}_t に \widehat{\alpha} + \widehat{\beta}X_t を代入)$$
$$= \sum_t (\widehat{\alpha} - \overline{Y})(Y_t - \widehat{\alpha} - \widehat{\beta}X_t) + \sum_t \widehat{\beta}X_t(Y_t - \widehat{\alpha} - \widehat{\beta}X_t)$$

（二つの項に分解）

$$= (\hat{a} - \overline{Y})\underbrace{\sum(Y_t - \hat{a} - \hat{\beta}X_t)}_{①} + \hat{\beta}\underbrace{\sum X_t(Y_t - \hat{a} - \hat{\beta}X_t)}_{②}$$

①,②はともに正規方程式（11-4）式の条件から0になることがわかる。

結局，上式は，

$$\sum_t (Y_t - \overline{Y})^2 = \sum_t (\hat{Y}_t - \overline{Y})^2 + \sum_t (Y_t - \hat{Y}_t)^2 \qquad (11\text{-}9)$$

と表わされる。各データの偏差の2乗の和はデータの変動を示すものと考えられる。よって，(11-9)式において，右辺の第1項は回帰式により説明された変動，第2項は回帰式により説明されなかった残差変動，そして左辺は全変動ということができる。すなわち，

全変動＝回帰式により説明された変動＋残差変動

と考えられる。全変動をいくつかの部分に分解するという手順は，第8章の分散分析のところで登場したテクニックである。実際，このあたりの議論は，驚くほど分散分析と内容が似ているので，ぜひもう一度，第8章を振り返ってもらいたい。

さて，回帰分析が成功したということは，回帰分析によって説明された変動が相対的に大きいということである。そこで，説明された変動の全変動に対する割合を考え，これを**決定係数**といい，通常 R^2（アール・スクエア）と表記する。すなわち，

$$R^2 = \frac{\text{説明された変動}}{\text{全変動}}$$

$$= \frac{\sum_t (\hat{Y}_t - \overline{Y})^2}{\sum_t (Y_t - \overline{Y})^2} = 1 - \frac{\sum_t (Y_t - \hat{Y}_t)^2}{\sum_t (Y_t - \overline{Y})^2} \qquad (11\text{-}10)$$

である。(11-10)式の2通りの表現からも明らかなように，R^2 は0と1のあいだの値をとる。決定係数が1に近ければ近いほど回帰式の妥当性は高いものとなり，「モデルの説明力が高い」とか，「当てはまりがよい」などと評価される。

決定係数を R^2 と表記するのは，理由がないわけではない。(11-10)式をさらに変形してゆくと，

図 11-7　真の直線と回帰直線

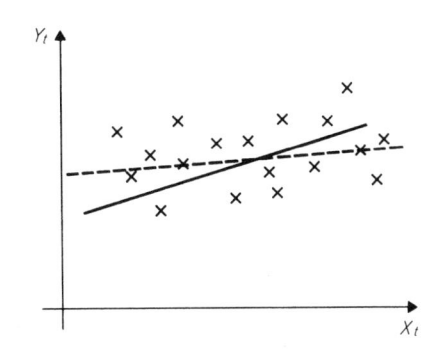

$$R^2 = \frac{\sum_t(\hat{Y}_t - \overline{Y})^2}{\sum_t(Y_t - \overline{Y})^2} = \frac{\hat{\beta}^2\sum_t(X_t - \overline{X})^2}{\sum_t(Y_t - \overline{Y})^2}$$

$$= \left(\frac{S_{XY}}{S_X^2}\right)^2\left(\frac{S_X^2}{S_Y^2}\right) = \left(\frac{S_{XY}}{S_X S_Y}\right)^2 = r_{xy}{}^2$$

となり，結局，相関係数 r_{xy} を 2 乗したものに等しくなる。相関係数は通常 r を用いて表わされるので，大文字・小文字のちがいがあるとはいえ，その 2 乗になるという意味を含んでいる。

[例題 11-3]

例題 11-2 の結果を用い，図 11-2 のデータに対し，全変動，回帰式により説明された変動，残差変動を計算し，決定係数 R^2 の値を求めよ。

●解答

$$\sum_t(y_t - \overline{y}_t)^2 = 10, \quad \sum_t(\hat{y}_t - \overline{y})^2 = 1+1+1+1 = 4,$$

$$\sum_t(y_t - \hat{y}_t)^2 = 6$$

であり，10 = 6+4 と確認される。

また，R^2 は 4/10 = 0.4 と求められる。

11.3　最小 2 乗推定量の分布と仮説検定

図 11-7 の破線は，神のみぞ知る真の Y_t と X_t の関係を示す直線である。これに対して，実線は，与えられたデータから推定された回帰直線である。

図 11-8　パラメータの分布

(a) $\hat{\alpha}$ の分布

(b) $\hat{\beta}$ の分布

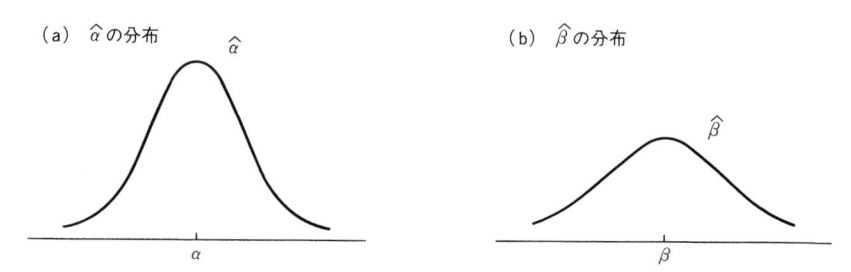

図の場合，X_t の大きな値に対してはたまたま u_t の値が小さくなっているため（マイナス），推定された回帰直線は傾きが大きめに，反対に切片は小さめに計算されている。このように，α，β の推定値は u_t の偶然変動に依存し，確率的に変動する。このことは，$\hat{\beta}$ が (11-7) 式に与えられるように，

$$\hat{\beta} = \frac{N\sum_t X_t Y_t - (\sum_t X_t)(\sum_t Y_t)}{N\sum_t X_t^2 - (\sum_t X_t)^2}$$

と表わされ，Y_t が u_t の変動の影響を受けて大きくなったり小さくなったりすることによる。このような $\hat{\alpha}$，$\hat{\beta}$ の分布は，図 11-8 のように表わされる。すなわち，α，β の分布は正規分布で近似され，分布の中心は真のパラメータ α，β となっている。つまり，$\hat{\alpha}$，$\hat{\beta}$ は α，β の不偏推定量である。また，それらの分散は，

$$\mathrm{Var}(\hat{\alpha}) = \sigma^2 \left\{ \frac{1}{N} + \frac{\overline{X}^2}{\sum_t (X_t - \overline{X})^2} \right\}$$

$$\mathrm{Var}(\hat{\beta}) = \frac{\sigma^2}{\sum_t (X_t - \overline{X})^2}$$

(11-11)

となる。ここで σ^2 は u_t の分散である。これは，以下のように示される。

11.1 でのべたように，$\hat{\beta} = \sum_t a_t Y_t$ と表現される。各 Y_t は独立であり，その分散は σ^2 である。このことを用いて，

$$\mathrm{Var}(\hat{\beta}) = (\sum_t a_t^2)\sigma^2 = \sigma^2 \left[\frac{\sum_t (X_t - \overline{X})^2}{\{\sum_t (X_t - \overline{X})^2\}^2} \right] = \frac{\sigma^2}{\sum_t (X_t - \overline{X})^2}$$

図 11-9 β=0のときの直線と回帰直線

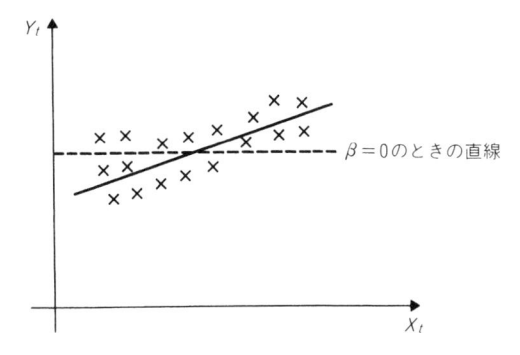

と求められる。さらに，$\mathrm{Var}(\hat{a}) = (\sum_t b_t^2)\sigma^2$ より，

$$\mathrm{Var}(\hat{a}) = \sigma^2 \sum_t \left[\frac{1}{N^2} + \frac{\overline{X}^2(X_t-\overline{X})^2}{\{\sum_t(X_t-\overline{X})^2\}^2} - 2\frac{\overline{X}(X_t-\overline{X})^2}{N\sum_t(X_t-\overline{X})^2} \right]$$

$$= \sigma^2 \left\{ \frac{1}{N} + \frac{\overline{X}^2}{\sum_t(X_t-\overline{X})^2} \right\}$$

これらの推定量の分散はすべての不偏推定量の中でもっとも小さいことが知られている。じつは，これが最小2乗推定量を用いるゆえんである。以上をまとめれば，

$$\hat{a} \sim N\left(a, \sigma^2\left\{\frac{1}{N} + \frac{\overline{X}^2}{\sum_t(X_t-\overline{X})^2}\right\}\right)$$
$$\hat{\beta} \sim N\left(\beta, \frac{\sigma^2}{\sum_t(X_t-\overline{X})^2}\right) \tag{11-12}$$

と表わされる。これらを用いて，未知のパラメータ a, β についてのさまざまな仮説が検定可能となる。

たとえば，$H_0 : \beta = 0$ を考えてみよう。H_0 は「X が Y にまったく影響を与えない」ということを意味するものであり，経済学のみならずさまざまな分野でたびたび出会う仮説である。図 11-9 において破線で示された水平線は $\beta=0$ に対する"神のみぞ知る"真の直線を表わしており，Y の値が X に関係なく一定の値をとる。その場合であっても，u_t の出方によっては，推定された回帰直線はプラスの傾きをもつことも，マイナスの傾きをもつこ

ともありうることに注意されたい。そこで，このことを反対からみて，データより求められた回帰直線から，真の直線の傾きが0ということがありうるか否かを判断したい。そのような場合，$\hat{\beta}$ の分布を利用して，β に関する仮説検定を行なえばよい。すなわち，

$$\frac{\hat{\beta} - \beta}{\sqrt{\mathrm{Var}(\hat{\beta})}} \tag{11-13}$$

は標準正規分布に従うことを用いる。H_0 に対しては，$\beta = 0$ として，

$$\frac{\hat{\beta}}{\sqrt{\mathrm{Var}(\hat{\beta})}} \tag{11-14}$$

の値を調べればよい。もし仮説が正しいならば，この値が1.96をこすことは5％しかないめずらしいことになる。$\beta = 0$ 以外の仮説も同様に考えればよい。ただし，(11-12) の正規分布においては，$\mathrm{Var}(\hat{\beta})$ に含まれる σ^2 の値は未知であり，データから推定しなければならない。

 3.4において，分散の推定について学んだが，そこでは分散の推定量は，

$$\frac{\sum_t (X_t - \bar{X})^2}{N-1}$$

と与えられた。$N-1$ は μ を $\bar{X}$ で推定することにより，分子の自由度がデータ数N より1だけ小さくなることを示していた。ここでは変動データは Y_t であり，$\{Y_t - (\alpha + \beta X_t)\}$ が u_t に対応する。また，平均 μ に直線 $\alpha + \beta X_t$ が対応し，ここではそれを $\hat{\alpha} + \hat{\beta} X_t$ で推定する。その場合，$\hat{\alpha}$，$\hat{\beta}$ の二つのパラメータを推定するため自由度は2だけ小さくなってしまう。結局，$\hat{u}_t$ の2乗和を $N-2$ で割ったものが σ^2 の不偏推定量となる。すなわち，

$$\hat{\sigma}^2 = \frac{\sum_t \{Y_t - (\hat{\alpha} + \hat{\beta} X_t)\}^2}{N-2} \tag{11-15}$$

と与えられる。このような $\hat{\sigma}^2$ を (11-11) 式に代入することにより，(11-13) の統計量は自由度 $N-2$ の t 分布に従うことになる。これらのことがわかりにくい読者は，もう一度4.2を振り返ってもらいたい。また，とくに (11-13) の $\beta = 0$ に対する値，すなわち (11-11) 式の σ^2 に $\hat{\sigma}^2$ を代入して (11-14) を計算した値は **t 値**とよばれ，X が説明変数として役に立つか否かを調べる指標として広く用いられている。

このような議論は，α のさまざまな値に関する検定に対してもまったく同様に適用される。その場合，$\mathrm{Var}(\hat{\beta})$ の代わりに $\mathrm{Var}(\hat{\alpha})$ を考えるにすぎない。すなわち，(11-13) に対応して，

$$\frac{\hat{\alpha} - \alpha}{\sqrt{\mathrm{Var}(\hat{\alpha})}}$$

(11-14) に対応して，

$$\frac{\hat{\alpha}}{\sqrt{\mathrm{Var}(\hat{\alpha})}}$$

の値を考えればよい。

[例題 11-4]

例題 11-2 において，$\hat{\alpha}$，$\hat{\beta}$ の t 値を求め，以下の仮説を有意水準 5 ％で検定せよ。

$$H_0^1 : \beta = 0, \quad H_0^2 : \alpha = 0, \quad H_0^3 : \beta = 1$$

●解答

まず (11-15) 式より $\hat{\sigma}^2$ を求めると，$6/4 = 1.5$ となる。また，

$$\frac{1}{N} + \frac{\bar{x}^2}{\sum(x_t - \bar{x})^2} = \frac{1}{6} + \frac{3^2}{16} = \frac{35}{48}$$

$$\frac{1}{\sum(x_t - \bar{x})^2} = \frac{1}{16}$$

より，

$$\mathrm{Var}(\hat{\alpha}) = 1.5 \times \frac{35}{48} = 1.09, \quad \mathrm{Var}(\hat{\beta}) = 1.5 \times \frac{1}{16} = 0.094$$

よって，

$$\mathrm{SE}(\hat{\alpha}) = 1.05, \quad \mathrm{SE}(\hat{\beta}) = 0.306$$

と求められる。したがって，

$H_0^1 : \beta = 0$ に対しては，$0.5/0.306 = 1.634$

$H_0^2 : \alpha = 0$ に対しては，$1.5/1.05 = 1.429$

$H_0^3 : \beta = 1$ に対しては，$-0.5/0.306 = -1.634$

となり，いずれも仮説は受容されてしまう。

[例題 11-5]

第10章の表 10-1 のデータに対して回帰分析を行ないたい。Y_t を消費者物価上

昇率，X_t を失業率とする。このとき，
$$Y_t = \alpha + \beta X_t + u_t, \quad u_t \sim N(0, \sigma^2)$$
というモデルを想定し，
(1) α, β の推定値を最小2乗法により求めよ。
(2) u_t の分散，標準偏差を求めよ。
(3) $\hat{\alpha}$, $\hat{\beta}$ の t 値を求めよ。
(4) R^2 の値を求めよ。

●解答
(1) (11-7), (11-8) 両式より $\hat{\alpha} = 10.91$, $\hat{\beta} = -2.62$ と求められる。
(2) (1)の結果を用い，(11-15) 式を計算する。その結果，u_t の分散は12.57, 標準偏差は3.55と求められる。なお，$\{Y_t - (\hat{\alpha} + \hat{\beta} X_t)\}$ の値は次章の例題においても利用するため，保存しておくとよい。
(3) $SE(\hat{\alpha}) = 1.53$, $SE(\hat{\beta}) = 0.47$ であり，$\hat{\alpha}$ の t 値は7.12, $\hat{\beta}$ の t 値は -5.54 と求められる。
(4) (11-10) 式より，R^2 の値は 0.45 となる。

11.4 まとめ

本章では，回帰分析の入門的なことがらについて学んだ。最小2乗法によって正規方程式を導き，それを解くことによってパラメータの推定量が得られた。また，被説明変数の変動は，回帰式によって説明された変動と説明されなかった残差変動に分解でき，全変動に対する前者の比率は決定係数とよばれた。この決定係数が大きいほど，回帰分析が成功したことになる。最小2乗推定量にもとづくパラメータの仮説検定についても説明した。これは，分散が未知の場合の平均の検定の応用例であり，したがって t 分布にもとづく t 検定を利用する。

練　習　問　題

（＊印はやや難解。最初はスキップしてもかまわない。）

1．X と Y に関する20組のデータにもとづき，回帰分析を行なった結果，
$$Y = 0.2 + 0.06X$$
なる結果が得られた。また以下の数値が得られている。
$$\sum X_t = 40, \quad \sum X_t^2 = 400, \quad \sum \hat{u}_t^2 = 50$$
ただし，$\hat{u}_t$ は回帰式の残差を表わす。このとき，X の係数の t 値を求め，有意性を検討せよ。

2．本文中の（11-2）の単回帰式に代わり，説明変数と被説明変数を入れ換えた単回帰式
$$X_t = \gamma + \delta Y_t + v_t$$
を考え，最小2乗法で γ と δ を推定したとする。ただし，v_t は誤差項である。

(1) 本文中で得られた $\hat{\alpha}$, $\hat{\beta}$ と，ここで求められた $\hat{\gamma}$, $\hat{\delta}$ のあいだには，なんらかの関係があるだろうか。

(2) 2通りの単回帰式の決定係数には，どのような関係が認められるだろうか。

(3)＊ 二つのモデルの優劣をつけるとすると，どのような基準に従うべきであろうか。実証分析に際しての経済学理論の役割に言及しながら，考えてみよう。

3．X と Y に関する50組のデータから，以下の情報が得られたものとしよう。このとき，Y を X に対して回帰した場合の R^2 と，反対に X を Y に対して回帰したときの R^2 を求めよ。
$$\sum X_t = 100, \quad \sum X_t^2 = 1000, \quad \sum Y_t = 150, \quad \sum Y_t^2 = 600,$$
$$\sum X_t Y_t = 200$$

4．定数項を考えない単回帰式
$$Y_t = \beta X_t + u_t$$
を考える。このとき，

(1) 回帰係数 β の最小2乗推定量を求めよ。定数項がある場合と，ない場合で結果にちがいが生じるであろうか。

(2)＊ 定数項がない場合には，（11-10）式に忠実に従って計算した決定係数は，負になりうる。その原因について考えてみよう。

5．表11-1は，1971年から2009年まで39年間の，失業率と名目賃金上昇率をまとめたものである。

表 11-1 失業率と名目賃金上昇率（1971〜2009年）

(単位：％)

	失業率	名目賃金上昇率		失業率	名目賃金上昇率
1971年	1.3	14.5	1991年	2.1	3.4
1972	1.3	16.1	1992	2.2	1.8
1973	1.3	21.4	1993	2.6	0.6
1974	1.5	27.4	1994	2.9	1.8
1975	2.0	14.7	1995	3.2	1.8
1976	2.0	12.4	1996	3.3	1.5
1977	2.1	8.6	1997	3.5	2.0
1978	2.2	6.5	1998	4.3	−1.3
1979	2.0	5.8	1999	4.7	−1.4
1980	2.1	6.3	2000	4.7	−0.3
1981	2.2	5.5	2001	5.2	−0.9
1982	2.5	4.1	2002	5.4	−2.9
1983	2.7	2.8	2003	5.1	−0.1
1984	2.7	3.5	2004	4.6	−0.9
1985	2.6	2.8	2005	4.4	1.1
1986	2.8	2.7	2006	4.1	1.0
1987	2.8	1.9	2007	3.8	−0.9
1988	2.4	3.4	2008	4.1	−0.6
1989	2.2	4.3	2009	5.2	−4.7
1990	2.1	4.7			

(出所) 総務省統計局「労働力調査」，厚生労働省「毎月勤労統計」
(注) 失業率は「完全失業率」，名目賃金は2005年＝100とした賃金指数総額。

(1) 名目賃金上昇率を被説明変数，失業率を説明変数とする単回帰モデルを推定せよ。決定係数も求めよ。

(2) 横軸に失業率，縦軸に名目賃金上昇率をとった図に，データの観測値を示し，合わせて(1)の推定結果をもとに回帰直線を描け。

(3) 横軸に年，縦軸に名目賃金上昇率をとった図に，実績値と推定値をプロットし，それらの時系列的変動について気がついたことをコメントせよ。

(4)* (1)の説明変数と被説明変数の役割を代えたうえで，同様の作業を行なえ。

(5)* (1)と(4)より，問題 I の(1)(2)の解答が正しかったか否か，確認せよ。

(6)* (1)と(4)を定数項がない単回帰モデルの定式化のもとで行ない，それぞれの決定係数を計算してみよう。

(7) (1)において，説明変数として失業率のかわりにその逆数をとったとする。このとき，回帰の決定係数は，どのように変化するであろうか。結果の意味も考えてみよう。

第12章

回帰分析(2)
分析結果の吟味

12.1 回帰分析における誤差項に関する仮定

すでにみたように，最小2乗推定量はデータ Y_t の関係であり，その Y_t の変動は u_t によりもたらされる。それゆえ，最小2乗推定量が推定量として望ましい性質を満たすか否かは，誤差項 u_t の性質に依存することは想像にかたくない。直線 $(\alpha+\beta X_t)$ に対して加えられる u_t が独立に同一の分布に従う場合には最小2乗法がよさそうであるが，そうでないと最小2乗推定量はかならずしもよい推定量とはいえなくなるのではないだろうか？ これまで誤差項 u_t に関して暗黙のうちに認めてきた事項がいくつかある。ここでそれらについてまとめるとともに，それらの意味するところを吟味してみよう。

仮定(1) u_t の平均は0である

図12-1では，神のみぞ知る真の直線に対して平均がプラスの値をとる誤差項が加えられ，データが得られている。その場合，最小2乗法により推定される直線は真の直線に比べ大きな切片をもってしまう。これは最小2乗法がプラスとマイナスの誤差を均等に評価するためである。よって，最小2乗法が正当化されるには，u_t の平均（期待値）は0でなければならない。そ

図 12-1　プラスの誤差項

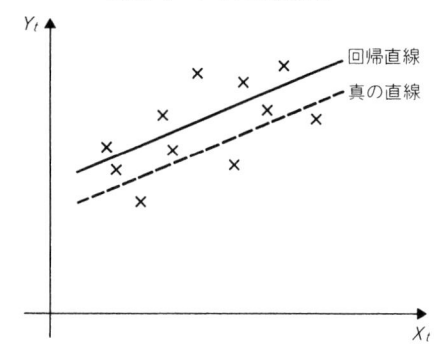

うでないと，回帰直線の切片 α の推定に偏りが生じると予想される。しかしながら，仮定が満たされなくとも β の推定にはとくに影響がなさそうである。u_t の平均が 0 であることは，$\mathrm{E}(u_t) = 0$ と表現される。

仮定 (2)　u_t の分散は一定である

図 12-2 は，同じく回帰直線に分散の異なる誤差項が加えられた場合である。分散の小さなところではそれだけ情報が多いことがわかる。たとえば，図の E 点においては F 点に比べ直線の通過する可能性の高い範囲が狭まっている。よって，E 点における誤差と F 点における誤差とをともに 2 乗の和として合計することにより均等に扱うことはおかしい気がする。それゆえ，u_t の分散は均等でなければならない。そうでないと，パラメータの有効な（分散の小さい）推定量が得られないかもしれない。ただし，α や β を正負どちらか一方に過大評価するといった推定の偏りは，とくになさそうである。

いうまでもなく，u_t の分散は $\mathrm{E}\{u_t - \mathrm{E}(u_t)\}^2$ と定義される。仮定 (1) より，$\mathrm{E}(u_t) = 0$ であるから，u_t の分散が一定であることは $\mathrm{E}(u_t^2) = \sigma^2$ と表現される。

仮定 (3)　u_t は説明変数 X_t と無相関である

u_t がたとえば X_t とともに大きくなる図 12-3 のような場合，α, β の推定値には偏りが生じると予想される。よって，u_t は X_t と相関があってはならない。u_t が X_t と無相関であることは，u_t と X_t の共分散が 0 である

図 12-2　分散の異なる誤差項

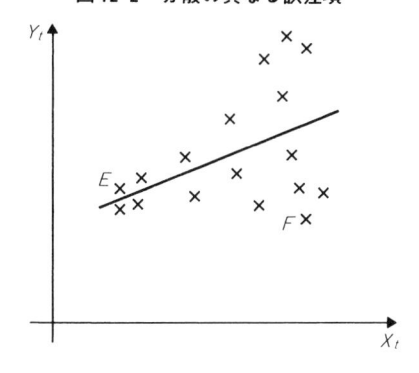

図 12-3　X_t と相関がある誤差項

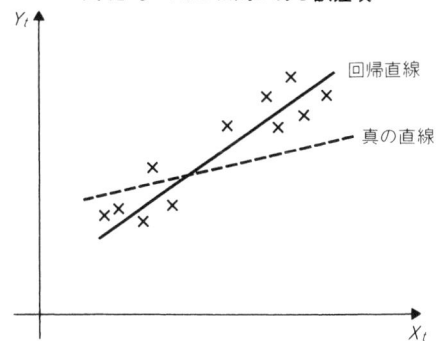

ことと同等である。u_t と X_t の共分散は $\mathrm{E}\{(u_t-\mathrm{E}(u_t))(X_t-\mathrm{E}(X_t))\}$ と定義される。ところが，

$$\mathrm{E}\{(u_t-\mathrm{E}(u_t))(X_t-\mathrm{E}(X_t))\}$$
$$= \mathrm{E}\{u_t(X_t-\mathrm{E}(X_t))\} \qquad \text{(仮定 (1) より)}$$
$$= \mathrm{E}(u_t X_t) - \mathrm{E}(u_t)\mathrm{E}(X_t)$$
$$= \mathrm{E}(u_t X_t) \qquad \text{($\mathrm{E}(X_t)$ は定数)}$$

となり，結局 u_t が説明変数 X_t と無相関であることは，$\mathrm{E}(u_t X_t)=0$ と表現される。

仮定 (4)　u_t はたがいに無相関である

仮定 (4) については説明が必要である。経済データには，たとえば消費量，

図 12-4　系列相関のある誤差項

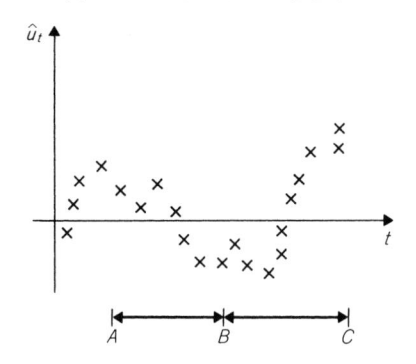

GDPなどのマクロ経済変数のように，時間とともに得られるデータが多い。そのようなデータを**時系列データ**という。時系列データを用いて回帰分析を行なう場合には，異なる時点間の誤差項の相関，すなわち**系列相関**に注意しなければならない。図12-4は u_t と u_{t-1} にプラスの相関がある場合の誤差項の現われ方の典型を描いたものである。その場合，u_t は大きく波うつことがわかる。もちろん仮定(4)は，u_t と u_s の相関一般についてのべたものであるが，ここではその中の $s = t-1$ という特別の場合と考えてもらいたい。このような誤差が回帰直線に加わるとどうなるであろうか？

偶然A〜Bの範囲のデータが得られれば，$\hat{\beta}$ の傾きは小さくなる。これに対して，B〜Cの範囲のデータが得られれば $\hat{\beta}$ の傾きは大きくなる。このように，どの範囲のデータが得られるかによって推定値は大きくばらつくことがわかる。それゆえ，$\hat{\beta}$ の分散は大きくなるものと予想される。すなわち，u_t と u_{t-1} に相関があっては最小2乗法では有効な推定量は得られない。ただし，どの範囲のデータが得られるのか事前にはわからないので，傾きが大きくなるのか小さくなるのかは一概にはいえない。よって $\hat{\beta}$ の偏りはなさそうである。

u_t がたがいに無相関であることは，$\mathrm{E}(u_t u_s) = 0 \, (t \neq s)$ と表わされる。

以上四つの仮定をまとめておくと，

　　仮定(1)　u_t の期待値は0である。$\mathrm{E}(u_t) = 0$

　　仮定(2)　u_t の分散は一定である。$\mathrm{E}(u_t{}^2) = \sigma^2$

仮定(3)　u_t は説明変数 X_t と無相関である。$\mathrm{E}(u_t X_t) = 0$

仮定(4)　u_t はたがいに無相関である。$\mathrm{E}(u_t u_s) = 0\ (t \neq s)$

　上の四つの仮定のすべてが満たされるならば，最小2乗推定量は第3章でのべた推定量としての望ましい性質をすべて満たすことが知られている。より厳密にいえば，最小2乗推定量は偏りがなく（**不偏性**），データ数の増加とともに神のみぞ知る真の値に近づく（**一致性**）。さらに，Y_t の1次式で表わされる不偏推定量の中でもっとも分散が小さい（**最小分散線形不偏推定量**）。最後の性質は英語で表現すれば Best Linear Unbiased Estimator と訳される。そこでその頭文字をとって，最小2乗推定量は **BLUE** であるともいわれている。

　しかし，逆にいえば，上の四つの仮定のいずれかが満たされないならば，最小2乗推定量はかならずしも満足のいく推定量ではない。実際にデータを分析すると，明らかに仮定が満たされていないと思われる場合が多く，適当な修正を加える必要がでてくる。そこで，仮定のどれかが満たされないときに，どのような修正を試みたらよいかが問題になるが，これが**計量経済学**といわれる分野の重要な課題なのである。ここでは計量経済学の分野に深入りはしないでおこう。なお，上の四つの仮定に加えて，

仮定(5)　u_t は正規分布に従う。$u_t \sim N(0, \sigma^2)$

を追加するならば，最小2乗推定量は**最尤推定量**でもあることがわかる。

　3.5 において，平均の推定に関して最小2乗推定量は，正規分布の仮定のもとでは最尤推定量でもあることを学んだ。ここでも同様に考えればよいのだが，もう一度簡単に説明を加えておこう。まず，仮定(5)のもとでは，Y_t が直線 $(\alpha + \beta X_t)$ を平均とし分散 σ^2 の正規分布に従う。それゆえ，α, β の尤度関数は以下のように与えられる。

$$f(\alpha, \beta | Y_1, Y_2, \cdots, Y_N) = \frac{1}{\sqrt{2\pi}\sigma} \exp\left[\frac{-\{Y_1 - (\alpha + \beta X_1)\}^2}{2\sigma^2} \right]$$

$$\cdot \frac{1}{\sqrt{2\pi}\sigma} \exp\left[\frac{-\{Y_2-(\alpha+\beta X_2)\}^2}{2\sigma^2}\right]$$

$$\cdot \cdots \cdot \frac{1}{\sqrt{2\pi}\sigma} \exp\left[\frac{-\{Y_N-(\alpha+\beta X_N)\}^2}{2\sigma^2}\right]$$

$$= \left(\frac{1}{\sqrt{2\pi}\sigma}\right)^N \exp\left[\frac{-\sum_t\{Y_t-(\alpha+\beta X_t)\}^2}{2\sigma^2}\right] \quad (12\text{-}1)$$

(12-1) 式を最大にする α, β が最尤推定量である。計算の簡単化のためには，(12-1) 式の対数値を考え，それを最大化するほうが便利である。対数尤度関数は，

$$-\frac{N}{2}\log(2\pi\sigma^2)-\frac{1}{2\sigma^2}\sum_t\{Y_t-(\alpha+\beta X_t)\}^2 \quad (12\text{-}2)$$

となる。(12-2) 式から，対数尤度関数を α と β に関して最大化することは，第2項の $\sum$ 以降を最小化することと同等であることがわかる。よって正規分布のもとで，最小2乗推定量は最尤推定量でもあることがわかる。

仮定(5)を追加した場合，最小2乗推定量は（線形推定量にかぎらず）すべての不偏推定量の中でもっとも分散が小さいことも知られている。すなわち，最小2乗推定量は**最良不偏推定量 BUE**（Best Unbiased Estimator）ということになる。仮定(5)のように分布の仮定をおくことにより，数少ないデータに対しても係数パラメータの推定量 $\hat{\alpha}$, $\hat{\beta}$ が正規分布に従うため，近似することなく仮説検定が行ないうるという利点もある。

前章で学んだ正規方程式 (11-5), (11-6) と回帰直線 (11-2) とを注意深く見比べると，ある種の規則があることに気づく。(11-2) 式の両辺の各項をすべての t について合計してみよう。あるいは，両辺に定数"1"をかけて合計すると考えたほうが，後の議論とより整合的であるかもしれない。そのとき，

$$\sum_t Y_t = N\alpha + \beta\sum_t X_t + \sum_t u_t \quad (12\text{-}3)$$

を得る。(12-3) 式の両辺を N で割ると，

$$\frac{\sum_t Y_t}{N} = \alpha + \beta\frac{\sum_t X_t}{N} + \frac{\sum_t u_t}{N}$$

となる。N が増加すれば，右辺第3項は大数の法則によって u_t の期待値へ

と収束するが，その値は仮定(1)より0である．その他の項はなんらかの値へと収束し，一般には0とはならないであろう．それゆえ$(\sum_t u_t)/N$を相対的に無視して考えることが許される．その結果をふたたびN倍して考えると，

$$\sum_t Y_t = Na + \beta \sum_t X_t$$

となり，(11-5)式を得る．同様に，(11-2)式の両辺に説明変数X_tをかけ，その後それぞれの項を合計すると，

$$\sum_t X_t Y_t = a \sum_t X_t + \beta \sum_t X_t^2 + \sum_t X_t u_t \qquad (12\text{-}4)$$

となる．(12-4)式の両辺をデータ数Nで割ると，

$$\frac{\sum_t X_t Y_t}{N} = \frac{a \sum_t X_t}{N} + \frac{\beta \sum_t X_t^2}{N} + \frac{\sum_t X_t u_t}{N}$$

を得る．ここで右辺第3項$(\sum_t X_t u_t)/N$に注目すれば，この値は仮定(3)よりNが大きくなれば0へ近づくと予想される．これに対して，他の項はなんらかの値へと収束するであろうから，結局$(\sum_t X_t u_t)/N$を相対的に無視して考えることができる．ふたたびN倍して考えると，

$$\sum_t X_t Y_t = a \sum_t X_t + \beta \sum_t X_t^2$$

となり，(11-6)式を得る．

　仮定(1)，(3)が成立しないならば，$(\sum_t u_t)/N$や$(\sum_t X_t u_t)/N$を無視して考えることが許されない．このことから仮定(1)，(3)は正規方程式，すなわち最小2乗法そのものを正当化するために必要な仮定であることがわかる．

12.2　残差の検討：系列相関とDW統計量

　回帰分析が成功したといえるか否かは，決定係数R^2の値だけによるわけではない．回帰の残差u_tを検討してはじめてわかることなのである．u_tに関する仮定が妥当なものであったかどうかは，u_tの推定値である$\hat{u}_t$に現われる．本来，u_tが独立かつ同一の分布に従うのであれば，$\hat{u}_t$もそのようになっているはずである．この点を確かめる一つの方法として，$\hat{u}_t$をプロットする手がある．たとえば，図12-5は$\hat{u}_t$をX_tに対してプロットしたも

図 12-5　誤差項のプロット

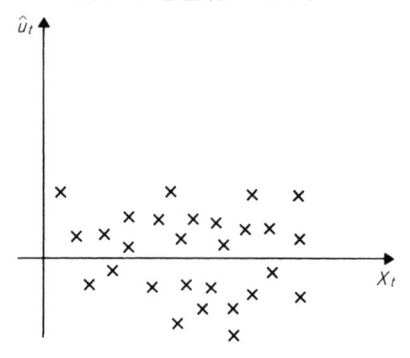

図 12-6　X_t と相関がある誤差項

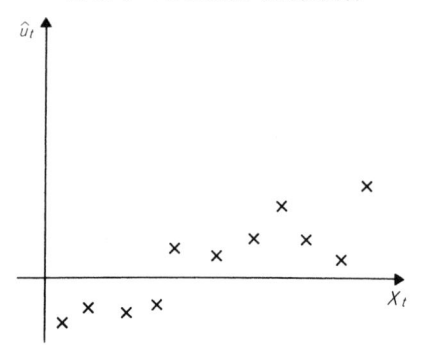

のであるが，この図に示されるように $\hat{u}_t$ はランダムに現われていなければならない．図 12-6 に見られるように，$\hat{u}_t$ が X_t とともに大きくなる傾向を示すのであれば，おそらく仮定(3)が満たされていないものと予想される．また，図 12-7 のように規則性のあるプロットが得られれば，それは図 12-8 のように，本来 2 次曲線の上に並ぶデータに対して直線を当てはめようとしていることも考えられる．このように，$\hat{u}_t$ をプロットすると意外な事実に気づくこともある．

　また，経済データの場合に多くあることだが，時系列データを扱う場合には $\hat{u}_t$ と $\hat{u}_{t-1}$ のあいだの相関を調べてみることも必要である．これはむろん仮定(4)の成立，すなわち系列相関がないことをチェックするためである．(10-8) 式に与えられた定義に従い $\hat{u}_t$ と $\hat{u}_{t-1}$ の相関係数を計算し，その値

図 12-7　規則性のある誤差項

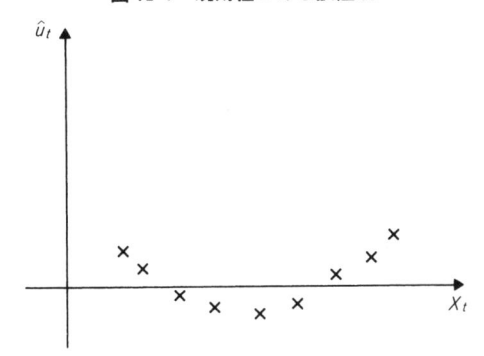

図 12-8　2次曲線への直線のあてはめ

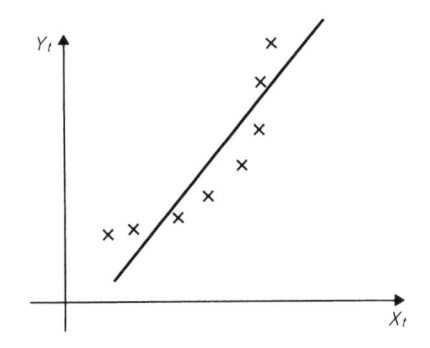

が 0 に近いかどうかを調べればよい。ただし，一般には次の式で定義される**ダービン・ワトソン統計量（DW 統計量）**が相関係数の代わりに用いられる。

$$DW = \frac{\sum_{t=2}^{N}(\widehat{u}_t - \widehat{u}_{t-1})^2}{\sum_{t=1}^{N} \widehat{u}_t^{\,2}} \tag{12-5}$$

$\widehat{u}_t$ と $\widehat{u}_{t-1}$ の相関係数の値を r とすれば，DW は近似的に $2(1-r)$ に等しいことが以下のようにして示される。まず，

$$DW = \frac{\sum_{t=2}^{N}(\widehat{u}_t - \widehat{u}_{t-1})^2}{\sum_{t=1}^{N} \widehat{u}_t^{\,2}}$$

図 12-9 系列相関とDW統計量

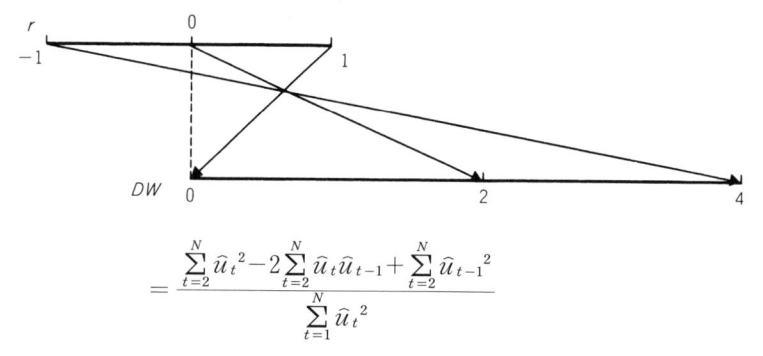

$$= \frac{\sum_{t=2}^{N}\widehat{u}_t{}^2 - 2\sum_{t=2}^{N}\widehat{u}_t\widehat{u}_{t-1} + \sum_{t=2}^{N}\widehat{u}_{t-1}{}^2}{\sum_{t=1}^{N}\widehat{u}_t{}^2}$$

と変形される。データ数が大きいと $\sum_{t=2}^{N}\widehat{u}_t{}^2$ と $\sum_{t=1}^{N}\widehat{u}_t{}^2$ そして $\sum_{t=2}^{N}\widehat{u}_{t-1}{}^2$ はすべてほぼ等しいとみなしてよいだろう。一方,r は,

$$r = \frac{\sum_{t=2}^{N}\widehat{u}_t\widehat{u}_{t-1}}{\sqrt{\sum_{t=2}^{N}\widehat{u}_t{}^2}\sqrt{\sum_{t=2}^{N}\widehat{u}_{t-1}{}^2}}$$

と表わされる。ここでは,$\widehat{u}_t$ や $\widehat{u}_{t-1}$ の標本平均 $\sum_{t=2}^{N}\widehat{u}_t/(N-1)$,$\sum_{t=2}^{N}\widehat{u}_{t-1}/(N-1)$ は近似的に 0 とみなしている。r はさらに,

$$r = \frac{\sum_{t=2}^{N}\widehat{u}_t\widehat{u}_{t-1}}{\sum_{t=1}^{N}\widehat{u}_t{}^2}$$

ともみなしうるであろう。そこで結局,

$$DW = 2\left(1 - \frac{\sum_{t=2}^{N}\widehat{u}_t\widehat{u}_{t-1}}{\sum_{t=1}^{N}\widehat{u}_t{}^2}\right)$$
$$= 2(1-r)$$

が近似的に成り立つことが示される。

r は -1 と 1 のあいだの値をとるわけであるから,DW は 0 と 4 のあいだの値をとる。$r=0$ には $DW=2$ が対応するので,DW の値が 2 に近いならば $\widehat{u}_t$ と $\widehat{u}_{t-1}$ のあいだの相関はないといえる(図 12-9 参照)。DW 統

図 12-10　DW 統計量による系列相関の検定

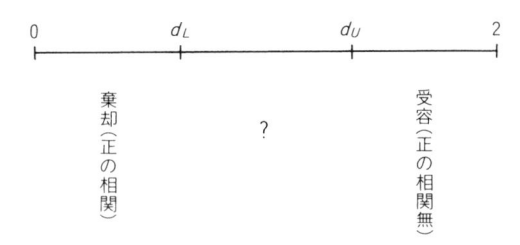

```
 0              d_L            d_U             2
 |──────────────|──────────────|──────────────|
   棄却                ?           受容
  (正の相関)                     (正の相関無)
```

計量については，その統計変動を考えた検定のための数表が作成されている（巻末の数表Eを参照）。ここでそのような表を利用することにより，「相関がない」という帰無仮説を検定する手順について説明しておこう。数表では説明変数の数 k（ここでは1であるが，以下にみるように，つねにそうとはかぎらない）に対し，d_L, d_U という二つの数値が与えられている。このような数値を利用し，検定は以下のルールに従って行なわれる。

$0 < DW < d_L$　　帰無仮説を棄却する。正の相関がある。

$d_L < DW < d_U$　　結論が下せない。

$d_U < DW < 2$　　帰無仮説を受容する。正の相関があるとはいえない。

このように，数表では対立仮説として「正の相関がある」のみを考えている。これは一つには，経済データに回帰分析を適用すると，その残差の多くが正の系列相関をもつためである。ただし負の相関については，表に与えられる d_L や d_U を2に関して対称に変換して考えればよい。すなわち，

$2 < DW < 4 - d_U$　　帰無仮説を受容する。負の相関があるとはいえない。

$4 - d_U < DW < 4 - d_L$　　結論が下せない。

$4 - d_L < DW < 4$　　帰無仮説を棄却する。負の相関がある。

　なお，以上の説明では，図 12-10 にもあるように帰無仮説に対して結論が下しえないケースがあることを示している。このようなケースが存在することは DW 統計量の特徴でもあり，欠点でもある。これは，DW 統計量の分布が本来，説明変数 X_t の値に依存するが，それでは不便であるため工夫された結果である。DW 統計量による検定の改善はいろいろ研究されてはい

図 12-11 回帰残差のプロット

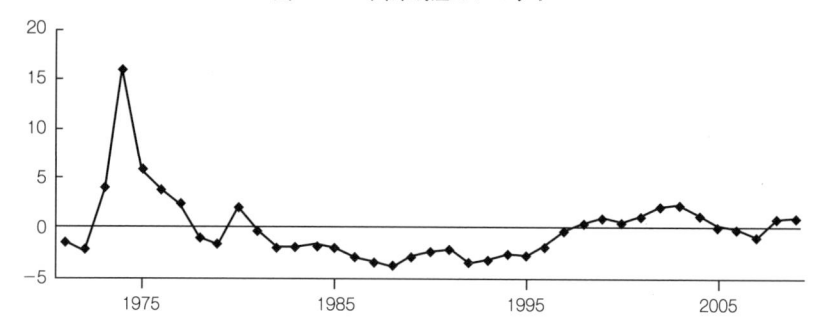

るが，本書のレベルではそこまで説明する必要はないだろう。

ただし，DW 統計量は時間とともにデータが得られる場合にかぎって用いられること，また DW 統計量は隣りあう残差同士の相関を調べるものにすぎず，本来は u_t と u_{t-2} や u_t と u_{t-3} などさまざまな時点間の相関をも調べなければならないことに注意したい。

[例題 12-1]

表 10-1 に与えられるデータに対し，例題 11-5 で求められた回帰式の推定値から回帰残差を求めることにより，DW 統計量の値を計算し，系列相関の有無を検定せよ。

●解答

図 12-11 は回帰残差をプロットしたものである。DW 統計量の値は (12-5) 式より 0.743 と計算される。数表 E の $k = 1$, $N = 39$ のところを見ると，$d_L = 1.43$ であり，有意であることがわかる。よって残差の系列には正の相関があると結論される。実際，図 12-11 の系列は大きなうねりを示している。

12.3 重回帰モデル

これまでの議論は，説明変数の数が 2 個以上の場合にも拡張される。たとえば，息子の身長を知るためには，父親の身長のみならず母親の身長をも情報として利用したほうがよりたしかであろう。そこで母親の身長も説明変数

図12-12　回帰平面

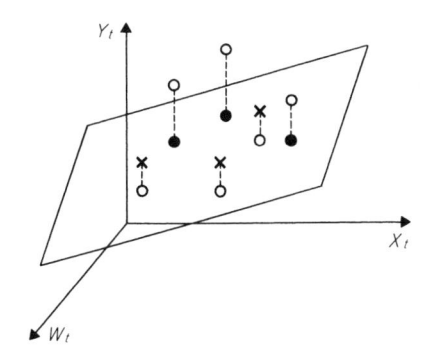

として追加する。このように，説明変数の数が2個以上の回帰分析を**重回帰分析**，そこで用いられるモデルを**重回帰モデル**とよぶ。これに対して，これまでのように説明変数が1個のみの場合をとくに**単回帰モデル**という。重回帰モデルを用いた分析，すなわち重回帰分析でも u_t に関する仮定をはじめこれまでの議論にほとんど変わりはない。少々計算が複雑になるだけである。

説明変数として，X に加え W が与えられたとしよう。回帰式は (11-2) 式に対応して，

$$Y_t = \alpha + \beta X_t + \gamma W_t + u_t \tag{12-6}$$

と表わされる。このとき，Y と X，W の関係は図12-12に見られるように，直線に代わり平面となる。そして，各データから Y 軸に沿って測った平面までの距離の2乗の和が最小になるように平面を選ぶことになる。具体的には (11-3) 式に対応し，

$$\phi(\alpha, \beta, \gamma) = \sum_t \{Y_t - (\alpha + \beta X_t + \gamma W_t)\}^2$$

を最小にするようにパラメータ α, β, γ を決定すればよい。α, β, γ のそれぞれについて偏微分（他のパラメータは定数と考え微分）し，0とおくことにより，次の3本の式を得る。

$$\sum_t Y_t = \alpha N + \beta \sum_t X_t + \gamma \sum_t W_t$$
$$\sum_t X_t Y_t = \alpha \sum_t X_t + \beta \sum_t X_t^2 + \gamma \sum_t X_t W_t \tag{12-7}$$

$$\sum_t W_t Y_t = \alpha \sum_t W_t + \beta \sum_t W_t X_t + \gamma \sum_t W_t^2$$

これが正規方程式である。

ここでも 12.1 でのべた正規方程式にみられる規則に気づくであろう。第1式は，(12-6) 式の両辺に定数 "1" をかけた後，各項をすべての t について合計し，$\sum_t u_t$ を省略した形になっている。また第2式は，(12-6) 式の両辺の各項に X_t を，第3式は両辺に W_t をかけた後，それぞれの項を合計し，$\sum_t X_t u_t$，$\sum_t W_t u_t$ を省略した形になっている。

[例題 12-2]

説明変数の数が三つになった場合，正規方程式は一般にどのように書き表わされるであろうか？

●解答

上にのべた規則どおりに考えればよく，とくに説明は必要ないであろう。回帰式を，

$$Y_t = \alpha + \beta X_t + \gamma W_t + \delta Z_t + u_t$$

とすれば，

$$\sum_t Y_t = \alpha N + \beta \sum_t X_t + \gamma \sum_t W_t + \delta \sum_t Z_t$$

$$\sum_t X_t Y_t = \alpha \sum_t X_t + \beta \sum_t X_t^2 + \gamma \sum_t X_t W_t + \delta \sum_t X_t Z_t$$

$$\sum_t W_t Y_t = \alpha \sum_t W_t + \beta \sum_t W_t X_t + \gamma \sum_t W_t^2 + \delta \sum_t W_t Z_t$$

$$\sum_t Z_t Y_t = \alpha \sum_t Z_t + \beta \sum_t Z_t X_t + \gamma \sum_t Z_t W_t + \delta \sum_t Z_t^2$$

となる。

変数の数が2以上となると，正規方程式の解 $\hat{\alpha}$, $\hat{\beta}$, $\hat{\gamma}$ などを一般的に書き表わすのはむずかしい。しかしながら，行列（ベクトルも行列の特別な場合である）を以下のように定義することによって，コンパクトな表現が可能となる。以下では，変数が2個（パラメータが3個）の場合を念頭において考えてみよう。

$$X = \begin{bmatrix} 1 & X_1 & W_1 \\ \vdots & \vdots & \vdots \\ 1 & X_N & W_N \end{bmatrix} \quad Y = \begin{bmatrix} Y_1 \\ \vdots \\ Y_N \end{bmatrix} \quad \beta = \begin{bmatrix} \alpha \\ \beta \\ \gamma \end{bmatrix} \quad u = \begin{bmatrix} u_1 \\ \vdots \\ u_N \end{bmatrix}$$

とする。(12-6) 式において, 1 から N まで各データに関して具体的に書き表わすと,

$$Y_1 = \alpha + \beta X_1 + \gamma W_1 + u_1$$
$$Y_2 = \alpha + \beta X_2 + \gamma W_2 + u_2$$
$$\vdots \qquad \qquad \vdots$$
$$Y_N = \alpha + \beta X_N + \gamma W_N + u_N$$

となる。これは上で定義された行列を用いれば,

$$Y = X\beta + u$$

と簡潔に書き表わすことができる。同様にして, (12-7) 式で与えられる正規方程式は,

$$(X'Y) = (X'X)\beta \qquad (12\text{-}8)$$

と書ける。ここで X' は X の転置を表わし, 行と列とを入れ換えた $3 \times N$ 行列を表わす。具体的には,

$$X' = \begin{bmatrix} 1 & 1 & \cdots & 1 \\ X_1 & X_2 & \cdots & X_N \\ W_1 & W_2 & \cdots & W_N \end{bmatrix}$$

であり, $(X'Y)$ は 3×1 行列, $(X'X)$ は 3×3 行列であることは, 読者みずから確認してもらいたい。

(12-8) 式を満たす β は, (12-8) 式の両辺に $(X'X)$ の逆行列, $(X'X)^{-1}$ をかけることにより求められる。その解を $\hat{\beta}$ とすると,

$$\hat{\beta} = (X'X)^{-1}(X'Y)$$

となる。これが最小2乗推定量である。ただし, $\hat{\beta}$ は 3×1 の行列(ベクトル)で, 三つの成分 $\hat{\alpha}, \hat{\beta}, \hat{\gamma}$ を縦に並べたものになっている。逆行列の計算, およびそれを用いた $\hat{\beta}$ の計算は, コンピュータを用いればまたたくまになされる。

また, 推定量間の分散や共分散からなる分散共分散行列 $\mathrm{Var}(\hat{\beta})$ は,

$$\mathrm{Var}(\widehat{\boldsymbol{\beta}}) = \sigma^2(\boldsymbol{X'X})^{-1} \tag{12-9}$$

とコンパクトに表現される。ここで $\mathrm{Var}(\widehat{\boldsymbol{\beta}})$ は行列であり，具体的には，

$$\mathrm{Var}(\widehat{\boldsymbol{\beta}}) = \begin{bmatrix} \mathrm{Var}(\widehat{\alpha}) & \mathrm{Cov}(\widehat{\alpha},\widehat{\beta}) & \mathrm{Cov}(\widehat{\alpha},\widehat{\gamma}) \\ \mathrm{Cov}(\widehat{\alpha},\widehat{\beta}) & \mathrm{Var}(\widehat{\beta}) & \mathrm{Cov}(\widehat{\beta},\widehat{\gamma}) \\ \mathrm{Cov}(\widehat{\alpha},\widehat{\gamma}) & \mathrm{Cov}(\widehat{\beta},\widehat{\gamma}) & \mathrm{Var}(\widehat{\gamma}) \end{bmatrix}$$

を意味する。すなわち，対角成分に各パラメータの推定量の分散が，非対角成分には共分散が求まっている。

回帰残差は，上で求められた $\widehat{\alpha}$, $\widehat{\beta}$, $\widehat{\gamma}$ を用い，

$$\widehat{u}_t = Y_t - (\widehat{\alpha} + \widehat{\beta} X_t + \widehat{\gamma} W_t)$$

と計算される。この値をプロットすることにより，モデルの仮定の妥当性が検討され，また DW 統計量の値も計算することができる。このとき，d_L や d_U の値は説明変数の数に依存することに注意したい。

さらに，σ^2 の推定量は，

$$\widehat{\sigma}^2 = \frac{\sum_t \{Y_t - (\widehat{\alpha} + \widehat{\beta} X_t + \widehat{\gamma} W_t)\}^2}{N-3}$$

と求められる。分母の $(N-3)$ はデータの数から推定されたパラメータの数 3 を引いた値である。この値を (12-9) 式の σ^2 に代入する。その後，対角成分にある分散から標準偏差を計算し，その値で各パラメータの推定値を割れば t 値が求められる。もっとも，これらの統計量の計算はほとんどの回帰分析のソフトウェアにはプログラム化されており，自分で計算する必要はない。

また，

$$\widehat{Y}_t = \widehat{\alpha} + \widehat{\beta} X_t + \widehat{\gamma} W_t \tag{12-10}$$

とおくことにより，決定係数は (11-10) 式と同様，

$$R^2 = \frac{\text{説明された変動}}{\text{全変動}}$$
$$= \frac{\sum_t (\widehat{Y}_t - \overline{Y})^2}{\sum_t (Y_t - \overline{Y})^2} = 1 - \frac{\sum_t (Y_t - \widehat{Y}_t)^2}{\sum_t (Y_t - \overline{Y})^2} \tag{12-11}$$

で計算される。ところがこのような R^2 は，説明変数の数の増加とともにそ

の値はかならず大きくなってしまう。たとえば，変数の数が1個の場合と2個の場合（パラメータ数は3である）を比べてみよう。最小2乗法の定義からわかるように，(12-6) 式において，W_t の係数である γ を 0 としたうえで残る α, β を最適に選んだものが単回帰分析である。その残差は当然 α, β, γ の三つを最適に選ぶ場合よりも劣る（大きくなる）だろう。同様に考えれば，一般に説明変数の数が大きくなるほど残差の2乗和は小さくなることが予想される。たとえ役に立ちそうもない変数であっても説明変数に加えることにより，かならず R^2 の値は大きくなるのである。たとえば，息子の身長を説明するために，家庭で飼っているペットの数を変数として加えてもよい。R^2 は大きくなるのである。

　2個のデータに対しては，それらを通過する直線が引ける。3個のデータに対しては，そのすべてを通過する平面が見つかる。一般に，N 個のデータに対して，説明変数が $N-1$ 個あれば，したがってパラメータ数が N であれば，残差の2乗和を 0 とすることができる。

　説明変数の数が増加することによって，自由度が低下することはすでに学んだ。限られた数のデータにより，多くのパラメータを推定するならば，その推定誤差は大きくなるであろう。つまり自由度が低下すれば，α, β などの推定値も不確かなものとなる。このマイナス面が (12-11) 式の R^2 にはまったく反映されていない。この点を改良するものとして考案されたものが，**自由度修正済み決定係数**である。パラメータの数を K としたとき，自由度修正済み決定係数 $\bar{R}^2$ は，

$$\bar{R}^2 = 1 - \frac{\dfrac{\sum_t (Y_t - \hat{Y}_t)^2}{N-K}}{\dfrac{\sum_t (Y_t - \bar{Y})^2}{N-1}} \tag{12-12}$$

と定義される。すなわち，右辺第2項の分母，分子をそれぞれの自由度で割ることにより，誤差項 u_t と Y_t の分散の推定値の比を考える。$K=1$ の場合にかぎり，$\bar{R}^2$ は R^2 と一致する。

　(11-10) 式で定義された R^2 は，かならず 0 と 1 のあいだの値をとるが，自由度修正済み決定係数はマイナスになることもある。たとえば，極端な場

表 12-1 貨幣需要関数の推定

$$\ln(M) = 5.255 + 0.149\ln(Y) + 0.539\ln(S) - 0.074(R)$$
$$\quad\quad (3.488)\ (0.555)\quad\quad (2.970)\quad\quad (-6.235)$$
$$\bar{R}^2 = 0.966 \quad DW = 0.632$$

- M：マネーサプライ（M_2+CD），2008年以降はマネーストック（M_2）
- Y：名目GDP
- S：名目総資産
- R：国債流通利回り

推計期間　1980～2008年歴年データ

(出所)　内閣府「国民経済計算年報」，日本経済新聞，日本銀行
(注)　カッコ内の数値はt値を表している。マネーサプライは2008年に定義が変更され，マネーストックが公表されるようになった．

合として，たまたま (12-10) 式において $\hat{\alpha} = \bar{Y}$, $\hat{\beta} = 0$, $\hat{\gamma} = 0$ であったとしよう。すなわち，すべての t に対して $\hat{Y}_t = \bar{Y}$ となる。このとき，$R^2 = 0$ となる。しかし，(12-12) 式からも明らかなように，$\bar{R}^2 = (1-K)/(N-K) < 0$ となる。一般的には，$N-1 > N-K$ であるから，$\bar{R}^2$ は R^2 よりも小さい。重回帰分析においては $\bar{R}^2$ が報告されるほうが一般的である。

12.4　回帰分析の実際

　回帰分析はさまざまな経済学の実証研究で応用されており，最近では『経済財政白書』や『通商白書』などの政府報告書，あるいは民間のシンクタンクや銀行の調査部が発行するレポートなどでも，回帰分析が援用されているのがめだつようになった。このようなこともあって，一部では「回帰分析にあらざれば，まともな経済学の実証分析ではない」といった風潮もあるほどである。これはあきらかに誤った評価であるが，以下では，回帰分析のイメージがよりよく理解されるように，実際の応用例を一つ紹介しよう（経済学をくわしく学んでいない読者には，以下の各変数の厳密な意味がわかりにくいかもしれない。そうであっても，ここでは経済分析に深入りしないため，気にしなくてよい）。

　マクロ経済のどのような要因が貨幣需要に影響を与えるのかを調べるために，1980年から2008年までの29年間のデータにもとづいて，重回帰分析を行なった。その結果は表12-1に与えられるとおりである。ここで各変数は，

M = マネーサプライ（M_2+CD），2008年以降はマネーストック（M_2），Y = 名目 GDP，S = 総資産，および R = 国債流通利回りを表わし，R 以外の変数は自然対数がとられている。このように対数をとることにより回帰係数は，説明変数が1％増加したときに被説明変数が何％増加するかという弾力性を表わすことになる。ここでは推定式の経済学的意味づけについてくわしく説明することはさけ，これまで学んだ統計的問題点にかぎってみてみよう。

まず各変数の t 値をみてみよう。データの数が29であり，推定されるべきパラメータの数が4であることから，推定値が5％水準で有意であるかどうかは自由度25の t 分布の上側2.5％点と比べてみればよい。その値は巻末の数表Bから2.060であり，よって名目 GDP の係数を除き，係数の推定値はすべて有意であることがわかる。すなわち，S，R の真の係数はいずれも0とは考えられず，よってMの決定に必要な変数であることがわかる。しかし，Yの係数の t 値は，その絶対値が有意となるほど大きくはない。すなわち，貨幣需要は名目 GDP の変化に応じて変化しないとも考えられる。次に，自由度修正済み決定係数 $\bar{R}^2$ の値をみると，0.969ときわめて大きな値をとっている。回帰分析によりMの変動の大部分が説明されたことになり，これまた好ましい結果である。ただし，すべての変数が名目値で測られているため，見せかけの相関が存在する可能性が高い点に注意しなければならない。また，DWの値は0.632となっており（$r=0.68$に対応），巻末の数表によれば，誤差項に正の系列相関が疑われる。

一方，いずれの係数も経済学的に考えられる符号条件に合致している。係数の推定値からは，たとえば資産が1％増加すると，貨幣需要は0.54％増加することになる。このように回帰パラメータの値からは，個々の説明変数の変化が被説明変数に及ぼす影響を定量的に測定することが可能となる。経済学の理論は往々にして定性的な指摘にとどまる場合が多いが，回帰分析によって定量的な分析も可能になるわけである。

12.5 まとめ

　本章では，回帰分析についてよりくわしい考察を行なった。まず，回帰分析をすすめるうえで設けられる誤差項に関する諸仮定を吟味した。これらの仮定は，最小2乗推定量が不偏性や一致性を満たし，最小分散線形不偏推定量（BLUE）になるための条件でもある。もっとも，実際に回帰分析を行なおうとすると，これらの仮定の一部が必然的に満たされなくなる場合がある。時系列データの場合の系列相関がその一つの例であり，これはダービン・ワトソン統計量によって検定される。本章の後半では，説明変数が複数個ある重回帰モデルについて考察した。重回帰モデルの場合も，その基本的な考え方は，説明変数が1個の場合の単回帰モデルの場合と変わらない。ただし，説明変数が増加することによって自由度が減少するために，回帰分析のパフォーマンスを判断する指標としては，自由度修正済決定係数を用いることが望まれる。

練　習　問　題

（＊印はやや難解。最初はスキップしてもかまわない。）

1. 表12-2に与えられる X, Y に関する10組の時系列データから，X を説明変数，Y を被説明変数とした回帰分析を適用し，

表12-2

X	10	20	30	40	50	60	70	80	90	100
Y	20	35	42	50	55	68	80	95	102	110

(1) 係数の推定値
(2) 係数の t 値と有意性
(3) 決定係数と適合度
(4) DW統計量の値と系列相関の有無

について検討せよ。

2. 線形回帰モデル

$$Y_t = \alpha + \beta X_t + \gamma Z_t + e_t$$

を最小2乗法で推定するとき，以下の記述のうち誤っているものを選び，その理由を述べよ。

(1) データ数が30個とすれば，各変数の有意性をみるには，説明変数が2個であることから，係数の値をその標準誤差で割った値を自由度28の t 分布の有意点（分布上で有意性の確率に対応する値）と比較すればよい。
(2) 推定式の適合度は，自由度修正済み決定係数の値を調べればよい。自由度修正済み決定係数の最大値は1で最小値は0である。
(3) 自由度修正済み決定係数の値は，説明変数の増加とともにかならず大きくなる。
(4) DW統計量は誤差項に系列相関があるか否かをみるためのものである。誤差項に正の系列相関があるときは4に近く，負の相関があるときは0に近い。
(5) 系列相関があるとすれば，パラメータの推定量は不偏ではなくなる。
(6) 残差のプロットを調べたときに，そのばらつきが一定でなければ，e_t の分散が一定でない可能性があるため，やはり推定値には偏りがある。
(7) 残差のプロットを調べたときに，e_t と説明変数のあいだに相関関係があ

るとすれば，やはり推定値には偏りがある。
3．以下で与えられた状況で回帰分析を行なうとすれば，どのような問題が起こりうるかを考えよ。
 (1) 説明変数の数がサンプル数を上回る場合。
 (2)* もともと N 個のサンプルのところを，それぞれ 2 回ずつ用いて，合計 $2N$ 個のサンプルとみなして推定したとする。このときの，最小 2 乗推定量の値，それらの t 値，決定係数（R^2 と $\bar{R}^2$）の値。
 (3) クロスセクション・データにおける DW 統計量。
4．ある国の消費レベルがどのような要因により決定されるのかを調べるため，回帰分析を行なった。C_t は消費額，Y_t は可処分所得額，そして A_t は流動資産額を表わすものとすると，

$$C_t = 30 + 0.5Y_t + 0.3A_t$$
$$\quad (3.2)\ (8.1)\ \ (2.6)$$
$$\bar{R}^2 = 0.94,\ DW = 1.1$$

サンプル期間：1991〜2010年

という関係が推定された。ここで各データは兆円単位で計られており，すべて実質化されている（すなわち，物価の変動を調整している）。また（ ）内の数値は t 値を表わしている。この分析結果についてコメントを加えよ。

V ノンパラメトリック統計

第13章
ノンパラメトリック法 (1)
メディアンの検定

第14章
ノンパラメトリック法 (2)
二つの母集団の比較

第15章
順位相関と一致

ノンパラメトリック統計とは，多くの読者にとって耳慣れないことばであるにちがいない。ご存じのように，ノンは否定を表わす接頭語であるから，ノンパラメトリックとはパラメトリックでないという意味である。ではパラメトリックな統計とはなにかといえば，それはパラメータに関する情報を利用した統計のことである。これまで紹介してきた統計は，そのほとんどが平均や分散などのパラメータに関する情報を利用した推定・検定であり，それゆえ，パラメトリックな統計ということになる。そこでは正規分布が推論の中心にあった。

　第V部の話題は，どのような分布形であってもかまわない統計的手法の紹介である。どのような分布であれ，現実の経済現象が厳密にその分布に従うとは考えにくいであろう。分布形の特定化は，あくまでもある種の近似なのである。そのような近似が正当化されなかったり，どのような分布で近似すればよいのかその糸口すらつかめないことも多い。そのような場合，分布形の仮定をおかない統計的手法が必要とされるのである。とはいえ，正規分布が最終的には重要な役割を果たすことは，後にみる。

　本来，「ノンパラメトリックであること」と「分布形に依存しないこと」とは別の概念である。たとえば，ある集団からのランダム標本にもとづき，それらの母集団が特定の分布，たとえばポアソン分布と考えられるかを検討したい。このような問題はなんらパラメータを用いておらず，よってノンパラメトリックである。しかし分布に関してはポアソン分布か否かを問題にしており，よって分布形に依存する推論といえよう。反対に，ある集団のメディアン（中央値）がゼロか否かを問題にする場合には，分布形には依存しないがパラメトリックな問題である。それゆえ，これら二つの概念は厳密には別のものである。しかしながら，最近ではその区別はなされず，一般に分布形の想定を行なわない統計分析のことをノンパラメトリック統計とよんでかまわない。

　第13章では一つの母集団を対象としたノンパラメトリック法を紹介する。続く第14章では，二つの母集団の比較について学ぶ。最終章である第15章では2変量間の関連を示す順位相関と，それを3以上の変量へと一般化した一致係数について学ぶ。

第13章

ノンパラメトリック法(1)
メディアンの検定

13.1 非対称な母集団：符号検定

　ノンパラメトリックな手法を説明するうえで，わかりやすいと思われる例を一つ挙げてみよう。表13-1は，2000年代のある1年間の円ドル・レートを与えるものである。この時期の為替レートの母集団のメディアン（η：エータ）が106.0円といえるか否かを検定したい。すなわち，帰無仮説

$$H_0 : \eta = 106.0$$

を検定することを考える。ただし，ここでは為替レートがどのような分布に従うかは仮定しないものとする。

　これらのデータのうち，106.0より大きなものを"＋"，小さいものを"－"で表わすことにしよう。その結果，表13-1のデータは，1月から順に，

－ － － ＋ ＋ ＋ ＋ ＋ ＋ ＋ ＋ ＋

と質的データに変換され，106.0より大きなデータは9個，小さなデータは3個あることになる。このように，プラスとマイナスの符号のみの質的データによって試みられる検定を**符号検定**とよぶ。

　さて，メディアンとは，それよりも大きなデータも小さなデータもいずれも1/2の確率で得られる値と定義されたことを思い出してもらいたい（第1章）。メディアンが106.0とするならば，"＋"と"－"の数はほぼ同数近く

253

表 13-1　2000年代のある1年間の円ドル・レート
(月中平均)

月	1	2	3	4	5	6
円ドル・レート	105.8	105.7	105.9	107.4	106.5	108.8
月	7	8	9	10	11	12
円ドル・レート	109.3	107.8	109.8	112.3	112.2	113.7

現われるであろう。これは歪みのないコインを投げるようなものである。

　コインを12回投げたとしよう。表の出た回数をRとすれば，Rは1から12までの値をさまざまな確率でとる。すなわち確率変数である。一般に$R = r$となる確率が，

$$_{12}C_r\left(\frac{1}{2}\right)^r\left(\frac{1}{2}\right)^{12-r} = {}_{12}C_r\left(\frac{1}{2}\right)^{12}$$

として求められることは，高等学校で学んだと思う。これをグラフとして表わしたものが図13-1である。同図より，12回中9回以上表が出ることは約7％程度（正確には，$299 \div 4096 = 0.073$）のめずらしさで起こることであることがわかる。ただし，めずらしいことはかならずしも表が多い場合にかぎらない。たとえば，12回の試行のうち，すべてが裏であれば，これまたきわめてめずらしいことが起こったといえよう。いまの場合，12回中9回以上裏が出る，すなわち3回しか表が出ないことも同様にめずらしい。すなわち，仮説H_0に対して，どのような対立仮説を考えるかによって，片側検定を用いるのか，両側検定を用いるべきかを考えなければならない。ただし，本例の約7％というめずらしさでは，通常よく用いられる有意水準5％では，たとえ片側検定を用いたにしても仮説は問題なく棄却されないことになる。

　本データのように，データ数が小さい場合には上のような確率計算も可能であるが，たとえば$N = 100$，$r = 30$ともなれば，そのような計算を試みる気持ちすら起こらないであろう。このような場合には，正規分布による近似を行なえばよい。

　1回の試行において，ある事象が確率pで生起するとしよう。そのような試行をN回行なったとき，その事象がr回生起する確率は，$_NC_r p^r(1-p)^{N-r}$

図13-1 12回のコイン投げにおいて表の出る回数

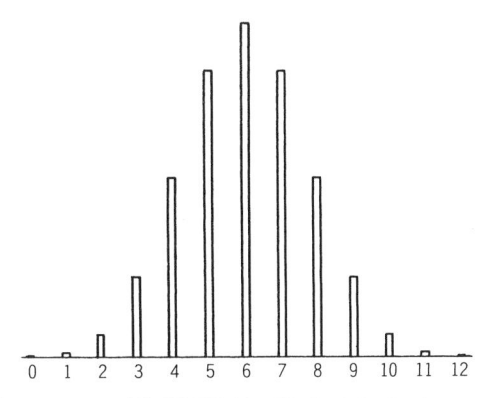

```
       0   1   2   3    4    5    6    7    8    9   10  11  12
 ₁₂Cr   1  12  66  220  495  792  924  792  495  220  66  12   1     合計4096回
```

で与えられ，このとき r はパラメータ p の**2項分布**（binomial distribution）に従うとされる。このことを，

$$r \sim B(N, p)$$

と表現する。4.3 の質的変量のところで説明したように，r の平均は Np，分散は $Np(1-p)$ で与えられる。このことから，

$$Z = \frac{r - Np}{\sqrt{Np(1-p)}}$$

とおけば，Z は標準正規分布に従う。このことを利用して，組み合わせの計算をいちいち行なわずともデータの有意性を調べることが可能となる。

表13-1のデータの場合，$p = 1/2$，$N = 12$，$r = 3$ であるので，

$$z = \frac{3 - 12 \times \frac{1}{2} + \frac{1}{2}}{\sqrt{12 \times \frac{1}{2} \times \frac{1}{2}}} = -1.443$$

と求められる。ここで分子の1/2は離散分布を連続分布でよりよく近似するための補正項である（くわしくは6.2参照）。数表Aより，z の値は標準正規分布の（下側）約7.4%点であり，先に求めた正確な値と驚くほど一致している。このように，符号検定はデータ数が多いときにも正規分布を用いて行なうことができる。データ数が少ないときには組み合わせの計算もたいへんではなかろうし，また数表も用意されている（巻末の数表F参照）。

第13章／ノンパラメトリック法(Ⅰ)　255

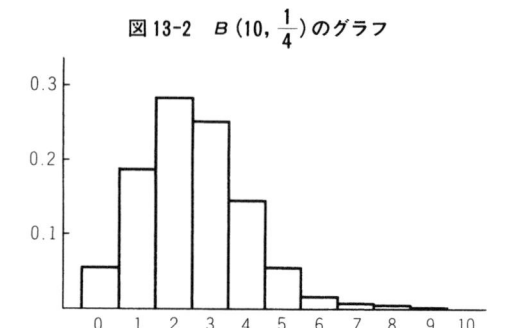

図 13-2　$B(10, \frac{1}{4})$ のグラフ

　ここで特殊なケースについてコメントを加えておこう。検定したいメディアンの値が，データにみられるいずれかの値に偶然等しいものとしよう。たとえば，上の例でいえば，$H_0: \eta = 105.9$ か否かを検定するような場合である。このような状況を**タイ（引き分け）**が存在するとよぶ。このような場合には，メディアンと等しい値をもつデータは無視することになっている。12個のデータを11個しかないものと考え，検定するわけである。

　符号検定は，ノンパラメトリック統計の考え方を知るにはもっともわかりやすいものである。一般に，ノンパラメトリック検定においては，平均よりもメディアンがより多く用いられる。これは，非対称な分布の場合，平均の意味するところが把握しにくいことによる。もちろん，対称な分布の場合には平均とメディアンは一致するので，一般にメディアンを用いるほうがよいということになる。また，以上の議論はメディアンのみならず，たとえば四分位点など任意の分位点に対しても行なえる。

　たとえば第3四分位点の場合には，それよりも小さなデータを"－"，それよりも大きなデータを"＋"とした後，$p = 1/4$ として2項分布を用いればよい。ただし両側検定を行なう場合，分布が対称でないため，注意が必要である。一例として，$N = 10$ のときの分布形が図13-2に与えられている。図より，たとえば"＋"が一つもないことは確率0.0563で起こるまれな事象であることがわかる。ところが，"－"が一つもないことは確率0.0000009でしか起こりえないはるかにまれなことであり，"－"が4個ということですら確率0.0162，"－"が5個という事象ではじめて0.0584と0.0563を上回る。よって"－"が0から4個までの事象は，すべて"＋"が一つもないことよ

りめずらしい事象として考慮にいれなければならない。めずらしさの評価は，すべてを合計して行なわれる。

[例題 13-1]

裏山に住むタヌキのうち8匹の脈拍数を調べたところ，{28, 23, 25, 36, 20, 27, 32, 24} であった（回/分）。この山のタヌキの脈拍数のメディアンが30回/分と考えられるか否かを，符号検定により調べよ。また，メディアンが32回/分と考えられるか否かも調べよ。さらに，この山のタヌキの脈拍数の第3四分位点が38回/分といえるか否かをも調べよ。

●解答

まず帰無仮説 $H_0: \eta = 30$ を検定してみよう。8個のデータのうち，30より大きいものを"＋"，小さいものを"－"で表わすことにすると，

－ － － ＋ － － ＋ －

となる。8個のうち，"＋"は2個である。このようなデータが得られる確率は，

$$_8C_2\left(\frac{1}{2}\right)^2\left(\frac{1}{2}\right)^6 = 0.109$$

と計算される。これよりめずらしいケースとして，"＋"が0や1となる確率を求めると，それぞれ $_8C_0(1/2)^8 = 0.0039$, $_8C_1(1/2)(1/2)^7 = 0.031$ となり，以上の合計は0.144となる。これに加えて，"－"が2個以下のケースも同様にめずらしいことと考えられる。このようなケースも含めれば，ここで得られたデータは $0.144 \times 2 = 0.288$ の確率で生起する程度のめずらしさのデータということになる。結局，帰無仮説は棄却されず，メディアンが30でないとはいえなかったことになる。

$H_0': \eta = 32$ の場合も同様に考えればよいが，タイが存在する。そのデータを除いて考えると，

－ － － ＋ － － －

となる。このようなケースを含めさらにめずらしいケースが起こる確率を計算すると，

$$2 \times \left\{_7C_1\left(\frac{1}{2}\right)\left(\frac{1}{2}\right)^6 + _7C_0\left(\frac{1}{2}\right)^7\right\} = 2 \times 0.0625 = 0.125$$

となる。よって，5％や10％の有意水準の両側検定では仮説は棄却されず，メディアンが32でないとはいえない。

図 13-3　符号検定によるメディアンの信頼区間

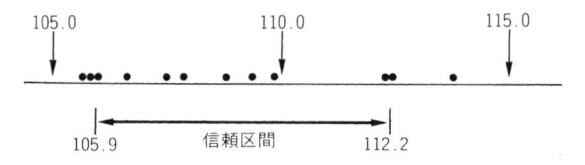

最後に，第 3 四分位点が 38 といえるかどうかを調べる。38 より大きな値をもつデータはない。よって，"＋"が得られる確率が $p = 1/4$ として，と 8 個の"－"が得られる確率を計算すると，

$${}_8C_8\left(\frac{3}{4}\right)^8 = \frac{6561}{65536} = 0.100$$

となる。8 個のすべてが"－"となる確率は大きく，この値だけでも帰無仮説は受容される。厳密に確率を評価するには，"－"の数が極端に少ないもののうちで 0.100 よりも小さな確率で起こりうるケースをもあわせて評価しなければならない。それらは，"－"が 0，1，2，3，4 個の場合で，それらの事象が起こる確率は 0.000015，0.00037，0.0038，0.023，0.0865 である。これらを上で得られた 0.100 に加えると，0.214 となる。結局，帰無仮説は棄却されない。

13.2　符号検定を用いたメディアンの区間推定

仮説検定と区間推定とは，一枚のコインの表と裏の関係にある。帰無仮説として考えられたメディアンの値（106.0 円）が検定の結果棄却されるならば，その値は母集団のメディアンとは考えにくいということになる。信頼区間は，検定を行なえば受容されるようなメディアンの値をすべて集めたものである。

図 13-3 は表 13-1 のデータを小さいほうから順に並べたものである。上でみたように，$\eta = 106.0$ は帰無仮説として受容される。また，符号検定では帰無仮説で設定されるメディアンの値と比較して，大きいデータの数，小さいデータの数のみを問題にするのであるから，小さいほうから 3 番めのデータである 105.9 と，大きなほうから 3 番めのデータである 112.2 のあいだの値

はすべて帰無仮説として受容されることがわかる。

　これに対して，図13-1 より，12個のデータの場合，"＋""－"のどちらかの符号が2個以下となる確率は，$79 \times 2 \div 4096 = 0.019 \times 2 = 0.038$ となり，5％有意水準で仮説は棄却される。

　そこで小さいほうから3番めのデータが**下側信頼限界**を，大きいほうから3番めのデータが**上側信頼限界**を与えることになる。結局，(105.9, 112.2)が神のみぞ知る母集団のメディアンの存在範囲を示すものであるが，その信頼度は $0.962 (= 1 - 0.038)$ である。有意水準は5％と設定されたのではあるが，信頼度0.95の信頼区間は得ることができない。このような信頼度0.95のことを**名目上の信頼度**とよぶことがある。

[例題 13-2]────────────────────

　例題 13-1 のデータにもとづき，裏山に住むタヌキの脈拍数のメディアンの95％信頼区間を求めよ。

●解答

　例題 13-1 の解答において，"＋"が 0, 1 となる確率がそれぞれ

$$_8C_0\left(\frac{1}{2}\right)^8 = 0.0039, \quad _8C_1\left(\frac{1}{2}\right)^1\left(\frac{1}{2}\right)^7 = 0.031$$

となることをのべた。これらの値から，5％有意水準の両側検定を行なえば，"＋"の数が8個中1個では仮説は受容，0個ではじめて仮説が棄却される。結局，データのレインジが名目上の信頼度95％の信頼区間を与える。その実際の信頼度は $1 - 0.0039 \times 2 = 1 - 0.0078 = 0.9922$ である。

13.3　符号検定の応用（トレンドの検定）

　符号検定は，時間とともに計測されたデータに傾向（トレンド）が見られるか否かを手っとり早く検定するために用いることができる。次のような例を考えてみよう。

　表13-2 は，ある村の2月の積雪量を過去18年間にわたって調べたものである。地球温暖化のせいか，最近積雪量が少ない気がする。このような直観の当否を検証してみよう。

表 13-2　ある村の積雪量

1991	1992	1993	1994	1995	1996	1997	1998	1999
118cm	104	96	119	106	107	102	100	101
2000	2001	2002	2003	2004	2005	2006	2007	2008
98cm	108	102	104	103	106	105	97	100

表 13-3　トレンドの検定のためのデータ

(a) 前半期 (b) 後半期	118 98	104 108	96 102	119 104	106 103	107 106	102 105	100 97	101 100
(b)−(a)の符号	−	+	+	−	−	−	+	−	−

　まず，このデータを前半（1991年～1999年）と後半（2000年～2008年）の二つに分ける。各グループのデータについて時間の順に並べ，1から順に番号をつける。次に各グループから同一の番号をもつデータを選び，ペアをつくる。さらに，それぞれのペアについて，後半のデータから前半のデータを差し引いた値を求め，それらの符号に注目しよう。データ数が奇数の場合には中央の1個は無視して考える。以上の手続きは表 13-3 にまとめられているので，確認してもらいたい。

　さて，もしこれらのデータにしだいに小さくなるという傾向があるならば，後半のグループより前半のグループの値が概して大きいと思われ，それゆえ，"−"の符号が数多く得られるはずである。これに対し，かならずしもそのような傾向がないとすれば，最終的に得られた符号は"+""−"ともに1/2の確率で得られるはずである。そこで，符号検定により，メディアンが0であるという帰無仮説を検定すればよい。いまの場合，9組のペアに対して"−"の符号をもつものは6個である。$N=9$ に対し，r が6以上となる確率を求めると0.254であることがわかる。この値は十分大きく，通常の有意水準ではトレンドがないという帰無仮説は棄却されない。この程度のデータ数では，地球温暖化を確認することはできなかったことになる。

図 13-4 歪んだ分布とメディアン

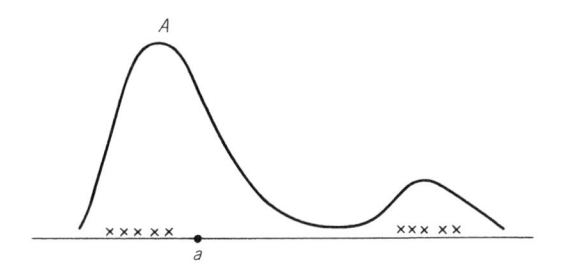

13.4 対称な母集団の検定 (1) 並べ換え検定

符号検定においては，各データがメディアンよりも大きいか小さいかという情報のみを利用した．それ以外の情報は捨て去っていることになる．その代わり，符号検定はどのような分布に対しても，たとえ歪んでいようが山が二つあろうが適用可能である（図 13-4 参照）．しかしながら，どのような分布に対しても適用可能であるがゆえに，特定の分布に対する検出力は低い．すなわち，多少異常にみえるデータであっても，なかなか仮説を棄却しえない．

以下では，対称な分布のみを考えることによって，数値情報をも利用した検定を考える．これが，以下にみる**並べ換え検定**である．図 13-4 において，メディアンが a 点であるという仮説を考えてみよう．符号検定によれば，a の左右に同数のデータが現われているので，仮説は棄却されない．A のような分布を考えれば，そのメディアンはたしかに a と考えられる．しかし，もし対称な分布にかぎって考えるならば，a がメディアンであるとは考えにくいであろう．

表 13-1 のデータに戻り，$H_0 : \eta = 106.0$ を考えてみよう．表 13-4 の (a) 行は，それぞれのデータから 106.0 を差し引いた値である．これらの値を注意深く見れば，"＋" の符号をもつ数値はその絶対値が大きいことに気づくであろう．106.0 が対称な分布のメディアンであるならば，符号のみならず，その絶対値も適当にばらつくはずである．そこで，それぞれのデータの絶対値を所与として，それらに "＋" あるいは "－" の符号を割り当てることを

表 13-4 加工されたデータ

月	1	2	3	4	5	6	7	8	9	10	11	12
(a)106.0との乖離幅	−0.2	−0.3	−0.1	1.4	0.5	2.8	3.3	1.8	3.8	6.3	6.2	7.7
(b)符号化順位	−2	−3	−1	5	4	7	8	6	9	11	10	12

考える。それぞれに対して"＋"と"−"の2通りの可能性を考えるのであるから，結果として得られる数値は $2 \times 2 \times \cdots \times 2 = 2^{12}$ 通りありうる。

　その中で，もっとも極端なケースを考えれば，それはすべての数値が"＋"もしくは"−"のいずれか一方のみであった場合である。実際そのような可能性はそれぞれ $(1/2)^{12}$ しかないことがわかる。その場合，データの合計は $+\sum |X_i|$，$-\sum |X_i|$ となり，すべての可能性の中で最大，最小の値をとるめずらしいケースということになる。データの合計が次に極端な値をとる場合は，絶対値のもっとも小さなデータのみが他と異なる符号をとる場合である。上の例でいえば，0.1がそれにあたる。

　以下同様に考えてゆき，表 13-4 の (a) 行中"−"の符号をもつデータの合計 $-0.6 [= (-0.1)+(-0.2)+(-0.3)]$ よりめずらしいケースがいく通りあるかを調べる。

　表 13-5 はその結果をまとめたものであるが，そのようなケースは10通りしかないことがわかる。これより −0.6 というデータは $10/2^{12} = 0.00244$ の確率でしか起こりえないめずらしいことといえる。ただし，"＋"のデータの合計が0.6となることも同様にめずらしいことといえることに注意しなければならない。すなわち，表 13-4 の (a) 行のデータは，$0.00244 \times 2 = 0.00488$ の確率でしか起こらないめずらしいことであるというのが正当な評価である。結局，並べ換え検定によれば帰無仮説 $H_0: \eta = 106.0$ は有意水準5％でも1％でも棄却されることがわかる。

　並べ換え検定により信頼区間を構成することも原理的には可能ではあるが，そのための計算はきわめて複雑になるため，通常は用いられない。

[例題 13-3]

　例題 13-1 のデータに対し，メディアンが30回/分であるという仮説を，並べ換

表 13-5 マイナスの符号をもつデータの絶対値の
合計が0.6以下となるケース

データの個数	組み合わせ	計
0	つねに可能	1
1	0.1, 0.2, 0.3, 0.5	4
2	(0.1, 0.2) (0.1, 0.3) (0.1, 0.5) (0.2, 0.3)	4
3	(0.1, 0.2, 0.3)	1
4以上	不可能	0
	合　計	10

表 13-6 プラスの符号をもつデータの絶対値の
合計が8以下となるケース

データの個数	組み合わせ	計
0	つねに可能	1
1	−2, 2, −3, −5, −6, 6, −7	7
2	(−2, 2) (−2, −3) (2, −3) (−2, −5) (2, −5) (−2, −6) (−2, 6) (2, −6) (2, −6) (−3, −5)	10
3	(−2, 2, −3)	1
	合　計	19

え検定を用いて検定せよ．

●解答

例題 13-1 の各データのメディアンとの差は次のとおり．

$$-2 \quad -7 \quad -5 \quad +6 \quad -10 \quad -3 \quad +2 \quad -6$$

"＋"の符号をもつデータの合計は 8 である．これよりもめずらしいケースを書き出せば，表 13-6 が得られる．

よってここで得られたデータは確率

$$2 \times \frac{19}{2^8} = 2 \times 0.074 = 0.148$$

で得られるデータということになる．結局，並べ換え検定を行なえば，H_0：$\eta = 30$は有意水準 5％の両側，片側検定ともに棄却されない．

標本が多い場合，並べ換え検定についても正規近似が可能である．次のように考えればよい．

$$|X_1|,\ |X_2|,\ \cdots,\ |X_N|$$

に対して，"+" もしくは "−" の符号を割り当てる際，第 i 番目のデータに注目しよう。$|X_i|$ は確率 1/2 でそれぞれ "+"，"−" の符号をとるのであるから，その平均は，

$$\frac{1}{2}|X_i| - \frac{1}{2}|X_i| = 0$$

となり，またその分散は，

$$\frac{1}{2}(|X_i|-0)^2 + \frac{1}{2}(-|X_i|-0)^2 = X_i^2$$

となることがわかる。各データの符号はランダムに割り振られるのであるから，

$$\sum_i X_i = X_1 + X_2 + \cdots + X_N$$

の平均は $N \times 0 = 0$，分散は $\sum_i X_i^2$ と与えられる。そこで，

$$\frac{\sum_i X_i}{\sqrt{\sum_i X_i^2}}$$

は中心極限定理によって，近似的に標準正規分布に従うことがわかる。

表 13-4 のデータの場合，

$$\sum_i x_i = 33.2, \qquad \sum_i x_i^2 = 176.18$$

と計算される。したがって，$z = 33.2/13.27 = 2.501$ となり，この値は標準正規分布の上側 0.6% 点に対応する。よって，有意水準を 1% にとったにしても帰無仮説はやはり棄却される。

[例題 13-4]

例題 13-3 を正規近似を用いて検定せよ。

●解答

例題 13-3 のデータの場合，

$$\sum_i x_i = -25, \qquad \sum_i x_i^2 = 263$$

と計算される。したがって，

$$z = \frac{-25}{\sqrt{263}} = -1.54$$

図13-5 生のデータと順位データの対応関係

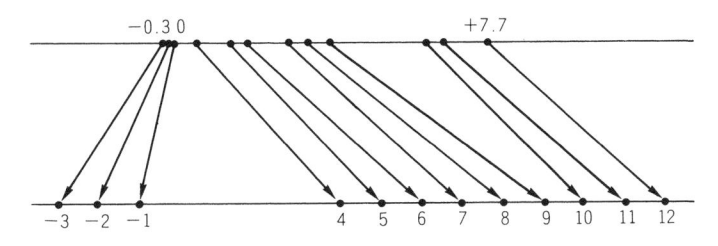

となり，この値は標準正規分布の下側6.18％点に対応する。よって，有意水準5％で帰無仮説は棄却されない。

13.5 対称な母集団の検定 (2) 順位和検定

前節における計算からもわかるように，並べ換え検定を行なうには一般に多くの手間がかかる。とくに，データの数が多くなれば，どの程度めずらしいことが起こっているのかを厳密に評価することは容易ではない。そこでウィルコクソンはそれぞれのデータの絶対値を小さいほうから順に並べ，その順位でもって置き換えることを提案した。たとえば，表13-4 の (a) 行のデータは同表 (b) 行のように変換される。図13-5は，(a) 行と (b) 行のデータ間の対応を示したものである。このように変換されたデータに対し，並べ換え検定と同様の手続きをふむ。実際に行なってみよう。

まず，表13-4 の (b) 行のデータから"−"の符号をもつ順位の和は，

$$(-2)+(-3)+(-1) = -6$$

であることがわかる。"+"，"−"の符号を割りふった場合，"−"の順位の和の絶対値が6より小さくなる組み合わせは，表13-7に与えられるように計14通りある。そこで表13-7のようなデータは $(14/2^{12})\times 2 = 0.0034\times 2 = 0.0068$ という確率でしか起こらないめずらしいことといえる。それゆえ，帰無仮説 $H_0: \eta = 106.0$ は，**順位和検定**によっても有意水準1％で棄却されることがわかる。

ただし，順位をつける際に二つ以上のデータが同一の順位をもつことがあ

表13-7 マイナスの符号をもつ順位の絶対値の
合計が6以下となるケース

データの個数	組み合わせ	計
0	つねに可能	1
1	1, 2, 3, 4, 5, 6	6
2	(1, 2) (1, 3) (1, 4) (1, 5) (2, 3) (2, 4)	6
3	(1, 2, 3)	1
4以上	不可能	0
合　　計		14

る。順位和検定におけるタイ（引き分け）の問題である。たとえば上の例において，11月の112.2が10月と等しく112.3であったとしよう。そのとき，この二つの月のデータと106.0との差はともに6.3で同順位をもつ。これらは小さいほうから10番めと11番めのデータと考えられるので，ともに10.5という順位を割り当てることにするわけである。

　順位和による検定の正規近似は，$|X_i|$ を順位に置き換えるだけで，並べ換え検定と同様に行ないうる。$|X_i|$ の順位にもともとの符号をつけたもの（**符号化順位**とよばれる）を R_i として，

$$Z = \frac{\sum_i R_i}{\sqrt{\sum_i R_i^2}}$$

を求めればよい。ところが，分母はつねに，

$$\sum_{i=1}^{N} R_i^2 = 1^2 + 2^2 + 3^2 + \cdots + N^2$$
$$= \frac{N(N+1)(2N+1)}{6}$$

であるから，計算はさらに簡単になる。本例の場合，

$$\sum_i R_i = 66, \quad \sum_i R_i^2 = 650$$

となるので，不連続補正（この場合は，分子から1/2を引くことに注意）を行なえば，$z = 2.569$ と計算される。この値は標準正規分布の上側確率0.0051に対応し，やはり有意水準1％でも帰無仮説は棄却される。N の値は

表 13-8　順位和が7より小さいケース

データの個数	組み合わせ	計
0	つねに可能	1
1	-1.5, 1.5, -3, -4, -5.5, 5.5, -7	7
2	$(-1.5, 1.5)$, $(-1.5, -3)$, $(1.5, -3)$, $(-1.5, -4)$ $(1.5, -4)$, $(-1.5, -5.5)$, $(-1.5, 5.5)$, $(1.5, -5.5)$ $(1.5, 5.5)$, $(-3, -4)$	10
3	$(-1.5, 1.5, -3)$, $(-1.5, 1.5, -4)$	2
	合　計	20

12と大きくはないが，z に対応する確率の値は先に得られた厳密な計算結果 (0.0034) と大きなちがいはない。

[例題 13-5]

例題 13-1 のデータにもとづき，裏山のタヌキの脈拍数のメディアンが30といえるか否かを，順位和検定およびその正規近似を用いて調べよ。

●解答

タイを考慮したうえで，符号化順位は以下のように得られる。

$$-1.5 \quad -7 \quad -4 \quad +5.5 \quad -8 \quad -3 \quad +1.5 \quad -5.5$$

"+" の符号をもつものの順位の和は，$5.5+1.5=7$ である。表 13-8 はこの値より小さい順位和をもつケースを列挙したものである。

表から，7 より小さい順位和が得られる確率は，

$$\frac{20}{2^8} = 0.0781$$

と求められる。この値を 2 倍して考えると，仮説は棄却されない。

また正規近似を行なうと，

$$\sum_i R_i = -22, \quad \sum_i R_i^2 = 203$$

となるので，不連続補正（この場合は，分子に1/2を足すことに注意）を行なえば，$-21.5/\sqrt{203} = -1.509$ となる。この値は標準正規分布の下側確率0.066に対応し，やはり有意水準 5 ％で帰無仮説は棄却されない。

13.6　まとめ

本章では，ノンパラメトリック統計の実際例として，メディアンの検定に

経済=統計交差点
⑩
医学分野における仮説検定

　理論命題の検定は経済学の専売特許ではない。他の学問分野でも，蓄積されたデータや実験結果にもとづいて帰無仮説の吟味が行なわれ，時には論争が展開される。そうした例の一つが医学分野にみられる。具体的には，近年注目を浴びている，「アルミニウムがアルツハイマー病（老人性痴呆症）の原因物質である」との説をめぐる論争である（なお，以下は，1997年の5月から7月にかけて毎週月曜日に『朝日新聞』に連載された，現代養生訓「ぼけ防止」シリーズの記事に全面的に負う）。

　この帰無仮説が浮上したのは，1970年代に，腎臓が悪い人の人工透析で痴呆を示す例が出たことに端を発する。透析をしばらく続けると痴呆や失語症が出て，重いと死ぬ。患者の脳にはアルミニウムがたまり，脳細胞が変性していた。当時は透析液にアルミを含む水道水を使い，副作用防止にアルミ製剤を飲んでいた。このアルミを排除したところ透析痴呆の発生がやんだことから，にわかにアルミ原因説が問題化した。

　1980年代から90年代にかけては，水のアルミ濃度の高い地域でアルツハイマー病発生率が高いという統計が出た。カナダでは「水のアルミを0.1ppm以下にすれば，アルツハイマー患者が40％以下になる」との報告もなされた。もっとも，現在までに蓄積された研究を大胆に総括すれば，「統計的には有意な差が認められるが，発生率には2倍ほどの小差しかない」となり，「有意な差」と「小差」のどちらに重きを置くかで研究者の意見が割れ，はっきりとした決着がつかない原因となっている。

ついて学んだ。具体的には，符号検定，並べ換え検定，順位和検定とさまざまな検定法が登場した。ここで特筆すべきは，検定法のちがいによって，同じデータに対して同じ有意水準でも異なった結論がもたらされうることである。たとえば，2000年代のある1年間の月次データをもとにした場合に為替レートのメディアンが1ドル＝106.0円といえるか否かについては，有意水準を5％として，符号検定では受容，並べ換え検定と順位和検定では棄却ということになった。こうしたちがいが生じるのは，データのもつ情報量のう

もしアルミニウムの量が問題ならば，飲料水ばかりでなく，アルミ調理器具からのアルミ摂取も気になる。たとえば，アルミ鍋で水道水を30分沸騰させると0.75ppmのアルミが溶け出し，調理によく現われる「酸性で塩辛い」条件だと100ppm以上が溶出するという。アルミ製の缶ビールや缶ジュースにも，アルミが溶出している可能性がある。もっとも，警告派も，アルミサッシなど飲食に無関係のアルミを避けても無意味という。

　しかし，謎も多い。アルミは添加物を含む食物から1日当たり10〜60mg口に入り，水からは1〜4mg程度とされる（各種統計で幅はある）。1桁多い食物のアルミの量にかかわらず，飲料水からのわずかなアルミの量で，なぜアルツハイマー病の発生率が上下するのか？　ここでは，アルミニウム単独犯よりも，何か別の要因との共犯説が説得力をもちそうである。共犯の探索はまだ端緒についた段階のようであるが，「アルミニウムはクロという帰無仮説に矛盾する研究結果は未だない」という現状では，日常生活でもアルミ防護策を講じるのが賢明かもしれない。

　ただし，アルツハイマー病はそれなりに加齢してから発生するのが通例であり，時間選好率（rate of time preference）が高く将来を割り引いて行動する人にとっては，たとえアルミニウムが痴呆の原因物質と判明しても，日常生活に対する影響は小さいであろう。ある研究結果によると，「飲食物から1日当たり20mgのアルミが摂取されると，脳内のアルミは80年で平均2.4ppm蓄積する」という。しかし，これを「毎日20mg摂取しても，80年間で2.4ppmしか蓄積しない」と理解し，しかも「痴呆を避けるには3ppm以下が望ましい」との目安をふまえると，影響は皆無かもしれない。

ち，それぞれの検定法がどれだけを利用するかにかかっている。ノンパラメトリック統計では，検定法によっては，量的な情報をあえて質的な情報に置き換えてしまうことによって，本来もっている情報の一部を意図的に捨て去ってしまう。このため，一般にノンパラメトリック統計による検出力は弱い。しかし，これも，分布形の仮定をおかない統計的手法の宿命なのである。

練　習　問　題

（＊印はやや難解。最初はスキップしてもかまわない。）

1. 表13-9は，1985年度から2009年度までの，日本の国際収支状況をまとめたものである。この表のデータをもとに，以下の問いに答えよ。なお，以下において，それぞれの収支尻が均衡しているか否かはメディアンが0か否かで判断するものとする。

(1) 全期間のデータをもとに，以下の命題を符号検定および順位和検定によって検証せよ。有意水準は5％とする。

　ⓐ　経常収支は110,000億円より多い。
　ⓑ　資本収支は赤字基調にある。

表13-9　日本の国際収支状況

（単位：億円）

項目 年度	経常収支	資本収支	その他資本収支	外貨準備増減	誤差脱漏
1985	119698	−130134	−1024	−345	9836
1986	142437	−122503	−857	−16623	4897
1987	121862	−61511	−1133	−4089	−4857
1988	101461	−83420	−1297	−1410	3214
1989	87113	−74651	−1873	−633	−30950
1990	64736	−48679	−1532	−1013	−29761
1991	91757	−92662	−1614	−282	−10487
1992	142349	−129165	−1641	−22592	−12432
1993	146690	−117035	−1650	−905	318
1994	133425	−89924	−1920	9042	−17648
1995	103862	−62754	−2144	205	13127
1996	71533	−33425	−3538	−2100	1316
1997	117337	−151323	−4879	−512	41645
1998	155277	−170821	−19313	−1276	5558
1999	130522	−62745	−19087	−430	20184
2000	128754	−94234	−9947	−832	18088
2001	106524	−61726	−3462	−2425	4568
2002	141397	−84775	−4216	−1007	1347
2003	157668	77341	−4672	−584	−19723
2004	186184	17369	−5133	−380	−30880
2005	182591	−140069	−5491	47	−17961
2006	198488	−124666	−5535	−186	−36626
2007	247938	−225384	−4729	−523	20418
2008	163798	−183894	−5583	−640	52098
2009	132868	−126448	−4652	−1549	18847

（出所）　財務省・日本銀行「国際収支統計」

ⓒ　外貨準備増減は−500億円より少ない。
(2)*　(1)と同じことを，2000年以降のデータのみを用いて行なえ。この場合は，とくに2項分布を用いた厳密な場合と正規近似を用いた場合の2通りについて行ない，結果を比較せよ。

2．わが国の1990年から2009年まで20年間の完全失業率（季調済）は，順に，
　　　2.1，2.1，2.2，2.5，2.9，3.2，3.4，3.4，4.1，4.7
　　　4.7，5.0，5.4，5.2，4.7，4.4，4.1，3.8，4.0，5.1
と推移してきた（単位：%）。このデータをもとに，次の二つの観察，
(1)　近年，完全失業率はトレンドとして上昇している。
(2)　日本の自然失業率（平均的な失業率）は3.0%である。
の妥当性を適当なノンパラメトリック検定法によって検証せよ。有意水準は5%とする。

3．表13-10の円ドル・レートのデータを，正規分布に従うランダム標本と仮定しよう。母集団の平均を μ とする。このとき，
(1)　帰無仮説 $H_0: \mu = 97.0$ を有意水準5%で検定せよ。
(2)　μ の95%信頼区間を求めよ。

表13-10　2009年の円ドル・レート

(月末値)

月	1	2	3	4	5	6
円ドル・レート	89.5	97.9	98.3	97.7	96.5	95.6
月	7	8	9	10	11	12
円ドル・レート	95.6	92.8	89.8	91.1	86.2	92.1

第14章

ノンパラメトリック法(2)
二つの母集団の比較

14.1 二つの母集団の同一性

　二つの母集団からそれぞれ標本が得られ，それらにもとづき二つの母集団が等しいか否かを知りたいとする。ここで注意したいのは，母集団が等しいか否かを議論する場合には，これまで行なってきたような二つの母集団の平均が等しいとか，分散が等しいとかいった個別のパラメータの同一性の問題とは異なり，より広く母集団の分布形そのものを問題としなければならないことである。

　ここで分析に先だって，**分布関数**（より厳密には**累積分布関数**とよばれる）について，少しくわしく説明しておきたい。母集団から1個の標本を取り出したとき，その標本の値がx以下となる確率，あるいはより一般的にある確率変数Xがx以下の値をとる確率を$F(x)$と表わすことにしよう。すなわち，

$$F(x) = \Pr\{X \leq x\}$$

ということである。この$F(x)$が分布関数とよばれるものである。第1章でとりあげた確率密度関数$f(x)$が，厳密には，

$$f(x)dx = \Pr\{x < X \leq x+dx\}$$

として定義されることを想起すれば，分布関数とは確率密度関数をXのとり

図14-1 分布関数と確率密度関数の関係

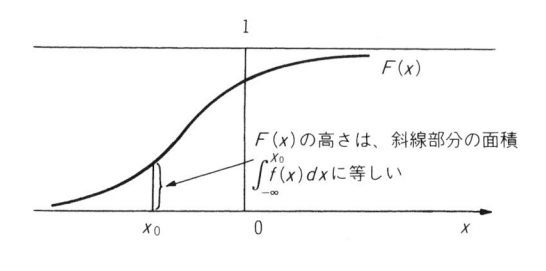

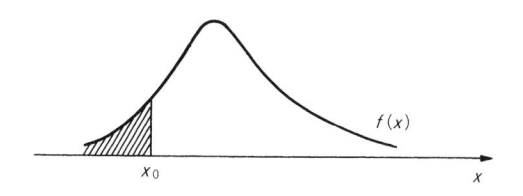

$F(x)$の高さは、斜線部分の面積 $\int_{-\infty}^{x_0} f(x)dx$ に等しい

うる最小の値から x まで累積的に足し合わせたもの（厳密には積分したもの）であることがわかる。図 14-1 は $F(x)$ の概形と $f(x)$ との対応関係を描いたものである。$F(x)$ は $f(x)$ 同様，母集団の分布に関する情報をすべて含むものと考えられる。

さて以上をふまえると，二つの母集団が等しいか否かを知りたい場合には，それぞれの母集団の分布関数を $F(x)$, $G(y)$ として，すべての $x = y$ に対して帰無仮説

$$H_0 : F(x) = G(y)$$

を検定すればよいことになる。ただし，対立仮説としては平均あるいはメディアンのみが異なる二つの母集団を考えることにしよう。

このような問題は，データが，

$$(X_1, Y_1), (X_2, Y_2), \ldots, (X_n, Y_n)$$

とペアになって得られる場合には比較的簡単である。そのような場合には，$Z_i = X_i - Y_i$ を計算する。帰無仮説 H_0 が正しいならば，Z_i の母集団のメディアンは 0 とみなしうるので，Z_i に対して符号検定，並べ変え検定あるいは順位和検定を行なえばよい。

これに対して，各集団からそれぞれ M 個，N 個のデータが別個に得られた

表14-1 東北地方と四国地方の失業率

東北地方			四国地方		
県名	失業率(%)	順位	県名	失業率(%)	順位
青森	5.0	2	徳島	4.5	3
岩手	3.2	9	香川	3.9	5.5
宮城	3.9	5.5	愛媛	4.4	4
秋田	3.3	8	高知	5.4	1
山形	2.7	10			
福島	3.4	7			

(出所) 総務省統計局「国勢調査報告」

図14-2 グループ間の順位のちがいが顕著な場合の分布

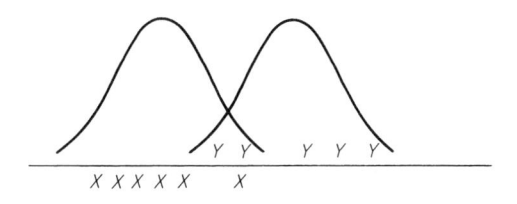

とすれば，やや工夫が必要である．たとえば，表14-1は1990年代半ばのある年における東北地方と四国地方の県別の失業率に関するデータである（これは，第1章の練習問題の表1-6から抜きだしたものである）．われわれの興味は，東北地方と四国地方とでは失業率に差異があるといえるのか否かを統計的に調べることにある．

まず，合計10県のデータを大きいほうから（あるいは小さいほうから）順に順位をつける．このとき，帰無仮説が正しいとすれば，各グループにおける順位の現われ方はランダムになっているはずである．これに対して，一方のグループのデータの順位が（1, 2, 3, 4）のように小さい順位のみから構成されていた（自動的に，もう一方のグループのデータは大きい順位のみから構成されている）とすれば，図14-2のように二つの母集団は異なるものと予想される．このような考え方にもとづき，実際に得られた順位がどの程度めずらしい順位であるのかを統計的に調べればよい．ただし，二つの母集団のばらつきや歪みが異なれば，たとえメディアンが等しくとも順位はかたまって現われることもある．ここではそのようなケースは考慮にいれない．

表14-1にみられるデータの場合，失業率が高いほうから順位をつけると，

表14-2 四つのデータの順位和

順位和	組み合わせ	計	累積数
9以下	不可能	0	0
10	(1,2,3,4)	1	1
11	(1,2,3,5)	1	2
12	(1,2,3,6), (1,2,4,5)	2	4
13	(1,2,3,7), (1,2,4,6), (1,3,4,5)	3	7
14	(1,2,3,8), (1,2,4,7), (1,2,5,6), (1,3,4,6), (2,3,4,5)	5	12

四国地方の各県のデータの順位は,

$$(1, 3, 4, 5.5)$$

であることがわかる。最後の5.5という順位は，香川県と東北地方の宮城県の失業率が同率でタイが存在するためである。さて，このようなデータはどの程度めずらしいことなのであろうか。表14-2は，四国地方のデータの順位の和が，ここで得られた13.5をはさんだ13と14という値よりもさらに小さくなるケース（タイがない場合について）を列挙したものであり，13より小さくなるのは計7ケース，14より小さくなるのは計12ケースあることがわかる。4県に対する順位の割りふり方の総数は，1から10までの順位を4県に割りふる組み合わせ方であるから，

$$_{10}C_4 = 210$$

となる。よって，ここで得られた順位は $7/210 = 0.033$ と $12/210 = 0.057$ となり，約3.3%〜5.7%のめずらしさで生起することがわかる。その結果，帰無仮説 H_0 は有意水準10%で片側検定を行なう（すなわち対立仮説として四国地方の失業率のほうが高いと設定する）と棄却され，二つの地方の失業率に差があるといえるが，通常の5%水準でははっきりとした結論は得られない。両側検定では有意水準10%であっても H_0 は棄却できない。

一般に上のような手続きをとるにあたっては，二つのグループのうち，より小さな順位を含む標本の順位和を考えるか，あるいはデータ数のより小さな標本の順位和を考えて，それよりめずらしいとみなされるケースを列挙したほうが，計算が楽になるという意味では得策である。いくつかの標本数の組み合わせに対しては，巻末の数表Hが利用できる。

表 14-3　二つの山のタヌキの脈拍数

裏山のタヌキ	隣の山のタヌキ
28	37
23	34
25	33
36	36
20	29
27	
32	
24	

とはいえ，$(M+N)$ の値が大きくなれば，正規分布で近似したほうがはるかに便利である。M 個のデータからなるグループの順位和を S_1，N 個のデータからなるグループの順位和を S_2 としよう。このとき，

$$T_1 = S_1 - \frac{M(M+1)}{2}, \quad T_2 = S_2 - \frac{N(N+1)}{2}$$

のうちの小さいほうを T とすれば，不連続補正を施した後，

$$MWW = \frac{T + \frac{1}{2} - \frac{MN}{2}}{\sqrt{\frac{MN(M+N+1)}{12}}}$$

は標準正規分布に従うことが知られている。

この結果を認めるならば，上の例では，四国地方 ($M=4$) をグループ1，東北地方 ($N=6$) をグループ2として，

$$T_1 = 13.5 - 4 \times \frac{5}{2} = 3.5, \quad T_2 = 41.5 - 6 \times \frac{7}{2} = 20.5$$

であるから，MWW の値は，

$$\frac{3.5 + 0.5 - 12}{\sqrt{\frac{4 \times 6 \times 11}{12}}} = -\frac{8}{4.69} = -1.71$$

となり，片側検定の p 値は0.0446と計算される。よって，5％有意水準の片側検定であれば仮説は棄却されうる。以上のような検定は，**マン＝ウィトニー＝ウィルコクソン（MWW）検定**とよばれる。ただし，本章で得られている結果は最近のデータでも観測できるかは，わからない。

表 14-4　順位和が19以下と20になるケース

順位和	組み合わせ			計	累積数
15	(1, 2, 3, 4, 5)			1	1
16	(1, 2, 3, 4, 6)			1	2
17	(1, 2, 3, 5, 6)	(1, 2, 3, 4, 7)		2	4
18	(1, 2, 3, 4, 8)	(1, 2, 3, 5, 7)	(1, 2, 4, 5, 6)	3	7
19	(1, 2, 3, 4, 9)	(1, 2, 3, 5, 8)	(1, 2, 3, 6, 7)	5	12
	(1, 2, 4, 5, 7)	(1, 3, 4, 5, 6)			
20	(1, 2, 3, 4, 10)	(1, 2, 3, 5, 9)	(1, 2, 3, 6, 8)	7	19
	(1, 2, 4, 6, 7)	(1, 3, 4, 5, 7)	(1, 2, 4, 5, 8)		
	(2, 3, 4, 5, 6)				

[例題 14-1]

表 14-3 は，例題 13-1 で分析した裏山のタヌキのデータに加えて，隣の山のタヌキ 5 匹についても脈拍数を測定した結果である．二つの山のタヌキの脈拍数にはちがいがあるか否かを検定せよ．

●解答

ここでは脈拍数の大きなほうから，1，2，…と順位をつけてみよう．もちろんこれは，計算の単純化のためだけであり，本質的ではない．隣の山のタヌキに対してつけられる順位は，

(1, 2.5, 4, 5, 7)

である．順位和の合計がここでの値19.5をはさむ，19，20より小さくなるケースを列挙すると，表 14-4 のようになる．19以下となるケースは12通りあることがわかり，その確率は，

$$2 \times \frac{12}{{}_{13}C_5} = 0.009 \times 2 = 0.018$$

と計算される．また，20以下となるケースは計19通りあり，その確率は，

$$2 \times \frac{19}{{}_{13}C_5} = 0.0295$$

となる．このような順位和が得られることはめずらしいことがわかり，「二つの山のタヌキの脈拍数の分布は等しい」という帰無仮説は片側有意水準 5 ％で棄却される．

また，

$$S_1 = 19.5, \quad T_1 = 4.5$$
$$S_2 = 71.5, \quad T_2 = 35.5$$

と計算される．よって，

$$MWW = \frac{4.5+0.5-\frac{40}{2}}{\sqrt{40\times\frac{14}{12}}} = -2.20$$

となり，正規近似によっても仮説は棄却される．

14.2 連による検定

　帰無仮説 $H_0: F(x) = G(y)$ を検定するために，MWW 検定では順位を用いたが，よりシンプルであり，と同時によく利用される検定に**連による検定**がある．連（れん）とは同一の符号の連なり（1個の場合も含む）のことであり，ラン（run）ともよばれる．二つのグループからのデータに対して，一方を"＋"の符号で，他方を"－"の符号で表わすことにしよう．そのとき，たとえば，

　　　　　　　＋＋ － ＋＋＋ －－ ＋＋

といった符号の列が得られるならば，その連は下線で画されるように5個あることになる．もし，二つのグループのデータが同一の母集団からとられたものであるならば，"＋"と"－"の符号は適当に混ざって現われるはずであるから，連の数も適度に大きな値をとることが予想される．ただし，連の数が多すぎてもまた異常であることに注意されたい．たとえば，

　　　　　　　＋－＋－＋－……

というぐあいに，"＋"と"－"が交互に規則正しく出現している場合は，けっしてランダムとはいえない．このことは意外に見落とされがちである．しかし，いまの場合，帰無仮説が誤っていたにしても，このようなケースが起こりやすくなるとは考えられない．よって，ここでは無視して考えればよい．

　結局，連の数がいくつであればランダムではないと判断されるのかは，連の数がどのような割合で出現するのか，その分布による．一般に，M個の"＋"とN個の"－"をランダムに並べるならば，その連の数の分布は以下の式で与えられる．

図 14-3　M個の玉を k 個の箱に分ける分け方

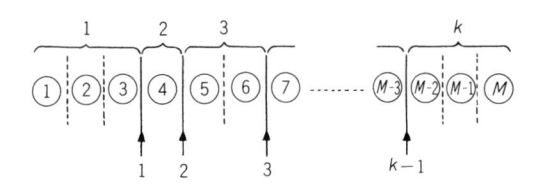

図 14-4　k 個ずつの箱の配置
（連の数は 2k となる）

$$\Pr\{R = 2k\} = \frac{2 \times ({}_{M-1}C_{k-1}) \times ({}_{N-1}C_{k-1})}{{}_{M+N}C_M} \quad (14\text{-}1)$$

$$\Pr\{R = 2k+1\} = \frac{({}_{M-1}C_k) \times ({}_{N-1}C_{k-1}) + ({}_{M-1}C_{k-1}) \times ({}_{N-1}C_k)}{{}_{M+N}C_M}$$
$$(14\text{-}2)$$

読者は，高等学校の数学の授業で以下のような問題に出会ったことを覚えているであろうか。

【問題】同一の色をしたM個の玉がある。これらをk個の箱に分けるが，どの箱にも少なくとも１個は入れるようにしたい。そのような分け方は何通りあるであろうか。

【解答】M個の玉を図14-3のように並べ，それぞれの玉のあいだに$M-1$本の線を引く。このうち，$k-1$本の線を選び，それらで仕切られたk個の領域がそれぞれの箱に対応するものと考える。このように考えれば，このような線の引き方は${}_{M-1}C_{k-1}$であることがわかる。

M個の玉の一つひとつがグループからのデータと考えればよい。同様にして，N個の玉をk個の箱に分ける分け方は${}_{N-1}C_{k-1}$と表わされうる。さて，連の数が$2k$と偶数の場合には，図14-4に示されるように，Xグループの

k 個の箱と，Y グループの k 個の箱を交互に並べればよい。そのような並べ方は，

$$2\times({}_{M-1}C_{k-1})\times({}_{N-1}C_{k-1})$$

と求められる。ここで"2"は，どちらのグループの箱から順に並べるかを考えると，場合の数が2倍になることを示している。それゆえ，連の数が $2k$ となる確率は（14-1）式で与えられる。一方，連の数が $2k+1$ と奇数個の場合は，一方のグループのデータを $k+1$ 個の箱に，他方のグループのデータを k 個の箱に入れ，それらを $k+1$ 個の箱のグループの箱から順に並べればよい。そのような組み合わせは，

$$({}_{M-1}C_k)\times({}_{N-1}C_{k-1})+({}_{M-1}C_{k-1})\times({}_{N-1}C_k)$$

通りあることがわかる。また，二つのグループのデータの並べ方の総数は ${}_{M+N}C_M$ で与えられるので，結局，連の数が $2k+1$ となる確率は（14-2）式で与えられる。

以上の結果をもとに，表14-1のデータをもう一度見てみよう。四国地方のデータを"＋"で，東北地方のデータを"－"で表わすことにする。ただし，連の検定においてはタイがある場合，それらのデータは無視して捨て去るのが常である。結局，データを小さいほうから並べれば，

＋－＋＋－－－

と，連の数は4となる。4は偶数であるから上の（14-1）式において，$M=3$，$N=5$，$k=2$ を代入すれば，このような確率は，

$$\frac{2\times {}_2C_1 \times {}_4C_1}{{}_8C_3}=\frac{2}{7}$$

と，約28.6％あることがわかる。この値は有意水準5％では当然棄却されない。このような結果が得られたのは，データの数が少なすぎることにもよる。

ここでも，M と N の値が大きい場合には正規分布による近似が可能となる。連の数の平均，分散はそれぞれ，

$$\mathrm{E}(R)=\frac{2MN}{M+N}+1 \tag{14-3}$$

$$\mathrm{Var}(R)=\frac{2MN(2MN-M-N)}{(M+N)^2(M+N-1)} \tag{14-4}$$

となることが知られている。よって，不連続補正を行なった後，

$$\frac{R+\frac{1}{2}-E(R)}{\sqrt{\mathrm{Var}(R)}} \qquad (14\text{-}5)$$

が標準正規分布に従うことを用いて検定を行なえばよい。

[例題14-2]

表14-3のデータに対し，二つの山のタヌキの脈拍数にはちがいがあるか否かを連により有意水準5％で検定せよ。

●解答

裏山のタヌキのデータを"＋"，隣の山のタヌキのデータを"－"で表わすことにすれば，小さいほうから並べると，

$$\underline{+\ +\ +\ +\ +\ +}\ \underline{-}\ \underline{+}\ \underline{-\ -\ -}$$

となる。ただし，タイとなるデータは除いてある。よって連の数は4である。(14-1)，(14-2) 両式を用い，連の数が4以下となる確率を求めてみよう。$M=7$, $N=4$ であるから，

$$\Pr\{R=2\} = \frac{2\times {}_6C_0 \times {}_3C_0}{{}_{11}C_7} = \frac{2}{330}$$

$$\Pr\{R=3\} = \frac{{}_6C_1 \times {}_3C_0 + {}_6C_0 \times {}_3C_1}{{}_{11}C_7} = \frac{9}{330}$$

$$\Pr\{R=4\} = \frac{2\times {}_6C_1 \times {}_3C_1}{{}_{11}C_7} = \frac{36}{330}$$

以上の合計は $47/330 = 0.142$ となり，結局，仮説は棄却されない。

さて，このような連を用いた検定は，二つの分布の同一性を検証するためだけではなく，以下のような問題にも適用可能である。

ランダム・ウォーク仮説の検証

為替市場の動きを説明する経済理論に，**ランダム・ウォーク仮説**とよばれるものがある。ひとくちでいえば，為替レートは酔っぱらいが歩くがごとくに変化し，その動きは予想しがたいというものである。第13章で紹介した為替レートのデータを用い，このような主張の妥当性を検証することにしよう。ランダム・ウォーク仮説をもう少しフォーマルなかたちでのべれば，以下のように表現される。

図14-5 ランダム・ウォークのさまざまな経路

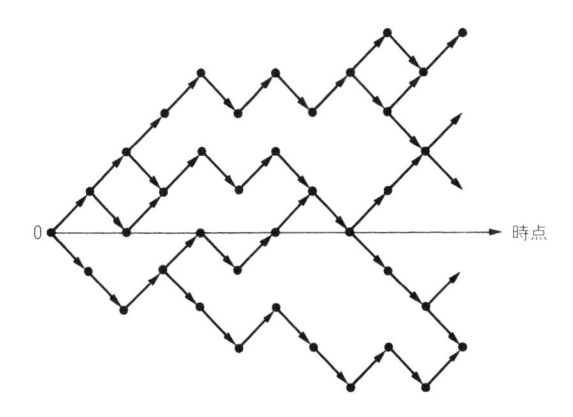

　時点 t における為替レートを X_t としよう。また，ε_t（ε はイプシロンと読む）を時点 t における経済的攪乱要因を表わし，時点 t にかかわりなく正規分布に従うものとする。このとき，ランダム・ウォーク仮説は，

$$X_t = X_{t-1} + \varepsilon_t \tag{14-6}$$

と表わされる。すなわち，t 時点における為替レートは1期前の為替レートに攪乱要因が加わった結果として決定されるというものである。

　(14-6) 式の意味するところを理解するため，次のような実験を考えてみよう。図14-5 を見てもらいたい。コインを投げ，表が出れば右上に，裏が出れば右下にそれぞれ一駒ずつ進むことにする。図14-5 は，時点0に原点にあるものとしてこのような実験を何度もくりかえした結果の軌跡を表わすものである。これは (14-6) 式において ε_t が "+1" か "-1" のいずれかの値をそれぞれ1/2の確率でとる場合であり，ランダム・ウォークの簡単な例である。ある時点において X_t の値（位置）がわかったにしても，次の時点においてそれが上に動くか下に動くかはランダムに，それぞれ確率1/2で決定される。(14-6) 式のモデルにおいては，ε_t はその符号のみならず大きさも定まってはおらず，それゆえその予測は不可能ということになる。このようなモデルがはたして為替レートの動きと矛盾しないか否かを調べるには，次のように考えればよい。

　実際のデータから $X_t - X_{t-1}$ の値を計算し，その符号に注目する。(14-6)

第14章／ノンパラメトリック法(2)　283

表 14-5　円ドル・レート

月	1	2	3	4	5	6	7	8	9	10	11	12
レート	105.8	105.7	105.9	107.4	106.5	108.8	109.3	107.8	109.8	112.3	112.2	113.7

式が正しいならば，"＋"と"－"の符号はランダムに出現するものと予想される．そこで，上述の連の数を調べてみればよい．表 14-5 は，第 13 章において分析された 2000 年代のある 1 年間の為替レートのデータである．はたして円ドル・レートはランダム・ウォークに従うといえるのだろうか？

円ドル・レートの前月との差を調べ，その符号を書き出せば，

$$-\ +\ +\ -\ +\ +\ -\ +\ +\ -\ +$$

となり，連の数は 8 個であることがわかる．また"＋"の数は 7 個，"－"の数は 4 個ある．ここでは正規近似を用いて検定を行なってみよう．(14-3) と (14-4) 両式を計算すれば，

$$\mathrm{E}(R) = \frac{2 \times 4 \times 7}{11} + 1 = 6.09$$

$$\mathrm{Var}(R) = \frac{2 \times 28 \times (2 \times 28 - 11)}{11 \times 11 \times 10}$$
$$= 2.08$$

となる．したがって (14-5) 式の値は，

$$\frac{8 + 0.5 - 6.09}{\sqrt{2.08}} = \frac{2.41}{1.44} = 1.67$$

となり，片側検定の p 値は約 4.35% となる．有意水準を 5% とすれば，仮説は棄却され，円ドル・レートはランダム・ウォークには従わないことになる．

14.3　コルモゴロフ=スミルノフ検定

母集団の分布がある特定の連続な分布に従うか否かを知りたい．そのような場合一つの手は，第 7 章でのべたように χ^2 検定を用いることである．χ^2 検定ではデータをいくつかの区間に分け，対応する母集団の確率を計算し，それらの値を用いて検定を行なった．離散的な分布の場合には，区間の分割

図 14-6　円ドル・レートの経験分布関数

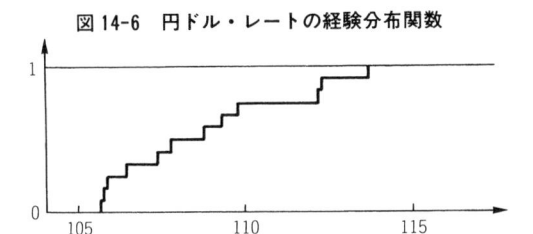

が比較的自然に行なわれうるため問題はないが，連続分布の場合には恣意性を免れえず，むしろ分布関数を用いた以下のような検定が薦められる。

まず，標本にもとづき累積分布関数を推定する。これは確率密度関数を近似するにあたり，ヒストグラムを作成した手続きに似ている。N個の標本があったとしよう。そのときその中で，ある数xよりも小さなデータの個数を数える。この値をデータ数Nで割ったものは，標本中のxよりも小さなデータの割合ということになる。xを横軸にとり，この割合をグラフとして表わしたものが分布関数の推定値となる。

たとえば，表14-5に与えられる円ドル・レートのデータに対してこのようなグラフを描いたものが，図14-6に与えられている。$S(x)$は実際にデータが現われたxの値のところで$1/N$ずつジャンプする。もし二つのデータが同じ値をとれば（タイの存在），そこでは$2/N$ジャンプすることになる。このような累積分布関数の推定値はとくに**経験分布関数**とよばれ，われわれはそれを$S(x)$と記述することにしよう。

いま母集団の分布関数が$F_0(x)$というある特定の分布関数に等しいか否かを知りたい。もし，帰無仮説が正しいならば，経験分布関数$S(x)$は$F_0(x)$と大きくは異ならないはずである。コルモゴロフは経験分布関数$S(x)$と$F_0(x)$のくいちがいの最大値に注目し，$F_0(x)$がどのような関数であろうとも，

$$\max_x |S(x) - F_0(x)| \tag{14-7}$$

がある値（サンプルの数に依存する）をこえるときに仮説を棄却するという検定法を考案した。実際にその値を求めるには，この最大値の分布を求める必要がある。その説明のためには多くの頁を割かねばならないし，またそれ

図 14-7　経験分布関数と $N(110, 9)$ の分布関数

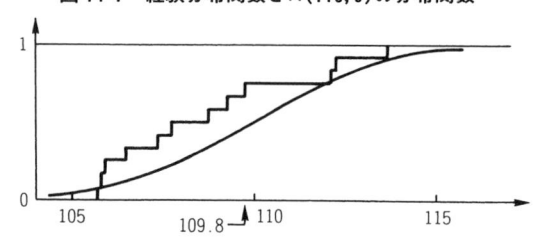

図 14-8　$|S(x) - F_0(x)|$ が最大となる x

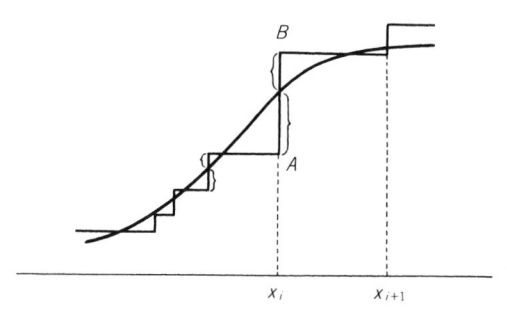

ジャンプ前の点 A とジャンプ後の点 B の $S(x)$ の値を $F_0(x)$ と比較する。

は本書のレベルをこえてもいる．よって，ここでは巻末の数表 I のような数表を用いることにしよう．

　表 14-5 のデータの標本平均は 108.8，標本分散は 7.09 と求められる．そこで，データが $N(110.0, 9.0)$ に従うといえるか否かを調べることにしたい．図 14-7 は経験分布関数と $N(110.0, 9.0)$ の分布関数を同一のグラフの上に描いたものである．図 14-8 より，$|S(x) - F_0(x)|$ が最大となる可能性としては，実際にデータの現われた x のところのみ調べればよいことがわかる．ただし，そこでは $S(x)$ の値がジャンプしており，$F_0(x)$ の値をジャンプ前とジャンプ後の両方の $S(x)$ の値と比較しなければならない．

　図 14-7 の場合，二つの分布関数の垂直方向の乖離幅がいちばん大きくなるのは，明らかに $x = 109.8$ のところである．このとき，ジャンプ後の $S(x)$ の値は $S(109.8) = 9/12 = 0.75$ である．また正規分布を標準化すると $(109.8 - 110.0)/\sqrt{9} = -0.07$ であるから，数表より $F_0(109.8) = 0.472$ となり，

図 14-9　分布関数の区間推定
(斜線部分が $F_0(X)$ の信頼域を表わす)

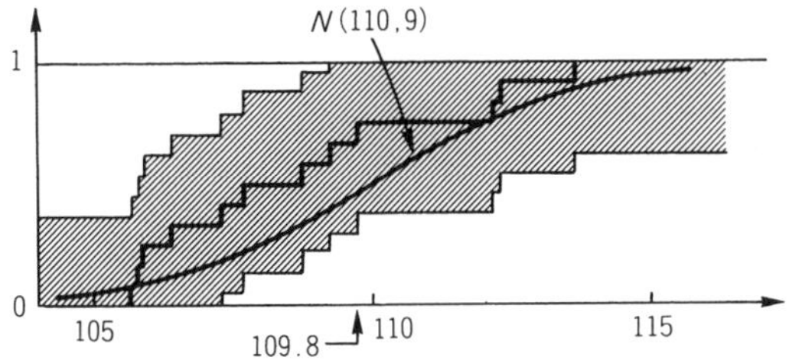

結局 $x = 109.8$ での (14-7) 式の値は $|0.75 - 0.472| = 0.279$ となる。数表 I より，有意水準を5％（両側）とすると，サンプル数が12の場合の臨界値は 0.375であるから，結局，帰無仮説は受容されることになる。

コルモゴロフ検定では，検定の受容域が，適当な定数 k を用いて，

$$|S(x) - F_0(x)| < k$$

というかたちで与えられるため，これを，

$$S(x) - k < F_0(x) < S(x) + k$$

と変形すれば，$F_0(x)$ に対する**信頼域**が得られる（ここでは $F_0(x)$ という関数に対する推定を行なっているため，信頼区間とはいわず，信頼域とよぶ。）図14-9は表14-5のデータの母集団分布関数 $F_0(x)$ に対する95％信頼域を図示したものである（$k = 0.375$）。このように，分布関数の区間推定が行ないうる点は，コルモゴロフ検定の大きな特徴である。

さてこのような考え方は，二つの母集団の同一性を検証する目的でも用いることが可能である。二つの母集団に対する検定はスミルノフにより提案されたものであるが，上にのべたコルモゴロフによる検定と同様の理論的根拠にもとづくものであるので，これら二つの検定は合わせて**コルモゴロフ＝スミルノフ検定**とよばれている。

二つの母集団からの標本より作成された経験分布関数をそれぞれ $S_1(x)$ と $S_2(x)$ とする。$S_1(x)$ と $S_2(x)$ のくいちがいに注目し，

$$|S_1(x) - S_2(x)|$$

の最大値を考える。この値が巻末の数表Jに与えられる値を上回るならば，二つの母集団は異なるものと判断されるわけである。

図 14-10　二つのグループの経験分布関数

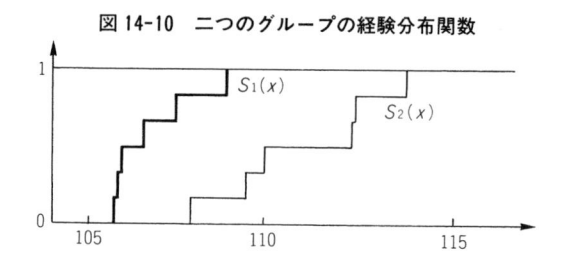

　図 14-10 は表 14-5 の円ドル・レートのデータを前期（1月～6月）と後期（7月～12月）に分け，前半のデータを第一グループ，後半のデータを第二グループとし，$S_1(x)$ と $S_2(x)$ を同一のグラフの上に描いたものである。これら二つの期間では，分布関数にちがいがあるのであろうか？　いまの場合，$|S_1(x)-S_2(x)|$ の最大値は 5/6 であることがわかる。この値は，数表 J より得られる 4/6（標本数が 6 と 6 の場合）よりも大きい。よって，有意水準5％として帰無仮説は棄却され，二つのグループの母集団は異なることになる。

　実際にこういった手順をふんでみれば，スミルノフ検定では，二つのグループのデータがどのような順序で現われているかのみが情報として用いられており，それらが実際にどのような値をとったかは利用されていないことに気づくであろう。いまの例では，二つの経験分布関数間のくいちがいは，一方のデータが得られるたびに 1/6 ずつ変化する。くいちがいの最大値は，一方のデータが続いて得られるかどうかに依存する。

　二つの標本の同一性を検定する場合，順位を用いた MWW 検定では，対立仮説として二つの母集団のメディアンのみが異なるという状況を想定した。これに対し，スミルノフ検定の場合，対立仮説は二つの母集団の分布関数がなんらかの意味で異なるというものである。たとえば，平均は等しくとも分散が異なるとか，歪みや裾の重さが異なるなど，なんであってもよい。ということは，特定の対立仮説に対しては検出力（パワー）が低いことを示唆している。すなわち，どのような検定を用いるかは，対立仮説としてなにを念頭におくかによるわけである。

図 14-11 二つの山のタヌキの脈拍数の経験分布関数

$|S_1(x)-S_2(x)|$ が最大となる個所　　○印は裏山のタヌキ，×印は隣の山のタヌキ

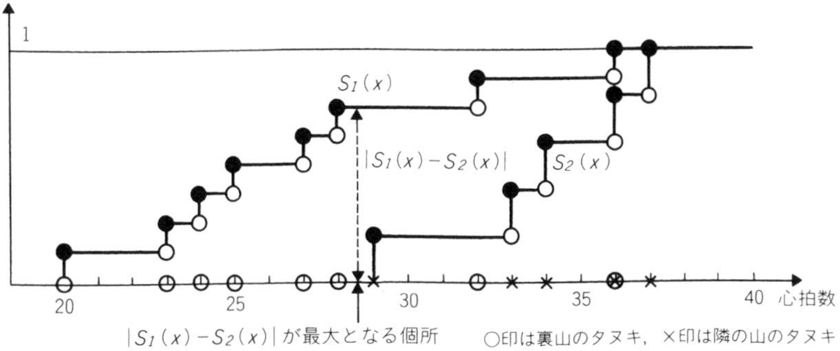

[例題 14-3]

表 14-3 のデータに対し，二つの山のタヌキの脈拍数にはちがいがあるか否かをスミルノフ検定を用いて調べよ。ただし有意水準は 5 ％とする。

●解答

二つの山のタヌキの脈拍数の経験分布関数を描くと，図 14-11 のようになる。図より $|S_1(x)-S_2(x)|$ の最大値は 6/8 であることがわかる。標本数は 5 個と 8 個であるから，この値は巻末の数表 J より得られる 27/40 よりも大きい。よって，帰無仮説は棄却され，二つのグループの母集団は異なるといえる。

14.4 まとめ

本章では，ノンパラメトリック統計のうち，MWW 検定，連による検定，およびコルモゴロフ=スミルノフ検定をとりあげてみた。これらは，二つの母集団を比較するものである。前章で説明した検定法と合わせると，ノンパラメトリック統計についておおよその理解が得られたことと思う。ノンパラメトリック統計は，母集団のパラメータについての知識を必要としないという意味では，分布形があらかじめ特定できない場合，あるいはそもそも分布形を特定化するのが不適切な場合について有用性を発揮する。

しかしながら，前章のまとめでも指摘したことであるが，それゆえに，特定の対立仮説に対しては，第二種のエラーの確率が高いものともなり，一般に検出力は低くなる。しかしこのことは，ある帰無仮説がノンパラメトリッ

ク検定法によって棄却されたとすると，それはもしパラメトリックな検定法を利用できるとすれば，より確固たる根拠のもとに棄却されることを示唆するものでもある。

経済=統計交差点 ⓫
効率的市場とランダム・ウォーク仮説

　ランダム・ウォーク（random walk）とは，酔歩とか乱歩とか訳される場合があり，文字どおり酔っぱらいが右に傾くか左に傾くかが予測できない歩き方をする姿を彷彿とさせる。ランダム・ウォークは，経済学のいろいろな分野で重要な役割を演じる。なかでも重要なのは，株価や為替レートなどの資産価格の時系列変動についてのランダム・ウォーク仮説であり，これは当該資産の市場が効率的であるか否かの quick test として利用される。

　効率的市場（efficient market）はいろいろなかたちで定義されるが，その一つは，「効率的市場では，どの投資家も平均的には，平均的な市場参加者が獲得する収益を上回る超過収益をあげることはできない」，ないし「つねに市場に勝つ投資家は存在しない」というものである（弱い意味での定義とよばれる）。こうした定義が，資産価格がマーティンゲールに従う，ないしはランダム・ウォークするという性質と結びつくことになるわけである。

　マーティンゲールは，要するに，資産価格の予測にとっては現在の資産価格以外の情報は役に立たないと主張するものである。逆にいえば，すべての情報は現在の資産価格にすでに反映されてしまっているとも解釈される。ほんとうにそうであろうか。

　最近の研究成果によれば，「短期的にはランダム・ウォーク仮説を棄却できない場合が多いが，より長期的には，資産価格に影響を与える市場の基礎的条件（ファンダメンタルズとよばれる）が資産価格の動向を規定する」と総括されるようである。

　しかし，このことはかならずしも長期的には市場が効率的でないといっているのではない。じつは効率的市場についてのより強い意味での定義は，まさに本来資産価格はファンダメンタルズによって規定されるというものであり，もともと先の観察と基本的に矛盾するものではない。効率的市場にとってより問題となるのは，資産価格にはファンダメンタルズによって規定される要因以外のもの（これを広くバブルとよぶ）が存在する可能性があることであり，近年こうした面を解明しようとする研究が，理論・実証両面でさかんになされている。

練 習 問 題

(＊印はやや難解。最初はスキップしてもかまわない。)

1. 表14-6は，1976年から87年までの旧ソ連経済の工業総生産高と農業総生産高の対前年伸び率について，計画目標値（上段）と実績値（下段）をまとめたものである。これらの数字をみて，以下の問いに答えよ。なお，同表で計画目標値が"−"（ダッシュ）で表わされたものは，データが利用可能でないことを示す。また，以下の問いで仮説検定を行なう場合の有意水準は，すべて5％に設定するものとする。

表14-6　旧ソ連の工業総生産高と農業総生産高の対前年比伸び率（1976〜87年）

(単位：％)

	1976年	77	78	79	80	81	82	83	84	85	86	87
工業総生産高	4.3	5.6	4.5	5.7	4.5	4.1	4.7	3.2	3.8	3.9	4.3	4.4
	4.8	5.7	4.8	3.4	3.6	3.4	2.9	4.2	4.1	3.9	4.9	3.8
生産財	4.9	5.9	4.7	5.8	4.5	4.1	4.3	3.1	3.7	3.9	4.3	4.3
	5.5	5.8	5.1	3.4	3.6	3.3	2.7	4.2	4.1	3.9	5.3	3.8
消費財	2.7	4.9	3.7	5.4	4.5	4.2	4.6	3.5	4.1	4.0	4.4	4.5
	3.0	5.2	4.1	3.3	3.5	3.5	3.5	4.3	4.1	4.1	3.9	3.8
農業総生産高	7.0	—	—	5.8	8.8	7.5	10.2	10.5	6.4	6.7	5.3	—
	6.2	4.3	2.6	▲3.2	▲2.0	▲1.1	5.4	6.2	0.1	0.1	5.3	0.2

(注)：上段：計画目標値，下段：実績値。
(出所)　小川和男「米国議会『ゴルバチョフの経済計画』について」『世界週報』臨時増刊号(1988年3月28日)，6〜12頁。

(1) 計画目標値と実績値が同一の分布形に従うとき，計画目標が達成されていると判断することにしよう。この基準に従った場合，旧ソ連経済は計画どおりに機能したといえるか否か，ⓐ 工業総生産高，および ⓑ 農業総生産高について，実績値と計画値の差を考え，符号検定を用いることにより判断せよ。また，このような検定により計画目標の達成を調べることが適切か否かを検討せよ。

(2)＊ 計画目標値と実績値の乖離幅に注目した場合，工業総生産高に比して農業総生産高については，つねに楽観的な計画が立てられているといえるであろうか（サンプル数が異なることに注意）。

(3) 工業総生産高の内訳として生産財と消費財を比べる。このとき，旧ソ連の経済計画は，1970年代は生産財に重点がおかれ，80年代にはいってからは消費財に重点がおかれだしたと結論できるであろうか。

(4)* (3)について，実績値を基準とした場合でも，結論に変わりがないであろうか。

(5) (1)の基準に代わって，計画目標値と実績値の母集団の平均が等しいといえれば，計画目標が達成されているものと判断することにしよう。こうした基準に沿って旧ソ連の経済計画を評価せよ。(1)と比べた場合，結論に相違がもたらされるであろうか。

2．表14-7は，2009年の日経平均株価指数の月末終値をとったものである。

表14-7　日経平均株価の月末終値（2009年）

月	1	2	3	4	5	6	7	8	9	10	11	12
日経平均	7994	7568	8110	8828	9523	9958	10357	10493	10133	10035	9346	10546

(1) 株価がランダム・ウォークしているか否か，連の検定によって判断せよ。有意水準は5％とする。

(2) 株価の月次収益率を計算し，それが平均0，分散が収益率の標本分散の正規分布に従っているか否かを検定したい。有意水準は5％とする。

ⓐ まず，株価上昇率の経験分布関数を描け。

ⓑ コルモゴロフ=スミルノフ検定を行なえ。

3．表14-8は2005年における東北地方と四国地方の県別の失業率のデータである。東北地方と四国地方とでは失業率に差異があるだろうか。マン=ウィトニー・ウィルコクソン（MWW）検定によって判断せよ。有意水準は5％とする。

表14-8　東北地方と四国地方の失業率（2005年）

東北地方			四国地方		
県名	失業率(%)	順位	県名	失業率(%)	順位
青森	8.5	2	徳島	7.4	3
岩手	6.2	6.5	香川	5.9	9
宮城	6.6	5	愛媛	6.8	4
秋田	6.1	8	高知	8.6	1
山形	4.6	10			
福島	6.2	6.5			

（出所）総務省統計局「国勢調査報告」

4．第1章で取り上げた貯蓄残高の分布を，再び思い起こそう。第7章の練習問題6では，分布の適合度の検定を用いて，1996年と2009年の貯蓄残高の分布が

対数正規分布に従うか否かを確かめた。ここでは，コルモゴロフ＝スミルノフ検定を用いて，次の問題に答えよ。

(1) 貯蓄残高の対数が正規分布に従うか否かの検定にとって基礎となる，平均値と分散を，1996年と2009年について求めよ。

(2) それぞれの年について，貯蓄残高の対数が正規分布に従うとした場合の，コルモゴロフ＝スミルノフ統計量の値を求めよ。

(3) 貯蓄残高が対数正規分布に従うとの帰無仮説を受容するとしたら，それぞれの年の調査はどの範囲の世帯数でなければならないか。有意水準は5％とする。

(4) 1996年と2009年の貯蓄残高の対数が同じ分布形に従うとの帰無仮説は，両年の調査世帯数が同じとして，最小で何世帯の場合に棄却されるか。

第15章

順位相関と一致

15.1 順位相関係数

　第10章で学んだ相関係数は，二つの変量のデータの直線的な関係（すなわち1次式の関係）をチェックするものであった。しかし，二つの変量の関係としては，線形関係以外にもいろいろ考えられる。経済変量同士ではなかなか例が思いつかないものの，一般論としては2次式や円や楕円の関係もありうる。たとえば，インフレ率と失業率のあいだの関係を示すフィリップス曲線も，本来1次式より図15-1のような，原点に対して凸の曲線と理解されている。このような非線形関係の場合には，変数間に基本的に単調関係（一方が大きくなれば，かならず他方も大きくなるか小さくなるという関係）が期待されることが多い。そのような場合の相関の程度を表わすものとして，**順位相関係数**というのが考案されている。

　順位相関係数とは，名前が示すように，変量をなんらかの基準で順位づけた後に，その順位間の一致の程度をみるものである。順位相関係数についても，あくまでも相関の程度の尺度となるものであるから，基本的には第10章で学んだ相関係数（厳密に区別するために，以下では**積率相関係数**とよぶ）と似た性質をもつことが要求される。たとえば，もし二つの変量に対する順位が完全に一致しているならば，順位相関係数は+1という値をとり，逆に

図 15-1　フィリップス曲線

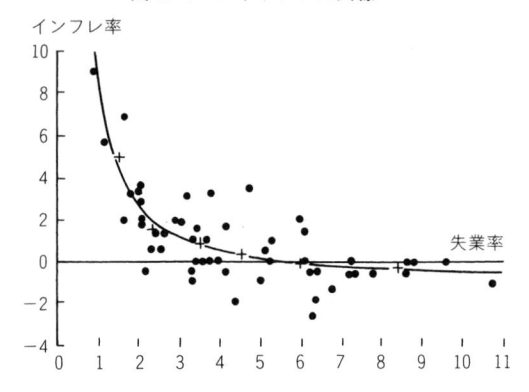

図 15-2　順位相関の特別な場合

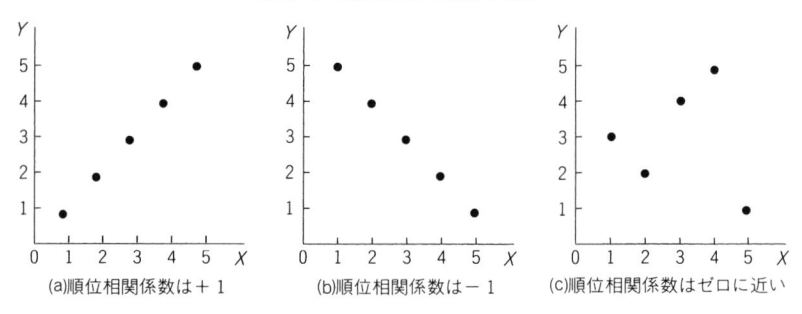

(a)順位相関係数は＋1　　(b)順位相関係数は－1　　(c)順位相関係数はゼロに近い

その2変量間に完全に逆の順位関係があったならば，順位相関係数は -1 となるようにしたい。また，各ペアの順位がまったくでたらめに組み合わされたと思われるならば，順位相関係数は 0 となるのが望ましい（図 15-2 参照）。

このような性質を満たし，かつ実際に広く用いられている順位相関係数としては 2 種類ある（もっとも，望ましい性質を満たすものは二つにかぎらないことにも注意）。これらはともに，発案者の名前とそれぞれに特有のギリシャ文字を組み合わせてよばれている。

スピアマンの ρ

まず第一は，**スピアマンの ρ**（ロー）とよばれるものであり，積率相関係

表 15-1　先進 8 カ国の主要経済指標（2007年）

(単位：%)

	日本	アメリカ	ドイツ	イギリス	フランス	イタリア	カナダ	ロシア
経済成長率	2.4	2.0	2.5	3.0	2.3	1.6	2.7	8.1
失業率	3.9	4.6	8.6	5.3	8.0	6.1	6.0	6.1
国際収支	4.8	−5.3	7.9	−2.7	−1.2	−2.4	2.1	5.9
消費者物価上昇率	0.0	2.9	2.3	4.3	1.5	1.9	2.2	9.0
生産者物価上昇率	3.1	4.8	1.7	2.9	2.8	3.4	1.5	14.1
賃金上昇率	−0.9	4.0	2.4	4.1	3.1	2.8	5.3	26.3
経常収支／GDP	4.8	−5.3	7.9	−2.7	−0.5	−2.4	2.1	5.9

（出所）　総務省「世界の統計2010」，OECD（経済協力開発機構），IMF, International Financial Statistics

数において観測値に代わりその順位を用いるものである。このような統計量を考えることは自然な発想であり，各変量についていったん順位をつけてしまえば，計算も機械的にできる。しかしここでは，順位相関係数の尺度としての論理的根拠をよりよく理解するためにも，以下のように少々変形して考えてみよう。

　二つの変量をそれぞれ順位づけした後，各標本のペアをとってそれらの順位の差に注目する。i 番目のペアの順位差を d_i，ペアで得られる標本の総数を N とするとき，スピアマンの ρ は，

$$\rho = 1 - \frac{6\sum_i d_i^2}{N(N^2-1)} \tag{15-1}$$

として定義される。(15-1) 式において，もし二つの変量の順位づけのあいだに完全な一致がみられるならば，d_i の値はすべてゼロとなり，$\rho=1$ となることがわかる。また，ちょうど反対の順位づけとなる場合には，若干の計算をすると，

$$\sum_i d_i^2 = \frac{N(N^2-1)}{3}$$

となることがわかり，$\rho = -1$ となる。たとえば $N=4$ の場合には，まったく逆の順位づけがなされるとすると，一方の順位が $\{1, 2, 3, 4\}$ とすれば，他方の順位は $\{4, 3, 2, 1\}$ となるはずである。そのとき，たしかに，

$$\sum_i d_i^2 = (-3)^2 + (-1)^2 + 1^2 + 3^2 = 20 = \frac{4(4^2-1)}{3}$$

表 15-2　経済成長率と消費者物価上昇率の順位

	日本	フランス	イタリア	カナダ	ドイツ	アメリカ	イギリス	ロシア
経済成長率が高い順	5	6	8	3	4	7	2	1
消費者物価上昇率の低い順	1	2	3	4	5	6	7	8
順　位　差	4	4	5	−1	−1	1	−5	−7

となっている。

　さて、表15-1は2007年における先進8カ国の主な経済指標をまとめたものであるが、このうち経済成長率と消費者物価上昇率のデータに注目してみよう。素朴な経済学の直観によれば、消費者物価上昇率が低い経済では経済成長率は低くなると予想されよう。この直観を確認してみたい。表15-2は、表15-1から経済成長率と消費者物価上昇率のデータをとり、経済成長率については高い順に、消費者物価上昇率については低い順に順位をつけたものである。同表の3行目の順位差の2乗値を合計したものは、

$$\sum_i d_i^2 = 4^2+4^2+5^2+(-1)^2+(-1)^2+1^2+(-5)^2+(-7)^2 = 134$$

であり、$N=8$ であるから、(15-1) 式を計算すると、スピアマンの ρ は、

$$\rho = 1 - \frac{6 \times 134}{8 \times (64-1)} = -0.595 \tag{15-2}$$

となる。

　表15-2の1行目と2行目の各順位をもとに、積率相関係数を直接計算するとどうなるであろうか。経済成長率、消費者物価上昇率のデータともに、1から8までの数字が順番を変えて登場しているだけであるから、どちらも平均が4.5、分散が5.25となる（これは読者自身で確認してもらいたいことであるが、一般に1からNまでの自然数に対しては、平均は$(N+1)/2$、分散は$(N^2-1)/12$となる）。共分散については、1行目と2行目のデータをかけて足し合わせたものが、

$$5 \times 1 + 6 \times 2 + 8 \times 3 + 3 \times 4 + 4 \times 5 + 7 \times 6 + 2 \times 7 + 1 \times 8 = 137$$

となるから、結局、共分散は

$$\frac{137}{8} - (4.5 \times 4.5) = -3.125$$

となる．したがって，二つの順位データに関する積率相関係数は，

$$\frac{-3.125}{\sqrt{5.25 \times 5.25}} = -0.595$$

と計算され，予想どおり（15-2）式として求められたスピアマンの ρ とまったく同じ値となっている．

ケンドールの τ

　第二の順位相関係数は，**ケンドールの τ**（タウ）とよばれものである．この統計量は，表15-2の8カ国のような個体全部に対して，すべてのペアを考え，そのペア内の二つの特性のそれぞれについて，その順位データに注目する．各ペアのうち，右側にある個体の順位が大きい場合これを自然な順序，反対に左側にある個体の順位が大きい場合これを逆転している順序とよぶことにする．そして，それぞれの特性について，もし自然な順序に並んでいる場合には"+1"という得点を与え，逆転した順序に対しては"-1"の得点を与える．さらに，個体の各ペアについて，二つの特性に対するこれらの得点をかけあわせたもの（"+1"か"-1"になる）をスコアとする．このとき，ケンドールの τ は，

$$\tau = \frac{(\text{正のスコアの数}) - (\text{負のスコアの数})}{(\text{ペアの数})}$$

$$= \frac{2S}{N(N-1)} \qquad (15\text{-}3)$$

によって定義される．ただし，S はスコアの合計点である．

　(15-3) 式において，ペアの数はスコアのとりうる最高点でもあり，それは正のスコアの数と負のスコアの数を足したものでもあるから，一般に $-1 \leq \tau \leq 1$ となる．$\tau = 1$ となるのは，順位が完全に一致し，負のスコアの数がゼロで正のスコアの数がペアの数と等しくなる場合，また $\tau = -1$ となるのは，順位が完全に逆転しており，正のスコアの数がゼロとなり，負のスコアの数がペアの数と等しくなる場合である．

　ケンドールが提唱した順位相関係数の求め方はこのようなものであるが，

表 15-3　経済成長率と消費者物価上昇率の順位（4 カ国の場合）

	イギリス	ドイツ	日本	アメリカ
経済成長率が高い順	1	2	3	4
消費者物価上昇率が低い順	4	2	1	3

表 15-4　各ペアのスコア（4 カ国の場合）

	日米	日独	日英	米独	米英	独英
経済成長率の得点	1	1	1	1	1	1
消費者物価上昇率の得点	1	−1	−1	1	−1	−1
かけ合わせたスコア	1	−1	−1	1	−1	−1

　この説明に忠実に従って τ の値を計算するのは，標本数（N）が大きい場合にはかなりめんどうとなるため，じつは簡便法が考案されている．しかしながら，とりあえずこの説明に沿って τ を求めてみることにし，表 15-1 の 8 カ国に代わって左から 4 番目のイギリスまでの四つの標本の場合について考えてみよう．表 15-3 は，これら 4 カ国の経済成長率と消費者物価上昇率について，表 15-2 と同様の順位づけをしたものである．

　4 カ国のうちから 2 国をとりだしてペアを構成させる組み合わせは，表 15-4 に列挙してあるように，全部で $_4C_2 = 6$ 通りある．各ペアについて，表 15-3 において左側にある国の順位のほうが右側に位置する国の順位よりも小さい場合には，そのペア内の順位は自然に並んでいると考える．すると，まず経済成長率についてみると，たとえばペアの一つとしてイギリスがはいっている場合には，イギリスは左の端にあり，かつ順位は 1 であるから，相手がどの国であったとしても，自然な順位で並んでおり，得点としては"+1"が得られる．よく観察すると，どのペアについても自然な順序に並んでおり，得点は"+1"となる．消費者物価上昇率についても同様にチェックすると，日本とアメリカおよびドイツとアメリカのペアについては順位が自然であるが，他のペアについては逆転していることがわかる．

表 15-5　経済成長率の高い順に並べた順位

	ロシア	イギリス	カナダ	ドイツ	日本	フランス	アメリカ	イタリア
経済成長率が高い順	1	2	3	4	5	6	7	8
消費者物価上昇率が低い順	8	7	4	5	1	2	6	3

　次のステップは，こうして得られた経済成長率と消費者物価上昇率についての得点をかけあわせることであり，結果として得られるスコアは表15-4の3行目に記してある。日本とアメリカ，およびアメリカとドイツのペアのスコアが"＋1"となり，残りのペアのスコアは"－1"となっている。したがって，正のスコアの数は2，負のスコアの数は4ということになる。ペアの数は6であるから，(15-3) 式に従えば，

$$\tau = \frac{2-4}{6} = -\frac{1}{3} = -0.333$$

と計算される。表15-4にまとめられているスコアの出し方をみると，結局順位が逆転していて，一つの特性について"－1"の得点がついたとしても，もう一つの特性についても順位が逆転して"－1"の得点がつけば，結果的にはマイナスとマイナスでプラスのスコアになることが理解される。これがまさに順位相関の指標として望まれる要件であろう。

　以上のステップは，標本数(N)が増えると，ペアの組み合わせの数が急速に増大する（たとえば，$N=7$ として21, $N=10$ ならば45）ために，たいへんな作業となる。そこで，少し頭を使って，作業を簡略化できないか考えてみよう。

　表15-4を作成する場合には，表15-3において，ある国が左側にあるか右側にあるかが重要な役割を演じている。しかしながら，国の位置はたまたま表15-1の様式に従っただけであり，その順番に必然性があって決められているわけではない。そこで，まず一つの特性についての順序を自然な順位に並びかえてしまうことにする。この作業によって，かけあわせる一方の得点はすべて"＋1"とすることができる。表15-5は，表15-2において，経済成長率の順に国の配列を変えたものである。

表 15-6　正のスコアと負のスコアをもたらす組み合わせ

基準国	右側で順位が大きい国	正のスコアの数	右側で順位が小さい国	負のスコアの数
ロシア		0	イギリス, カナダ, ドイツ, 日本, フランス, アメリカ, イタリア	7
イギリス		0	カナダ, ドイツ, 日本, フランス, アメリカ, イタリア	6
カナダ	ドイツ, アメリカ	2	日本, フランス, イタリア	3
ドイツ	アメリカ	1	日本, フランス, イタリア	3
日　本	フランス, アメリカ, イタリア	3		0
フランス	アメリカ, イタリア	2		0
アメリカ		0	イタリア	1
	合計	8	合計	20

図 15-3　図による負のスコアの数え方

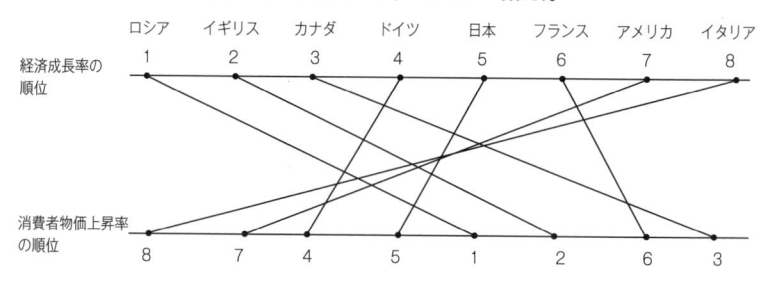

経済成長率の順位：ロシア 1, イギリス 2, カナダ 3, ドイツ 4, 日本 5, フランス 6, アメリカ 7, イタリア 8

消費者物価上昇率の順位：8, 7, 4, 5, 1, 2, 6, 3

　全部で 8 カ国あるから，ペアの総数は $_8C_2 = 28$ 通りある。このうち，消費者物価上昇率について自然な順位で並んでいるならば，そのペアのスコアは"+1"，反対に消費者物価上昇率の順序が逆転しているならば，そのペアのスコアは"-1"になる。そこで，正（負）のスコアを得るためには，各国の消費者物価上昇率の順位を調べ，その右側に位置する国のうちいくつの国がより大きい（小さい）順位になっているかを数えればよい。表 15-6 では，そうした国を列挙しており，結局正のスコアの数は 8，負のスコアの数は 20 となることがわかる。したがって，ケンドールの τ は，

$$\tau = \frac{8-20}{28} = -\frac{3}{7} = -0.429 \qquad (15\text{-}4)$$

と計算される。

さて，ケンドールの τ の計算は，表15-6のように列挙する方法でも，まだかなりやっかいである。もう少し簡単な方法としては，図を利用する手がある（図15-3）。まず，経済成長率と消費者物価上昇率に関する順位を表15-5と同じように平行な行に書き表わす。次に，上の行と下の行の対応する順位を線で結ぶ。すると，丹念に考えると，これらの線の交点の総数が負のスコアの数に等しいことを証明できる（この場合，一方が自然な順位になっていることが要件である）。図15-3では，たしかに交点の数は20個あり，表15-6で求めた負のスコアの数と等しいことがわかる。

タイのある場合

以上で，スピアマンの ρ とケンドールの τ という2種類の順位相関係数の求め方を説明したが，最後にタイ（引き分け）がある場合についてふれておこう。順位を用いる方法のほとんどすべてについていえることであるが，タイに対してはそのメディアンの値を割り当てるだけで，ふつうはことたりる（13.5の順位和検定の場合を思い起こしてもらいたい）。ケンドールの τ については，直接スコアを評価しようとすればタイのためにめんどうな問題が生じるが，タイのペアに対しては機械的に得点ゼロ（これも +1 と -1 のメディアンではある）を与えてしまうものと約束する。

たとえば，表15-1で，かりに日本とフランスの経済成長率が等しかったとしよう（これらは実際，あまり大きなちがいがない）。この場合，表15-5に対応するものは表15-7のようになる。この表をもとに計算すれば，スピアマンの ρ は，順位差の2乗和が，

$$\sum_i d_i^2 = (-7)^2 + (-5)^2 + (-1)^2 + (-1)^2 + (4.5)^2 + (3.5)^2 + 1^2 + 5^2$$
$$= 134.5$$

であるから

$$\rho = 1 - \frac{6 \times 134.5}{8 \times (64-1)} = -0.601$$

表 15-7 タイのある場合の順位

	ロシア	イギリス	カナダ	ドイツ	日　本	フランス	アメリカ	イタリア
経済成長率が高い順	1	2	3	4	5.5	5.5	7	8
消費者物価上昇率が低い順	8	7	4	5	1	2	6	3
順位差	-7	-5	-1	-1	4.5	3.5	1	5

となる。

ケンドールの τ についてみてみよう．表 15-7 では日本とフランスのペアについてタイがあるが，表 15-6 では正のスコアがついていた．これらのスコアがここではゼロとなるわけであるから，正のスコアの数は 1 だけ減って 7 となる．よって，

$$\tau = \frac{7-20}{28} = -\frac{13}{28} = -0.464$$

となる．

なお，タイがある場合に図を用いるとすれば，まずタイを適当にブレイクしてかりの順位をつけ，図 15-3 の方法で交点の個数を数えることによって負のスコアの数を計算した後，タイのあるペアについてスコアを修正すればよい．

[例題 15-1]

2 人の OL（A 子と B 子）に 8 種類のワイン（A〜H）を味わってもらい，おいしいと思う順に番号をつけてもらった．表 15-8 はその結果をまとめたものである．表よりスピアマンの ρ とケンドールの τ を求めよ．

●解答

スピアマンの ρ は，順位差の 2 乗和が

$$\sum_i d_i^2 = (-1)^2 + 2^2 + (-1)^2 + (-1)^2 + (-3)^2 + 2^2 + 2^2 + 0^2 = 24$$

であるから，

$$\rho = 1 - \frac{6 \times 24}{8 \times 63} = \frac{45}{63} = 0.714$$

表 15-8　OL 2 人のワインの好み

	A	B	C	D	E	F	G	H
A 子	1	6	2	7	4	8	3	5
B 子	2	4	3	8	7	6	1	5

表 15-9　A 子の好みの順に並べた順位

	A	C	G	E	H	B	D	F
A 子	1	2	3	4	5	6	7	8
B 子	2	3	1	7	5	4	8	6

となる。

　表 15-9 のように並べ変えてみると，正のスコアの数は 6+5+5+1+2+2+0 = 21，負のスコアの数は 1+0+3+1+0+1 = 7，そしてペアの数は $_8C_2$ = 28 であることがわかる。よって，ケンドールの τ は，

$$\frac{21-7}{28} = \frac{14}{28} = 0.5$$

となる。

15.2　順位相関の検定

　順位相関係数を計算する目的は，二つの変量のあいだに単調関係（単調増加ないし単調減少）があるか否かの目安を調べるためである。先に，計算された順位相関係数の値がゼロに近ければ，それは二つの変量のあいだに関連がないことを示唆しているとのべた。ところで，一般には同じデータにもとづきながらも，スピアマンの ρ とケンドールの τ は値を異にする。この事実だけからして，係数の値だけみているのでは不十分であることが理解される。そこで，順位相関係数の値が示唆することがどれくらいたしかなものなのかの検定を考えることにしよう。帰無仮説は「順位相関がない」という主張である。

先進8カ国の経済成長率と消費者物価上昇率のデータについて順位相関がないとすると，二つの変数についての順位のペアはすべて等しい可能性で現われうる。そのような組み合わせの数は，表15-5において経済成長率の順位を固定したとして，消費者物価上昇率の順位のとるあらゆる可能性であり，それは1から8までの八つの数字の順列の数，すなわち $_8P_8 = 8! = 40320$ 通りに達する。理論的には，これらのすべての場合について，スピアマンの ρ やケンドールの τ を計算することができる。そのうち帰無仮説に対する反証を与えるものは，順位相関係数が $+1$ や -1 に近い値である。大きいほうの裾，すなわち $+1$ の近くの値を考えてみよう。

　まず，スピアマンの ρ に関して考える。$\rho = +1$ となるのは，二つの特性に対しての順位が完全に一致する場合だけであり，これは1/40320の確率でしか起こらない。次に大きな ρ の値が得られるのは，自然な順番で隣接する1組の個体の順位のみが逆転している場合（たとえば，2, 1, 3, 4, 5, 6, 7, 8とか1, 2, 3, 4, 6, 5, 7, 8）であって，そのとき $\sum_i d_i^2 = 2$ であり，(15-1)式より $\rho = 0.976$ となる。このような ρ の値を与える組み合わせは，8個の数字から隣接する二つの数字をとる組み合わせの数，すなわち7通りとなる。3番目に大きな ρ を与えるのは，たとえば (2, 1, 4, 3, 5, 6, 7, 8) のように隣りあう2組の順位が逆転している場合である。このとき $\sum_i d_i^2 = 4$ であり，若干の計算の後にその組み合わせの数は15通りであることがわかり，またそのとき，$\rho = 0.952$ となる。以上より，

$$\Pr\{\rho > 0.952\} = \frac{1+7+15}{40320} = 0.00057$$

となる。すなわち，ランダムに順位を振り分けたとき，ρ の値が0.952以上となる確率は，わずか0.057%しかないことがわかる。

　このようにして，一般に標本の数 N が与えられた場合に，ある値以上の ρ となる確率を計算することが可能である。そこで，適当な有意水準を設定して $\rho = 0$ の帰無仮説を棄却する臨界値を求め，あとは通常の仮説検定の結論に至ればよい。もちろん，実際はいちいち上のような確率の計算をするのは，それほど大きくない N に対してもたいへんである。この点については，

幸いなことに，例によって統計表が用意されている．巻末の数表Kがそれである．同表を用いると，サンプル数8の場合の $\rho = -0.595$ というのは，通常の有意水準では，たとえ片側検定でも問題なく棄却されないことになる．

ケンドールの τ についての統計表も用意されており，数表Lとして掲げておく．同表は臨界値となる τ の値そのものを示しているのではなく，(15-3) 式に登場する正のスコアの数と負のスコアの数の差であるスコアの合計点 (S) を基準に作成されている．同表を用いると，ケンドールの τ に対して得られた $S = -12$ は，帰無仮説を棄却するには小さすぎるということになる．

以上より，先進8カ国のデータに対しては，経済成長率の高さと消費者物価上昇率の低さのあいだにはとりわけ順位相関があるとはいえないことになる．実際，当初298頁では，経済成長率の高さと消費者物価上昇率の低さとのあいだには負の相関が予想された．ここでの問題意識は，こうした関係がクロス・カントリーのデータでも検出できるか否かにあったわけであるが，少なくとも2007年のデータにもとづいて判断するかぎり，否定的な分析結果となった．

なお，順位相関係数の検定において，巻末の数表Kや数表Lには，$N \geq 21$ の場合については掲載されていない．このときには，関連がないという帰無仮説のもとで，

$$Z_1 = \rho\sqrt{N-1}$$

$$Z_2 = \frac{3\tau\sqrt{N(N-1)}}{\sqrt{2(2N+5)}}$$

は，ともに近似的に標準正規分布に従うことが知られており，その結果を利用すればよいことを付記しておく．

[例題 15-2]

表15-8にもとづき，2人の順位づけに相関があるか否かを検定せよ．

●解答

数表Kによれば，$N = 8$, $\rho = 0.714$ は5％有意水準（両側）でぎりぎり有意といえる．これに対し，$\tau = 0.5$ の場合，$S = 14$ であり，これは数表Lを

見るかぎり有意とはいえない．いまの場合，二つの相関係数からは異なる結論が得られることになる．

15.3　一致係数

　2個以上の特性についての順位づけが与えられた場合，それらのあいだに総体的にみてどの程度の一致がみられるかを知りたい場合も多い．複数個の特性の中から2個ずつ選択してとりだし，それぞれのペアについて相関関係を調べ，その後それらを総合的に判断するというのも一つの方法であるが，順位づけ全体の一致の程度を直接定義することができれば，それにこしたことはない．こういった尺度としては，順位相関係数をも考案した同じケンドールによって提唱された**ケンドールの一致係数**というものがある．この基本的なアイデアは，以下のようなものである．

　J種類の順位づけが与えられた場合には，まず各個体についてそれらの順位を足し合わせる．もし順位づけ間に一致がみられずランダムだとすると，その合計点はすべての個体について近い値をとることが期待される．つまり，ある特性については低い順位になっていたとしても，別の特性については高い順位もあり，総合点は平均化される．他方，ある個体に対してすべての特性について低い順位がつき，別の個体に対してはすべての特性が高い順位になっていたりすると，合計された順位点には大きなばらつきがみられるであろう．それゆえ，合計点間のばらつきぐあいが順位づけ間の一致の程度を示唆するものとなることがわかる．

　表15-10は，表15-1から消費者物価上昇率，生産者物価上昇率，および賃金上昇率の三つを取り出し，8カ国について上昇率が低い順にそれぞれ番号をつけたものである．これらのデータを用いて，より具体的にケンドールの一致係数についてみてゆき，同時に「とくに一致がみられない」という帰無仮説をも考察しよう．

　標本数が8であるから，順位の合計点の合計は$3\times 8\times 4.5 = 108$であり，したがって帰無仮説のもとで各国の順位の合計点の期待値は$108/8 = 13.5$と考えられる．一方，完全な一致があったとすれば，各インフレ率において

表 15-10　各種インフレ率が低い順の順位

	日本	ドイツ	イタリア	フランス	アメリカ	イギリス	カナダ	ロシア
消費者物価上昇率	1	5	3	2	6	7	4	8
生産者物価上昇率	5	2	6	3	7	4	1	8
賃金上昇率	1	2	3	4	5	6	7	8
順位の合計点	7	9	12	9	18	17	12	24
期待値との差	−6.5	−4.5	−1.5	−4.5	4.5	3.5	−1.5	10.5

1という順位をつけられる国の順位の合計点は3であり，また各インフレ率に2という順位をつけられる国の順位の合計点は6である。以下同様に考えれば，各インフレ率に8番がついた国の順位の合計点は24ということになる。

さて，すでにのべたように，順位間に一致がみられずランダムな場合には，すべての国の合計点はその期待値13.5に近くなるはずである。そこで，尺度として考えられる候補は，各国の順位の合計点の期待値からの偏差の2乗の和をみることである（こうした発想については，すでに第7章の χ^2 検定のところでも登場したので，そこも参照されたい）。この2乗の和は，完全な一致がみられる場合に最大値をとる。そこで，一致の尺度としては，

$$W = \frac{\sum(各国の合計点 - 期待値)^2}{\sum(完全な一致がみられるときの合計点 - 期待値)^2} \quad (15\text{-}5)$$

が適当と考えられる。これを計算したものが，ケンドールの一致係数である。(15-5) 式の分母は，偏差の2乗和の最大値であるから，W はけっして1をこえることはない。また，2乗の和は負になることはないので，結局ケンドールの一致係数は0と1のあいだの値のみをとりうる。もちろん，一致係数の定義からして，1に近い値ほど順位間の一致の度合いが高いことを示唆する。

表 15-10 からは，(15-5) 式の分子の値は，

$$(-6.5)^2 + (-4.5)^2 + (-1.5)^2 + (-4.5)^2 + (4.5)^2 + (3.5)^2 + (-1.5)^2 + 10.5^2$$
$$= 230$$

と計算される。他方，分母のほうは，$N = 8$ の完全な順位の一致がみられ

る時の順位の合計点は $\{3,\ 6,\ 9,\ 12,\ 15,\ 18,\ 21,\ 24\}$ となるので，
$$(-10.5)^2+(-7.5)^2+(-4.5)^2+(-1.5)^2+1.5^2+4.5^2+7.5^2+10.5^2$$
$$=378$$
となる。よって，ケンドールの一致係数は
$$W=\frac{230}{378}=0.608 \tag{15-6}$$
と求められる。こうした値がどれくらい統計的に有意なものかについては，用意された数表を利用することによって判断可能である。順位間に一致がみられないという帰無仮説を棄却することになるWの臨界値は，標本数(N)や一致性の対象となる特性の個数(J)にも依存する。巻末の数表Mは，Jが3と4の場合について，いくつかの標本数に対して5％と1％で有意となるWの最小値を与えるものである。$N=8$，$J=3$の欄を見ると，帰無仮説を棄却するWの最小値は有意水準が1％の場合でも0.578であるから，結局三つのインフレ率の指標のあいだには一致がみられる。

さて，ケンドールの一致係数を，一般の場合について定義しておこう。ここでは結果のみを記しておくにとどめるが，i番目の個体に対する順位の合計点をR_iとするとき，
$$W=\frac{12\sum R_i{}^2-3J^2N(N+1)^2}{J^2N(N^2-1)} \tag{15-7}$$
と書き表わすことができる。たとえば，表15-10の例では，$N=8$，$J=3$，そして，
$$\sum_i R_i{}^2=7^2+9^2+12^2+9^2+18^2+17^2+12^2+24^2=1688$$
であり，結局，
$$W=\frac{12\times 1688-3\times 9\times 8\times 81}{9\times 8\times 63}=0.608$$
となる。この値は(15-6)式として求められた値と一致する。

なお，巻末の数表は$J=3,\ 4$に対してしか用意されていない。しかし，一般には近似的に
$$J(N-1)W\sim\chi_{(N-1)}{}^2$$
が成り立つことが知られている。そこでJが大きな値の場合には，χ^2検定

表15-11 OL 4人のワインの好み

	A	B	C	D	E	F	G	H
A子	1	6	2	7	4	8	3	5
B子	2	4	3	8	7	6	1	5
C子	1	7	3	6	4	8	5	2
D子	3	5	4	6	8	7	1	2

を利用して一致係数の検定を行なえばよいことになる。

[例題15-3]

表15-11は,表15-7に加え,あと2人のOLにも同様の順位づけを行なってもらった結果である。この表より,ケンドールの一致係数を計算し,4人の順位づけに一致がみられるか否かを検定せよ。

●解答

表15-11にもとづき順位和を計算すると,

$$\{7, 22, 12, 27, 23, 29, 10, 14\}$$

となる。順位和の期待値は,

$$\frac{4 \times (1 + 2 + \cdots + 8)}{8} = 18$$

である。よって,期待値からの偏差の2乗和は,

$$(-11)^2 + 4^2 + (-6)^2 + 9^2 + 5^2 + 11^2 + (-8)^2 + (-4)^2 = 480$$

となる。また,完全な一致がみられるとき順位和は,

$$\{4, 8, 12, 16, 20, 24, 28, 32\}$$

となり,その偏差の2乗和は672と計算される。よって,

$$W = \frac{480}{672} = 0.714$$

となる。数表Mにおいて,$N = 8$,$J = 4$ のところをみると,1%水準であってもこの値は有意であることがわかる。

15.4 まとめ

　以上，順位相関係数と一致係数について学んだ。第10章で学んだ積率相関係数は二つの変量のデータの直線的な関係をチェックするものであったのに対し，順位相関係数は単調性のチェックに役立つものである。また，一致係数は三つ以上の変量間の単調性を調べるものであり，順位相関係数を拡張したものといえる。これらの概念は，本来ノンパラメトリック統計の範疇にはいるものである。もともとの変量の分布形については特定の前提を設けていないからである。

練 習 問 題

（＊印はやや難解。最初はスキップしてもかまわない。）

1. 表15-1にある先進8カ国のデータをもとに，以下の問いに答えよ。なお，検定を行なう場合には，有意水準は5％とする。
   (1) 本文中で順位相関係数を求めた経済成長率と消費者物価上昇率について，通常の積率相関係数を計算せよ。また，それがゼロであるという帰無仮説を検定し，順位相関係数にもとづいた場合の結果と比較せよ。
   (2) 以下の二つの変数のペアについて，スピアマンのρとケンドールのτを求め，「順位相関がない」という帰無仮説を検定せよ。
      ⓐ 経済成長率と経常収支の対GDP比率
      ⓑ 消費者物価上昇率と賃金上昇率
   (3)＊ (2)のそれぞれのペアについて，(1)と同様の作業をせよ。
   (4) 以下の三つ以上の変数のペアについて，ケンドールの一致係数を計算し，あわせて「それらの順位にはとくに一致はみられない」という帰無仮説を検定せよ。結果の解釈も試みよ。
      ⓐ 経済成長率の高さ，失業率の低さ，および経常収支の対GDP比率の大きさ
      ⓑ 経済成長率の高さ，消費者物価上昇率の低さ，および経常収支の対GDP比率の大きさ
      ⓒ＊ 経済成長率の高さ，消費者物価上昇率の高さ，および経常収支の対GDP比率の大きさ
      ⓓ＊ 経済成長率の高さ，失業率の低さ，消費者物価上昇率の低さ，および経常収支の対GDP比率の大きさ

2. 第9章でとりあげた，25カ国の国土面積と1人当たり国民所得のデータについて考える（原データは表7-5）。
   (1) このデータをもとに，国土面積の広さと1人当たり国民所得のあいだの順位相関係数を計算し，両者の相関はゼロであるという帰無仮説を5％有意水準で検定せよ。
   (2)＊ (1)の結果を，第9章で展開した分割表による分析結果と比較せよ。

練習問題の解答

(数値の計算はパソコンをつかって行なっているので，電卓をつかった場合，末尾の数字が異なることがある。)

第1章

1. 概形は図Aのようになると思われる。ヒストグラムの横軸には変量の大きさが，縦軸には相対頻度がとられる。
   (1) ⓐ 二つの山ができる。ⓑ 山は一つになる。
   (2) ⓐ 山は一つである。ⓑ 山一つで0のところに山ができる。

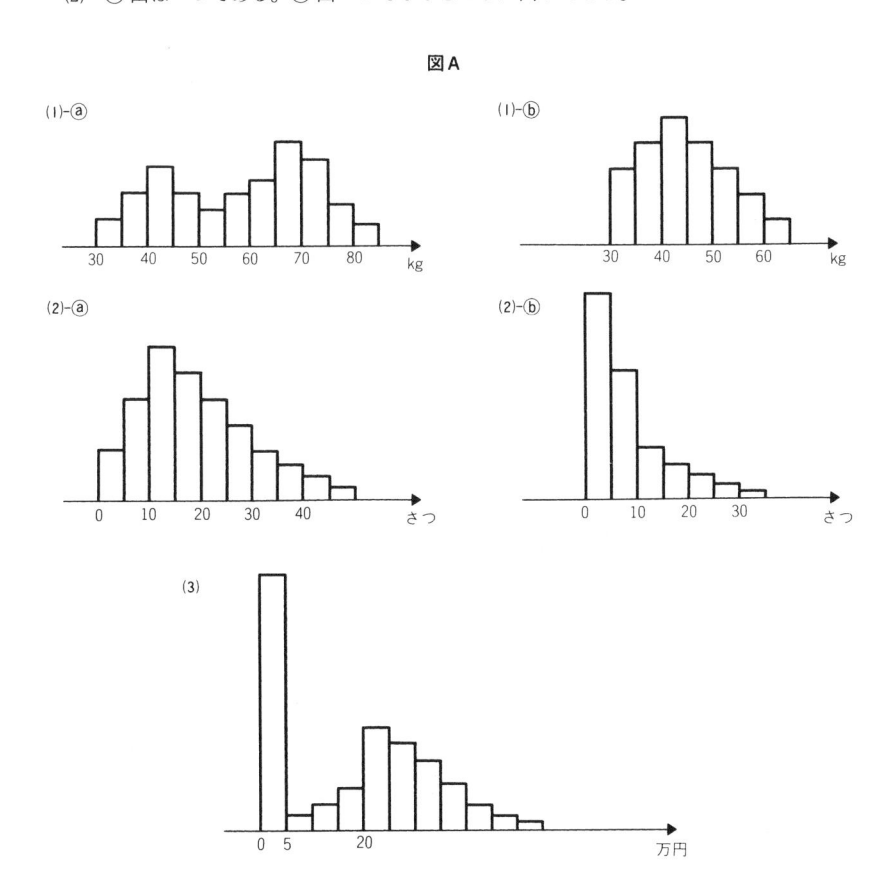

図A

図B

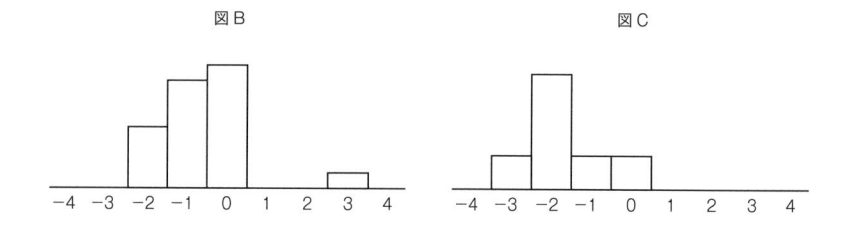

図C

(3) 車を所有してない世帯があるので，0のところに山が一つできる．他方，車を2台以上所有する世帯もあるので，右の裾も長くなる．

2．(1) 図B参照．モード：-0.5，メディアン：-1.5，平均：-1.1，分散：1.24，標準偏差：1.11，平均偏差：0.84，内側四分位レインジ：1.00

(2) 図C参照．モード：-2.5，メディアン：-2.5，平均：-2.2，分散：0.85，標準偏差：0.92，平均偏差：0.75，内側四分位レインジ：1.00

3．対称に分布しているので，平均点は40点．

$$\min \sqrt{\sum_{i=1}^{100}(x_i-40)^2/100}$$
$$=\{(0-40)^2+\underbrace{(40-40)^2+\cdots+(40-40)^2}_{98人}+(80-40)^2\}^{\frac{1}{2}}/\sqrt{100}$$
$$=\sqrt{32}=5.66$$

$$\max \sqrt{\sum_{i=1}^{100}(x_i-40)^2/100}$$
$$=\{\underbrace{(0-40)^2+\cdots+(0-40)^2}_{50人}+\underbrace{(80-40)^2+\cdots+(80-40)^2}_{50人}\}^{\frac{1}{2}}/\sqrt{100}$$
$$=\sqrt{1600}=40$$

最大値：40，最小値：5.66

4． $E(X) = \dfrac{50000000}{1000000}+\dfrac{10000000}{400000}+\dfrac{1000000}{200000}+\dfrac{10000}{2000}+\dfrac{1000}{200}$

$\qquad = 50+25+5+5+5=90$

$E(X-90)^2 = \dfrac{49999910^2}{1000000}+\dfrac{9999910^2}{400000}+\dfrac{999910^2}{200000}+\dfrac{9910^2}{2000}+\dfrac{910^2}{200}$

$\qquad\qquad +\dfrac{90^2 \times 1988983}{2000000}$

$\qquad = 2499991000+249995500+4999100+49104+4141+8055$

$\qquad = 2755046900$

$\sqrt{E(X-90)^2} = \sqrt{2755046900} = 52489$

本宝くじは，表1-2の宝くじと比べ，分散も期待値も小さい．よって，どちらが有利

図D

(1)-ⓐ

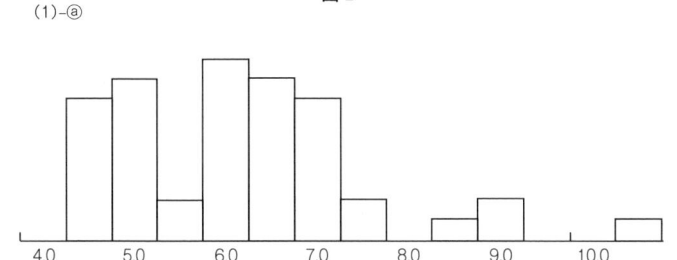

(1)-ⓑ

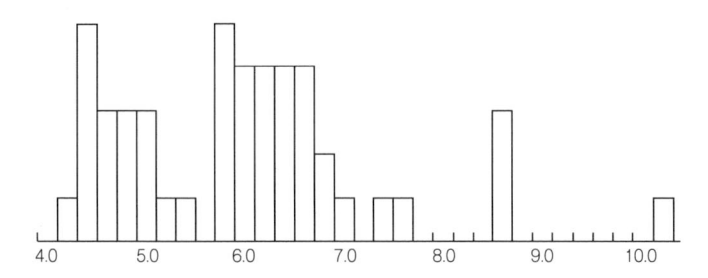

ともいえない。

5. $(80-32)\times 5/9 = 26.7$
   $5\times 5/9 = 2.8$　平均気温26.7℃，標準偏差2.8℃

6. 確率密度関数とx軸で囲まれる部分（今の場合は三角形）の面積は1であることから，$a=1$が得られる。

   あとは定義より，

   平均：0.33　　$\left(\int_{-1}^{0}\left\{x\left(\frac{2}{3}x+\frac{2}{3}\right)\right\}dx + \int_{0}^{2}\left\{x\left(-\frac{1}{3}x+\frac{2}{3}\right)\right\}dx\right)$

   分散：0.39　　$\left(\int_{-1}^{0}\left\{\left(x-\frac{1}{3}\right)^2\left(\frac{2}{3}x+\frac{2}{3}\right)\right\}dx + \int_{0}^{2}\left\{\left(x-\frac{1}{3}\right)^2\left(-\frac{1}{3}x+\frac{2}{3}\right)\right\}dx\right)$

   歪度：0.30　　$\left(\left[\int_{-1}^{0}\left\{\left(x-\frac{1}{3}\right)^3\left(\frac{2}{3}x+\frac{2}{3}\right)\right\}dx + \int_{0}^{2}\left\{\left(x-\frac{1}{3}\right)^3\left(-\frac{1}{3}x+\frac{2}{3}\right)\right\}dx\right]/s^3\right)$

7. (1)　図D参照。
   (2)　図D（3.0〜3.1）と図E（2.9〜3.0）の比較より，ヒストグラムの形はかなり変化する。
   (3)ⓐ　平均：4.05，メディアン：3.80，モード：3.7，分散：1.55，標準偏差：1.24，平均偏差：0.84，内側四分位レインジ：1.1，変動係数：0.31，歪度：2.38，尖度：11.90

図E

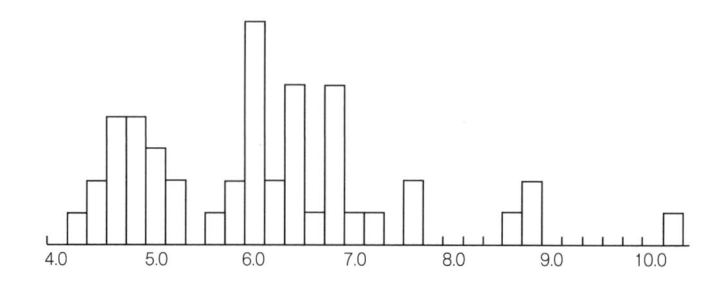

[ヒストグラム: 横軸 4.0, 5.0, 6.0, 7.0, 8.0, 9.0, 10.0]

 ⓑ 平均：5.97，メディアン：5.90，モード：6.6，分散：2.01，標準偏差：1.42，平均偏差：1.01，内側四分位レインジ：1.8，変動係数：0.24，歪度：1.59，尖度：7.19

 平均と全国計で差が出るのは，都道府県によって労働人口の規模が異なるからである。

(4) ⓐ 平均：3.92，メディアン：3.75，モード：3.7，分散：0.80，標準偏差：0.89，平均偏差：0.71，内側四分位レインジ：1.1，変動係数：0.23，歪度：0.57，尖度：3.16

 ⓑ 平均：5.85，メディアン：5.90，モード6.6，分散：1.30，標準偏差：1.14，平均偏差：0.90，内側四分位レインジ：1.7，変動係数：0.20，歪度0.57，尖度：2.96

(5) 同質的な構造を前提とするならば，除外すべきである。

第2章

1．(1) $Z = \dfrac{X-100}{5} \sim N(0,1)$ とする。

 ⓐ $\Pr\{85 < X\} = \Pr\left\{\dfrac{85-100}{5} < Z\right\} = 1 - 0.0013 = 0.9987$

 ⓑ $\Pr\{X < 110\} = \Pr\{Z < 2\} = 1 - 0.0228 = 0.9772$

 ⓒ $\Pr\{95 < X < 110\} = \Pr\{-1 < Z < 2\} = 1 - 0.1587 - 0.0228 = 0.8185$

 ⓓ $\Pr\{105 < X < 115\} = \Pr\{1 < Z < 3\} = 0.1574$

(2) ⓐ $\Pr\{X < a\} = 0.9, \quad \dfrac{a-100}{5} = 1.28 \quad$ よって，$a = 106.4$

 ⓑ 同様に，$\dfrac{a-100}{5} = -0.52 \quad$ よって，$a = 97.4$

 ⓒ $\dfrac{a-100}{5} = 0.52 \quad$ よって，$a = 102.6$

2．車のスピード $X \sim N(60, 20^2)$

 $\dfrac{X-60}{20} \sim N(0,1)$

$X = 40$ を代入して，$\frac{40-60}{20} = -1$

正規分布で -1 以上の確率は0.84である。よって，求める確率は約84%。

3．(1) $Z = (X-15)/10 > (20-15)/10 = 0.5$

数表より，$\Pr\{Z > 0.5\}$ なる確率を求めると，0.3085であることがわかる。

(2) 数表より，$\Pr\{Z < a\} = 0.9$ なる a は1.28であることがわかる。よって $(X-15)/10 = 1.28$ より $X = 27.8$ 分。したがって，8時30分-27.8分$=8$時2分ごろ。

(3) 所要時間の平均は $15+25=40$ 分である。したがって，家を8時20分に出発すればよい。

(4) 所要時間の標準偏差は $\sqrt{10^2+15^2} = 18.02$。$(X-40)/18.02 = 1.64$ より $X = 69.55$。したがって，7時50分ごろに出発すればよい。

4．偏差値に換算すれば，現役と浪人は公平になるかもしれない。しかし，他の選択科目との比較で問題が残る。一つの手は，他の選択科目もすべて偏差値に換算することである。あるいは，次のように考えてもよい。数学の受験者全体の平均を m，分散を s^2 としたとき，現役と浪人の点数を別々に，この分布へ変換する。すなわち，

現役：$m + \dfrac{s(x-138)}{20}$

浪人：$m + \dfrac{s(x-118)}{30}$

と変換する。ただし，このような換算が有効であるのは，現役と浪人の点数の分布が比較的似ていて正規分布に近い場合に限られる。

5．人間の体重を X_i とすると，$X_i \sim N(65, 7^2)$ である。中心極限定理より，定員 N 人のとき $\sum_i X_i \sim N(65N, 7^2 N)$

よって $Z = \dfrac{\sum X_i - 65N}{7\sqrt{N}} \sim N(0, 1)$

総ウエイト >600kgが飛行回数の5%をこえてはいけないとすると，正規分布の上側5%点は1.64であるから，$\sum X_i = 600$ を代入して，

$\dfrac{600 - 65N}{7\sqrt{N}} > 1.64$

これは $N^2 - 18.5N + 85.24 > 0$ と2次の不等式に変形され，その解は $N < 8.68$ と $N > 9.82$。よって定員は8人以下となる。

6．1個の球をとり出したとき，その球が赤である確率は0.4。5個とり出したとき，赤が1個以下である確率は，

$\Pr\{\text{赤が 0 個}\} + \Pr\{\text{赤が 1 個}\}$
$= (0.6)^5 + {}_5C_1 (0.4)^1 (0.6)^4 \approx 0.0778 + 0.2592 = 0.337$

次に，50個とり出すとき赤が10個以下である確率を求める。とり出した球が赤のとき $X = 1$，そうでないとき $X = 0$ とすると，

①

図F

[ヒストグラム: 横軸 log(1万円), 縦軸 世帯割合(%)]

②

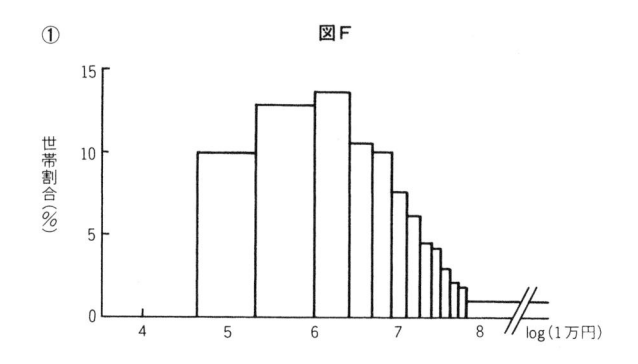

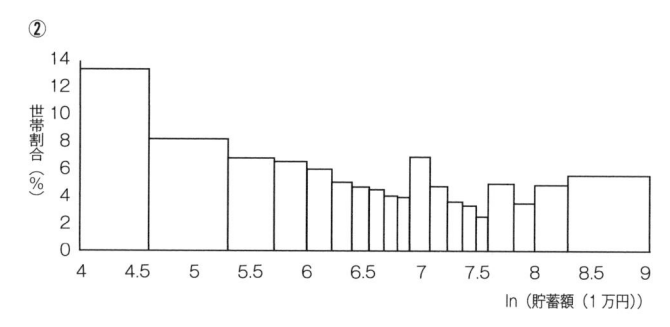

[ヒストグラム: 横軸 ln(貯蓄額(1万円)), 縦軸 世帯割合(%)]

平均：$E(X) = 1 \times 0.4 + 0 \times 0.6 = 0.4$

分散：$V(X) = (1-0.4)^2 \times 0.4 + (0-0.4)^2 \times 0.6 = 0.24$

$X_i \sim (0.4, 0.24)$ とすると，50個とると，

$\sum X_i \sim N(20, 12)$

$\dfrac{10-20}{\sqrt{12}} = -2.89$ より，求める確率は0.0019である。

注）$(X_1+X_2+\cdots+X_5)$ には，個数が少なすぎて中心極限定理を適用できない。

7．(1) 図F参照。便宜上，①図1-13 については，200万円未満の区間を100万円以上200万円未満，2400万円以上を2400万円以上5000万円未満と考える。②図1-14 については，100万円未満の区間を50万円以上100万円未満，4000万円以上の区間を4000万円以上7000万円未満と考える。

(2) ①図1-13のデータ　平均：6.68，分散：0.888，標準偏差：0.942，歪度：-0.191，尖度：2.22。

②図1-14のデータ　平均：6.41，分散：1.570，標準偏差：1.235，歪度：-0.241，尖度：2.143。

面積は表Aのとおり。

表 A

	-2σ	$-\sigma$	μ	$+\sigma$	
正規分布(%)	2.28	13.59	34.13	34.13	15.87
①1996年世帯分布(%)	3.81	14.95	28.12	35.09	17.99
②2009年世帯分布(%)	0.00	21.25	23.72	36.82	18.22

(3) 所得や資産はさまざまな要因がかけ合わさった結果，決定されるものと予想される。

(4) 図の形状や分散，歪度の値から二つの分布は異なっているように見える。厳密には仮説検定を行う必要があるが，サンプル数が十分多い場合には，7章の練習問題6で確認されるように，これらの統計量の違いは二つの分布が異なることの十分な根拠となる。

第3章

1．平均は202円。

(1) $\sum_{i=1}^{20}(x_i-202)^2/20 = 12$

(2) $\sum_{i=1}^{20}(x_i-202)^2/(20-1) = 12.63$

2．$\sum x_i = 12000$, $N = 100$ より，$\bar{x} = 120$

$$\begin{aligned}\sum(x_i-\bar{x})^2/N &= \sum x_i{}^2/N - 2\bar{x}\sum x_i/N + \bar{x}^2 \\ &= \sum x_i{}^2/N - 2\bar{x}^2 + \bar{x}^2 \\ &= 18400 - 14400 = 4000\end{aligned}$$

3．平均：202，分散：12。図G参照。

4．(1) 図H参照。

(2) 平均：34.69，分散：951.77（ここでは標本数Nで割る。）

(3) たとえば5個のデータとして，{3.5, 1.6, 8.0, 40.2, 19.2}をえらんだとしよう。そのとき，$\bar{x} = 14.5$, $s^2 = 253$ となる。

(4) 実験を20回くりかえした結果得られたヒストグラムは，図Iのようであった。

(5) それぞれのヒストグラムの平均と分散（標本数Nで割ったもの）は，次のとおりとなる。

平均のヒストグラム　平均：31.5，分散：202.75

分散のヒストグラム　平均：860，分散：262400

(6) たとえば10個のデータとして，{3.5, 1.6, 8.0, 40.2, 19.2, 52.7, 6.6, 87.2, 93.6, 8.7}をえらんだとしよう。そのとき，$\bar{x} = 32.13$, $s^2 = 1222$ となる。

(7) 実験を20回くりかえした結果得られたヒストグラムは，図Jのとおり。

図 G

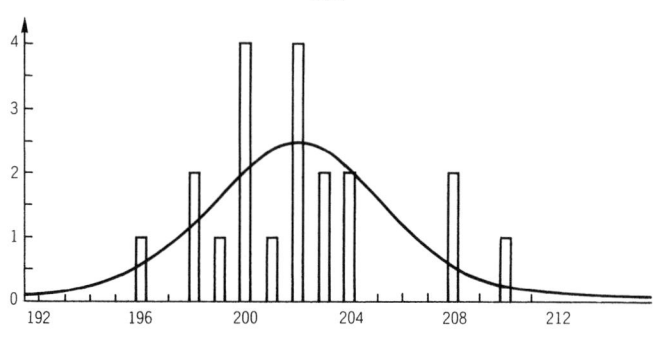

図 H

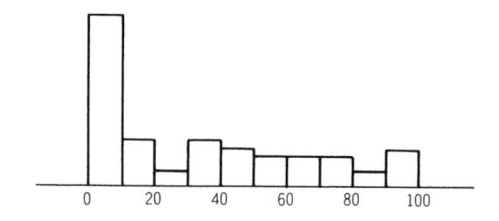

(8) それぞれのヒストグラムの平均と分散は，次のとおりとなる。

平均のヒストグラム　平均：33，分散：106

分散のヒストグラム　平均：900，分散：60000

(9) ヒストグラムは標本平均，不偏分散の分布を表わす。平均のヒストグラムと分散のヒストグラムの平均はともに，(2)で求めた平均＝34.69，分散＝951.77に近い。また，それぞれのヒストグラムの分散は，データ数の増加（5→10へ）とともに小さくなっている。すなわち，推定値としての精度が増していることがわかる。実際，分散の大きさの比は1/4に近い。

5．(1) X_i の分散を σ^2 とすると，$\sum_i c_i X_i$ の分散は $\sum_i (c_i^2 \sigma^2) = \sigma^2 \sum_i c_i^2$ となる。ここで，不等式 $(\sum_i c_i d_i)^2 \leq \sum_i c_i^2 \sum_i d_i^2$ を利用する。

$d_i = 1$ とおくと，$(\sum_i c_i)^2 \leq \sum_i c_i^2 \cdot N$ （等号は $c_1 = c_2 = \cdots = c_N$ のとき成立）。

よって，$c_i = \dfrac{1}{N}$ のとき最小となり，$\sum_i c_i^2 \geq 1/N$ であることがわかる。

(2) $X_1, X_2, \cdots, X_N$ を小さいほうから順に並べ，$X_{(1)}, X_{(2)}, \cdots X_{(i)}, \cdots, X_{(N)}$ とする。

$X_{(i)} < \theta < X_{(i+1)}$ のとき $\sum_i |X_i - \theta|$ を展開すると，

$$(X_{(1)} - \theta) + (X_{(2)} - \theta) + \cdots + (X_{(i)} - \theta) + (\theta - X_{(i+1)}) + \cdots + (\theta - X_{(N)})$$

図 I

平均

分散

図 J

平均

分散

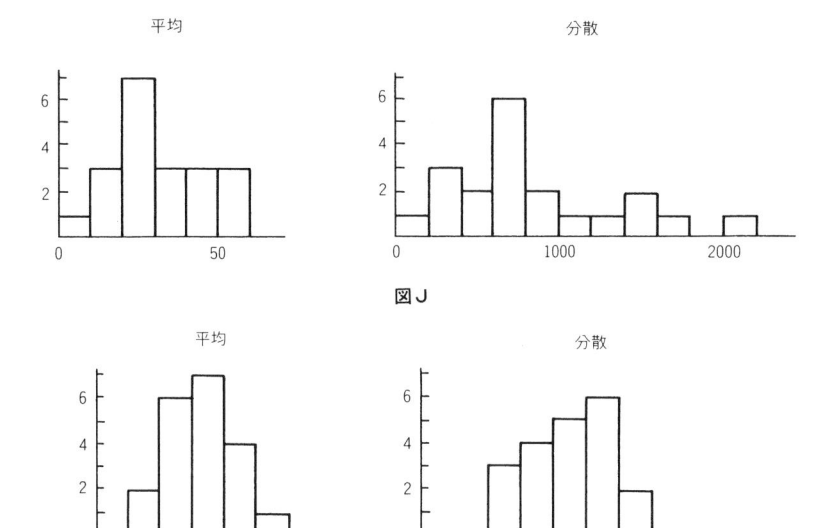

となる。ここで θ について微分すると -1 が i 個，$+1$ が $(N-i)$ 個得られ，それらの合計が 0 となるのは $i = N-i$ のときである。よって $i = N/2$ より，θ はメディアンであることがわかる。

(3) 尤度関数：$(1/\sqrt{2\pi\sigma^2})^N \exp\{-\sum_i (X_i)^2/2\sigma^2\}$ より，対数尤度関数は，

$$(-N/2)\log(2\pi\sigma^2) - \sum_i (X_i)^2/2\sigma^2$$

と与えられる。これを σ^2 で微分することにより，$\hat{\sigma}^2 = (\sum_i X_i^2)/N$ を得る。

(4) 確率変数（ランダム標本）X_i の平均を μ，分散を σ^2 とする。このとき，以下の三つの事実を利用する。

A．$\sum_i (X_i - \overline{X})^2 = \sum_i X_i^2 - N\overline{X}^2$

B．$\mathrm{E}(X_i - \mu)^2 = \sigma^2 = \mathrm{E}(X_i^2) - \mu^2$

C．$\overline{X}$ の平均は μ であり，分散は σ^2/N である。

すると，$\mathrm{E}\{\sum_i (X_i - \overline{X})^2\} = \mathrm{E}(\sum_i X_i^2 - N\overline{X}^2) = \sum_i \mathrm{E}(X_i^2) - N\mathrm{E}(\overline{X}^2)$

（A より）

$= \sum_i (\mu^2 + \sigma^2) - N(\mu^2 + \sigma^2/N) = (N-1)\sigma^2$

（B, C より）

6．(1) ある事象が確率 p で起きるとき，N 回の試行においてその事象が r 回起こる確

率は $_NC_r p^r(1-p)^{N-r}$ によって与えられる。いまの場合，$_{100}C_{20}p^{20}(1-p)^{80}$ である。これを p について最大にする。対数をとって p で微分すると，
$$20/p - 80/(1-p) = 0 \quad \text{よって，} \quad p = 1/5$$

(2) 同様にして今度は，$_{99}C_{19}p^{19}(1-p)^{80} \times p$ を p について最大にする。
$$19/p - 80/(1-p) + 1/p = 0 \quad p = 1/5$$

このようにして，尤度関数の形は異なるが，最尤推定値は等しくなることに注意したい。

第4章

1. $\Pr\{\mu - 1.96\dfrac{\sigma}{\sqrt{N}} \leq \bar{X} \leq \mu + 1.96\dfrac{\sigma}{\sqrt{N}}\} = 0.95$

   $\bar{X} - 1.96\dfrac{\sigma}{\sqrt{N}} \leq \mu \leq \bar{X} + 1.96\dfrac{\sigma}{\sqrt{N}}$ より，77.4万 $\leq \mu \leq$ 82.6万

2. 母集団分散 σ^2 が未知なので標本より推定すると，
$$\hat{\sigma}^2 = \frac{100 \times 5^2}{99} = 25.25$$

   $\bar{X} \sim N\left(\mu, \dfrac{\sigma^2}{N}\right)$ であるから，標準誤差は $\sqrt{25.25/100} = 0.503$

   90%の信頼区間を求めると，
   $$\bar{x} - 1.64 \times 0.503 \leq \mu \leq \bar{x} + 1.64 \times 0.503$$
   に $\bar{x} = 45$ を代入し，$44.175 \leq \mu \leq 45.825$ が導かれる。

   次に，標本が1000個のとき，
   $$\bar{x} - 1.64 \times \frac{\sqrt{25.025}}{\sqrt{1000}} \leq \mu \leq \bar{x} + 1.64 \times \frac{\sqrt{25.025}}{\sqrt{1000}}$$
   $$44.741 \leq \mu \leq 45.259$$

   区間の幅は $\dfrac{1}{\sqrt{10}}$ になる。

3. (1) 自由度24の90%の t 分布の値 1.711
   (2) 自由度7の99%の t 分布の値 3.499
   (3) 自由度9の98%の t 分布の値 2.821
   (4) 自由度4の99%の t 分布の値 4.604
   (5) 自由度29の95%の t 分布の値 2.045

4. (1) $\dfrac{\sum(X_i - \bar{X})^2}{8-1} = 1.063$ よって，母集団の標準偏差 1.031

   (2) 自由度7の t 分布から μ の98%信頼区間を求める。
   $$\bar{x} - 2.998 \times \frac{1.031}{\sqrt{N}} \leq \mu \leq \bar{x} + 2.998 \times \frac{1.031}{\sqrt{N}}$$
   ここで $\bar{x} = 4.95$, $N = 8$ を代入して，

$$3.857 \leq \mu \leq 6.043$$

5．母集団の分散を推定すると，$\hat{\sigma}^2 = \dfrac{9 \times 8^2}{9-1} = 72$

自由度 8 の t 分布から μ の90%信頼区間を求める．

$$\bar{x} - 1.86 \times \sqrt{\dfrac{72}{N}} \leq \mu \leq \bar{x} + 1.86 \times \sqrt{\dfrac{72}{N}}$$

$\bar{x} = 20$，$N = 9$ を代入して，
$$14.739 \leq \mu \leq 25.261$$

6．りんごのうち腐っているものを 1，腐っていないものを 0 とする．

$$\bar{X} \sim N\left(0.03, \dfrac{0.0291}{100}\right) \text{である．}$$

母集団全体において腐っているりんごの割合 P を95%で区間推定すると，

$$\bar{x} - 1.96 \times \sqrt{\dfrac{0.0291}{100}} \leq P \leq \bar{x} + 1.96 \times \sqrt{\dfrac{0.0291}{100}}$$

$\bar{x} = 0.03$ を代入して，
$$-0.0034 \leq P \leq 0.0634$$

よって，最大6.3%と見積もられる．

次に，標本が1000個のとき，

$$\bar{X} \sim N\left(0.03, \dfrac{0.0291}{1000}\right)$$

$$\bar{x} - 1.96 \times \sqrt{\dfrac{0.0291}{1000}} \leq P \leq \bar{x} + 1.96 \times \sqrt{\dfrac{0.0291}{1000}}$$

$$0.0194 \leq P \leq 0.0406$$

よって，最大約4.1%と見積もられる．

7．持ち株を25%以上売ろうと思っている人を 1，思っていない人を 0 とすると，

$$\bar{X} \sim N\left(p, \dfrac{p(1-p)}{N}\right)$$

$p = 200/800 = 0.25$，$N = 800$ であるから，信頼度95%で区間推定すると，

$$\bar{x} - 1.96 \times \sqrt{\dfrac{0.1875}{800}} \leq P \leq \bar{x} + 1.96 \times \sqrt{\dfrac{0.1875}{800}}$$

$\bar{x} = 0.25$ を代入して，
$$0.22 \leq P \leq 0.28$$

8．各国の2000年代における成長率の平均と不偏分散は，表Bの第2列と第3列のとおり．自由度 8 の t 分布両側10%点は ± 1.86 より，μ の90%信頼区間は表Bの第4列のとおり．

2009年の成長率 $\{10.0, -4.1, -1.6, -0.7, 1.3, -0.8, 5.7, -0.5, 2.2, -1.1\}$ より，$\sum(x_i - \bar{x})^2 = 150.65$ となる．

表 B

	平均(%)	不偏分散(%²)	$\bar{x}-1.86\sqrt{\frac{\hat{\sigma}^2}{9}} \leq \mu \leq \bar{x}+1.86\sqrt{\frac{\hat{\sigma}^2}{9}}$
中　　国	12.6	4.3	$11.33 \leq \mu \leq 13.90$
日　　本	3.0	10.1	$0.98 \leq \mu \leq 4.92$
香　　港	6.3	20.3	$3.47 \leq \mu \leq 9.06$
台　　湾	5.6	14.8	$3.24 \leq \mu \leq 8.02$
韓　　国	6.5	6.2	$4.96 \leq \mu \leq 8.06$
シンガポール	7.0	29.0	$3.65 \leq \mu \leq 10.33$
インドネシア	7.5	1.8	$6.68 \leq \mu \leq 8.37$
マレーシア	6.8	11.7	$4.63 \leq \mu \leq 8.88$
フィリピン	6.9	7.0	$5.24 \leq \mu \leq 8.53$
タ　　イ	6.4	11.1	$4.34 \leq \mu \leq 8.47$

$$3.33 \leq \frac{150.65}{\sigma^2} \leq 16.92$$

（自由度 9 の χ^2 分布上側・下側 5 ％点は，それぞれ16.92と3.33である。）

$$\frac{150.65}{16.92} \leq \sigma^2 \leq \frac{150.65}{3.33}$$

$$8.90 \leq \sigma^2 \leq 45.24$$

9．$\bar{X}$ の標準偏差の推定値：$\frac{1.1}{\sqrt{N}}$

プラスマイナス0.1時間の誤差を認めていて，99％平均時間が含まれていることを要求しているので，

$$2.58 \times \frac{1.1}{\sqrt{N}} \leq 0.1$$

$$28.38 \leq \sqrt{N}$$

$$805.42 \leq N$$

いま100世帯調査しているので，あと706世帯必要。

10．(1) ⓐ　1人当たり県民所得水準　　平均の点推定：2782，分散の点推定：185099
　　　　90％信頼区間　　2677 < μ < 2888
　　　　99％信頼区間　　2614 < μ < 2951
　　　ⓑ　対前年度増加率　　平均の点推定：0.65，分散の点推定：3.86
　　　　90％信頼区間　　0.17 < μ < 1.13
　　　　99％信頼区間　　－0.12 < μ < 1.42
　　(2) ⓐ　上位15都府県の県民所得　　平均の点推定：3232，分散の点推定：160091
　　　　90％信頼区間　　3059 < μ < 3406
　　　　99％信頼区間　　2955 < μ < 3510
　　　　対前年度増加率　　平均の点推定：1.29，分散の点推定：3.65
　　　　90％信頼区間　　0.47 < μ < 2.12

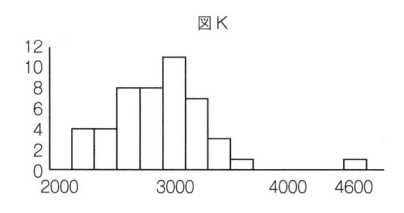

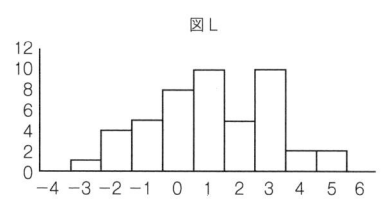

図K — ヒストグラム（横軸 2000〜4600）
図L — ヒストグラム（横軸 −4〜6）

　　　99％信頼区間　　−0.03 < μ < 2.62
　ⓑ　下位15県の県民所得　　平均の点推定：2357，分散の点推定：25219
　　　90％信頼区間　　2288 < μ < 2425
　　　99％信頼区間　　2246 < μ < 2467
　　対前年度増加率　　平均の点推定：0.66，分散の点推定：6.39
　　　90％信頼区間　　−0.44 < μ < 1.76
　　　99％信頼区間　　−1.09 < μ < 2.41
(3) ⓐ　上位15都府県の県民所得
　　　90％信頼区間　　3046 < μ < 3419
　　　99％信頼区間　　2934 < μ < 3531
　　対前年度増加率
　　　90％信頼区間　　0.44 < μ < 2.14
　　　99％信頼区間　　−0.07 < μ < 2.66
　ⓑ　下位15県の県民所得
　　　90％信頼区間　　2170 < μ < 2543
　　　99％信頼区間　　2058 < μ < 2655
　　対前年度増加率
　　　90％信頼区間　　−0.19 < μ < 1.51
　　　99％信頼区間　　−0.70 < μ < 2.02
(4) 47都道府県のデータがランダム標本とみなされるような母集団は，きわめて考えにくい。ここでの問題は，計算の練習のためのものと考えたほうがよかろう。このように，母集団が想定しにくい場合にも推測統計を適用している経済分析はよく見られる。
(5) 上位・下位15県というデータは，ランダムな標本とはいえない。ある母集団からのランダム標本とは，前問(4)よりさらに考えにくい。
(6) 図K，図L参照。県民所得の分布は右に歪んでおり，それに比べて増加率の分布はいくぶん対称に近く見える。

第5章

1． $H_0: \mu = 1$, $\bar{X} \sim N(1, 1/9)$

(1) $(1.3-1)/\sqrt{1/9} = 0.9$

有意水準5％の両側検定の臨界値は1.96。よって帰無仮説は受容される。

(2) $(1.3-1)/\sqrt{1/9} = 0.9 < 1.64$

よって受容される。

(3) $(1.3-1)/\sqrt{1/9} = 0.9 > -1.64$

よって受容される。

2．(1) A検事にとっての帰無仮説：無罪，対立仮説：有罪

K弁護士にとっての帰無仮説：有罪，対立仮説：無罪

(2) A検事の第一種のエラー：被告が無罪であるにもかかわらず，有罪と判断する。
A検事の第二種のエラー：被告が有罪であるにもかかわらず，無罪と判断する。
K弁護士の第一種のエラー：被告が有罪であるとき，無罪と判断する。
K弁護士の第二種のエラー：被告が無罪であるとき，有罪と判断する。

3．(1) 日本の貯蓄率のデータを数年間にわたり調べる。H_0：日本の貯蓄率の平均＝3％として片側検定を行なう。

(2) 数年間にわたり，台風の年間上陸数を調べる。H_0：最近の台風の年当たり平均の上陸数＝10として片側検定を行なう。

(3) Aデパートの月間客数を数年間にわたり調べる。H_0：Aデパートの平均客数＝10万人として片側検定を行なう。

(4) ここ数年の，Cデパートの売上げを調べる。H_0：今年のCデパートの売上げ＝100億円として片側検定を行なう。

(5) D社株の収益率のデータを調べる。H_0：D社株収益率の平均＝10％として両側検定を行なう。

4．(1) H_0：コーヒー豆の量は，表示どおりである。

H_A：コーヒー豆の量は，表示よりも少ない。

(2) 第一種：表示どおり量があるのに少ないと判断してしまうエラー。
第二種：表示よりも少ない量なのに，表示どおりと判断してしまうエラー。

(3) 5～10％程度。

5．(1) H_0：喫煙者の平均脈拍数は毎分75である。

H_A：喫煙者の平均脈拍数は毎分75より多い。

(2) H_0：かるいたばこをすっても，1日当たりの喫煙数は15本である。

H_A：かるいたばこをすうと，1日当たりの喫煙数は15本よりも多い。

6． $\left|\dfrac{\bar{X}-1}{1/3}\right| > 1.96$ すなわち $\bar{X} > 1.653$ あるいは $\bar{X} < 0.347$ が棄却域となる。

$H_A: \mu = 0.7$ とすると，

$$\Pr\left\{\frac{\overline{X}-0.7}{1/3} > \frac{1.653-0.7}{1/3}\right\} = \Pr\{Z > 2.86\} = 0.0021$$

また,

$$\Pr\left\{\frac{\overline{X}-0.7}{1/3} < \frac{0.347-0.7}{1/3}\right\} = \Pr\{Z < -1.06\} = 0.1446$$

よって検定のパワーは,

$$0.0021 + 0.1446 = 0.1467$$

と求められる。

同様に, $\mu = 0.9$ とすると,

$$\Pr\left\{\frac{\overline{X}-0.9}{1/3} > \frac{1.653-0.9}{1/3}\right\} = \Pr\{Z > 2.26\} = 0.0119$$

$$\Pr\left\{\frac{\overline{X}-0.9}{1/3} < \frac{0.347-0.9}{1/3}\right\} = \Pr\{Z < -1.66\} = 0.0485$$

よって検定のパワーは,

$$0.0119 + 0.0485 = 0.0604$$

と求められる。

また, 両側検定であるから, $H_A : \mu = 1.1$ のときの検定のパワーは, $H_A : \mu = 0.9$ のときと等しい。

同様に, $H_A : \mu = 1.3$ のときの検定のパワーは, $H_A : \mu = 0.7$ のときと等しい。

$N = 25$ とすると, $\mu = 0.7$ と $\mu = 0.9$ のときの検定のパワーは, それぞれ0.323, 0.079となり, $N = 9$ のときよりは大きくなる。

7．(1) $(45-47)/(10/\sqrt{125}) = -2.24 < -1.64$

よって, 片側5％の有意水準で, 今年のみかんは昨年のみかんより小粒であるといえる。

(2) $(45-47)/(15/\sqrt{125}) = -1.49 > -1.64$

よって, 帰無仮説は受容され, 今年のみかんは昨年のみかんよりも小粒であるとはいえない。

第6章

1．右欄上から, 正規分布, 正規分布, 正規分布, t 分布, 正規分布, 正規分布, 検定不可, 検定不可。

2．Aの畑の分布 X_i, Bの畑の分布 Y_i とする。

$$\overline{X} \sim N\left(\mu_X, \frac{\sigma_X^2}{M}\right), \quad \overline{Y} \sim N\left(\mu_Y, \frac{\sigma_Y^2}{N}\right)$$

(1) $H_0 : \mu_X = \mu_Y \quad H_A : \mu_X \neq \mu_Y$

(2) 平均の差の t 検定。

(3) $(\bar{X}-\bar{Y}) \sim N\left(\mu_X-\mu_Y, \dfrac{\sigma_X^2}{M}+\dfrac{\sigma_Y^2}{N}\right)$

H_0 が正しいならば，

$$T = \dfrac{\bar{X}-\bar{Y}}{\sqrt{\left(\dfrac{1}{M}+\dfrac{1}{N}\right)S^2}} \text{ は自由度 6 の } t \text{ 分布に従う．}$$

ここで $S^2 = \dfrac{0.8^2 \times 4 + 0.6^2 \times 4}{4+4-2} = 0.667$

さらに $M, N=4, \bar{X}=2.2, \bar{Y}=2.8$ を代入すると，

$t=-1.04$

t 分布で自由度 6 の下側 2.5%点は -2.477。よって，帰無仮説は受容される。

3．A国を X_i，B国を Y_i とする．

$H_0 : \mu_A = \mu_B$

$\bar{X} = 3.32 \qquad \bar{Y} = 3.28$

$$s^2 = \dfrac{\sum\limits_i^5(X_i-\bar{X})^2+\sum\limits_i^5(Y_i-\bar{Y})^2}{5+5-2} = 0.3545$$

$$t = \dfrac{3.32-3.28}{\sqrt{\left(\dfrac{1}{5}+\dfrac{1}{5}\right)\times 0.3545}} = 0.1062$$

自由度 8 の t 分布上側 2.5%点は 2.306。よって帰無仮説は受容される。

4．保健室登校前の分布を $\dfrac{R_1}{M} \sim N\left(p_1, \dfrac{p_1(1-p_1)}{M}\right)$，

保健室登校後の分布を $\dfrac{R_2}{M} \sim N\left(p_2, \dfrac{p_2(1-p_2)}{800}\right)$ とおく．

$H_0 : p_1 = p_2$ のもとで，

$$Z = \dfrac{\dfrac{R_1}{M}-\dfrac{R_2}{M}}{\sqrt{\dfrac{p_1(1-p_1)}{M}+\dfrac{p_2(1-p_2)}{M}}} \sim N(0,1) \text{ である．}$$

ここで，$p_1 = p_2 = \dfrac{24+20}{M+M}$

$= \dfrac{44}{1600} = 0.0275$ を代入すると，

$Z = \dfrac{0.005}{0.00817} = 0.612$

帰無仮説は，有意水準 5 %で棄却されない。よって保健室登校に効果があったとはいえない。

5．選挙のない年の成長率：$\bar{x} = 2.67 \qquad \sigma_x^2 = 10.18$

選挙のある年の成長率：$\bar{y} = 3.76 \qquad \sigma_y^2 = 2.94$

$H_0 : \mu_x = \mu_y$

$H_A : \mu_x < \mu_y$

$Z = (3.76 - 2.67)/\sqrt{9.17/(1/49 + 1/16)} = 1.249$

自由度63の t 分布の上側5％点の値は1.67である。よって帰無仮説は棄却されない。つまり，ポリティカル・ビジネスサイクルが存在するとはいえない。

6．(1) 1～6月のデータより，

$\bar{x} = (4 + 4 - 2 + 1 + 3 + 2)/6 = 2$

$s^2 = \{\sum_i x_i^2 - N\bar{x}^2\}/(N-1) = \{(16 + 16 + 4 + 1 + 9 + 4) - 6 \times 4\}/5 = 5.2$

$H_0 : \mu = 0$

$t_0 = (\bar{x} - \mu)/\sqrt{s^2/N} = (2 - 0)/\sqrt{5.2/6} = 2.148$

t 分布表より，自由度5，有意水準5％（両側検定）の t 値は2.571である。

$t_0 = 2.148 < 2.571$ であるため，帰無仮説は受容される。

(2) ⓐ $H_0 : \mu = 0$ を $H_1 : \mu < 0$ に対して検定する。

t 分布表より，自由度5，有意水準5％（片側検定）の t 値は $-2.015 (< 2.148)$。帰無仮説は当然受容される。

ⓑ $H_0 : \mu = 0$ を $H_1 : \mu > 0$ に対して検定する。

t 分布表より，自由度5，有意水準5％（片側検定）の t 値は $2.015 (< 2.148)$。帰無仮説は棄却される。

(3) 棄却域は対立仮説によって定められる。また，受容とは仮説が正しいことを積極的に示すものではない。

(4) ⓐ $t_0 = (\bar{x} - \mu)/\sqrt{s^2/N} = (10 - 0)/\sqrt{159.25/9} = 2.377$

t 分布表より，自由度8，有意水準5％（両側検定）の t 値は2.306である。

$t_0 = 2.377 > 2.306$ であるため，帰無仮説は棄却される。

ⓑ $t_0 = (\bar{x} - \mu)/\sqrt{s^2/N} = (0 - 0)/\sqrt{S^2/N} = 0$

t 分布表より，自由度11，有意水準5％（両側検定）の t 値は2.201である。

$t_0 = 0 < 2.201$ であるため，帰無仮説は受容される。

1年という比較的長いスパンを考えれば期待収益率は0であるが，一時的には正の値をとることもある。

第7章

1．$H_0 : \sigma \leq 15 \quad H_A : \sigma > 15$

平均は60。

$\sum (x_i - 60)^2 = 6250 \quad 6250/(15)^2 = 27.8$

数表より，自由度8の χ^2 分布の上側5％点は15.51。よって5％有意水準では，この帰無仮説は棄却される。

2．(1) ⓐ 国土面積（単位：1,000㎢）

表 C

	$\mu-\sigma$以下	$\mu-\sigma\sim\mu$	$\mu\sim\mu+\sigma$	$\mu+\sigma$以上
比　率	0.159	0.341	0.341	0.159
期待頻度	3.18	6.82	6.82	3.18

標本平均：$\bar{x}=3158.6$，標本分散：$s^2=20513080$，標準偏差：4529.1，変動係数：1.434

ⓑ　1人当たり国民所得（単位：ドル）

標本平均：$\bar{x}=26401.9$，標本分散：$s^2=387843348$，標準偏差：19693.7，変動係数：0.746

(2)ⓐ　国土面積の母集団平均の95%信頼区間

$1288.9\leq\mu\leq5028.2$

分散の95%信頼区間

$12495277<\sigma^2<39702735$

ⓑ　1人当たり国民所得の母集団平均の95%信頼区間

$18272.3\leq\mu\leq34531.5$

分散の95%信頼区間

$236249755<\sigma^2<750664544$

3．平均：7.73，分散：31.11，標準偏差：5.58

分布はきわめて右に歪んでいる。よって平均 μ を中心に，以下のようにデータを分類した。

$\mu-\sigma$以下：6，　$\mu-\sigma\sim\mu$：9，　$\mu\sim\mu+\sigma$：7，　$\mu+\sigma\sim\mu+2\sigma$：3，　$\mu+2\sigma$以上：1

このとき，$Q=1.61$

自由度2の χ^2 分布の上側5％点は5.99。よって帰無仮説は受容され，正規分布と考えられる。

4．平均が3であるから，$\lambda=3$ として $\Pr\{X=r\}=\dfrac{e^{-3}(3)^r}{r!}$ を解き，$r=0$ から $r=5$ 以上の区分で Q を求めると $Q=1.64$ となる。この値は，自由度4の χ^2 分布の上側5％点9.49よりも小さい。よって帰無仮説は受容される。

5．簡単化のため，ここでは平均を中心に±標準偏差を境とし，4区間に分割することにしよう。それぞれの区間に対応する正規分布の比率と期待頻度（年）は，表Cのようになる。

Q は，すべて自由度1の χ^2 分布に従う。

マネーサプライ　　平均：2.86，分散：5.34，標準偏差：2.31

$Q=8.61$

金利水準　　平均：3.05，分散：3.47，標準偏差：1.86

$Q = 14.36$

実質 GDP 増加率　　平均：1.11，分散：5.04，標準偏差：2.24

$Q = 3.09$

消費者物価上昇率　　平均：0.49，分散：1.62，標準偏差：1.27

$Q = 1.20$

四つのすべての場合において，自由度 1 の χ^2 分布の上側 5％点は3.84。よって，マネーサプライと金利水準は帰無仮説を棄却，実質 GDP と消費者物価は帰無仮説を受容する。

6．321頁の表Aを利用する。検定に使用する区分は表Aに従い，

$\mu - 2\sigma$ 未満，$\mu - 2\sigma$ から $\mu - \sigma$，$\mu - \sigma$ から μ，μ から $\mu + \sigma$，$\mu + \sigma$ 以上

とする。標本が正規分布に従っていた場合の期待頻度は，100世帯の調査を行なっていると仮定しているので，2.28％×100＝2.28，13.59％×100＝13.59，…，15.87％×100＝15.87となる。これは，表Aの数値と同じである。同様に，1996年の調査世帯数，2009年の調査世帯数も表Aの数値と同じになる。以上から，1996年の場合，

$$Q = \frac{(3.81 - 2.28)^2}{2.28} + \frac{(14.95 - 13.59)^2}{13.59} + \frac{(28.12 - 34.13)^2}{34.13} + \frac{(35.09 - 34.13)^2}{34.13}$$
$$+ \frac{(17.99 - 15.87)^2}{15.87} = 2.531$$

2009年の場合，

$$Q = \frac{(0 - 2.28)^2}{2.28} + \frac{(21.25 - 13.59)^2}{13.59} + \frac{(23.72 - 34.13)^2}{34.13} + \frac{(36.82 - 34.13)^2}{34.13}$$
$$+ \frac{(18.22 - 15.87)^2}{15.87} = 10.333$$

となる。したがって，自由度 2（＝5－1－2）のカイ二乗分布の上側 5％点は5.99であるから，貯蓄残高が対数正規分布に従うという帰無仮説は，1996年の場合は受容され，2009年の場合は棄却される。

次に，世帯数が1000の場合には，調査世帯の頻度数も期待頻度も100世帯の場合の10倍になるので，1996年と2009年の Q は，それぞれ25.3と103.33となる。検定すべきカイ二乗分布の自由度と上側 5％点は変わらないので，結局1996年についても2009年についても，貯蓄残高が対数正規分布に従うという帰無仮説は棄却されることになる。同様にして，世帯数が10000の場合には，Q の値はさらに10倍されるので，両年について問題なく帰無仮説が棄却される。

以上より，図示した分布形が同じとしても，それがどのくらいのサンプル数から得られたかが，真の分布形を検定する際には決定的に重要なことが理解される。とりわけ，サンプル数が十分多い場合には，サンプル分布形は限りなく母集団の真の分布形に近づいているものと考えられ，そうであるならば，真の分布形が図示され

た分布形であるから，対数正規分布と異なることが鮮明となる。

第 8 章

1. イタリア人：A，ドイツ人：B，日本人：C，とすると，
   $H_0 : \mu_A = \mu_B = \mu_C$ である。
   $\bar{A} = 30, \quad \bar{B} = 34, \quad \bar{C} = 26$
   $s_A{}^2 = 8, \quad s_B{}^2 = 18.67, \quad s_C{}^2 = 2.67$ であるから，
   $s_1{}^2 = 9.78$ ①
   また，$\bar{W} = \dfrac{\bar{A} + \bar{B} + \bar{C}}{3} = 30$ より，
   $\dfrac{\sigma^2}{N} = \bar{s}^2 = 16$ よって $s_2{}^2 = 7 \times 16 = 112$ ②
   ①②より $F = \dfrac{s_2{}^2}{s_1{}^2} = 11.45$
   自由度 (2, 18) の F 分布上側 5％点は3.55。よって帰無仮説は棄却される（鼻の高さにちがいがある）。

2. (1)(2) 一般に，データを $a + bx$ と変換しても，F 統計量の値は変わらない。したがって，本文中の検定と同じ結果となる。

3. (1) 2000年代とそれまでの経済成長率のデータを利用し，平均の差の検定を行なえばよい。片側 t 検定。

   (2) A, B, O, AB の血液型により個人の貯蓄率のデータを分けて考え，1元配置法による F 検定をすればよい。

   (3) ファッションの流行期間が短くなったと思うか否かについて，アンケート調査を行なう。検定はその回答のしかたによるが，Yes, No のタイプの回答が得られるならば，質的データの比率の検定をすればよい。

   (4) 規模別賃金のデータを利用し，1元配置法による F 検定をすればよい。

   (5) 金融機関とメーカーの生涯収入のデータにもとづき，平均の差の検定をすればよい。ただし，人が危険回避的であるため，賃金が少なくても安定した仕事を選択する可能性がある。

   (6) その大学の学生のうち地元と外来者の占める割合を調べ，比率の差の検定をすればよい。

   (7) OECD 加盟国の GDP 構成率を求めて平均する。日本の GDP 構成率と平均の差の検定を行なう。

   (8) 好況期と不況期でサンプルを分割し，平均の差の検定を行なう。あるいは，次章で学ぶような 2×2 分割表を用いた χ^2 検定を行なう。

   (9) CPI, WPI, GDP デフレータの時系列を調べ，それぞれの上昇率を求める。分散分析の1元配置を用いて三つの特性について差異が存在するかどうかを検定する。

⑽ 株価の上昇率のデータを1月とそれ以外の月とに分け，それぞれの平均上昇率を求める。その平均の差の検定を行なう。もし，分散が等しいとみなせるならば，t 検定で平均のちがいを検討する。

⑾ 最初に，所得階層別資産保有額と株式保有額の資料を見つけだす。
ⓐ 所得を高所得から低所得までいくつかのクラスに分割して，それぞれの株式・資産比率を求め，1元配置の分散分析を行なう。

あるいは第11・12章で学ぶ方法であるが，
ⓑ 所得階層をいくつかのクラスに分割して，その中での平均株式保有額と総資産額を計算する。株式保有額／総資産額を所得で回帰させて，傾きが正になっているかどうか調べる。

⑿ 8月の台風の日本上陸数を過去十数年間にわたって調べる。その平均を求めて，ポアソン分布のパラメータ λ を推定する（ポアソン分布は平均さえわかれば特定化される）。次に上陸回数が 0，1，…となる確率を求める。その確率から期待頻度を計算し，Q を求め χ^2 検定を行なう。

⒀ 乱高下がはげしくなったということは，資本自由化後，為替レートの分散が大きくなったということである。1973年から最近時までの為替レートのデータを80年までとそれ以降に分けて，帰無仮説 $H_0: \sigma_1^2 = \sigma_2^2$ を F 検定を用いて検定する。実際に月次データを用いて検定を行なうと，帰無仮説は棄却される。すなわち，資本自由化前と後の為替レートの変動は同じではない。81年以降の分散が大きくなっているので，為替レートの乱高下がはげしくなったといえる。

4．$H_0: \mu_A = \mu_B = \mu_C = \mu_D = \mu_E$ について F 検定を行なうと，

$s_1^2 = 2.5$, $s_2^2 = 12.5$ であるから，$F = \dfrac{12.5}{2.5} = 5.0$

自由度 $(4, 20)$ の F 分布上側1％点は4.43なので，帰無仮説は棄却される。

次に，A と E について平均の差の t 検定を行なう。

$H_0: \mu_A = \mu_E$

$$t = \frac{\overline{A} - \overline{E}}{\sqrt{\left(\dfrac{1}{5} + \dfrac{1}{5}\right)s^2}}$$

$s^2 = 2.5$, $\overline{A} = 3$, $\overline{E} = 7$ を代入して，$t = -4.0$

自由度 8 の t 分布下側0.05％点は -3.35。よって，帰無仮説はやはり棄却される。

5．$H_0: \mu_A = \mu_B = \mu_C = \mu_D = \mu_E$

$s_A^2 = 0.41$, $s_B^2 = 0.29$, $s_C^2 = 0.33$, $s_D^2 = 0.71$, $s_E^2 = 0.29$

よって，

$$s_1^2 = \frac{0.41 + 0.29 + 0.33 + 0.71 + 0.29}{5} = 0.41 \qquad ①$$

$$\overline{W} = \frac{\overline{A}+\overline{B}+\overline{C}+\overline{D}+\overline{E}}{5} = 1.90$$

よって $\frac{s_2{}^2}{6} = \frac{(\overline{A}-\overline{W})^2+(\overline{B}-\overline{W})^2+\cdots+(\overline{E}-\overline{W})^2}{5-1} = 1.10$

$s_2{}^2 = 6.60$ ②

①②より,

$$F = \frac{s_2{}^2}{s_1{}^2} = 16.279$$

自由度 $(25, 4)$ の F 分布上側5%点は2.76。よって帰無仮説は棄却される。

6. 2001年の成長率 $X_i\{10.8,\ 2.5,\ 2.8,\ 0.4,\ 6.3,\ 0.0,\ 6.0,\ 2.8,\ 3.9,\ 4.5\}$

2007年の成長率 $Y_i\{16.3,\ 5.3,\ 9.3,\ 8.9,\ 8.1,\ 11.4,\ 9.4,\ 9.4,\ 10.3,\ 8.1\}$

$H_0 : \sigma_X{}^2 = \sigma_Y{}^2 \quad \overline{X} = 4.00,\ \overline{Y} = 9.65$

$$F = \frac{\sum\limits_{i=1}^{10}(X_i-\overline{X})^2/(10-1)}{\sum\limits_{j=1}^{10}(Y_j-\overline{Y})^2/(10-1)} \text{ は自由度 } (9,9) \text{ の } F \text{ 分布に従う。}$$

$F = 1.239$

有意水準5%で H_0 を検定すると, $F = 1.239 < 3.18$。よって帰無仮説は受容される。

7. 平均 μ の場合, 順に, 正規分布による検定または t 検定, 正規分布による検定または t 検定, F 検定。

分散 σ^2 の場合, 順に, χ^2 検定, F 検定。

第9章

1. $P(A|C) = \dfrac{P(A, C)}{P(C)} = \dfrac{3}{8}$

$P(C|A) = \dfrac{P(A, C)}{P(A)} = \dfrac{1}{6}$

$P(B, C) = P(C)P(B|C) = \dfrac{1}{20}$

$P(C|B) = \dfrac{P(B, C)}{P(B)} = \dfrac{1}{4}$

2. 「夜」を N, 「若者」を Y とすると,

$P(N) = 0.6, \quad P(Y) = 0.4, \quad P(N, Y) = 0.2$

(1) $P(Y|N) = \dfrac{P(N, Y)}{P(N)} = \dfrac{0.2}{0.6} = \dfrac{1}{3}$

(2) $P(N|Y) = \dfrac{P(N)P(Y|N)}{P(N)P(Y|N)+P(\overline{N})P(Y|\overline{N})}$

$= \dfrac{\frac{6}{10} \times \frac{1}{3}}{\frac{6}{10} \times \frac{1}{3} + \left(1-\frac{6}{10}\right) \times \frac{1}{2}} = \dfrac{1}{2}$

表 D

	借間・借家	マンション・一戸建て	計
500万以上	5	9	14
500万未満	7	4	11
計	12	13	25

3. 偶数が出る確率を A とすると，

$$P(I|A) = \frac{P(I)P(A|I)}{P(I)P(A|I) + P(II)P(A|II)}$$

$$= \frac{0.5 \times 0.4}{0.5 \times 0.4 + 0.5 \times 0.7} = \frac{4}{11}$$

同様に，$P(II|A) = \frac{7}{11}$

また，

$$P(I|A^2) = \frac{P(I)P(A|I)^2}{P(I)P(A|I)^2 + P(II)P(A|II)^2}$$

$$= \frac{0.5 \times 0.4^2}{0.5 \times 0.4^2 + 0.5 \times 0.7^2} = \frac{16}{65}$$

同様に，$P(II|A^2) = \frac{49}{65}$

4. 景気が悪いという事象を B，公定歩合を下げるという事象を D としよう。ベイズの定理を用い，

$$P(B|D) = P(D|B)P(B)/\{P(D|B)P(B) + P(D|\bar{B})P(\bar{B})\}$$

$$= 0.6 \times 0.7/(0.6 \times 0.7 + 0.1 \times 0.3) = 14/15 = 0.93$$

5. (1) χ^2 検定は以下のとおり。

$$\frac{(20 - 25 \times 70/100)^2}{25 \times 70/100} + \frac{(50 - 75 \times 70/100)^2}{75 \times 70/100} + \frac{(5 - 25 \times 30/100)^2}{25 \times 30/100}$$

$$+ \frac{(25 - 75 \times 30/100)^2}{75 \times 30/100}$$

$$= 0.357 + 0.119 + 0.833 + 0.278 = 1.587$$

自由度 1 の χ^2 分布の上側 5 %点は 3.84。よって関係があるとはいえない。

(2) 喫煙者が肺がんになる確率を p_1，非喫煙者が肺がんになる確率を p_2 とし，$H_0: p_1 = p_2$ を検定する。

$$\frac{20/70 - 5/30}{(1/70 + 1/30) \times (3/16)} = 1.260 < 1.96$$

よって，比率の検定においても関係があるとはいえない。

6. (1) 表 D 参照。

$$\frac{(5 - 14 \times 12/25)^2}{14 \times 12/25} + \frac{(9 - 14 \times 13/25)^2}{14 \times 13/25} + \frac{(7 - 11 \times 12/25)^2}{11 \times 12/25} + \frac{(4 - 11 \times 13/25)^2}{11 \times 13/25}$$

表 E

	借間	借家	マンション	一戸建て	計
0〜 300	1	2	0	1	4
〜 600	3	3	1	3	10
〜 900	1	2	2	1	6
〜1200	0	0	2	1	3
1200〜	0	0	1	1	2
計	5	7	6	7	25

$$= 0.440 + 0.406 + 0.560 + 0.517 = 1.923$$

よって10%有意水準点2.71を下回り，帰無仮説は受容される。

(2) 表E参照。

$$\frac{(1-4\times 5/25)^2}{4\times 5/25} + \frac{(2-4\times 7/25)^2}{4\times 7/25} + \frac{(0-4\times 6/25)^2}{4\times 6/25} + \frac{(1-4\times 7/25)^2}{4\times 7/25} + \cdots$$

$$= 0.05 + 0.691 + 0.96 + 0.013 + 0.5 + 0.014 + 0.817 + 0.014$$
$$\quad + 0.033 + 0.183 + 0.218 + 0.156 + 0.6 + 0.84 + 2.276 + 0.030$$
$$\quad + 0.4 + 0.56 + 0.563 + 0.346 = 9.264 < 18.55$$

よって帰無仮説は受容される。

第10章

1. (1) 前半期の相関係数：$r_1 = -0.704$

    後半期の相関係数：$r_2 = -0.821$

    ⓐ $H_0: \rho = 0, \quad H_A: \rho < 0$

    前半：

    $$t = \left\{\frac{18\times(-0.704)^2}{1-(-0.704)^2}\right\}^{\frac{1}{2}} = 4.207$$

    自由度18の t 分布の上側5%点の値は1.734。よって帰無仮説は棄却され，相関係数が負といえる。

    同様に，後半：

    $$t = \left\{\frac{17\times(-0.821)^2}{1-(-0.821)^2}\right\}^{\frac{1}{2}} = 5.924$$

    自由度17の t 分布の上側5%点の値は1.740。よって帰無仮説は棄却され，相関係数は負といえる。

    ⓑ $H_0: \rho_1 = \rho_2 (=\rho), \quad H_A: \rho_1 \neq \rho_2$

    $$W_1 = \frac{1}{2}\log\left\{\frac{1+r_1}{1-r_1}\right\}, \quad W_2 = \frac{1}{2}\log\left\{\frac{1+r_2}{1-r_2}\right\}$$

図 M

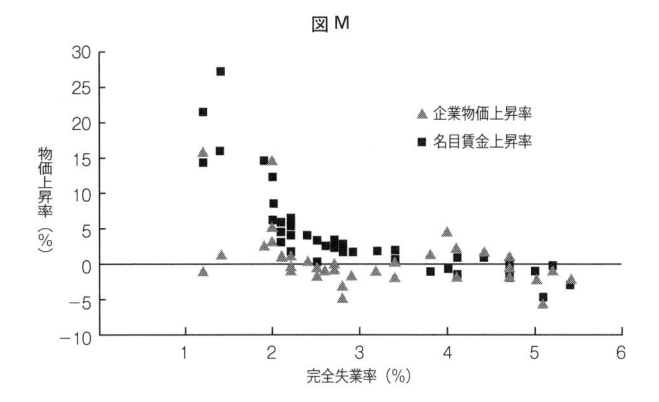

物価上昇率 (%) vs 完全失業率 (%)
▲ 企業物価上昇率
■ 名目賃金上昇率

は，平均 $\xi = \frac{1}{2}\log\left\{\frac{1+\rho}{1-\rho}\right\}$，$W_1$ の分散は $\frac{1}{15}$，W_2 の分散は $\frac{1}{14}$ の正規分布に従う．

$$Z = \frac{W_1 - W_2}{\sqrt{\frac{1}{15}+\frac{1}{14}}} = 0.763$$

よって有意水準5％で受容される．

(2) ⓐ 図M参照．

ⓑ 企業物価上昇率Zと失業率Xの $r_{xz} = -0.441$
名目賃金上昇率Wと失業率Xの $r_{xw} = -0.765$

ⓒ $W = \frac{1}{2}\log\left\{\frac{1+(-0.441)}{1-(-0.441)}\right\} = -0.473$

$$-0.800 < \xi < -0.147$$

が95％の信頼度で成り立つ．

ρ_{xy} の信頼区間は $-0.664 < \rho_{xy} < -0.146$

同様に，$W = \frac{1}{2}\log\left\{\frac{1+(-0.765)}{1-(-0.765)}\right\} = -1.008$

$$-1.334 < \xi < -0.681$$
$$-0.870 < \rho_{xy} < -0.592$$

ⓓ $H_0 : \rho_{xy} = 0$

$$t = \left\{\frac{37\times(-0.441)^2}{1-(-0.441)^2}\right\}^{\frac{1}{2}} = 2.987$$

自由度37の t 分布上側2.5％点は1.687．よって帰無仮説は棄却される．同様に，

$$t = \left\{\frac{37\times(-0.765)^2}{1-(-0.765)^2}\right\}^{\frac{1}{2}} = 7.222$$

よって帰無仮説は棄却される．

2．(1) 表F参照．

表 F

		消費者物価上昇率 (%)							
		−5	0	5	10	15	20	25	計
企業物価上昇率 (%)	−5	0.0256	0	0	0	0	0	0	0.026
	0	0.1538	0.2821	0.0256	0	0	0	0	0.462
	5	0.0256	0.3077	0.0513	0	0.0256	0	0	0.41
	10	0	0	0.256	0	0	0	0	0.026
	15	0	0	0.0256	0	0	0	0	0.026
	20	0	0	0	0	0.0256	0	0	0.026
	25	0	0	0	0	0	0	0	0
	30	0	0	0	0	0	0	0.0256	0.026
	計	0.205	0.59	0.128	0	0.051	0	0.026	1

図 N

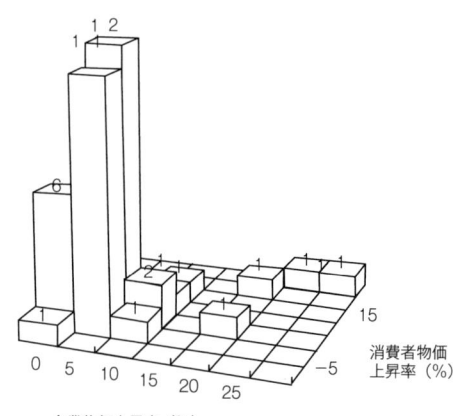

(2) 図N参照。

(3) 図O‐ⓐⓑ参照。

(4) ⓐ　$H_0 : \mu_1 = \mu_2$

　　自由度76の t 分布の下側5％の値は -1.665 であり，$t = -1.150$。よって帰無仮説は受容される。

　ⓑ　$H_0 : \sigma_1^2 = \sigma_2^2$

　　自由度 $(38, 38)$ の F 分布の上側5％点の値は1.717であり，$F = 1.563$。よって帰無仮説は受容される。

(5) $r_{xy} = 0.851$

　　$H_0 : \rho = 1$ は棄却される。

図 O

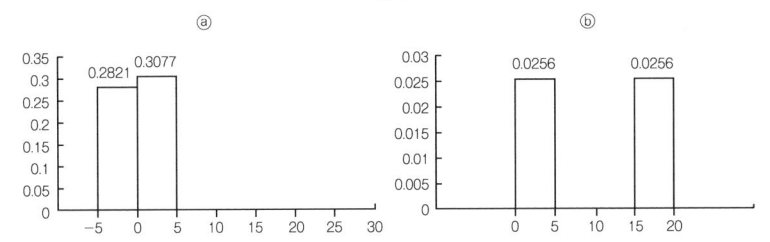

ⓐ
(bar chart: 0.2821 at [-5,0], 0.3077 at [0,5])

ⓑ
(bar chart: 0.0256 at [0,5], 0.0256 at [15,20])

3．マネーサプライ：X_i，実質 GDP：Y_i とおく。

(1) X_i と Y_i の相関係数を r_{xy}^1 とすると，
$$r_{xy}^1 = 0.360$$
母集団相関係数 ρ_{xy} の有意性について検定する。
$$H_0 : \rho_{xy} = 0$$
$$t = \left\{ \frac{18 \times (0.360)^2}{1-(0.360)^2} \right\}^{\frac{1}{2}} = 1.635$$

自由度18の t 分布上側2.5％点は2.101。よって有意水準5％で帰無仮説は受容される。

(2) X_i と Y_{i+1} の相関係数を r_{xy}^2 とすると，
$$r_{xy}^2 = 0.309$$

(1)と同様に，母集団相関係数 ρ_{xy} の有意性について検定する。
$$H_0 : \rho_{xy} = 0$$
$$t = \left\{ \frac{17 \times (0.309)^2}{1-(0.309)^2} \right\}^{\frac{1}{2}} = 1.840$$

自由度17の t 分布の上側2.5％点は2.110。よって帰無仮説は受容される。

4．物価：$\bar{x} = 0.485$, $s_x^2 = 1.618$
金利：$\bar{y} = 3.053$, $s_y^2 = 3.468$
$s_{xy} = 1.840$, $r_{xy} = 0.818$
図P参照。

第11章

1．$\hat{\sigma}^2 = \sum \hat{u}_t^2 / (N-2) = 50/18$

$\text{Var}(\hat{\beta}) = \hat{\sigma}^2 / \sum_t (X_t - \bar{X})^2$

$\qquad = (50/18) / (\sum_t X_t^2 - 2\bar{X} \sum X_t + 20\bar{X}^2) = 5/576$

$t = \hat{\beta}/\sqrt{\text{Var}(\hat{\beta})} = 0.06/\sqrt{5/24^2}$

図 P

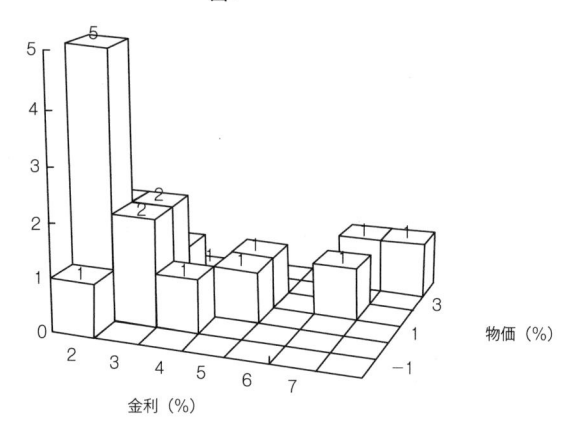

$$= 0.644 < 1.64$$

よって，有意ではない．

2．(1) $x_t = \gamma + \delta y_t$ に対し，γ と δ の推定値は，
$$\hat{\gamma} = \bar{x} - \hat{\delta}\bar{y}, \quad \hat{\delta} = s_{xy}/s_y{}^2$$
より得られる．そのとき，$\hat{\beta} \times \hat{\delta} = R^2$ が成り立っている．

(2) R^2 の値は変わらない．

(3) モデルは経済理論を明示的に表現すべきである．すなわち経済理論によって x, y の因果関係が定まる．

3．$R_x{}^2 = \Sigma(\hat{Y}_t - \bar{Y})^2/\Sigma(Y_t - \bar{Y})^2$

ここで，$\hat{Y}_t = \hat{a}_x + \hat{\beta}_x X_t$ とすると，$\hat{a}_x = 13/4$, $\hat{\beta}_x = -1/8$
$$R_x{}^2 = 1/12$$
同様にして，$\hat{a}_y = 4$, $\hat{\beta}_y = -2/3$ となるので，
$$R_y{}^2 = 1/12 \text{ となる．}$$

4．(1) $\hat{\beta} = \sum_i x_i y_i / \sum_i x_i{}^2$ （$\bar{x}$ がないことに注意．）

(2) $\hat{\beta} = 0$ としよう．このとき，$\hat{y}_t = \hat{\beta} x_t = 0$ であるから，$R^2 = 1 - \sum_t y_t{}^2 / \sum_t (y_t - \bar{y})^2$ となる．ところが，つねに $\sum_t y_t{}^2 > \sum_t (y_t - \bar{y})^2$ であるから，R^2 は負になる．

5．(1) $y_t = 16.981 - 4.161 x_t$, $R^2 = 0.573$．ただし，y_t は名目賃金上昇率，x_t は失業率である．

(2) 図 Q 参照．

(3) 図 R 参照．実績値と推定値の差（残差）の符号は，＋と－が交互に固まりとなって現われている．2001年以降，名目賃金の下方硬直性が確認される．

図 Q

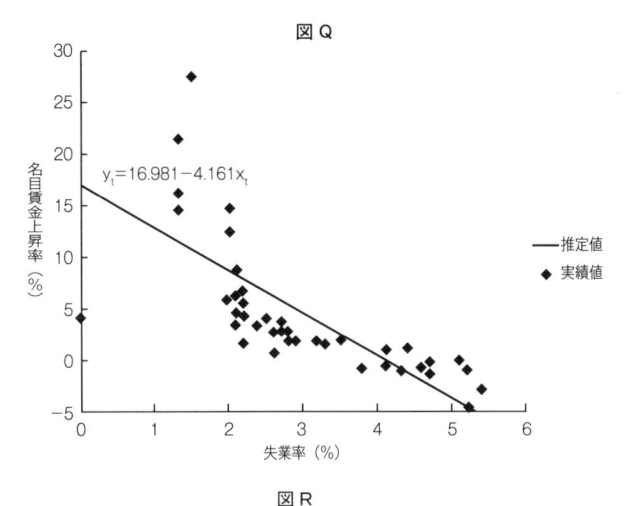

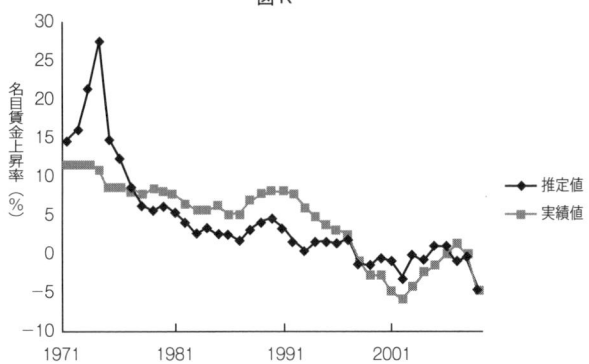

図 R

(4) $x_t = 3.632 - 0.138 y_t$, $R^2 = 0.573$

(5) たしかに正しい。

(6) $y_t = 0.682 x_t$, $x_t = 0.116 y_t$

ともに、$R^2 = (\sum x_t y_t)^2 / \sum x_t^2 \sum y_t^2$
$= (282.74)^2 / (414.4 \times 2442.74) = 0.079$

(7) $y_t = \alpha + \beta \times 1/x_t + v_t$

$\hat{\alpha} = -9.870$, $\hat{\beta} = 36.768$, $R^2 = 0.781$

R^2 の値は (1) の値よりも大きい。よって、y と x の関係は直線的というよりは双曲線により近いことがわかる。

第12章

1．(1) $\hat{\beta} = 1.00$

(2) $t = \dfrac{\hat{\beta}}{\sqrt{\dfrac{\sum(Y_t - \hat{Y}_t)^2}{N-2}/\sum(X_t - \bar{X})^2}} = 28.3$

Y は X に対して強い相関関係をもつことがわかる。

(3) $\sum(\hat{Y}_t - \bar{Y})^2/\sum(Y_t - \bar{Y})^2 = 0.990$

回帰式の適合度は非常に高いといえる。

(4) $\sum(\hat{u}_t - \hat{u}_{t-1})^2/\sum \hat{u}_t^2 = 1.40$

データ数は数表Eの範囲外であるが，外挿するに，DW は d_L と d_U のあいだにあることから，結論は下せない。

2．(1) 推定されるパラメータの数が3個であるから，自由度は27。

(2) 最大値は1をこえ，最小値はマイナスとなることもある。

(3) 説明変数の数が増加しても，かならずしも大きくなるとはかぎらない。

(4) 正の相関があるときは0に近く，負の相関があるときは4に近い。

(5) 不偏ではあるが，有効ではなくなる。

(6) 不偏ではあるが，有効ではなくなる。

(7) OLSで推定された回帰式の残差は常に説明変数と相関がない。したがって残差プロットによって e_t と説明変数のあいだの相関関係を調べることはできない。

3．(1) この場合，パラメータの推定値は一意に定まらない。たとえば1個のデータを通過する直線は一意に定まらない。

(2) X, Y, $\sum_i(Y_i - \bar{Y})^2$, $\sum_i(X_i - \bar{X})^2$, $\sum_i(X_i - \bar{X})(Y_i - \bar{Y})$ の値は，すべて2倍になる。よって，α, β の推定値は変わらない。また $\sum_i(Y_i - \hat{\alpha} - \hat{\beta}X_i)^2$ も2倍になる。このように考えれば，R^2 も変わらない。しかしながら，サンプル数に依存する t 値，$\bar{R}^2$ は変化する。

(3) 本文中にのべられたように，意味がない。

4．各説明変数の t 値はいずれも有意であり，C_t の説明に役立つ。とくに資産効果の存在が認められることは，経済学的に重要な意味をもっている。また $\bar{R}^2$ が高いので，推定式の当てはまりはよい。しかし，DW の値より誤差項に正の系列相関があると考えられる。その理由の一つとして，重要な説明変数を見落としている可能性も考えられる。

第13章

1．(1)ⓐ 帰無仮説は，$H_0 : \eta = 110000$，対立仮説は $H_A : \eta > 110000$

符号検定

25個のデータのうち，110000より大きい値，すなわち"＋"は18個ある。これを含めて，よりめずらしいケースが起こる確率は，

$$({}_{25}C_{18} + {}_{25}C_{19} + \cdots + {}_{25}C_{25})/2^{25} = 726206/2^{25} = 0.0216$$

よって，片側5％の有意水準で帰無仮説は棄却され，110000億円より多いといえる。

順位和検定

"－"の符号をもつデータの順位和は，60

数表Gから，片側検定5％有意水準で，$N = 25$ のとき，$S = 100 > 60$。よって，こちらも帰無仮説は棄却される。

ⓑ $H_0 : \eta = 0,\ H_A : \eta < 0$

符号検定

"－"のデータの個数は23個。これを含めてよりめずらしいケースが起こる確率は，

$$({}_{25}C_0 + {}_{25}C_1 + {}_{25}C_2 + \cdots + {}_{25}C_{23})/2^{25} = 33554406/2^{25} = 0.99\cdots$$

よって帰無仮説は受容され，赤字基調であるとはいえない。

順位和検定

"－"の符号をもつデータの順位和は315。

数表Gより，$S = 100 < 315$ であり，帰無仮説は受容される。

ⓒ $H_0 : \eta = -500,\ H_A : \eta < -500$

符号検定

"－"のデータの個数は17個。これを含めてよりめずらしいことが起こる確率は，

$$({}_{25}C_0 + {}_{25}C_1 + \cdots + {}_{25}C_{17})/2^{25} = 32828226/2^{25} = 0.978$$

よって帰無仮説は棄却されず，外貨準備増減は－500億円より少ないとはいえない。

順位和検定

"－"のデータの順位和は236。数表Gより，$S = 100 < 236$。よって帰無仮説は受容される。

(2) ⓐ $H_0 : \eta = 110000,\ H_1 : \eta > 110000$

2項分布

$${}_{10}C_9(1/2)^{10} + {}_{10}C_{10}(1/2)^{10}$$
$$= 0.010 + 0.001 = 0.011 < 0.05$$

よって帰無仮説は棄却される。

正規近似

$$z = (r - 1/2 - Np)/\sqrt{Np(1-p)} = (9 - 1/2 - 10 \times 1/2)/\sqrt{10 \times 1/2 \times 1/2} = 2.21$$

$\mathrm{P}\{Z \geq 2.21\} = 0.013$

このように，正規近似を用いても，2項分布と同じ結果——帰無仮説が棄却される——が得られ，またp値もほぼ等しい。

ⓑ $H_0 : \eta = 0,\ H_1 : \eta < 0$

表 G

年	1990	1991	1992	1993	1994	1995	1996	1997	1998	1999
3.0との乖離幅	−0.9	−0.9	−0.8	−0.5	−0.1	0.2	0.4	0.4	1.1	1.7
符号化順位	−8.5	−8.5	−6.5	−5.0	−1.0	2.0	3.5	3.5	11.5	15.0

年	2000	2001	2002	2003	2004	2005	2006	2007	2008	2009
3.0との乖離幅	1.7	2.0	2.4	2.2	1.7	1.4	1.1	0.8	1.0	2.1
符号化順位	15.0	17.0	20.0	19.0	15.0	13.0	11.5	6.5	10.0	18.0

ⓐと同様に，2項分布を用いて計算した確率は0.99であり，帰無仮説は受容される。正規近似を適用すると，P{$Z < 1.581$} = 0.943 となり，やはり帰無仮説は受容される。

ⓒ $H_0 : \eta = -500$, $H_1 : \eta < -500$

ⓐと同様に，2項分布を用いて計算した確率は0.945であり，帰無仮説は受容される。これに対して正規近似を適用しても $z = 0.949$ となり，帰無仮説は受容される。

2．(1) データを二つのグループに分け，前半と後半の差を考える。

2項分布において，$N = 10$ に対して $r = 1$ となる確率は，

$_{10}C_1 / 2^{10} = 10/1024 = 0.0098$

よって，トレンドがないという帰無仮説が棄却され，トレンドとして上昇しているといえる。

(2) 符号化順位は表G参照。正規近似を行うと $Z = 2.82$。

よって，片側5%有意水準で棄却される。

3．(1) 標本平均は $\bar{x} = (89.5 + 97.9 + \cdots + 92.1)/12 = 93.59$

分散の不偏推定値 $s^2 = \{(89.5 - 93.59)^2 + \cdots + (92.1 - 93.59)^2\}/11 = 15.359$

$T = (\bar{x} - \mu)/\sqrt{s^2/N}$ は自由度11の t 分布に従う。

$\bar{x}$, μ, s^2, $N = 12$ および $\mu = 97.0$ を代入すると，$t = -3.013$

自由度11の t 分布下側2.5%の臨界点は−2.201。$|t| > 2.201$ より，帰無仮説は棄却される。

(2) $\bar{x} - 2.201\sqrt{s^2/N} \leq \mu \leq \bar{x} + 2.201\sqrt{s^2/N}$

よって $91.10 \leq \mu \leq 96.08$

第14章

1．(1)ⓐ 工業総生産高："＋"の数は5，"−"の数は6。数表Fより p 値は0.50。よって帰無仮説は受容される。

ⓑ 農業総生産高：同様に，"＋"の数は 8，"－"の数は 0。数表 F より p 値は 0.004。よって帰無仮説は棄却される。ちなみに正規近似を用いると $z = 2.47$ となり，同様に棄却される。

   符号検定を行なっただけでは，時系列的な要素を捨象していることになる。たとえば，前半の 6 年がすべて"＋"，後半の 6 年がすべて"－"というケースでは，計画目標が達成されているとはいえないであろう。それゆえ，連の検定などもあわせて行なうことが薦められる。

(2) $m = 12$，$n = 9$。順位和検定の正規近似より，$z = -3.27$。よって帰無仮説は棄却され，つねに楽観的な計画が立てられたといえる。

(3) H_0：70年代　生産－消費＝0　　H_1：70年代　生産－消費＞0
　　　　　80年代　生産－消費＝0　　　　　　80年代　生産－消費＜0

計画目標値について，符号検定では70年代の p 値は0.0625となり，帰無仮説は受容される。80年代の p 値は0.008より，棄却される。

(4) 実質値について(3)と同様に行なうと，70年代の p 値は0.0625より，帰無仮説は受容される。また80年代の p 値も0.34より，帰無仮説は受容される。

(5) 平均の差の検定を行なうと，ⓐ 工業総生産高の場合は $t = 0.964$，ⓑ 農業総生産高は $t = 4.42$ となり，(1)と同様の結論が得られる。

2．(1) 日経平均株価の前月との差の符号は $\{-++++++---+\}$ となり，連の数は 4 である。$M = 7$，$N = 4$，$R = 4$ ($k = 2$) として，
$$\Pr\{R = 4\} + \Pr\{R = 3\} + \Pr\{R = 2\}$$
$$= 36/330 + 9/330 + 2/330 = 0.142$$

また，正規近似を用いて計算すると，$E(R) = 6.09$，$\text{Var}(R) = 2.08$ より，
$$Z = \{R + 0.5 - E(R)\}/\sqrt{\text{Var}(R)} = -1.10 \text{ となる。}$$

どちらの方法を用いても，ランダム・ウォークに従うという帰無仮説は受容される。

(2) ⓐ 図S参照。

ⓑ 標本分散は40.1と求まるので，$N(0, 40.1)$ と比較する。図Sより，垂直方向のひらきが大きくなるのは，$x = 4.01$ のところである。このとき，$|S(x) - F(x)| = |0.545 - 0.736| = 0.191$ となり，コルモゴロフ＝スミルノフ検定における標本数11の両側5％点0.391よりも小さい。したがって帰無仮説は棄却されず，日経平均株価の月次収益率は，平均0，分散40.1の正規分布と異なるとはいえない。

3．東北地方 ($M = 6$) をグループ1，四国地方 ($N = 4$) をグループ2とする。その順位和は $S_1 = 18$ と $S_2 = 17$ である。次に，
$$T_1 = S_1 - \frac{M(M+1)}{2} = 17, \quad T_2 = S_2 - \frac{N(N+1)}{2} = 7$$
であるから，$T_1 > T_2$ より $T = T_2$。結局，MWW の値は，

図 S

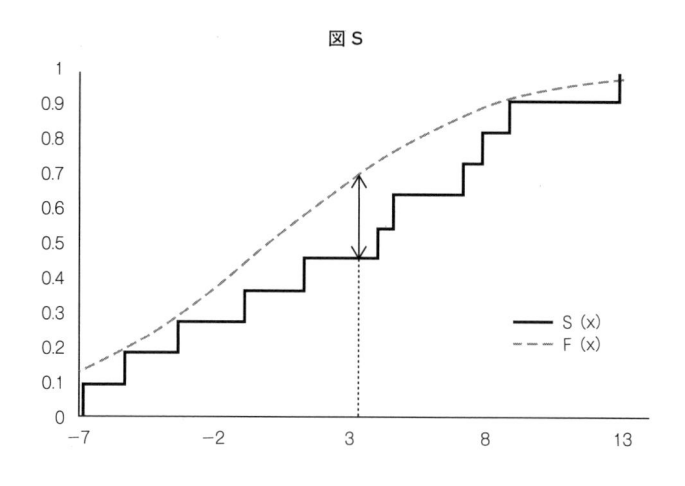

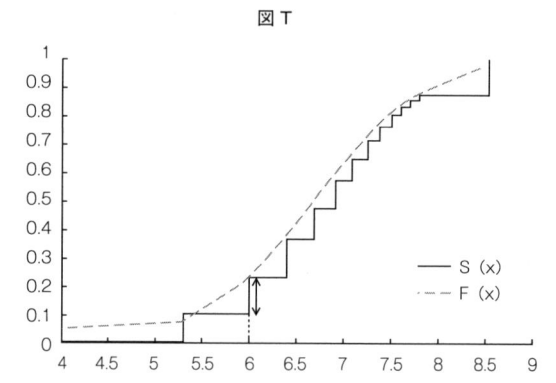

図 T

$$MWW = \frac{T + \frac{1}{2} - \frac{MN}{2}}{\sqrt{\frac{MN(M+N+1)}{12}}} = -\frac{4.5}{4.69} = -0.9594$$

したがって，有意水準 5 ％で帰無仮説は受容される。2005年のデータでは失業率が高いので，東北地方と四国地方の失業率に差がないといえる。

4．(1) 1996年は，平均：6.68，分散：0.89。2009年は，平均：6.67，分散：1.68。各区間の階級値を用いて計算した。

(2) 第1章のヒストグラムから各区間の上側境界値を使用して経験分布関数を求める。図Tと図Uより，経験分布関数 $S(x)$ と正規分布の累積分布関数 $F(x)$ の差は，1996年が $x = 6.40$，2009年は $x = 6.22$ の個所で最大になる。コルモゴロフ＝スミルノフ統計量の値は，1996年が $|S(x) - F(x)| = |0.228 - 0.381| = 0.152$，2009年が $|S(x)$

図 U

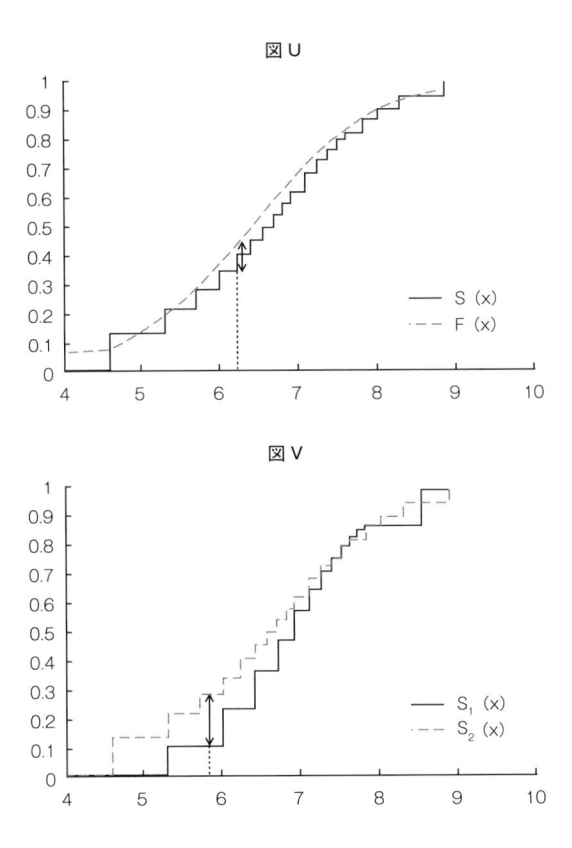

図 V

$-F(x)| = |0.342-0.439| = 0.096$。

(3) 有意水準両側5％の臨界点は，巻末の数表Ⅰより，1.22/(標本数 N の平方根)で与えられることから，帰無仮説は1996年の場合は $N>61.30$，2009年の場合は $N>160.1$ のときに棄却される。第7章の練習問題6と異なり，1996年のほうが検定等計量の値が大きい。ためしに，情報が失われてしまうが，2009年のデータの級間隔を1996年の級間隔と可能な箇所で合わせ統計量を再計算すると，0.152に上昇し，1996年の統計量の値とたまたま一致する。データの級間隔に依存して統計量の値が変化することが確認できる。

(4) この場合のコロモゴロフ＝スミルノフ統計量の値は，図Ⅴより $x = 5.70$ で1996年と2009年の経験分布関数の差が最大となり，$|S_1(x)-S_2(x)| = |0.279-0.10| = 0.179$ となる。有意水準5％では $N>46.56$ のときに，すなわち最小で47世帯の場合に棄却される。

第15章

1．(1) $r = 0.909$, $t = r/\sqrt{(1-r^2)/(N-2)} = 5.352$

自由度 6 の t 分布の上側2.5％点の値は2.447。よって帰無仮説は棄却される。この結果は，本文中における順位相関にもとづく結果と異なる。

(2) ⓐ $\rho = 1 - 6\sum d_i^2/N(N^2-1)$
$= 1 - 6\{(-1)^2 + (-5)^2 + 2^2 + 1^2 + (-1)^2 + 2^2 + (-1)^2 + 3^2\}/8(8^2-1) = 0.452$

$\tau = (19-9)/28 = 0.357$

ともに受容され，相関があるとはいえない。

ⓑ 同様に，$\rho = -0.714$，$\tau = -0.107$

ともに受容され，相関があるとはいえない。

(3) ⓐ $r = 0.457$ より，$t = 0.889$

帰無仮説は受容される。

ⓑ $r = 0.946$ より，$t = 5.851$

帰無仮説は棄却される。

(4) ⓐ $W = 0.324$

$N = 8$，$J = 3$ のとき，5％有意水準のもとで帰無仮説を棄却する最小値は0.391。よって，帰無仮説は受容される。

ⓑ $W = 0.317$，$N = 8$，$J = 3$

ⓐと同様に，帰無仮説は受容される。

ⓒ $W = 0.550$，$N = 8$，$J = 3$

帰無仮説は棄却される。

ⓓ $W = 0.187$，$N = 8$，$J = 4$

$0.187 < 0.319$ より，帰無仮説は受容される。

2．(1) 標本数が多いので，スピアマンの ρ を用いる。

$\rho = -0.364$

数表がないので正規近似を行なうと，

$z = -1.728$

よって，帰無仮説は片側5％で棄却されるが，両側5％では受容される。

(2) 分割表では仮説は受容された。したがって，順位相関係数の検定のほうが検出力（第5章105ページ参照）が高いといえる。

数表A 標準正規分布

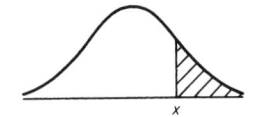

x	.00	.01	.02	.03	.04	.05	.06	.07	.08	.09
0.0	.5000	.4960	.4920	.4880	.4840	.4801	.4761	.4721	.4681	.4641
0.1	.4602	.4562	.4522	.4483	.4443	.4404	.4364	.4325	.4286	.4247
0.2	.4207	.4168	.4129	.4090	.4052	.4013	.3974	.3936	.3897	.3859
0.3	.3821	.3783	.3745	.3707	.3669	.3632	.3594	.3557	.3520	.3483
0.4	.3446	.3409	.3372	.3336	.3300	.3264	.3228	.3192	.3156	.3121
0.5	.3085	.3050	.3015	.2981	.2946	.2912	.2877	.2843	.2810	.2776
0.6	.2743	.2709	.2676	.2643	.2611	.2578	.2546	.2514	.2483	.2451
0.7	.2420	.2389	.2358	.2327	.2296	.2266	.2236	.2206	.2177	.2148
0.8	.2119	.2090	.2061	.2033	.2005	.1977	.1949	.1922	.1894	.1867
0.9	.1841	.1814	.1788	.1762	.1736	.1711	.1685	.1660	.1635	.1611
1.0	.1587	.1562	.1539	.1515	.1492	.1469	.1446	.1423	.1401	.1379
1.1	.1357	.1335	.1314	.1292	.1271	.1251	.1230	.1210	.1190	.1170
1.2	.1151	.1131	.1112	.1093	.1075	.1056	.1038	.1020	.1003	.0985
1.3	.0968	.0951	.0934	.0918	.0901	.0885	.0869	.0853	.0838	.0823
1.4	.0808	.0793	.0778	.0764	.0749	.0735	.0721	.0708	.0694	.0681
1.5	.0668	.0655	.0643	.0630	.0618	.0606	.0594	.0582	.0571	.0559
1.6	.0548	.0537	.0526	.0516	.0505	.0495	.0485	.0475	.0465	.0455
1.7	.0446	.0436	.0427	.0418	.0409	.0401	.0392	.0384	.0375	.0367
1.8	.0359	.0351	.0344	.0336	.0329	.0322	.0314	.0307	.0301	.0294
1.9	.0287	.0281	.0274	.0268	.0262	.0256	.0250	.0244	.0239	.0233
2.0	.0228	.0222	.0217	.0212	.0207	.0202	.0197	.0192	.0188	.0183
2.1	.0179	.0174	.0170	.0166	.0162	.0158	.0154	.0150	.0146	.0143
2.2	.0139	.0136	.0132	.0129	.0125	.0122	.0119	.0116	.0113	.0110
2.3	.0107	.0104	.0102	.0099	.0096	.0094	.0091	.0089	.0087	.0084
2.4	.0082	.0080	.0078	.0075	.0073	.0071	.0069	.0068	.0066	.0064
2.5	.0062	.0060	.0059	.0057	.0055	.0054	.0052	.0051	.0049	.0048
2.6	.0047	.0045	.0044	.0043	.0041	.0040	.0039	.0038	.0037	.0036
2.7	.0035	.0034	.0033	.0032	.0031	.0030	.0029	.0028	.0027	.0026
2.8	.0026	.0025	.0024	.0023	.0023	.0022	.0021	.0021	.0020	.0019
2.9	.0019	.0018	.0018	.0017	.0016	.0016	.0015	.0015	.0014	.0014
3.0	.0013	.0013	.0013	.0012	.0012	.0011	.0011	.0011	.0010	.0010

数表B　t分布

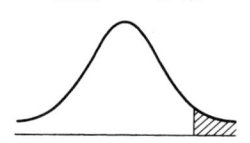

自由度 \ 確率	.1	.05	.025	.01	.005	.0025	.001	.0005
1	3.078	6.314	12.706	31.821	63.657	127.32	318.31	636.62
2	1.886	2.920	4.303	6.965	9.925	14.089	22.327	31.598
3	1.638	2.353	3.182	4.541	5.841	7.453	10.214	12.924
4	1.533	2.132	2.776	3.747	4.604	5.598	7.173	8.610
5	1.476	2.015	2.571	3.365	4.032	4.773	5.893	6.869
6	1.440	1.943	2.447	3.143	3.707	4.317	5.208	5.959
7	1.415	1.895	2.365	2.998	3.499	4.029	4.785	5.408
8	1.397	1.860	2.306	2.896	3.355	3.833	4.501	5.041
9	1.383	1.833	2.262	2.821	3.250	3.690	4.297	4.781
10	1.372	1.812	2.228	2.764	3.169	3.581	4.144	4.587
11	1.363	1.796	2.201	2.718	3.106	3.497	4.025	4.437
12	1.356	1.782	2.179	2.681	3.055	3.428	3.930	4.318
13	1.350	1.771	2.160	2.650	3.012	3.372	3.852	4.221
14	1.345	1.761	2.145	2.624	2.977	3.326	3.787	4.140
15	1.341	1.753	2.131	2.602	2.947	3.286	3.733	4.073
16	1.337	1.746	2.120	2.583	2.921	3.252	3.686	4.015
17	1.333	1.740	2.110	2.567	2.898	3.222	3.646	3.965
18	1.330	1.734	2.101	2.552	2.878	3.197	3.610	3.922
19	1.328	1.729	2.093	2.539	2.861	3.174	3.579	3.883
20	1.325	1.725	2.086	2.528	2.845	3.153	3.552	3.850
21	1.323	1.721	2.080	2.518	2.831	3.135	3.527	3.819
22	1.321	1.717	2.074	2.508	2.819	3.119	3.505	3.792
23	1.319	1.714	2.069	2.500	2.807	3.104	3.485	3.767
24	1.318	1.711	2.064	2.492	2.797	3.091	3.467	3.745
25	1.316	1.708	2.060	2.485	2.787	3.078	3.450	3.725
26	1.315	1.706	2.056	2.479	2.779	3.067	3.435	3.707
27	1.314	1.703	2.052	2.473	2.771	3.057	3.421	3.690
28	1.313	1.701	2.048	2.467	2.763	3.047	3.408	3.674
29	1.311	1.699	2.045	2.462	2.756	3.038	3.396	3.659
30	1.310	1.697	2.042	2.457	2.750	3.030	3.385	3.646
40	1.303	1.684	2.021	2.423	2.704	2.971	3.307	3.551
60	1.296	1.671	2.000	2.390	2.660	2.915	3.232	3.460
120	1.289	1.658	1.980	2.358	2.617	2.860	3.160	3.373
∞	1.282	1.645	1.960	2.326	2.576	2.807	3.090	3.291

数表C χ^2分布

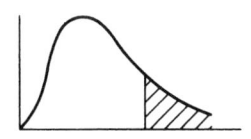

f \ α	.995	.99	.975	.95	.90	.10	.05	.025	.01	.005
1	0.0⁴4	0.0³2	0.001	0.003	0.016	2.71	3.84	5.02	6.63	7.88
2	0.010	0.020	0.051	0.103	0.211	4.61	5.99	7.38	9.21	10.60
3	0.072	0.115	0.216	0.352	0.584	6.25	7.81	9.35	11.34	12.84
4	0.207	0.297	0.484	0.711	1.064	7.78	9.49	11.14	13.28	14.86
5	0.412	0.554	0.831	1.145	1.610	9.24	11.07	12.83	15.09	16.75
6	0.676	0.872	1.237	1.635	2.20	10.64	12.59	14.45	16.81	18.55
7	0.989	1.239	1.690	2.17	2.83	12.02	14.07	16.01	18.48	20.3
8	1.344	1.646	2.18	2.73	3.49	13.36	15.51	17.53	20.1	22.0
9	1.735	2.90	2.70	3.33	4.17	14.68	16.92	19.02	21.7	23.6
10	2.16	2.56	3.25	3.94	4.87	15.99	18.31	20.5	23.2	25.2
11	2.60	3.05	3.82	4.57	5.58	17.28	19.68	21.9	24.7	26.8
12	3.07	3.57	4.40	5.23	6.30	18.55	21.0	23.3	26.2	28.3
13	3.57	4.11	5.01	5.89	7.04	19.81	22.4	24.7	27.7	29.8
14	4.07	4.66	5.63	6.57	7.79	21.1	23.7	26.1	29.1	31.3
15	4.60	5.23	6.26	7.26	8.55	22.3	25.0	27.5	30.6	32.8
16	5.14	5.81	6.91	7.96	9.31	23.5	26.3	28.8	32.0	34.3
17	5.70	6.41	7.56	8.67	10.09	24.8	27.6	30.2	33.4	35.7
18	6.26	7.01	8.23	9.39	10.86	26.0	28.9	31.5	34.8	37.2
19	6.84	7.63	8.91	10.12	11.65	27.2	30.1	32.9	36.2	38.6
20	7.34	8.26	9.59	10.85	12.44	28.4	31.4	34.2	37.6	40.0
21	8.03	8.90	10.28	11.59	13.24	29.6	32.7	35.5	38.9	41.4
22	8.64	9.54	10.98	12.34	14.04	30.8	33.9	36.8	40.3	42.8
23	9.26	10.20	11.69	13.09	14.85	32.0	35.2	38.1	41.6	44.2
24	9.89	10.86	12.40	13.85	15.66	33.2	36.4	39.4	43.0	45.6
25	10.52	11.52	13.12	14.61	16.47	34.4	37.7	40.6	44.3	46.9
26	11.16	12.20	13.84	15.38	17.29	35.6	33.9	41.9	45.6	48.3
27	11.81	12.88	14.57	16.15	18.11	36.7	40.1	43.2	47.0	49.6
28	12.46	13.56	15.31	16.93	18.94	37.9	41.3	44.5	48.3	51.0
29	13.12	14.26	16.05	17.71	19.77	39.1	42.6	45.7	49.6	52.3
30	13.79	14.95	16.79	18.49	20.6	40.3	43.8	47.0	50.9	53.7
40	20.7	22.2	24.4	26.5	29.1	51.8	55.8	59.3	63.7	66.8
50	28.0	29.7	32.4	34.8	37.7	63.2	67.5	71.4	76.2	79.5
60	35.5	37.5	40.5	43.2	46.5	74.4	79.1	83.3	88.4	92.0
70	43.3	45.4	48.8	51.7	55.3	85.5	90.5	95.0	100.4	104.2
80	51.2	53.5	57.2	60.4	64.3	96.6	101.9	106.6	112.3	116.3
90	59.2	61.8	65.6	69.1	73.3	107.6	113.1	118.1	124.1	128.3
100	67.3	70.1	74.2	77.9	82.4	118.5	124.3	129.6	135.8	140.2

数表 D-1　F 分布（5％）

自由度(分母) \ 自由度(分子)	1	2	3	4	5	6	7	8	9	10	12	15	20	30	∞
1	161	200	216	225	230	234	237	239	241	242	244	246	248	250	254
2	18.5	19.0	19.2	19.2	19.3	19.3	19.4	19.4	19.4	19.4	19.4	19.4	19.5	19.5	19.5
3	10.1	9.55	9.28	9.12	9.01	8.94	8.89	8.85	8.81	8.79	8.74	8.70	8.66	8.62	8.53
4	7.71	6.94	6.59	6.39	6.26	6.16	6.09	6.04	6.00	5.96	5.91	5.86	5.80	5.75	5.63
5	6.61	5.79	5.41	5.19	5.05	4.95	4.88	4.82	4.77	4.74	4.68	4.62	4.56	4.50	4.37
6	5.99	5.14	4.76	4.53	4.39	4.28	4.21	4.15	4.10	4.06	4.00	3.94	3.87	3.81	3.67
7	5.59	4.74	4.35	4.12	3.97	3.87	3.79	3.73	3.68	3.64	3.57	3.51	3.44	3.38	3.23
8	5.32	4.46	4.07	3.84	3.69	3.58	3.50	3.44	3.39	3.35	3.28	3.22	3.15	3.08	2.93
9	5.12	4.26	3.86	3.63	3.48	3.37	3.29	3.23	3.18	3.14	3.07	3.01	2.94	2.86	2.71
10	4.96	4.10	3.71	3.48	3.33	3.22	3.14	3.07	3.02	2.98	2.91	2.85	2.77	2.70	2.54
11	4.84	3.98	3.59	3.36	3.20	3.09	3.01	2.95	2.90	2.85	2.79	2.72	2.65	2.57	2.40
12	4.75	3.89	3.49	3.26	3.11	3.00	2.91	2.85	2.80	2.75	2.69	2.62	2.54	2.47	2.30
13	4.67	3.81	3.41	3.18	3.03	2.92	2.83	2.77	2.71	2.67	2.60	2.53	2.46	2.38	2.21
14	4.60	3.74	3.34	3.11	2.96	2.85	2.76	2.70	2.65	2.60	2.53	2.46	2.39	2.31	2.13
15	4.54	3.68	3.29	3.06	2.90	2.79	2.71	2.64	2.59	2.54	2.48	2.40	2.33	2.25	2.07
16	4.49	3.63	3.24	3.01	2.85	2.74	2.66	2.59	2.54	2.49	2.42	2.35	2.28	2.19	2.01
17	4.45	3.59	3.20	2.96	2.81	2.70	2.61	2.55	2.48	2.45	2.38	2.31	2.23	2.15	1.96
18	4.41	3.55	3.16	2.93	2.77	2.66	2.58	2.51	2.46	2.41	2.34	2.27	2.19	2.11	1.92
19	4.38	3.52	3.13	2.90	2.74	2.63	2.54	2.48	2.42	2.39	2.31	2.23	2.16	2.07	1.88
20	4.35	3.49	3.11	2.87	2.71	2.60	2.51	2.45	2.39	2.35	2.28	2.20	2.12	2.04	1.84
21	4.32	3.47	3.07	2.84	2.68	2.57	2.49	2.42	2.37	2.32	2.25	2.18	2.10	2.01	1.81
22	4.30	3.44	3.05	2.82	2.66	2.55	2.46	2.40	2.34	2.30	2.23	2.15	2.07	1.98	1.78
23	4.28	3.42	3.03	2.80	2.64	2.53	2.44	2.37	2.32	2.27	2.20	2.13	2.05	1.96	1.76
24	4.26	3.40	3.01	2.78	2.62	2.51	2.42	2.36	2.30	2.25	2.18	2.11	2.03	1.94	1.73
25	4.24	3.39	2.99	2.76	2.60	2.49	2.40	2.34	2.28	2.24	2.16	2.09	2.01	1.92	1.71
30	4.17	3.32	2.92	2.69	2.53	2.42	2.33	2.27	2.21	2.16	2.09	2.01	1.93	1.84	1.62
40	4.08	3.23	2.84	2.61	2.45	2.34	2.25	2.18	2.12	2.08	2.00	1.92	1.84	1.74	1.51
60	4.00	3.15	2.76	2.53	2.37	2.25	2.17	2.10	2.04	1.99	1.92	1.84	1.75	1.65	1.39
120	3.92	3.07	2.68	2.45	2.29	2.18	2.09	2.02	1.96	1.91	1.83	1.75	1.66	1.55	1.25
∞	3.84	3.00	2.60	2.37	2.21	2.10	2.01	1.94	1.88	1.83	1.75	1.67	1.57	1.46	1.00

数表D-2　F分布（1%）

自由度(分母) \ 自由度(分子)	1	2	3	4	5	6	7	8	9	10	12	15	20	30	∞
1	4,052	5,000	5,403	5,625	5,764	5,859	5,928	5,982	6,023	6,056	6,106	6,157	6,209	6,261	6,366
2	98.5	99.0	99.2	99.2	99.3	99.3	99.4	99.4	99.4	99.4	99.4	99.4	99.4	99.5	99.5
3	34.1	30.8	29.5	28.7	28.2	27.9	27.7	27.5	27.3	27.2	27.1	26.9	26.7	26.5	26.1
4	21.2	18.0	16.7	16.0	15.5	15.2	15.0	14.8	14.7	14.5	14.4	14.2	14.0	13.8	13.5
5	16.3	13.3	12.1	11.4	11.0	10.7	10.5	10.3	10.2	10.1	9.89	9.72	9.55	9.38	9.02
6	13.7	10.9	9.78	9.15	8.75	8.47	8.26	8.10	7.98	7.87	7.72	7.56	7.40	7.23	6.88
7	12.2	9.55	8.45	7.85	7.46	7.19	6.99	6.84	6.72	6.62	6.47	6.31	6.16	5.99	5.65
8	11.3	8.65	7.59	7.01	6.63	6.37	6.18	6.03	5.91	5.81	5.67	5.52	5.36	5.19	4.86
9	10.6	8.02	6.99	6.42	6.06	5.80	5.61	5.47	5.35	5.26	5.11	4.96	4.81	4.65	4.31
10	10.0	7.56	6.55	5.99	5.64	5.39	5.20	5.06	4.94	4.85	4.71	4.56	4.41	4.25	3.91
11	9.65	7.21	6.22	5.67	5.32	5.07	4.89	4.74	4.63	4.54	4.40	4.25	4.10	3.94	3.60
12	9.33	6.93	5.95	5.41	5.06	4.82	4.64	4.50	4.39	4.30	4.16	4.01	3.86	3.70	3.36
13	9.07	6.70	5.74	5.21	4.86	4.62	4.44	4.30	4.19	4.10	3.96	3.82	3.66	3.51	3.17
14	8.86	6.51	5.56	5.04	4.70	4.46	4.28	4.14	4.03	3.94	3.80	3.66	3.51	3.35	3.00
15	8.68	6.36	5.42	4.89	4.56	4.32	4.14	4.00	3.89	3.80	3.67	3.52	3.37	3.21	2.87
16	8.53	6.23	5.29	4.77	4.44	4.20	4.03	3.89	3.78	3.69	3.55	3.41	3.26	3.10	2.75
17	8.40	6.11	5.19	4.67	4.34	4.10	3.93	3.79	3.68	3.59	3.46	3.31	3.16	3.00	2.65
18	8.29	6.01	5.09	4.58	4.25	4.01	3.84	3.71	3.60	3.51	3.37	3.23	3.08	2.92	2.57
19	8.19	5.93	5.01	4.50	4.17	3.94	3.77	3.63	3.52	3.43	3.30	3.15	3.00	2.84	2.49
20	8.10	5.85	4.94	4.43	4.10	3.87	3.70	3.56	3.46	3.37	3.23	3.09	2.94	2.78	2.42
21	8.02	5.78	4.87	4.37	4.04	3.81	3.64	3.51	3.40	3.31	3.17	3.03	2.88	2.72	2.36
22	7.95	5.72	4.82	4.31	3.99	3.76	3.59	3.45	3.35	3.26	3.12	2.98	2.83	2.67	2.31
23	7.88	5.66	4.76	4.26	3.94	3.71	3.54	3.41	3.30	3.21	3.07	2.93	2.78	2.62	2.26
24	7.82	5.61	4.72	4.22	3.90	3.67	3.50	3.36	3.26	3.17	3.03	2.89	2.74	2.58	2.21
25	7.77	5.57	4.68	4.18	3.86	3.63	3.46	3.32	3.22	3.13	2.99	2.85	2.70	2.54	2.17
30	7.56	5.39	4.51	4.02	3.70	3.47	3.30	3.17	3.07	2.98	2.84	2.70	2.55	2.38	2.01
40	7.31	5.18	4.31	3.83	3.51	3.29	3.12	2.99	2.89	2.80	2.66	2.52	2.37	2.20	1.80
60	7.08	4.98	4.13	3.65	3.34	3.12	2.95	2.82	2.72	2.63	2.50	2.35	2.20	2.03	1.60
120	6.85	4.79	3.95	3.48	3.17	2.96	2.79	2.66	2.56	2.47	2.34	2.19	2.03	1.86	1.38
∞	6.63	4.61	3.78	3.32	3.02	2.80	2.64	2.51	2.41	2.32	2.18	2.04	1.88	1.70	1.00

数表 E　ダービン・ワトソン統計量 (5%)

N	k=1 d_L	k=1 d_U	k=2 d_L	k=2 d_U	k=3 d_L	k=3 d_U	k=4 d_L	k=4 d_U	k=5 d_L	k=5 d_U
15	1.08	1.36	0.95	1.54	0.82	1.75	0.69	1.97	0.56	2.21
16	1.10	1.37	0.98	1.54	0.86	1.73	0.74	1.93	0.62	2.15
17	1.13	1.38	1.02	1.54	0.90	1.71	0.78	1.90	0.67	2.10
18	1.16	1.39	1.05	1.53	0.93	1.69	0.82	1.87	0.71	2.06
19	1.18	1.40	1.08	1.53	0.97	1.68	0.86	1.85	0.75	2.02
20	1.20	1.41	1.10	1.54	1.00	1.68	0.90	1.83	0.79	1.99
21	1.22	1.42	1.13	1.54	1.03	1.67	0.93	1.81	0.83	1.96
22	1.24	1.43	1.15	1.54	1.05	1.66	0.96	1.80	0.86	1.94
23	1.26	1.44	1.17	1.54	1.08	1.66	0.99	1.79	0.90	1.92
24	1.27	1.45	1.19	1.55	1.10	1.66	1.01	1.78	0.93	1.90
25	1.29	1.45	1.21	1.55	1.12	1.66	1.04	1.77	0.95	1.89
26	1.30	1.46	1.22	1.55	1.14	1.65	1.06	1.76	0.98	1.88
27	1.32	1.47	1.24	1.56	1.16	1.65	1.08	1.76	1.01	1.86
28	1.33	1.48	1.26	1.56	1.18	1.65	1.10	1.75	1.03	1.85
29	1.34	1.48	1.27	1.56	1.20	1.65	1.12	1.74	1.05	1.84
30	1.35	1.49	1.28	1.57	1.21	1.65	1.14	1.74	1.07	1.83
31	1.36	1.50	1.30	1.57	1.23	1.65	1.16	1.74	1.09	1.83
32	1.37	1.50	1.31	1.57	1.24	1.65	1.18	1.73	1.11	1.82
33	1.38	1.51	1.32	1.58	1.26	1.65	1.19	1.73	1.13	1.81
34	1.39	1.51	1.33	1.58	1.27	1.65	1.21	1.73	1.15	1.81
35	1.40	1.52	1.34	1.58	1.28	1.65	1.22	1.73	1.16	1.80
36	1.41	1.52	1.35	1.59	1.29	1.65	1.24	1.73	1.18	1.80
37	1.42	1.53	1.36	1.59	1.31	1.66	1.25	1.72	1.19	1.80
38	1.43	1.54	1.37	1.59	1.32	1.66	1.26	1.72	1.21	1.79
39	1.43	1.54	1.38	1.60	1.33	1.66	1.27	1.72	1.22	1.79
40	1.44	1.54	1.39	1.60	1.34	1.66	1.29	1.72	1.23	1.79
45	1.48	1.57	1.43	1.62	1.38	1.67	1.34	1.72	1.29	1.78
50	1.50	1.59	1.46	1.63	1.42	1.67	1.38	1.72	1.34	1.77
55	1.53	1.60	1.49	1.64	1.45	1.68	1.41	1.72	1.38	1.77
60	1.55	1.62	1.51	1.65	1.48	1.69	1.44	1.73	1.41	1.77
65	1.57	1.63	1.54	1.66	1.50	1.70	1.47	1.73	1.44	1.77
70	1.58	1.64	1.55	1.67	1.52	1.70	1.49	1.74	1.46	1.77
75	1.60	1.65	1.57	1.68	1.54	1.71	1.51	1.74	1.49	1.77
80	1.61	1.66	1.59	1.69	1.56	1.72	1.53	1.74	1.51	1.77
85	1.62	1.67	1.60	1.70	1.57	1.72	1.55	1.75	1.52	1.77
90	1.63	1.68	1.61	1.70	1.59	1.73	1.57	1.75	1.54	1.78
95	1.64	1.69	1.62	1.71	1.60	1.73	1.58	1.75	1.56	1.78
100	1.65	1.69	1.63	1.72	1.61	1.74	1.59	1.76	1.57	1.78

kは説明変数の数を表わしている。

数表F　符号検定

6から20までのnの値に対し，生起数がr以下になる確率を求めたものである。

n \ r	0	1	2	3	4	5	6	7	8	9	10
6	.016	.109	.344	.656							
7	.008	.062	.227	.500							
8	.004	.035	.145	.363	.637						
9	.002	.020	.090	.254	.500						
10	.001	.011	.055	.172	.377	.623					
11	.000	.006	.033	.113	.274	.500					
12	.000	.003	.019	.073	.194	.387	.613				
13	.000	.002	.011	.046	.133	.291	.500				
14	.000	.001	.006	.029	.090	.212	.395	.605			
15	.000	.000	.004	.018	.059	.151	.304	.500			
16	.000	.000	.002	.011	.038	.105	.227	.402	.598		
17	.000	.000	.001	.006	.025	.072	.166	.315	.500		
18	.000	.000	.001	.004	.015	.048	.119	.240	.407	.593	
19	.000	.000	.000	.002	.010	.032	.084	.180	.324	.500	
20	.000	.000	.000	.001	.006	.021	.058	.132	.252	.412	.588

数表G　ウィルコクソンの順位和検定

5から15までのnに対し，S_+とS_-の小さいほうの値をSとし，片側検定においてそのSより小さな値を得る確率を求めたものである。

	片側水準 両側水準	5% 10%		2.5% 5%		1% 2%		0.5% 1%	
n		S	p	S	p	S	p	S	p
	5	0	.031						
	6	2	.047	0	.016				
	7	3	.039	2	.023	0	.008		
	8	5	.039	3	.020	1	.008	0	.004
	9	8	.049	5	.020	3	.010	1	.004
	10	10	.042	8	.024	5	.010	3	.005
	11	13	.042	10	.021	7	.009	5	.005
	12	17	.046	13	.021	9	.008	7	.005
	13	21	.047	17	.024	12	.009	9	.004
	14	25	.045	21	.025	15	.008	12	.004
	15	30	.047	25	.024	19	.009	15	.004
	16	35	.047	29	.022	23	.009	19	.005
	17	41	.049	34	.022	27	.009	23	.005
	18	47	.049	40	.024	32	.009	27	.005
	19	53	.048	46	.025	37	.009	32	.005
	20	60	.049	52	.024	43	.010	37	.005
	21	67	.048	58	.023	49	.010	42	.005
	22	75	.049	65	.023	55	.010	48	.005
	23	83	.049	73	.024	62	.010	54	.005
	24	91	.048	81	.025	69	.010	61	.005
	25	100	.048	89	.024	76	.009	68	.005

数表H　マン=ウィトニー=ウィルコクソン検定

片側検定において2.5%および5%水準で有意となるような（両側検定ではそれぞれ5%, 10%である）T_1とT_2の小さなほうの値Tの最大値を与える。ただし標本数が等しくない場合には，二つのうちの小さいほうの標本数をm_1とした。

m_1	%	m_2=5	6	7	8	9	10	11	12	13	14	15
5	2.5	2	3	5	6	7	8	9	11	12	13	14
	5	4	5	6	8	9	11	12	13	15	16	18
6	2.5		5	6	8	10	11	13	14	16	17	19
	5		7	8	10	12	14	16	17	19	21	23
7	2.5			8	10	12	14	16	18	20	22	24
	5			11	13	15	17	19	21	24	26	28
8	2.5				13	15	17	19	22	24	26	29
	5				15	18	20	23	26	28	31	33
9	2.5					17	20	23	26	28	31	34
	5					21	24	27	30	33	36	39
10	2.5						23	26	29	33	36	39
	5						27	31	34	37	41	44
11	2.5							30	33	37	40	44
	5							34	38	42	46	50
12	2.5								37	41	45	49
	5								42	47	51	55
13	2.5									45	50	54
	5									51	56	61
14	2.5										55	59
	5										61	66
15	2.5											64
	5											72

数表I　コルモゴロフ検定

各水準において有意となるに必要な$S(x)-F(x)$の絶対値の最大値。ただし標本数は5から30までと35, 40。

標本数	片側水準 5% 両側水準 10%	2.5% 5%	1% 2%	0.5% 1%
5	.509	.563	.627	.669
6	.468	.519	.577	.617
7	.436	.483	.538	.576
8	.410	.454	.507	.542
9	.387	.430	.480	.513
10	.369	.409	.457	.489
11	.352	.391	.437	.468
12	.338	.375	.419	.449
13	.325	.361	.404	.432
14	.314	.349	.390	.418
15	.304	.338	.377	.404
16	.295	.327	.366	.392
17	.286	.318	.355	.381
18	.279	.309	.346	.371
19	.271	.301	.337	.361
20	.265	.294	.329	.352
21	.259	.287	.321	.344
22	.253	.281	.314	.337
23	.247	.275	.307	.330
24	.242	.269	.301	.323
25	.238	.264	.295	.317
26	.233	.259	.290	.311
27	.229	.254	.284	.305
28	.225	.250	.279	.300
29	.221	.246	.275	.295
30	.218	.242	.270	.290
35	.202	.224	.251	.269
40	.189	.210	.235	.252
$n>40$	$\dfrac{1.22}{\sqrt{n}}$	$\dfrac{1.36}{\sqrt{n}}$	$\dfrac{1.52}{\sqrt{n}}$	$\dfrac{1.63}{\sqrt{n}}$

数表 J　スミルノフ2標本検定

各水準で有意となるに必要な $S_1(x) - S_2(x)$ の絶対値の最大値。標本数が等しくない場合には，m_1 として小さなほうの標本数を用いる。

片側水準		5%	2.5%	1%	0.5%
両側水準		10%	5%	2%	1%
標本数 m_1	m_2				
5	5	3/5	4/5	4/5	4/5
	6	4/6	4/6	5/6	5/6
	7	23/35	25/35	29/35	30/35
	8	25/40	27/40	32/40	32/40
	9	27/45	31/45	35/45	36/45
	10	6/10	7/10	7/10	8/10
6	6	4/6	4/6	5/6	5/6
	7	24/42	29/42	30/42	35/42
	8	7/12	8/12	9/12	9/12
	9	10/18	12/18	13/18	14/18
	10	17/30	19/30	21/30	22/30
7	7	4/7	5/7	5/7	5/7
	8	33/56	35/56	41/56	42/63
	9	35/63	40/63	45/63	47/63
	10	39/70	43/70	49/70	50/70
8	8	4/8	5/8	5/8	6/8
	9	13/24	15/24	16/24	18/24
	10	21/40	23/40	27/40	28/40
9	9	5/9	5/9	6/9	6/9
	10	45/90	52/90	60/90	62/90
10	10	5/10	6/10	6/10	7/10

数表 K　スピアマンの ρ

標本数5から20までに対し，与えられた水準で有意とされる ρ の最小値。

片側水準	5%	2.5%	1%	0.5%
両側水準	10%	5%	2%	1%
n				
5	0.900	1.000	1.000	
6	.829	.886	.943	1.000
7	.714	.786	.893	.929
8	.643	.714	.833	.881
9	.600	.700	.783	.833
10	.564	.648	.746	.794
11	.536	.618	.709	.764
12	.503	.587	.678	.734
13	.484	.560	.648	.703
14	.464	.538	.626	.679
15	.446	.521	.604	.657
16	.429	.503	.585	.635
17	.414	.488	.566	.618
18	.401	.474	.550	.600
19	.391	.460	.535	.584
20	.380	.447	.522	.570

数表 L　ケンドールの τ

この数表は，ケンドールの τ を関連の尺度として用いた場合に，それぞれの水準で有意となる S (正のスコアの数－負のスコアの数) の最小値を与えるものである。

片側水準	5%	2.5%	1%	0.5%
両側水準	10%	5%	2%	1%
n				
4	6	8	8	8
5	8	10	10	12
6	11	11	13	15
7	13	15	17	19
8	16	18	20	22
9	18	20	24	26
10	21	23	27	29
11	23	27	31	33
12	26	30	36	38
13	28	34	40	44
14	33	37	43	47
15	35	41	49	53
16	38	46	52	58
17	42	50	58	64
18	45	53	63	69
19	49	57	67	75
20	52	62	72	80

数表 M　ケンドールの一致係数

いくつかの N と J の値に対し，5％と1％で有意となる W の最小値を与える。

	$J=3$			$J=4$	
N	5%	1%	N	5%	1%
5	.640	.840	5	.520	.664
6	.583	.750	6	.422	.578
7	.510	.633	7	.371	.494
8	.391	.578	8	.319	.438
9	.346	.531			
10	.310	.480			
11	.298	.430			
12	.271	.396			

索　引

あ行

異常値　4
1元配置　148
一様分布　38
一致推定量　57
一致性　57, 233
内側四分位レインジ　10
上側信頼限界　259
F分布　144
MWW 検定　→マン=ウィトニー=ウィルコクソン検定をみよ

か行

回帰分析　212
χ^2分布　86, 125, 175
ガウス分布　31
確率関数　17
確率収束　57
確率変数　18
確率密度関数　16
片側検定　101
棄却域　101
棄却する　99
記述統計　14
帰無仮説　99
行効果　151
共分散　192
区間推定　56, 73, 76
グループ間変動　147
グループ内変動　147
経験分布関数　285
計量経済学　233
系列相関　232, 236
決定係数　220, 244
検出力（パワー）　107
ケンドールの一致係数　308
ケンドールの τ　299
交互作用　150
コーシー分布　80
コルモゴロフ=スミルノフ検定　287

さ行

最強力検定　107
最小2乗推定量　62, 223, 229
最小2乗法（最小自乗法）　62
最小分散線形不偏推定量（BLUE）　233
最小分散不偏推定量　59
最尤推定法　64
最尤推定量　66, 233
最良推定量　59
最良不偏推定量　234
3元配置　148
残差変動　148, 220
散布図　194
時系列データ　232
下側信頼限界　259
質的変数　82, 165
重回帰分析　241

重回帰モデル 241
従属変数 212
自由度 61, 79, 118, 128, 132, 144, 176, 177
自由度修正済み決定係数 245
周辺確率 166
周辺分布 186
主効果 151
受容する 99
順位相関係数 295
順位和検定 265
条件付き確率 167
条件付き分布 189
信頼域 287
信頼区間 75
信頼係数 75
信頼度 75
推測統計 14
推定値 56
推定量 56
スピアマンの ρ 296
正規分布 31
正規分布曲線 31
正規方程式 216, 242
積率相関係数 295
説明変数 212
線形回帰分析 212
線形推定量 216
尖度 12
相関係数 195
相対頻度分布 3

た行

タイ 256, 303
第1四分位点 10
第一種のエラー 103

第3四分位点 10
大数の法則 45
対数尤度関数 65, 234
第二種のエラー 103
対立仮説 101
多元配置 148
ダービン・ワトソン統計量（DW 統計量） 237
単回帰モデル 241
中心極限定理 38, 42
t 検定 114
t 値 224
DW 統計量 →ダービン・ワトソン統計量をみよ
t 分布 79, 113, 118, 224
点推定 56
統計的仮説検定 98
統計量 56
同時確率 166
同時分布 186
独立である 169, 175, 176, 191, 198
独立に分布する 157
独立変数 212
TOPIX（東証株価指数） 46

な行

並べ換え検定 261
2×2分割表 165
2元配置 148, 150
2項分布 255
2次元の確率密度関数 185
2重積分 188
2変量のヒストグラム 185
日経225種平均株価（旧称ダウ式平均株価） 46

は行

パラメータ　17
ヒストグラム　3
被説明変数　212
p 値　100
標準化　22, 33
標準誤差　81
標準正規分布　33, 255
標準偏差　10, 17
標本（サンプル）　14
符号化順位　266
符号検定　253
不偏推定量　57, 223
不偏性　57, 233
不偏分散　62
BLUE　→最小分散線形不偏推定量をみよ
不連続補正　116
分散　9, 10, 17
分散分析　148
分散分析表　148
分布関数　273
平均　7, 17
平均偏差　9
ベイズの定理　170, 181
ベーレンズ・フィッシャー問題　119
偏差値　37
変動係数　10
ポアソン分布　133

母集団　14

ま行

マン=ウィトニー=ウィルコクソン（MWW）検定　277
見せかけの相関　200
名目上の信頼度　259
メディアン　6, 253
モード　6

や行

有意水準　99
有効推定量　59
尤度関数　65, 233
要因による変動　148

ら行

ランダム・ウォーク仮説　282, 291
ランダム標本　14
離散分布　17, 116
両側検定　101
量的変量　82
臨界点　101
累積分布関数　273
列効果　151
連による検定　279

わ行

歪度　11

加納　悟（かのうさとる）

1950年生まれ。京都大学大学院工学研究科博士課程修了，博士（工学）。横浜国立大学経済学部教授等を経て，2000年より一橋大学経済研究所教授。2007年没。
訳　書　『新・涙なしの統計学』（新世社，2001年）
著　書　『マクロ経済分析とサーベイデータ』（岩波書店，2006年）

浅子和美（あさこかずみ）

1951年生まれ。イェール大学大学院経済学研究科博士課程修了，博士（経済学）。一橋大学経済研究所教授等を経て，現在，立正大学経済学部教授。一橋大学名誉教授。
著　書　『マクロ経済学 第2版』（共著，新世社，2009年）
　　　　『世界同時不況と景気循環分析』（共編著，東京大学出版会，2011年）
　　　　『入門・日本経済 第4版』（共編著，有斐閣，2011年）

竹内明香（たけうちあすか）

1978年生まれ。一橋大学大学院経済学研究科博士課程修了，博士（経済学）。早稲田大学大学院商学研究科助教を経て，現在，上智大学経済学部准教授。
著　書　『市場競争と市場価格』（第6章執筆，日本評論社，2005年）
　　　　『ファイナンス・景気循環の計量分析』（第2章執筆，ミネルヴァ書房，2011年刊行予定）
論　文　「日本の株式市場におけるボラティリティの長期記憶性とオプション価格」（共著，『現代ファイナンス』No.24, pp.45-74, 2008年）

にゅうもん｜けいざいのためのとうけいがく
入　門｜経済のための統計学　第3版
●―――1992年3月30日　第一版第一刷発行
　　　　1998年3月15日　第二版第一刷発行
　　　　2011年6月20日　第三版第一刷発行
　　　　2022年4月30日　第三版第四刷発行

著　者――加納　悟・浅子和美・竹内明香
発行所――株式会社　日本評論社
　　　　　東京都豊島区南大塚3-12-4　振替 00100-3-16
　　　　　電話 03-3987-8621（販売），-8595（編集）
　　　　　https://www.nippyo.co.jp
印刷所――精文堂印刷株式会社
製本所――株式会社　松岳社
装　幀――鈴木俊秀
© KANOH Satoru, ASAKO Kazumi, TAKEUCHI Asuka　2011　Printed in Japan

JCOPY　〈(社)出版者著作権管理機構　委託出版物〉

本書の無断複写は著作権法上での例外を除き禁じられています。複写される場合は，そのつど事前に，(社)出版者著作権管理機構（電話：03-5244-5088, FAX：03-5244-5089, e-mail：info@jcopy.or.jp）の許諾を得てください。また，本書を代行業者等の第三者に依頼してスキャニング等の行為によりデジタル化することは，個人の家庭内の利用であっても，一切認められておりません。

ISBN 978-4-535-55657-7

経済学の学習に最適な充実のラインナップ

入門｜経済学 [第4版]
伊藤元重／著　　　　　　　　　(3色刷) 3300円

[改訂版] 経済学で出る数学
尾山大輔・安田洋祐／編著　　　　　　2310円

例題で学ぶ 初歩からの経済学
白砂堤津耶・森脇祥太／著　　　　　　3080円

経済学で出る数学 ワークブックでじっくり攻める
白石俊輔／著　尾山大輔・安田洋祐／監修　1650円

マクロ経済学 [第2版]
伊藤元重／著　　　　　　　　　(3色刷) 3080円

計量経済学のための数学
田中久稔／著　　　　　　　　　　　　2860円

マクロ経済学パーフェクトマスター [第2版]
伊藤元重・下井直毅／著　　　　(2色刷) 2090円

例題で学ぶ 初歩からの統計学 [第2版]
白砂堤津耶／著　　　　　　　　　　　2750円

入門マクロ経済学 [第6版] (4色カラー)
中谷 巌・下井直毅・塚田裕昭／著　　　3080円

入門｜公共経済学 [第2版]
土居丈朗／著　　　　　　　　　　　　3190円

マクロ経済学入門 [第3版]
二神孝一／著 [新エコノミクス・シリーズ] (2色刷) 2420円

入門｜財政学 [第2版]
土居丈朗／著　　　　　　　　　　　　3080円

ミクロ経済学 [第3版]
伊藤元重／著　　　　　　　　　(4色刷) 3300円

実証分析入門
森田果／著　　　　　　　　　　　　　3300円

ミクロ経済学の力
神取道宏／著　　　　　　　　　(2色刷) 3520円

最新 日本経済入門 [第6版]
小峰隆夫・村田啓子／著　　　　　　　2750円

ミクロ経済学の技
神取道宏／著　　　　　　　　　(2色刷) 1870円

経済学を味わう 東大1、2年生に大人気の授業
市村英彦・岡崎哲二・佐藤泰裕・松井彰彦／編　1980円

ミクロ経済学入門
清野一治／著 [新エコノミクス・シリーズ] (2色刷) 2420円

経済論文の作法 [第3版]
小浜裕久・木村福成／著　　　　　　　1980円

ミクロ経済学 戦略的アプローチ
梶井厚志・松井彰彦／著　　　　　　　2530円

経済学入門
奥野正寛／著 [日評ベーシック・シリーズ]　2200円

しっかり基礎からミクロ経済学 LQアプローチ
梶谷真也・鈴木史馬／著　　　　　　　2750円

ミクロ経済学
上田薫／著 [日評ベーシック・シリーズ]　2090円

入門｜ゲーム理論と情報の経済学
神戸伸輔／著　　　　　　　　　　　　2750円

ゲーム理論
土橋俊寛／著 [日評ベーシック・シリーズ]　2420円

例題で学ぶ 初歩からの計量経済学 [第2版]
白砂堤津耶／著　　　　　　　　　　　3080円

財政学
小西砂千夫／著 [日評ベーシック・シリーズ]　2200円

※表示価格は税込価格です。

〒170-8474 東京都豊島区南大塚3-12-4　TEL:03-3987-8621　FAX:03-3987-8590　**日本評論社**
ご注文は日本評論社サービスセンターへ　TEL:049-274-1780　FAX:049-274-1788　https://www.nippyo.co.jp/